# 資本主義の発展と崩壊

長期波動論研究序説

市 原 健 志 著

中 央 大 学
学 術 図 書
(51)

中央大学出版部

## まえがき

　「長期波動論」の研究に手を染めてほぼ15年が経った．研究の出発点は「第二インター」期の経済諸理論（崩壊論，恐慌論，帝国主義論等）の検討を始めた1970年頃であるから，実際には30年間になる．研究の直接のきっかけになったのは，未完の実証分析となった拙稿「19世紀末〈大不況〉と独占の形成――ドイツを中心にして――」（『商学論纂』第21巻第5・6号，1980年）の執筆である．この論文では，「19世紀末大不況」の実証分析にあたって，経済学方法論に関する若干の仮説が必要となり，これらについて思い付きの域を出ていないとする批判の出ることを予想しつつ，既存の方法論についての疑問点を披露した．その中のいくつかの論点についてはその後の研究課題になり，本書の主要な研究対象をなしている．

　「長期波動論」は，資本主義世界経済の動態を実証的に分析する研究分野の学問であろう．これを「理論」とよぶとすれば，この「理論」は現実に存在した資本主義発展の長期波動現象を説明しえるものでなければならない．本書で試みた「長期波動論」に関する仮説は，結局，実証分析によって補完されねばならない．マルクス学派の経済学方法論における通説とは異なる点の多々あることは充分承知の上であるが，著者としては，戦後のわが国におけるマルクス学派の研究成果を採り入れながらこれまで研究を続けてきたつもりである．実証分析と理論分析との乖離幅（というよりはむしろ方法論の拡散化といったほうがよいかもしれない）を少しでも縮小するには（原点=『資本論』に立ち戻りつつ）敢えて思い切った方法的仮説を設けてみることは必要不可欠になっているように思われた．

　本書各章の内容の概要についてここで記しておくのが常識的であろうが，かなりのスペースを要するので，これについては「序章」で述べることにし

たい．また各章で利用した初出の論文については本書の末尾に記しておいた．ただし本書への収録に際しては，かなりの加筆・修正を行なった．

　本書は，はじめに述べたように，著者がおよそ30年間にわたって行なってきた，崩壊論，恐慌論（再生産論を含む），帝国主義論に関する理論史研究の一成果である．現代資本主義分析のためにレーニンの著書『帝国主義論』の動学化を図ること，資本主義における基本矛盾の，現代資本主義のもとでの変容した発現形態である「スタグフレーション」および「20世紀末大不況」の理論的・実証的解明を行なうこと，これらが著者の研究の出発時点での問題関心であった．このような問題意識の背景には『帝国主義論』が現代資本主義分析に利用しにくいのはなぜかということがあった．そのため，『帝国主義論』を動学体系に仕上げるのに（あるいは「現代資本主義論」の展開のために）欠けている部分はなにか，この問いかけが，著者の場合の帝国主義論史研究の出発点にあった．それゆえ，レーニンの『帝国主義論』を通して（それを絶対化して）各種「帝国主義論」を論評するのではなく，それを相対化した研究方法が採用された．こうした研究方法は当時の帝国主義論史研究では一般的に採用されていたように思われる．そのため，帝国主義論史研究とは必ずしもなじまない研究テーマに埋没せざるをえない時期もあった．本書でテーマとした長期波動論の研究については，「政治的大衆ストライキ論」とともに，帝国主義論史研究の中の一領域として分析対象の一つに加えられねばならないと思われた．本書の副題に，「帝国主義論史に関する一研究」と付け加えようかとも考えた．

　ところで，本書刊行までずいぶん長い期間を要した．この間，富塚良三中央大学名誉教授には繰り返し研究成果の発表（特に学位論文「再生産論史の研究」）について温かい激励をいただいた．

　著者が勉学意欲をかき立てられ，この分野の研究に向かうことになった直接のきっかけは，中央大学商学部在学中に富塚良三教授の名著『恐慌論研究』（未來社，1962年）を読んだときに遡る．この大著の内容を充分理解できなかったにもかかわらず，名著の名著たる故であろうか，この書物に強烈な魅力

まえがき iii

を感じ，この理論を徹底的に学ぶことなく社会に出て行くのは何としても心残りであると思い，教授の指導を受けたいと考えて，中央大学大学院商学研究科に入学した．大学院では，西欧およびわが国の恐慌諸学説の検討の機会を与えられた．関連して，崩壊論や帝国主義論に関する研究も行なうようになった．さらに，その後，すでに記したように長期波動論の理論的・実証的研究にも向かうことになった．この間，中央大学の在外研究制度を利用してアムステルダムにある「社会史国際研究所」(IISG) に 1 年半の期間にわたって滞在し，マルクスの草稿類の調査をする機会を得た．本書は，こうした研究過程の一つの成果でもある．この間ずっと富塚良三教授には，公私にわたり，多大の助言をいただいた．厚く御礼を申し上げたい．なお，著者のこの間の研究の多くは，そのつど断わりはしていないが，「富塚理論」のフィルターを通して行なわれていると言って過言ではない．この点について，本書本文中，何の断わり書きもしていない場合が多々あるがこれについてご了解をえたい．ただし本書の長期波動論研究は「富塚理論」から幾分離れたところにあると思われる．著者の憶測ではあるが，富塚教授は「長期波動論」と称するこの理論の研究の意義について疑問視されておられるように思われるからである．

　なお，中央大学学部在学中に専門演習を指導していただき，また大学院時代も引続き教えをいただいた石原忠男中央大学名誉教授，本学商学部就任以降長年にわたって研究上のみならず種々御教示いただいている鶴田満彦教授および山中隆次中央大学名誉教授，学部の演習が同じであり大学院および本学商学部でもほぼ同じ問題意識のもとでともに研究を続けてきた畏友徳重昌志教授，さらに商学部の他の諸先生がたにも，お礼を申し上げたい．また，さまざまな場所で，研究上の御教示をいただいている，本学経済学部の小川浩八郎中央大学名誉教授をはじめ和田重司教授，米田康彦教授，一井 昭教授にもこの場を借りてお礼を申し上げたい．

　また，保住敏彦愛知大学教授をはじめとする帝国主義論史研究の分野でお世話になった諸先生がた，および大谷禎之介法政大学教授をはじめとする

『資本論』形成史研究の分野でこれまで貴重なご意見をいただいた諸先生がた，さらに，市川泰治郎，岡田光正の両氏をはじめとする長期波動論研究でお世話になっている諸先生がたにも同様にこの機会にお礼を申し上げたい．

　最後に，MEGA（マルクス・エンゲルス著作集）のⅡ/12およびⅡ/13の編集グループ〔大村 泉，宮川 彰，早坂啓造，柴田信也，大野節夫，八柳良次郎諸氏から成る〕に参加させていただき，充実した共同研究が行なわれているが，これについて，改めて，別の機会に謝意を表したいと思っている．

　なお，本書は，1995年度の「中央大学学術図書出版助成」の恩恵が受けられて刊行の機会を得ることができた．当初，学位論文「再生産論史の研究」の出版のためにこの制度を利用させてもらうことを予定していたが，申請期日締切直前の時期に，突然，学位に関する論文はこの制度利用の対象外とするという条項を含む申し合わせ事項案が教授会にオンテーブルされてきた．この条項は私の論文に対して直接に該当するものではなかったが，急遽，出版予定を変更した．しかし，結果的には，著者が永年取り組んできた研究成果をまとめあげることができたこと，また本書のような市販性の乏しい書物が刊行できる機会を与えられたことは幸いであった．学内の関係各機関・各位に厚くお礼を申し上げたい．

　2000年9月10日

　　　　　　　　　　　　　　　　　　　　　　　市　原　健　志

# 目　次

まえがき

序　章　予備的考察と本書の構成 …………………………………1
　第1節　予備的考察 ……………………………………………2
　　(1)　長期周期と長期波動 (2)
　　(2)　長期波動の時期区分 (3)
　　(3)　資本主義の構造的長波論 (4)
　　(4)　長期波動の下降転換点 (5)
　　(5)　長期波動論展開の意義 (6)
　第2節　本書の構成と各章の概要 ……………………………8

第1章　長期波動論の生成過程
　　　　　──長期波動論の理論的性格について── ……………15
　はじめに ……………………………………………………………15
　第1節　長期波動論展開前史 …………………………………17
　　(1)　マルクスの「大不況」認識 (17)
　　(2)　エンゲルスの「大不況」認識 (19)
　第2節　慢性的停滞論の展開 …………………………………21
　　(1)　「エルフルト綱領」成立期における「大不況」観 (21)
　　(2)　恐慌論と崩壊論との関係 (23)
　第3節　修正主義論争 …………………………………………25
　　(1)　ベルンシュタインによる崩壊論批判 (25)
　　(2)　資本主義の崩壊をめぐる諸見解 (27)

(3)　ツガン-バラノフスキーの産業周期論 (29)

　第 4 節　長期波動論の生成 …………………………………………31
　　　(1)　パルヴスの長期波動論 (31)
　　　(2)　カウツキーの長期波動論 (35)

　第 5 節　長期周期論の生成 …………………………………………37
　　　(1)　ヒルファディングの産業周期論 (37)
　　　(2)　ヘルデレンの長期周期論 (38)

　　お わ り に …………………………………………………………40

　〔付記〕　崩壊論から長期波動論へ (41)

## 第 2 章　パルヴスの長期波動論
　　　　　──20世紀初頭における植民地政策論争── …………47

　は じ め に ……………………………………………………………47
　第 1 節　崩壊論批判としての長期波動論 …………………………49
　　　(1)　長期波動論の成立の意義 (49)
　　　(2)　長期波動の規定要因 (50)

　第 2 節　植民地政策と長期波動論 …………………………………53
　　　(1)　SPD 内の修正主義的植民地政策論 (53)
　　　(2)　植民地政策と長期波動論 (54)
　　　(3)　長期波動論とドイツ帝国主義 (56)

　第 3 節　崩壊期認識と植民地政策諸理論 …………………………59
　　　(1)　崩壊期認識と長期波動論 (59)
　　　(2)　ヒルファディングとカウツキーの植民地政策論 (60)

　第 4 節　世界資本主義の発展傾向 …………………………………63
　　　(1)　パルヴスの現状認識 (63)
　　　(2)　世界資本主義の発展傾向 (64)
　　　(3)　金融寡頭世界支配 (65)

　　お わ り に …………………………………………………………67

〔付記〕　生産の世界的集積 (68)

# 第3章　「金・物価論争」と長期波動論
　　　　──20世紀初頭の物価騰貴の原因をめぐって── ……… 73
　はじめに ……………………………………………………………… 73
　第1節　「金・物価論争」の時代背景 ……………………………… 74
　　(1)　若干の事実確認 (74)
　　(2)　「金・物価論争」の概観 (80)
　第2節　帝国主義と物価騰貴 ……………………………………… 85
　　(1)　議論の第二段階 (85)
　　(2)　帝国主義と物価騰貴 (88)
　第3節　物価の長期波動 …………………………………………… 91
　　(1)　パルヴスの長期波動論 (91)
　　(2)　1913年における価格分析 (93)
　　(3)　オイレンブルクの価格運動分析 (95)
　　(4)　ヘルデレンの長期周期論 (100)
　おわりに …………………………………………………………… 106
　〔付記〕　物価騰貴と独占価格 (108)

# 第4章　「均衡蓄積軌道」と資本主義発展の長期波動
　　　　──長期波動論をめぐる1920年代ロシアの議論を
　　　　　　素材にして── ………………………………………… 115
　はじめに …………………………………………………………… 115
　第1節　「資本主義的均衡蓄積軌道」と長期波動 ……………… 117
　第2節　コンドラチェフの経済的静態・動態概念 ……………… 118
　　(1)　コンドラチェフの方法論 (118)
　　(2)　静態的経済と動態的経済 (119)
　第3節　カッセルの「均衡的に発展する経済」論 ……………… 122

(1) カッセルの理論 (122)

　　　(2) バウアーの理論 (123)

　第4節　オパーリンの「均衡的に発展する経済」……………125
　第5節　「資本主義的均衡蓄積軌道」と長期波動 ……………129
　　　(1) 理論的表式と現実との一致 (129)

　　　(2) 「資本主義的均衡蓄積軌道」と長期波動 (132)

　第6節　「不均等発展の法則」と資本主義発展の長期波動………134
　　おわりに ……………………………………………………138
　〔付記〕　玉垣良典氏の方法とバウアー理論 (140)

〔補論1〕「国民経済バランス」表と拡大再生産表式 …………147
〔補論2〕　R.ルクセンブルクと長期波動論
　　　　　　――マトゥイレフ論文について―― ………………152

# 第5章　全般的危機論と長期波動論
　　　　――「戦間期」資本主義の歴史的位置づけの
　　　　　　問題について―― ………………………………159

　はじめに ………………………………………………………159
　第1節　1920年代コミンテルンの経済諸理論 ………………160
　　　(1) 攻勢理論の危機論的性格 (160)

　　　(2) 攻勢理論批判としての長期波動論 (162)

　　　(3) 新攻勢理論としての全般的危機論 (165)

　　　(4) 「不均等発展の法則」論の理論的・実証的分析への導入 (166)

　第2節　ドイツにおける経済諸理論 …………………………168
　　　(1) ヒルファディングの組織された資本主義論 (168)

　　　(2) 組織された資本主義論と全般的危機論 (169)

　　　(3) ヴォルフの長期周期論 (172)

　第3節　「不均等発展の法則」論の登場の意義 ………………174
　　　(1) スターリンによる「不均等発展の法則」重視の意味 (174)

(2)「共産主義インターナショナル綱領」の採択 (175)

　　おわりに ……………………………………………………176

　〔付記〕　崩壊論と「長期波動論」(177)

　〔補論〕　戦前のわが国における長期波動論の展開 …………183

## 第6章　帝国主義論と長期波動論 ……………………………197

　　はじめに ……………………………………………………197

　第1節　『資本論』の論理の均衡論的理解について …………198

　第2節　「均衡論」批判の二見解 …………………………………201

　　(1)　和田重司氏の見解 (201)

　　(2)　渋谷将氏の見解 (203)

　第3節　『資本論』における「世界市場」項目の重視 …………206

　　(1)　資本主義的生産の3つの主要事実 (206)

　　(2)「資本主義的生産様式の一般的排他的な支配」(209)

　第4節　帝国主義論史研究からの教訓 …………………………211

　　(1)「集積論」的帝国主義論 (212)

　　(2)「崩壊論」的帝国主義論 (213)

　第5節　「帝国主義論」と長期波動論 ……………………………216

　　(1)　レーニンの著書『帝国主義論』とその歴史的制約性 (216)

　　(2)　R. ルクセンブルクの著書『資本蓄積論』と長期波動論 (218)

　　(3)　ブハーリンの著書『世界経済と帝国主義』と長期波動論 (220)

　　おわりに ……………………………………………………223

## 第7章　利潤率の傾向的低下の法則と長期波動論
　　　　　——『資本論』第3部草稿第3章の検討を中心にして——
　　　　　…………………………………………………………231

　　はじめに ……………………………………………………231

　第1節　草稿の外形と内容 ………………………………………233

(1)　第3部草稿の執筆時期 (234)

　　(2)　第3部草稿第3章の概観 (234)

　　(3)　『61-63年草稿』からの転用 (237)

　　(4)　R. ヒルファディングの著書『金融資本論』との関連 (238)

第2節　恐慌論の展開の視点から …………………………………239

　　(1)　草稿第3章における恐慌分析の位置 (239)

　　(2)　「経済学批判体系プラン」との関連 (241)

第3節　資本の集積・集中概念と崩壊問題 ………………………242

　　(1)　資本の集積・集中概念論争 (242)

　　(2)　資本主義の崩壊問題 (243)

　　(3)　資本の集積・集中概念 (245)

第4節　「世界市場」について ……………………………………246

　　(1)　『資本論』と「世界市場」(246)

　　(2)　R. ルクセンブルク『資本蓄積論』との関連 (248)

　　おわりに …………………………………………………………250

〔付記〕『資本論』と資本主義の崩壊 (253)

〔補論〕独占の形成と長期波動 ……………………………………259

# 第8章　長期波動の社会的影響
　　　　　──長期波動と社会運動── …………………………269

　　はじめに …………………………………………………………269

第1節　唯物史観と資本主義発展の長期波動 ……………………270

　　(1)　社会発展の法則と経済の波動 (270)

　　(2)　恐慌と社会運動 (271)

第2節　資本主義発展の波動現象と社会運動 ……………………273

　　(1)　修正主義と労働者運動論 (273)

　　(2)　闘争手段としての政治的大衆（マッセン）ストライキ (275)

第3節　長期波動と階級闘争との対応関係 ………………………277

(1)　長期波動と社会運動 (277)
　　(2)　客体的条件と主体的条件の逆対応性 (279)
　　(3)　長期波動と階級闘争 (281)
　第4節　ドイツ帝国主義と政治的大衆ストライキ ……………283
　　おわりに ……………………………………………………286
　〔補論〕　資本主義発展の長期波動と上部構造……………290

## 補　章　現代資本主義分析と長期波動論
　　　　──レギュラシオン理論と国家独占資本主義論の
　　　　　　批判的検討── ………………………………295
　はじめに ………………………………………………………295
　第1節　現代資本主義分析の方法 ……………………………297
　第2節　レギュラシオン理論とSSAアプローチ ……………299
　　(1)　戦後資本主義世界経済の時期区分 (299)
　　(2)　歴史分析と経済理論との融合 (301)
　第3節　レギュラシオン理論と国家独占資本主義論 …………302
　　(1)　国家独占資本主義論批判としてのレギュラシオン理論 (302)
　　(2)　マクロ経済分析と再生産(表式)論 (304)
　　(3)　分析手法 (306)
　　おわりに ……………………………………………………309

## あとがき ………………………………………………………313

参考文献一覧 (319)

初出一覧 (327)

索　引 (329)

# 序　章　予備的考察と本書の構成

　マルクス経済学の一研究領域として長期波動論を近年復活・再生させるのに貢献したのは E. マンデル（E. Mandel）である．彼は，マルクス経済学が産業循環と資本主義の生成・発展・没落だけしか問題にしてこなかったことの資本主義分析の不充分性を指摘し，両者を媒介する理論として，長期波動論が重視されるべきことを強調した．彼のこの指摘は本書で重視され，この理論を再構成することが本書の中心主題の一つになっている．＊

　この序章では，以降の諸章で論じる内容について誤解の生じることのないように，とくに，次の3つの点をあらかじめ確認し，それに若干のコメントを付け加えるとともに各章の概要を記しておくことにする．

　第一に，「長期波動」という用語はしばしば7～10年の周期をもつ産業循環（以下これを「産業周期」とか「ジュグラー・サイクル」と呼ぶ場合がある）とのアナロジーで想起される「長期周期」（＝コンドラチェフ・サイクル）と同一視されるが，本書では，資本主義発展の長期波動現象を対象とし分析する理論を長期波動論と名づけており，この波動を「長期周期」と限定する通常の理解の仕方は拒否されている．＊＊

---

＊　長期波動論の創始者パルヴス（Parvus〔A. Helphand〕）は1901年に次のように述べている．「世界市場の発展テンポにおけるこのような大きな変動は資本主義生産発展の非常に進歩した段階で初めて認められる．マルクス（K. Marx）とエンゲルス（F. Engels）は好況と恐慌という単純な変化だけしか認識していなかったのであって，その内部で好況と恐慌が演じられる急速なあるいは緩慢な発展の大きな時代のあることを認識していなかった」と．マンデルの上記の指摘はパルヴスのこの文言を現代的に言い換えたものと見なすことができる．

＊＊　長期波動論を含め，同じ用語に括弧を付したり省いたりしているが，このこと自体に特に限定した意味はない．

第二に，戦後資本主義世界経済の発展過程を「資本主義の黄金時代」と「世紀末不況」とに時期区分しその転換点を1970年代初頭に置く「レギュラシオン理論」や「SSA理論」についても，ほぼ同じスパンの資本主義世界経済の構造と動態を分析しようとする共通の問題意識を持っていると思われる点で，それらも「長期波動論」の一潮流と見なしている．

　第三に，「レギュラシオン理論」等は，マルクスの理論とケインズの理論を「乗り越える」第三の新たな理論の構築を意図しているとされるが，本書では，『資本論』研究や恐慌論研究（再生産論研究を含む）および帝国主義論研究（独占資本主義論や国家独占資本主義論を含む）に関する戦後日本で蓄積されてきたマルクス理論の研究成果を積極的に生かすことが重要であるとする立場を取っている．

　さらに若干のコメントを付け加えておくことにする．

## 第1節　予備的考察

(1) 長期周期と長期波動

　資本主義発展の「長期波動」と呼ぶと直ちに，それは7〜10年の産業循環（＝産業周期）とのアナロジーで想起される長期周期という語に結びつけられ，シュンペーターによって名づけられた「コンドラチェフ・サイクル」がイメージされる．しかし本書では長期周期の存在を確認していない．もし資本主義世界経済の発展過程が長期周期という形態をとるとすれば，そうした周期性を規定する単一の物的要因が検出されなければならない．しかし，50〜60年にわたる世界経済発展の波動性は単一要因の変動に呼応するのではなく，複数諸要因の複合的連関作用によって生起するのであって，時計の振子が振幅するのと似た，社会・経済環境の固定した条件下でのみ存在しえるような，合法則的反復運動が資本主義世界経済に存在しているとは思われない．＊

　＊　ただし，長期波動には合法則的周期性がないからといって，産業循環の各局面と

## (2) 長期波動の時期区分

　図（序-1図）に見られるように（ただし，これは説明のための仮の図にすぎない），「第一長波」から「第四長波」まで，通常，認められている資本主義の発展段階区分にほぼ合致している．**

　したがって，中村丈夫氏が提唱されているように，資本主義発展の「長期波動」を仮称「資本主義の構造的長波」と名づけ，この「構造的長波」は，「再生産および蓄積条件の構造的変動にともなう社会的総資本の運動の長期趨勢として」捉えられるとされる．中村氏のこの見解は多くの賛同者を得ることができるように思われる．しかし長期波動論的視点をどのような理論に組み込むのか，そのことによって何がどこまで明らかになるのか，これらの点についてこの理論にはなお釈然としないところがある．

　ところで，この図には相互に異質な諸要素が混在していることに気づく．すなわち，第一段目には通説的理解に基づく資本主義の各発展段階区分がなされている．第二段目には各発展段階に固有な世界市場の位相が記されている．これもまた通説に基づく．前者では，資本主義の生成・発展・没落という社会発展の法則性の存在が強調され，この論理の中心軸をなすのは「資本の集積・集中」の法則である．ところが，第二段目の区分それ自体からは資本主義の各発展段階は見えてこない．「産業資本主義段階」の「覇権国家」はイギリスであり（＝パクス・ブリタニカ），「独占資本主義段階」ではそれはドイツやイギリス等複数に分岐し（＝帝国主義列強間の対立），「国家独占資本主義段階」ではそれはヨーロッパからアメリカに完全に移動した（＝パクス・アメリカーナ）．（そしてさらに今日では東アジアに移動しているように見える．

---

　長期波動の各局面との間に，（生産，投資，物価，利子率，賃金率など）各種経済指標上の類似的変化が見られることを否定するものではない．長期波動も産業循環もいずれも資本主義的波動であることに変わりはないからである．
** この図では，各「長波」の期間を底点から次の底点までとしている．しかし，下降的「長波」の最終局面（破線から実線までの期間）＝停滞期に次の上昇の「長波」を生じる資本の蓄積条件が整備されるものと考えれば，実際には各「長波」は資本主義の各発展諸段階に照応しているものと見なすことができる．

**序-1図　長期波動と資本主義発展の時期区分**

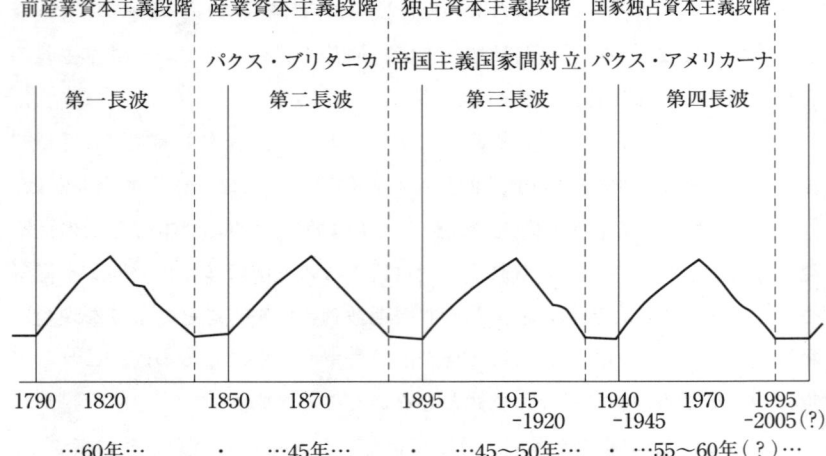

ヨーロッパ→アメリカ→東アジアというように世界経済の中心が西へ移動し，同時に，これら三つの経済領域が〔対立関係をうちに含みつつ〕相互依存の関係を保っている．）つまり，先進ヨーロッパ資本主義諸国を中心点として資本は同心円的に周辺地域を資本主義化してきたのではなく，ヨーロッパからアメリカへ，アメリカからさらに東アジアへと，資本主義世界経済発展の中心軸を次第に西へシフトさせつつ，長期の波動性を伴いながら，非資本主義領域を資本主義化する「世界資本 Weltkapital」の世界包括的運動が展開されてきたのである．

　要するに，通説になっている資本主義の発展段階区分の問題点はどこにあるかと言えば，それは，「資本の集積・集中」過程を「資本の世界的集積」という視野において把握するのではなく，一国資本主義あるいは経済圏における「資本の集積・集中」の深化過程を直ちに，資本主義の生成・発展・没落という枠組みの中に強引にはめこもうとしたところにあると思われる．

(3)　資本主義の構造的長波論

　すでに述べたように，中村丈夫氏は「資本主義の構造的長波」論を提唱さ

れておられる．しかし資本主義の各発展段階に固有な蓄積体制をその体制の形成・確立・崩壊という分析手続を用いて解明し，これらを接合することによって長期波動論の展開が可能だとする人は少ないであろう．資本主義の各発展段階に独自な経済構造（＝蓄積様式・体制）とその段階に独自な支配資本の運動をその背後で長期的に・究極的に規定している諸法則は何か，したがって資本主義の各発展諸段階を貫通している一般法則は何か，そしてこの法則がいかなる媒介環を通して発現するのかというこれらの解明が長期波動論の主要テーマの一つであるように思われる．言い換えれば，中村氏が「構造的長波」と名づけた資本主義世界経済の歴史的発展過程を分析するのに長期波動論で何を，どこまで明かにすることができるのかという，これらのことにつきる．

(4) 長期波動の下降転換点

　長期波動の規定要因を解明することは，同時に，長期波動の下降（＝下方）および上向の各転換点が生じる必然性を解明することでもある．長期波動論研究あるいは研究史上において，常に最重要の研究課題とされてきたことはこれである．この序章ではこの問題について若干の説明を加えるにとどめる．

　『資本論』第3部第3篇第15章第1節に次のことが書かれてある．資本主義的生産様式のもとでは剰余価値の生産が資本主義的生産の直接的目的であり規定的動機であることから社会的生産諸力の発展は敵対的分配諸関係を基礎とする消費力とますます矛盾する．したがって，「市場は恒常的に拡張されなければならない」，「内的な矛盾は生産の外的分野の拡張によって解決をはかろうとする」．つまり，この節では，労働の生産諸力の発展は国内の狭隘な消費限界に規定され，資本は新たな市場を求めて市場の外延的拡大に向かわざるをえない必然性が論じられている．

　続く第2節には資本の運動と世界市場との関連について次のような示唆的な叙述がある．すなわち，資本の自己増殖が生産の目的として現れる資本主

義的生産様式のもとでは，労働の社会的生産諸力の無条件的発展に向かって突進する生産方法は，現存資本価値の維持および増殖がその内部で運動しえる「制限」を必然的に突破せざるをえず，このことによって，資本は拡大されたその生産力に照応する世界市場を作り出す．

だが，こうして構築された世界市場で運動する「世界資本 Weltkapital」が，今度は現存資本価値の維持および増殖のためにその内部で運動しえる既存の世界市場での消費力を必然的に突破することによって，上昇的長波は必然的に下降的長波へと反転せざるをえなくなる．この反転の必然性については，これを，世界包括的な生産発展の浮揚力と，狭隘な消費力を余儀なくされる，現存の世界市場における私的・資本主義的所有諸形態との間の矛盾の顕在化と言い換えてよい．これを契機に国際的連関を持った既存の世界「経済秩序の総体」が破綻し始め，それとともに資本主義諸国のそれぞれの経済力を規定していた各国内の「経済秩序の総体」もまた崩壊し始める．

### (5) 長期波動論展開の意義

戦前から経済学方法論に関し緻密な検討を積み重ねてきたわが国で，『資本論』の論理を現状分析に直接適用するマンデルの経済学の方法に対して警戒的ないし否定的であったのは次の理由からであろう．

第一に，長期波動論，とりわけ長期周期論は，理論史として見れば，マルクスの『資本論』やレーニンの『帝国主義論』と全く何の関連もなく独自に理論構成されてきたかのように理解され，この理論をマルクス経済学の理論体系に組み込む余地があるようにはほとんど見えなかったこと．同時に，この理論は資本主義の発展段階認識を欠いているところに致命的欠陥があるように思われたこと．

第二に，資本主義経済の長期波動現象は，「資本一般」の諸法則の，資本主義の各発展段階における，屈折し変容した貫徹形態として論じるのが適切であり，長期波動論といった独自の理論の構成は不必要である．言い換えれば，資本主義を，産業資本主義段階，独占資本主義段階，さらに，国家独占

資本主義段階に区分し，それぞれの発展段階における資本主義の構造と動態の分析，すなわち独占段階論の展開で充分課題が達せられるはずであると考えられてきたこと．

第三に，恐慌論研究の視点から言えば，資本主義経済のより具体的な動態分析は，①産業資本主義段階における7～10年の産業循環論，②独占資本主義段階における「停滞」と「飛躍」の両局面を持つ，産業循環の形態変化論，さらに，③国家の経済過程への介入による，資本主義的生産に内在する諸矛盾のさらなる発現変化，といった理論構成で充分可能であると考えられたこと．

これらに対し，マルクス経済学の体系にこの理論を組み込むことが可能であり，組み込むべきであると主張する理由は，概略，次のようである．

第一に，長期波動論を理論史的に考察すれば，それはマルクスの恐慌論を補完する理論として，かつてマルクス経済学における一つの重要な研究領域と見なされていた．そして，実際には，資本主義の歴史的発展過程は，生成・発展・没落といった単線的動線を描くのではなく，「シュトゥルム・ウント・ドラング（疾風怒濤）時代」と「慢性的不況の時代」との交互の大きな交替から成っていることが確認されている．

第二に，長期波動論については，それは資本の世界的集積のもとでの世界的運動（＝「世界資本」の運動）を解明することを研究対象にしている．それは長期・理想的平均（しかし同時にそれには現実的根拠がある）という限定された論理段階の枠内にあるとされる『資本論』で説かれている資本主義的蓄積の一般法則の歴史分析への直接的適用である．したがって，たとえば独占資本ないし金融資本が世界市場で運動するその背景の全体像を解明するものとして意義を持つと思われる．つまり，それは「帝国主義論」との相互補完関係にあるものと位置づけされる．＊

---

＊　資本主義発展の長期波動の分析のための理論として『資本論』で充分であるとしながら「長期波動論」について云々するのは論理矛盾に見えるが，「長期波動論」

第三に，資本主義を，産業資本主義段階，独占資本主義段階，さらに，国家独占資本主義段階に区分し，それぞれの発展段階における資本主義の構造と動態の分析といったそうした内容をもついわゆる「段階論」の展開にさいし，長期波動論は段階移行の理論的・歴史的説明原理を与えうるものと思われる．

　第四に，資本主義発展の構造分析と動態分析が抽象から具体へという「上向的」展開過程としてなされるべきところ，むしろ逆に，抽象化されているように見える現状の研究方法に対し，具体化のための一つの試みを長期波動論が示唆しているように思われる．

## 第2節　本書の構成と各章の概要

　次に，本書の第1章以降各章の概要を述べることにしよう．

　①第1章「長期波動論の生成過程――長期波動論の理論的性格について――」では，『資本論』との関連を意識しながら，この理論の生成過程を検討することによって，長期波動論の理論的性格を明らかにすることを試みた．

　長期波動論は，修正主義論争の核心的論点である資本主義の崩壊問題をめぐる正統派の崩壊論と修正派によるそれへの批判に対し，それらを両面批判する理論として，とはいえ基本的には崩壊論の一ヴァリアントとして，「資本一般」の諸法則の，歴史・現実分析への適用過程において，生成してきたことを明らかにした．

　②第2章「パルヴスの長期波動論――20世紀初頭における植民地政策論争――」では，長期波動論の創始者であるパルヴスの理論について立ち入って

---

　と呼ぶばあいのその「（理）論」とは長期波動分析のための『資本論』の利用の仕方ないし方法と理解されたい．しかし，資本主義発展の長期波動を説明する理論として現行の『資本論』ではなお不完全と認識している．

検討を加え，彼の理論の特徴を明確にすることに努めた．検討対象としたのは次の論点である．第一に，彼の長期波動論は資本主義崩壊論の一系譜＝一ヴァリアントと位置づけられるのではないかということについて．第二に，長期波動を形作る二つの軌道，すなわち，経済的軌道と（社会運動の高揚と停滞とでなる）階級闘争曲線ともいえる社会運動の軌道との両者の対応関係について．第三に，この理論の，帝国主義分析に果たす意義と限界について．

　パルヴスは，19世紀末資本主義の発展段階について，生産力と所有諸形態の矛盾が極点に達しているのはただヨーロッパだけであって世界資本主義ではないとそれを位置づけ，プロレタリアートは非資本主義的領域を資本主義化する資本の運動，資本のこの世界包括的運動をいっそう前進させる政策，すなわち，「民主主義，統一ヨーロッパ，自由貿易」のスローガンを掲げるべきことを主張した．資本主義世界経済発展の基軸がヨーロッパからアメリカに移動しつつあり，これに対しては「統一ヨーロッパ」構想を築きあげるべきだとするパルヴスの長期波動論は資本主義の動態分析および発展段階認識の方法に対して，現時点で，再検討の余地あるいくつかの素材を提供しているように思われる．

　③第3章「『金・物価論争』と長期波動論——20世紀初頭の物価騰貴の原因をめぐって——」では，20世紀初頭の持続的物価騰貴の原因をめぐる当時の議論について，わが国では，「金・物価論争」として貨幣面に限定した範囲内でしかこれが検討の素材にされてこなかった．この点の不十分性を指摘し，この論争は部分的には長期波動論の展開過程と切り離し難く結び付いていたこと，すなわち，物価騰貴の主要原因は金価値の低下に基づくのではなく，根本的には資本主義的生産の発展法則に基づく資本主義的世界市場の拡大過程に起因するとする他の有力な一見解（＝ヘルデレンの「長期周期論」）ないし一潮流のあったことを明らかにした．

　④第4章「『均衡蓄積軌道』と資本主義発展の長期波動——長期波動論をめぐる1920年代ロシアの議論を素材にして——」では，1920年代のロシアにおける長期波動論をめぐる議論を素材にして，戦後のわが国における再生産

論・恐慌論研究において重要な役割を果たしてきた「均衡蓄積軌道」概念の現実的根拠について検討を加えた．この章では，資本主義発展の「均衡軌道」はあらゆる歴史的社会形態に共通する「均衡軌道」ではなく，資本主義に独自な「資本主義的均衡蓄積軌道」であり，この「軌道」はここから乖離した諸運動（＝「過剰蓄積」過程）がそこに収束するその意味での「均衡軸」ではなく，現実の資本蓄積運動によって均衡が絶えず破壊され，逆に，結果的には，前者が後者に引き寄せられるその意味での「可動的均衡軸」であり，この「軌道」ないし「軸線」においては，「均衡点」が不断に変化する，あるいは変化し易い，きわめて不安定な再生産軌道＝長期波動を意味することを述べた．なお，本章では，この章のテーマにかかわる3点の〔付記〕ならびに『補論』を収録した。

〔付記〕「玉垣良典氏の方法とバウアー理論」では，均衡蓄積軌道は均衡からの乖離の検出の基準であると同時に「不均衡の運動が終局的に収斂すべき基準線」をも理論的に示唆しているとされ，産業循環は資本主義的均衡蓄積軌道を振幅する諸律動であると主張される玉垣説に対して，その見解はバウアー的方法論＝均衡論への傾斜を伴っている点を批判的に検討した．

補論1．では，1920年代に考案された『国民経済バランス』表と拡大再生産表式との関連を論じた．

補論2．「R.ルクセンブルクと長期波動論——マトゥイレフ論文について——」では，R.ルクセンブルクの著書『資本蓄積論』における市場理論を長期波動論に具体化し，「大循環」と「小循環」とを非資本主義的領域（＝新市場）の開拓から説明しようとしたマトゥイレフの論文を取り上げ検討した．

⑤第5章「全般的危機論と長期波動論——「戦間期」資本主義の歴史的位置づけの問題について——」では，1920年代のマルクス経済諸理論を，「第二インター」の時代のそれの継承・発展関係において把握し，他方では，コミンテルンにおける経済諸理論とドイツ社会民主主義者のそれとを現実に存在した対抗関係において把握するという手法で，1920年代の理論家たちの資

本主義の発展段階認識を明らかにするとともに，本章〔補論〕では，「戦前のわが国における長期波動論の展開」過程について論じた．

⑥第6章「帝国主義論と長期波動論」では，「資本一般」の諸法則（それは歴史的・現実的根拠をもっている）を解明しているとされる『資本論』が何故に資本主義発展の長期波動現象を説得的に説明できないかを問題にした．長期波動論構成の視点から見た場合，現行（エンゲルス編）『資本論』第2部には，次のような難点があるように見える．第一に，資本主義的生産様式は自らが生み出した不均衡要因ないし発展阻害要因を自動的に解消し，資本が自律的な運動を展開しえる強力な自己調整機構を備えているかのように叙述されていること，またはそのような理解を許す叙述がなされていること，第二に，全世界を一国と見なし資本主義的生産様式の一般的排他的支配を前提するとしながらも，「純粋」資本主義の想定がこの著書の全篇にわたって徹底していないのではないかということ，そして第三に，後に，『資本論』の論理の直接的延長線上に展開される二つの「帝国主義論」，すなわち，ヒルファディングの著書『金融資本論』（およびブハーリンの著書『世界経済と帝国主義』）を代表的著作とする，「資本の集積・集中」論を主軸にした，「集積論」的帝国主義論とローザ・ルクセンブルクの著書『資本蓄積論』を代表作とする，「生産と消費の矛盾」論（あるいは「実現の理論」）を主軸とした，「崩壊論」的帝国主義論とが，和解し難く対立し合ったのはなぜか，それは現行『資本論』それ自体の体系的展開方法に難点があったのではないかなど，これらについて論じた．

続いて，上述の二傾向の帝国主義論にさらに立ち入って検討を加え，「資本一般」の理論としては，「資本集中の法則」に基づく生産の社会化の進展（垂直的動態）と「世界市場における各国経済の相互連関性」の強化（水平的動態）の問題を立体的な論理で統一的に構成し（長期波動論の構成），その上で，世界市場の構造とこれを前提とする支配的資本の形成条件およびその時々の時代の支配的資本の型とそれの行動様式を明らかにすることが必要であることを論じた．

⑦第7章「利潤率の傾向的低下の法則と長期波動論――『資本論』第3部草稿第3章の検討を中心にして――」では，前章で検討課題とした論点にさらに一歩踏み込み，『資本論』形成史研究の視点から，マルクスの第3部草稿第3章と現行版第3部第3篇を比較検討した．この章では，わが国のマルクス経済学が，戦後，主として，恐慌・産業循環の研究および資本主義の発展段階認識に基づく（国家）独占資本主義の研究に主力を注ぎ，それぞれの分野で一定の研究成果を獲得したにもかかわらず，全体としてマルクス経済学が近年閉塞状態に陥っており，いま一歩の前進をなしえないように見えるのは，たとえば，これらの両研究を媒介するものとしての長期波動論の研究が欠落していたこと，そしてエンゲルスによる『資本論』第3部草稿第3章の章・節区分の仕方とそれぞれにつけた表題にその一要因があることを論じ，長期波動論をマルクス経済学に組み込むための，あるいは組み込む余地のあることを論じた．

また，この章の補論「独占の形成と長期波動」では，利潤率の傾向的低下法則に関し，独占形成へのこの法則の作用を重視したヒルファディングの見解と，現実的・歴史的動態分析に「長期波動論」の観点からこの法則を適用したマンデルの見解を検討した．ヒルファディングの金融資本形成論においては，資本の集積過程を貫く基本法則として利潤率の傾向的低下法則が重視され，独占形成の論理と銀行資本と産業資本の緊密化の論理の媒介環をなすものとして株式会社制度が重視されている．理論的・実証的分析にさいしては，この直線的論理を長期波動という波動性の論理に修正することの必要性を論じた．他方，マンデルの方法の独自性は，資本の有機的構成の高度化，剰余価値率，蓄積率，資本の回転期間などを独立の基本変数とし，これらの基本変数が外部的衝撃として歴史的に与えられる場合に上昇的長波が開始されるとするところにある．しかし，資本主義発展の長期歴史的動態過程は利潤率の傾向的低下法則の歴史的貫徹過程であると同時に再生産の法則の歴史的貫徹過程でもある．したがって，再生産論の分析視角が欠如しているマンデルの長期波動論には重大な難点が含まれているとした．

⑧第8章「長期波動の社会的影響——長期波動と社会運動——」では，資本主義発展の長期波動が及ぼす社会的影響について論じた．長期波動論はこの理論の生成の当初から経済発展の態様と社会(主義)運動の展開態様との関連に注目を払ってきた．関連して本章〔補論〕ではトロツキーの長期波動論を略述した．

⑨補章「現代資本主義分析と長期波動論——レギュラシオン理論と国家独占資本主義論の批判的検討——」では，「レギュラシオン」派の理論と「SSA」の理論および関連して「国家独占資本主義論」を長期波動論的視点から論評し，現代資本主義分析にとって長期波動論の持つ意義と限界を明らかにした．

本書は，各章の構成と概要から見て分かるように，長期波動諸理論の展開史研究である．その最大のねらいは，長期波動論をマルクス経済学における研究の一領域に組込み，復活・再生させることにある．

# 第1章　長期波動論の生成過程
——長期波動論の理論的性格について——

### は じ め に

　第2次世界大戦後の長期にわたる資本主義世界経済の高揚期は1960年代で終焉し，70年代に入ると資本主義諸国は一様に「スタグフレーション」と呼ばれる特有な経済現象に襲われ始めた．経済学の分野では種々の分析視角からこの現象の解明がなされることになるが，マンデル (E. Mandel) の著書『後期資本主義』[1]における長期波動論の展開および他の若干の人々によるそれと，それらをめぐる一連の議論とは，マルクス経済学における，特に西欧のそれの70年代における一つの注目すべき動向であろう．マンデルは資本主義経済における長期波動の存在を確認し，その理論的フレーム・ワークによって第2次大戦後の資本主義世界経済の発展過程とその不可避的な帰結としての「スタグフレーション」とを説明し将来を展望しようとした．資本主義世界体制は深刻な構造的危機に直面しており，帝国主義的対外膨張政策による以外にそれの再繁栄は期待できない，今後この危機は一層深刻化していくのではなかろうか，この様に直感していた多くの人々にとって，80年代にはさらに深い底に向かって資本主義は落ち込んでいくであろうことを展望する長期波動論は確かに強い関心を人々に抱かせるものであった．
　マンデルの前掲著書で概略紹介されているように，長期波動，つまり資本主義世界経済における長期の波状運動（あるいは波動）の存在を最初に，本格的に検証したのはロシアのマルクス主義者パルヴス〔ヘルファント〕(Parvus〔A. Helphand〕) である．彼は1901年に著書『商業恐慌と労働組合』[2]

を公刊し，その中で資本主義的生産発展の長期の「波状運動 Wellenbewegung」の存在を確認し，その運動が「資本のシュトゥルム・ウント・ドラング時代 Sturm- und Drangperiode des Kapitals」と「経済的不況 wirtschaftliche Depression」（の時代）との交替によって構成されていると見なした．当時，エンゲルス（F. Engels）死後における社会主義運動の指導的理論家であったカウツキー（K. Kautsky）は「（この理論は）マルクス恐慌論の価値ある補足と豊富化とを意味する」と述べ，この理論を極めて高く評価するとともに彼もまたその理論を受容した[3]．パルヴスの，構想力に富む「資本主義的生産発展の法則」と称するこの理論[4]は，1913年に今度はオランダのマルクス主義者ヘルデレン〔J. フェッダー〕（Van Gelderen〔J. Fedder〕）によって受け継がれた[5]．

1914年に勃発した第1次世界大戦とそれに続く1917年のロシア革命を経て，世界資本主義体制の再建されつつある過程にあった1920年代の初頭のロシアにおいて，コンドラチェフ（N. D. Kondratiev）とトロツキー（R. Trotskij）とがほぼ同時に長期波動の問題についての議論を開始した．しかし，彼らの理論とそれに基づく実践とはそれぞれ相互に対立した．そのため，1920年代を通じて初めはコンドラチェフとトロツキーとの間で，次いでトロツキー失脚後はコンドラチェフと他のロシアの経済学者達との間で，激しい論争が展開されることになる[6]．この一連の論争で，長期周期の存在の有無，長期波動の統計的検出方法，長期波動を規定する諸要因，長期波動論の持つ実践的意義など，長期波動論に関するその後に議論されたほとんどすべての論点について議論が交わされた[7]．

ところが，この議論の過程で，マルクス学派がそれに立入りにくい状況があったように思われる．というのは，マルクス経済学の方法論からすれば，現実に存在する資本主義経済発展の長期の波動現象はいかなる方法で説明可能かという問題である．言い換えれば，抽象から具体へと上向するマルクス（K. Marx）の経済学体系の順次的展開方法に長期波動論をどのように組み込むことが可能かという問題である．

長期波動論の展開過程を理論成立史的視点から整理すればこの理論の特徴は次のようになる．この理論は，19世紀末における修正主義論争，とりわけこの論争の核心的論点をなす資本主義崩壊論争に深いかかわりを持っていた．ところが崩壊論争それ自体は恐慌論争にかかわり，さらに恐慌論にかかわる議論は恐慌の周期性（あるいは恐慌の形態変化）に関する議論にかかわる．そしてさらに恐慌の周期性にかかわる議論は長期周期論の展開の基礎になっている．長期波動論はこのように独特な背景の中から成立してきた．しかもこれらがSPDの路線問題に直接関連していただけに，長期波動論に関する議論を必要以上に混線させる結果になったと思われる．長期波動論を現実分析に有効に利用しようとするならば，この理論がマルクス経済学体系上，いかなる意義を有しているかということの整理から始めなければならない．つまり，長期波動論をマルクス経済学体系に組み込むとすればいかにして可能かという先に記した問題に帰着する．

本章では以上述べた問題意識に基づき，長期波動論の生成過程を検討する．つまり，長期波動論の理論的性格を明確化することに課題を設定する．

## 第1節　長期波動論展開前史

(1) マルクスの「大不況」認識

マルクスは1858〜62年に構想した「経済学批判体系」の「プラン」に従って，1861年から1863年までに23冊に及ぶ「経済学批判ノート」（=『経済学批判　1861-1863年草稿』）を執筆した．その「プラン」は大枠において「資本，土地所有，賃労働．国家，外国貿易，世界市場（と恐慌）」とする諸項目の配列・順序で構成されていた．ところで，「経済学批判ノート」執筆中に，彼は『資本論』執筆の構想を意図し，1863年8月からその作業を開始し，1865年の12月までかけてそれの全3部の第1草稿をひとまず書き上げた．『資本論』第1部を取り扱った第1巻の初版がドイツ語で刊行されたのは2年後の1867年のことである．

彼が『資本論』執筆計画以前から恐慌の科学的解明の必要性を強く意識していたことはこの間のさまざまな文書に散見される．終生このことに変化がなかったことは前記「プラン」とともに，『資本論』のいたるところで恐慌の問題に関説していることによっても確認できる．しかし，その著書の中の「覚書」のいくつかから推定されるように，『資本論』は基本的には「資本一般」の論理段階での資本主義経済の考察（＝資本主義経済の基礎構造と資本の一般的諸法則の解明）に限定されているのであって，恐慌に関する考察範囲はその著書が限定した論理段階に限界づけられている．つまり近代的産業の生活経路であるほぼ10年周期の産業循環についての理論的解明はなお後の論理段階での考察課題として『資本論』では留保されていた．

さて，『資本論』の完成を目指してマルクスがその作業を継続していた最中の1873年に恐慌が勃発し，資本主義はその後20年を越える長期の「大不況」に突入して行く．しかしマルクスが死んだのは1883年のことであるから，彼はこの事態を半分しか見ていなかったことになる．つまり1873年恐慌とそれに続く「大不況」が資本主義発展にとっていかなる意味を持っているかについて明確な認識を持つことなく彼はこの世を去ったことになる．ただ彼は，1873年恐慌以後，資本主義の発展にこれまでとは異なる特異な現象が発生しはじめたことに気付いていた．

マルクスは，彼の晩年の10年間に，彼の時代の恐慌現象について概略次のように見ていた[8]．第一に，彼は，1873年9月にアメリカのパニックで始まった部分的恐慌について，それがもしあまりに激しくなったならば，それは一般的恐慌の激発性を割り引きしその先端を折ってしまうであろうと観察していた[9]．ところが，1875年4月にはそれと全く逆に，激烈な部分的恐慌は決して一般的恐慌を割り引くものではなく，やはり，イギリスが恐慌の中心の座に着かざるをえないであろうとして，彼は初めの予測を訂正した[10]．第二に，1867年に勃発した恐慌が次に1873年に勃発したことから，彼は，産業循環の一般的周期の期間は短縮する傾向にあり，かかる循環周期の短縮は資本主義発展の必然的傾向であると指摘した[11]．第三に，1879年に勃発し

たイギリスでの恐慌は多くの点で以前の恐慌と異なる「特異な」現象を持っているると見て，その原因を彼はイギリスでの恐慌の発生に先立つアメリカ，南アメリカ，ドイツおよびオーストリアなどでの恐慌の勃発とロンドン貨幣市場へのフランス貨幣の流入による貨幣的崩壊の欠如に求めた[12]．第四に，1879年の恐慌がたとえどの様な経路を辿ろうともこれまでの諸恐慌と同じように，いずれそれは過ぎ去り，再び新たな産業循環が開始されるであろうと彼は予測した[13]．

　見られるように，マルクスは1873年恐慌とそれ以後の資本主義経済について様々なことを述べているのであるが，彼の到達した結論を要約すれば結局次のようになるであろう．1870年代の恐慌現象はこれまでのそれと比較して確かに「特異」であるが，この「特異」性は歴史的・特殊的・偶然的諸要因によるものであって，これらをもって資本主義的生産の一般的諸法則を修正する必要があるとは思われない．産業循環こそが「近代的産業の特徴的な生活経路」であるからいずれ周期的運動が再開されるはずである，と．

　しかし，現実の資本主義経済はマルクスの存命中とは異なる方向に構造的変化を遂げつつあった．第一に，イギリスを「世界の工場」とし他国を農業国とする旧来の放射状的世界市場での交易システムは崩壊しつつあり，世界市場は後発資本主義諸国の台頭によって列強間の政治的・経済的激突の場に転化した．第二に，綿工業から鉄鋼・石炭・化学等の「重化学」工業へと産業の基軸部門が移動し，産業循環の「物質的基礎」たる固定資本の巨大化がかつてなく急速に進行した．第三に，独占が形成され，株式会社制度を媒介としてそれが銀行と緊密化し，金融資本が形成され，発達した資本主義諸国における生産諸部門間の組織化が著しく進展した．

(2) エンゲルスの「大不況」認識

　マルクスは1883年の3月14日に死去した．したがってその後なお10年余にわたって続く資本主義世界経済の停滞局面を見ることなく彼はこの世を去ったことになる．

マルクスが死去した後の1880年代の後半期になっても，彼の予想に反して，恐慌が克服され新たな産業循環が開始されるようには見えなかった．エンゲルスはこうした事態を観察して，恐慌に先立つ一般的繁栄の時期はもはや資本主義世界経済にやってくることはなく「慢性的停滞 chronische Stagnation」が近代的産業の正常な状態にならざるをえないであろうと主張した[14]．そしてその原因の一つとして，彼は，マルクスのダニエリソン（D. F. Danielson, Н. Ф. Даниельсон）宛の手紙を根拠に，ロンドンで金融的崩壊がなかったことをあげ，その背後にドイツとアメリカの工業力がイギリスのそれを凌駕するほどに強化したことがあると指摘し，このことによって世界的規模で過剰生産が発生しているとした．要するにエンゲルスは，イギリスの世界市場独占の世界市場構造からイギリス，ドイツ，アメリカが競合する世界市場構造へ，世界市場の構造が変動したことによって，過剰生産が世界的規模で発生するようになり，恐慌は「急性的性格」から「慢性的性格」へ形態変化を遂げたと見なした[15]．

ところが，彼の晩年の1890年代になるとエンゲルスはこれまでの見方を修正したように思われる．1894年に彼によって編集・出版された『資本論』第3巻第5篇第30章の脚注の中で彼は次のように述べている．「私が既に他の箇所で記したように，この点で，最近の大きな一般的恐慌以来，一つの転換が生じた．これまで10年ごとの循環をしていた周期的過程の急性的形態は，種々の工業国に時期を異にして生じる，相対的に短く弱々しい事業好転と，相対的に長くはっきりしない不況との変化に，すなわち，従来より慢性的で，よりだらだらした形態に取って代えられたように見える．しかし多分問題は，循環期間の延長と言うことだけであろう．世界貿易の幼年記であった1815-47年にはほぼ5年ごとの恐慌が指摘される．1847年から67年までは循環は明確に10年ごとである．われわれは未曽有の激しさを持つ新たな世界的破局 Weltkrach の準備期にあるのであろうか？　そうらしいいくつかの点がある．」[16]

見られるようにエンゲルスは，恐慌の「急性的」形態は「慢性的停滞」の

形態に取って代えられたように見えるがしかしおそらくそうではないであろうとこれを否定し，「循環期間の延長」だけが問題であって，恐慌の「急性的」性格はなんら失われておらず，現在，恐慌の準備期にあるのではなかろうかと結論している．これより3年前の1891年9月2日付けポール・ラファルグ宛の手紙の中でもエンゲルスは「イギリスでの急性的産業恐慌を25年この方われわれは期待している」と述べていた[17]．したがって，彼は1880年代に展開した資本主義発展の「慢性的停滞」論を1890年代に修正したことになる．そしてマルクスとは逆にエンゲルスは循環周期の長期化傾向を示唆している．

このように，1880年代の末から90年代の初頭にかけて，エンゲルスの「大不況」認識には「混迷」または「動揺」が見られる．と同時に，彼のこの情勢認識の変化過程の中に循環周期の長期化傾向＝「長期周期論」の展開へと接近する長期波動理論史上の端緒を見いだすことができる．

## 第2節　慢性的停滞論の展開

(1) 「エルフルト綱領」成立期における「大不況」観

1890年2月ドイツで社会主義者取締法が合法的に廃止され，ドイツの労働者運動は飛躍の時代に向けて第一歩を踏み出した．同年10月にハレで開催された党大会で，党名が「ドイツ社会民主党 Sozialdemokratische Partei des Deutsland」（＝SPD）と命名され，「ラッサール主義と俗流社会主義の伝統を持つ時代遅れの党綱領」（いわゆる「ゴータ綱領」）に代わる新綱領作成の準備が開始された．

綱領草案はまずリープクネヒト（W. Liebknecht）によって起草された．ベーベル（A. Bebel）がそれに若干の変更を加えた．次いで，党執行部はこの二つの草案を討議し，最終的にリープクネヒトが綱領草案をまとめた．これらのすべては1891年6月18日付でエンゲルスやカウツキーおよびその他若干の社会民主主義者に送付された．それらの受取人は6月27日までに修正文案

ないし補足意見を執行部宛に伝達するように要請された．執行部は返送されてきた種々の意見を斟酌して原草案にさらに修正を加え，1891年7月4日付『フォルヴェルツ』誌上に党執行部起草の綱領草案としてこれを公表した[18]．この綱領草案をめぐって，党の諸組織をはじめ『フォルヴェルツ』(日刊紙)や『ノイエ・ツァイト』(月刊誌)誌上で全党的討議が開始された．これらの議論の過程で，各種の修正案や全く新しい綱領草案が党執行部に寄せられた．それらの中で特に重視されたのは『ノイエ・ツァイト』誌に無署名で掲載されたカウツキー起草の綱領草案である[19]．

党執行部は，寄せられた各種修正案や綱領草案[20]を審議・調整するために執行部内に綱領委員会を設置することにし，来る党大会に提出するための最終的な綱領草案をそこで作成することに決定した．委員会は21名で構成され，議長にリープクネヒトが選出された．新たにカウツキーも委員として参加した．綱領委員会では執行部案ではなく，カウツキー起草の綱領草案が議論のたたき台にされた．そしてこの委員会で作成された綱領草案が1891年10月14日から21日までの期間にエルフルトで開催された党大会で審議され採択された（=「エルフルト綱領」の成立）．

はじめにリープクネヒトによってまとめられた綱領草案から見てみよう．この草案の第4節目には次のような叙述がある．「資本主義的生産の本質に根ざす無計画性は，あのますます長期化する恐慌 immer langer andauernden Krisen と労働停止 Arbeitsstockungen とを生み出し，それらは……」．ここには，1880年代におけるエンゲルスの「慢性的停滞」観に共通する現状認識が見られる．エンゲルスはこの文章の後半部分については何の意見も述べなかった．しかし彼は前段部分については異議を唱えた．彼は次のように述べた．近年では株式会社による資本主義的生産が次第に支配的になってきており，個々の企業家による生産に代わって多数の人々による協同的に斟酌された生産が支配的になってきている．したがって「私的」という語は不適切であり，その語を削除すれば「この文章は何とか通せる」と．そして彼はさらに続けて，「もしまた株式会社から進んで幾多の産業部門を支配し独占する

トラストに移るなら，そこでは私的生産がなくなるだけでなく，無計画性もなくなる」[21]と補足した．

次に，カウツキー起草の綱領草案について見てみよう．実は，『ノイエ・ツァイト』誌上に掲載された彼の綱領草案には，恐慌に関する叙述は含まれていなかった．彼によれば，恐慌に関する問題を含めて党内である程度まで周知とみなされている経済的諸問題に関する叙述は綱領の全体を長くするだけで不必要だとみなしたからである．しかし，党大会に提出された綱領草案（カウツキーによって起草された綱領草案に基づいて綱領委員会が作成し執行部が承認した綱領草案）には恐慌についての叙述があった．すなわち，この草案には，カウツキーによって起草された綱領草案の「第2節」と「第3節」との間に，1891年7月4日付『フォルヴェルツ』に発表された執行部案の「第3節」の一部と「第4節」部分とが挿入された．しかし挿入されたその文章は「ますます長期化する恐慌」とされていた前のそれとは異なり，「資本主義的生産様式の本質に根ざす恐慌はますます広範囲にかつ破壊的に immer umfangreicher und verheerender なってゆき……」とされていた[22]．見られるように，新しい草案では，「無計画性」という文言は削除され，恐慌の発現形態に関する叙述箇所が修正されて復活した．しかし，「長期化する恐慌」と「破壊的な恐慌」とは決して同じ内容を意味しない．前者は「慢性的停滞」という意味により近く，後者は急性的で激発性を伴う「大恐慌」あるいは「大破局」という意味により近い．

このように，「エルフルト綱領」の成立過程においても19世紀末の「大不況」観に「動揺」と「混迷」が見られる．というよりは，これらはエンゲルスの現状認識に呼応していたのだと言ったほうがよいかもしれない．

(2) 恐慌論と崩壊論との関係

「長期化する恐慌」（あるいは「慢性的停滞」）と「破壊的な恐慌」とは同じ事態の二様の表現ではない．それらの語が人々に想起させる社会・経済状況が異なるだけでなくその説明論理も異なる．したがってどちらの用語を選択

するかは，社会変革の路線問題に深いかかわりをもつ．後者の場合には，恐慌論の体系的展開によって分析可能であろう．それに対して前者の場合には，恐慌を長期化させる他の規定諸要因が検出されなければならない．「エルフルト綱領」は前者から後者へと綱領草案の文言を修正することによって資本主義の終末観として，「破壊的な恐慌」という視点を採用した．ところがこの関係を二者択一の関係においてではなく，恐慌論と崩壊論の二つの理論領域に視点を二分化させたのは1892年に公刊されたカウツキーの著書『エルフルト綱領』である．

綱領の解説書を意図したこの書物の中で，カウツキーは「経済恐慌」とは別に，特に，「慢性的過剰生産」という一項目を設けた．

恐慌について彼は先ず，次のように述べる．「世界市場を揺るがす現代の大恐慌は過剰生産から生じ，それは商品生産に必然的に結びついている無計画性 Planlosigkeit の結果である．」[23] 彼はその例証として商品生産や商品交換の具体的内容や商品投機や恐慌を激化する諸要因となる交通機関・信用制度の発達などについて述べる．しかしここでは，商品の姿態変換運動から発生する，販売と購買との時間的・場所的分離の可能性から発生する，最も単純で，一般的で，基礎的な，「恐慌の可能性」について論じられているだけで，資本主義的生産に特有な過剰生産恐慌発生の必然性については説明されていない．*

ところで彼は次の節で「慢性的過剰生産」なる表題を掲げ，前節とは異なる論理でその現象の発生根拠を説明している．彼によれば，「慢性的過剰生産」は資本主義的生産の発展に伴う生産力の急速な上昇に対して，商品の販売市場の拡張が緩慢になってきたことから生じた．その理由として，第一に，

---

\* カウツキーはこの時期に，恐慌は大衆の過少消費から生じるのではなく生産の無政府性＝無計画性から生じるとする考えを強く押し出していた．そうした恐慌論はエンゲルスの『反デューリング論』やマルクスの『資本論』第2巻によるものとされた．そしてカルテルやトラストおよび信用制度の発達などは社会全体の無計画性を完全に排除するものではなく，むしろこれまでよりいっそう大きな恐慌を準備する主要因とされた．当時，『資本論』第3巻は未公刊であった．

手工業者や農民がプロレタリア化することによって国民全体の購買力が減退したこと，第二に，資本主義的生産様式が浸透し新しい競争相手が創出されたこと，これらである[24]．その結果，市場の拡張は著しく緩慢になり生産力を充分に発展させることがますます困難になった．したがって経済の好況期はますます短くなり，恐慌の期間はますます長くなるであろう[25]，と．このように述べたのち，彼はさらに一歩進めて次のように推論する．資本主義的生産様式が全世界的規模で支配的になればもはや生産力の発展の余地がなくなり，資本主義は死滅せざるをえないであろう，と．つまりカウツキーは生産力の無制限的拡大傾向に対する販売市場の制限性から「慢性的過剰生産」の発生を説明し，販売市場の外延的拡張の限界性をもって資本主義の死滅の必然性を論証しえたとしている[26]．カウツキーの見解で注目すべきことは，第一に，「エルフルト綱領」で触れることを断念した「慢性的過剰生産」の問題が改めて強調されていること，第二に，「経済恐慌」を説明する論理と「慢性的過剰生産」を説明する論理とは相互に全く関連なしに，前者は「生産の無計画性」から，後者は「生産と消費の矛盾」（生産の無制限的発展傾向に対する国民大衆の狭隘な消費制限）から説明されていること，これらである．しかし，現物経済の破壊によって市場経済が拡大することは商品市場の領域を狭めるものではない．

## 第3節　修正主義論争

(1) ベルンシュタインによる崩壊論批判

ベルンシュタイン (E. Bernstein) は，エンゲルスの死（1895年）の翌年から，「エルフルト綱領」に書かれてある資本主義の発展傾向に関する叙述内容や社会民主党内の「慢性的停滞」観（＝資本主義の崩壊期認識）に対して批判的見解を表明し始める．ベルンシュタインは，「エルフルト綱領」文中の恐慌の発現形態を論じている部分について，それを「慢性的な恐慌」（＝「慢性的停滞」）と理解するのではなく，文字どおり「破壊的な恐慌」＝「激烈な大恐

慌」という意味に解し，これに資本主義崩壊問題を関連づけようとした．それ故，彼による綱領批判はもっぱら「大恐慌」の発生可能性いかんの問題に向けられた．ベルンシュタインにとって，カウツキーらの「資本主義崩壊論」（＝「慢性的過剰生産」論）は誤れる過少消費説に依拠しているように思われたのであり，それは「エルフルト綱領」にも無関係であると思われた．

なお，ベルンシュタインによる綱領批判を検討するにあたってあらかじめ若干のことを補足する．第一に，エンゲルスの死後，彼が，突然，自説をひるがえして綱領批判をしようとしたわけではないということである．第二に，彼は，『反デューリング論』の中でのエンゲルスの叙述に基づき，恐慌を大衆の過少消費によってではなく生産の無政府性＝無計画性から説くべきであるとする見解をくり返したにすぎないと考えていたからである．第三に，彼は，『資本論』第３巻でマルクスが生産の無制限的発展傾向に対する大衆の過少消費を恐慌の究極の根拠として強調する一方，第２巻では過少消費説を否定し生産諸部門間の「不均衡 Mißverhältnis」（ここは「不比例 Disproportion」とすべきであろう）から恐慌の可能性を論じている「矛盾」を衝き，この「矛盾」の原因をマルクスがそれぞれの巻を執筆した時期の差異にもとめて，「マルクスの研究活動の最も円熟した成果」である第２巻の論述の方を正しいとした[27]．そして第四に，『資本論』第３巻第５篇第30章の中のエンゲルスの前記脚注部分（10年ごとの周期を持つ恐慌の急性的形態は慢性的停滞という形態に変容したように見えるが決してそうではないとされている箇所）に着目した．＊

したがって，ベルンシュタインはマルクスやエンゲルスの「最新」の恐慌

---

＊ 恐慌を大衆の過少消費から説くべきではなく生産の無性府性から説くべきだとする恐慌論の理解はドイツ社会民主主義者の間で一般的に普及していた．彼らはその論拠を『反デューリング論』や『資本論』第２巻（1885年）に求めていた．確かに，大衆の過少消費が恐慌発生の一要素であることはそこで否定されてはいない．しかし全体として見ればそれらの文献では，生産の無性府性による生産諸部門間の不比例から恐慌が発生するとする考え方が強調されているように見える．ところが1894年に発刊された『資本論』第３巻では「大衆の狭隘な消費限界」という一要素が恐慌の説明に際して重要な役割を与えられていた．それ故，二つの巻が相互に「矛盾」していると彼らに見えたとしても不思議ではない．

論に基づいて彼の恐慌論を展開しようと意図していたということができる．しかし彼は資本主義の発展傾向に関してエンゲルスとは全く逆の結論を下した．というのは，エンゲルスの場合には，交通機関の発達やカルテルやトラストの形成が恐慌の根源や発生の機会を当面は弱め，あるいは除去することに役立つにしても，それは将来の激烈な恐慌を準備するだけであると述べているのに対し[28]，ベルンシュタインの場合には，それらは再生産過程の撹乱の条件を弱め恐慌の可能性を緩和すると見なしていたからである[29]．

(2) 資本主義の崩壊をめぐる諸見解

ベルンシュタイン批判にいちはやく着手したのはルクセンブルク（R. Luxemburg）である．彼女は恐慌論と崩壊論を「生産と消費の矛盾」から統一的に説こうとした．「恐慌は生産の拡張能力，つまり拡張傾向と限られた消費能力との間の矛盾から生ずる．」[30]そして資本主義の発展傾向について彼女は概略次のように述べた．資本主義的生産様式のもとでは生産能力は消費能力の限界を突破せざるをえない必然性を持っている．それ故，資本主義的世界市場が完成し消費能力を持つ非資本主義的領域が「枯渇」すれば資本主義的生産の拡大能力は限界に突き当たらずをえない．資本主義的生産様式は「抜け道のない袋小路」に入り込む．このような時期に循環性恐慌がますます激烈にますます凶暴に立ち現れるであろう．このような事態の現出が社会主義革命の実現の条件を作り出すであろう[31]，と．

続いてカウツキーもベルンシュタイン理論の体系的批判に乗り出した[32]．彼は恐慌を商品生産を基礎とする資本主義的生産の無政府性から発生するとするこれまでの見解を繰り返すと同時に，今度は，「需要の著しい増加は現存する欲求を越える生産の急速な拡大，つまり過剰生産に導き，それが……恐慌を招く」であろう[33]として，「生産と消費の矛盾」を重視する観点を打ち出した．ただし両者の関連は明確ではない．

一方，崩壊論に関してカウツキーは次のような論理を展開した．恐慌は生産が無政府的に行われることによって現存の消費能力を凌駕することから発

生するのに対し,「慢性的過剰生産」は国内市場と外国市場とが生産と同じテンポで拡大しえなくなる歴史的な一時期に発生する．それ故,恐慌となって爆発する産業周期の運動と「生産とその販売市場の拡大を求める資本の不断の衝動」との,これら「二つの運動」を区別すべきである．確かに,市場の拡張には絶対的な限界があるわけではない．したがってそれは「弾力性ある限界」であろう．しかしそれは「狭められてゆく弾力性」である．それ故,生産の拡大は市場の拡大を恒常的に凌駕する歴史的な一段階がいずれ到来せざるをえないであろう．その時期を「不治の慢性的過剰生産 unheilbar chronische Überproduktion の時代」と呼ぶことができ,この時期に,社会主義への移行のための強制状態が作り出されると理解されるべきであろう[34],と.

　上に見てきた二つの見解は「修正派」に対する「正統派」からの代表的批判である．

　一見すると崩壊論争が提起していた問題点は,資本主義の崩壊は「原理的」にないし『資本論』（=「資本の一般的運動法則」）でいかに論証しえているのかという純粋に理論的な領域のそれにあったように見える．（実際にその後の議論はそうした方向に進むのである．）しかしこの問題が論点となる現実的契機が党綱領をめぐる議論,すなわち社会主義運動における路線問題にあったことから分かるように,資本主義没落＝解体の諸条件を理論的にというよりは歴史的に明らかにすることが課題になっていた．たとえばカウツキーは国内市場および外国市場が拡大した諸要因として次のような諸項目を列挙している．(1)原始的家内工業の駆逐,(2)電気技術のような新産業部門の発生を伴う技術革新,(3)交通・運輸手段の拡張と改良,(4)金属貨幣＝金の大量産出,(5)遅れた諸地域での大工業の建設などである．したがって,これらの市場拡大諸要因が消滅すれば資本主義は「不治の慢性的過剰生産」の時代＝没落期に達することになる．つまり,カウツキーは,生産諸力の拡大が市場の拡大能力を恒常的に凌駕することになる歴史的一段階を資本主義の没落期と見なした．同じくルクセンブルクもまた資本主義的世界市場が完成した段階,つま

り非資本主義的領域が「枯渇」した段階を資本主義の没落期と見た．このように，資本主義の崩壊をめぐる議論は，一面では，理論上の問題をめぐる議論のように見えながら，実際には，論戦の当初から，現状分析的・歴史分析的領域のもとでの議論であったといえよう．他面では『資本論』の論理の現状分析への直接的適用を図るという経済学方法論が許されるかどうか，論点は二重化されていた．

さらにここで確認しておくべきもう一つのことは次のことであろう．もし，カウツキーが言うところの「生産とその販売市場の拡大を求める資本の不断の衝動」がさきに列記した市場拡大諸要因であるとすれば，現実の世界資本主義は決して，生成・発展・没落という単純でなだらかな傾向曲線を描いて発展すると考えることはできないであろう．市場拡大諸要因の様々な組合せによって資本主義は長期の歴史的波状運動を展開する可能性があるからである．少なくもそうした推論の余地を前述の議論は残している．まさに，そのような思考の延長過程で長期波動論が登場してくるのである．つまり，長期波動論は資本主義の崩壊をめぐる議論の過程の中から，崩壊論の一変種として，成立してくるのであるが，そのための理論的側面からの準備はルクセンブルクやカウツキーによってなされたと言ってよいであろう．パルヴスの長期波動論が登場した時，カウツキーがそれに全面的な賛意を表明したのはこのような理由からである．

(3) ツガン－バラノフスキーの産業周期論

19世紀から20世紀にかけてのドイツにおいて，恐慌分析は真に体系的になされなければならないことを認識させるきっかけとなったのはツガン－バラノフスキーの労作『イギリスにおける商業恐慌の理論と歴史に関する研究』（邦訳の表題は『英国恐慌史論』）[35]のドイツ語版での発刊（1901年）であろう．

ツガンのこの著書は二部構成からなる．第一部は「恐慌の理論と歴史」，第二部は「商業恐慌の社会的影響」である．前者は8章からなり，第1，6，7，8章は理論分析，他の4つの章は歴史分析である．したがって，恐慌問

題がこの著書で体系的に整理されて論述されているわけではない[36]．しかし，「恐慌の根本原因」（第1章）と「産業周期と恐慌の周期性の原因」（第8章）とが分けられて論じられており，「恐慌の周期性」が本格的に論じられていることがこの著書の一つの大きな特色をなしている．恐慌の周期性に関する理論の本格的展開をまって初めて長期周期に関する議論展開の基礎が準備されるのであるから，長期波動論の理論史において，ツガンのこの著書が持っていた特別の意義を解しなければならない．

さて，ツガンは第1章で，全般的過剰生産の「可能性」と「必然性」とについて論じている[37]．「可能性」について彼は『資本論』第1巻第1篇「商品と貨幣」の叙述部分を基礎にして論じている．「必然性」について彼は『資本論』第2巻第3篇の再生産表式に基づき，「資本主義的生産の諸矛盾が全般的な過剰生産を必然的にする」とする[38]．＊

そして彼は「社会的生産の比例的配分が存在する場合には，社会的生産物の過剰はありえないという結論」をえ，「過少消費説」を否定して「社会的生産の無計画性」を論拠に「恐慌の必然性」を論定しようとした．

ツガン-バラノフスキーのこの著書が，それの発刊と同時に，多くの批判を受けたにもかかわらず，結果的には，マルクスの恐慌論の理解と発展に著しく貢献したことは否定できない．とりわけ再生産表式を恐慌分析に積極的に活用したことの意義は評価されなければならないであろう．

さらにまた，この著書が修正主義論争の核心的論点である資本主義の崩壊問題に，新たな一石を投じ，論争に新たな局面を切り開いたことについても触れておかなければならない．彼はこの著書で，崩壊論争史上初めて次のような純理論的問題を，すなわち，「資本一般」の諸法則（＝『資本論』）で資本主義の崩壊の必然性は論証しえているのかどうか，この問題を提起した．ツ

---

＊　ここで「資本主義的生産の諸矛盾」とは彼によれば，「(1)生産手段が生産に参加しない人々によって所有され，生産者がそれを直接所有しないという矛盾と，(2)個別経営において生産が組織されているのに社会的総生産が非組織的な状態にあるという矛盾」の二つである[39]．

ガンによれば，マルクスは資本主義的生産様式の発展が不可能となる条件として，「(1)利潤率低下の法則」と「(2)過少消費を引き起こすにいたる資本主義的分配関係のもとでの社会的生産物の実現の困難」との２つの契機をあげている．カウツキーをはじめとする多数のドイツのマルクス主義者は上述のうち特に第二の契機を重視し，それを論拠にして崩壊論を展開しているが，それも誤りである．いずれの命題も成立不可能であり，マルクスの崩壊論は成立し難い[40]，と．

かくして，ツガンの著書はベルンシュタイン修正主義を側面から補完する理論として，第二インター期のマルクス理論家達に衝撃的な影響を与えたのであるが，本章の問題関心に引き寄せてその著書の意義を要約すれば，次のようになるであろう．第一に，「資本一般」の諸法則はいかに，またどの箇所で資本主義の崩壊を論証しえているのかというこの問題．第二に，資本主義の構造分析と動態分析に有する再生産表式の意義を強調したこと，第三に，恐慌の周期性の問題を本格的に論じることによって，恐慌をめぐる既存の諸理論に強い影響を与えたこと，そして第四に，経済の変動性研究の関心を喚起させ，長期波動論を長期周期論に組替える（ヘルデレン，ヴォルフ，コンドラチェフなど）基礎を築いたこと，これらである．

## 第４節　長期波動論の生成

(1) パルヴスの長期波動論

本章の「はじめに」で指摘したように，マルクス学派の長期波動論については，パルブスがその著書『商業恐慌と労働組合』（1901年）の中で展開した理論を原型としている．しかし，彼によれば，1896年に公刊した自著『労働組合と社会民主党』の中で既にそのような考え方の基本を提示していた．その著書では，資本主義的生産の長期の波状運動の存在を想定し，(1)1890年代の後半期に始まった好況は経済的不況の時代であった80年代のそれより一層大きな効果を発揮するであろうこと，(2)この好況はいずれ商業恐慌と入れ替

わるであろうが，しかしそれは短期間に終わるであろうこと，これらを予測したとされている．

パルブスによれば，資本主義的生産発展の動態を解明するには，「商業恐慌」に関する基本理論と，いま1つ，長期波動を解明する理論，つまり「経済的不況の時代」と「資本のシュトゥルム・ウント・ドラング時代」との交替からなる（より長期の発展過程を視野に収めた）資本主義発展の理論との，2つの理論が必要である．カウツキーがすでにそれを指摘していた資本の「2つの運動」との相似した関連に先ず注意しておく必要があろう．パルブスはカウツキーが組み立てようとした理論的枠組みを引き続き継承したといってよい．*

パルブスは資本主義的生産の長期の波状運動について，これを次のように説明した．資本主義的生産における長期の発展過程に注目すれば，産業の周期的変動とは異なる長期の波状線の存在を確認することができる．それは，「資本のシュトゥルム・ウント・ドラング時代」と「経済的不況」（の時代）との相互交替で構成されている．この波動性は世界市場の拡大いかんに依存している[41]，と．

彼によれば，資本主義世界経済は1860年代に「シュトゥルム・ウント・ドラング時代」に入り，1870年代末の恐慌を契機に「経済的不況」（の時代）に入った．そして1890年代半ばから再び「シュトゥルム・ウント・ドラング時代」に入った[42]．近年のこの経済的高揚を規定した諸要因として，彼は次の6項目をあげている．(1)農民経済の破壊を伴い，フランスからの数十億の借款よって生産活動が促進されたロシアの工業発展，(2)北アメリカ合衆国における農業経済の工業経済への移行，(3)金生産の急速な増加，(4)東アジアの

---

＊　パルヴスは恐慌について次のように説明する．「あらゆる恐慌の究極の根拠」は過少消費にある．しかしそのことを確認したところで恐慌について何も説明したことにはならない．重要なことは「過剰と欠乏がいかに生産を妨げるかを明らかにすることではなく，資本主義的過剰がいかに生産を促進し，それがいかに崩壊にまで駆り立てられるかを明らかにすること」である，と．資本主義的生産様式のもとでの「過剰蓄積」の内的傾向を指摘したものとして彼の見解を評価してよいであろう．

工業化，(5)その他，植民地領域における工業活動を可能にした諸関係の成熟，(6)電気技術の発展[43]．

　これらの諸項目を一見して気づくことは，これらはカウツキーによってすでに市場拡大要因として列挙された諸項目とほぼ一致しているということであろう．それらは，国民経済にとって外部的諸契機であり，歴史的諸契機である．他の見方からすれば，それらは，非資本主義領域の資本主義化に伴う世界市場の拡大諸要因と，生産諸力の発展と新産業部門の形成を促進する諸要因と，そして最後に，貨幣材料としての金生産量の増大要因との三要因に大別できる．（カウツキーが列挙している諸項目の中でパルヴスが触れていないのは交通・運輸手段の拡張と改良についてである．）世界市場の拡大を規定する歴史的・具体的諸要因を列挙して資本主義の将来を展望するかかる方法は，エンゲルスの慢性的停滞論，カウツキーの慢性的過剰生産論，それらの系譜に属する崩壊論，これらの理論に共通している．これらは純理論的展開というよりは資本の一般法則の現状分析・歴史分析への直接的適用である点で同じ方法論を共有している．その意味で，パルブスの長期波動論は理論史的系譜からすれば崩壊論の一変種である．そしてパルヴス自身も彼の長期波動論が崩壊論の批判的継承であることを認識していた．なぜなら，彼は，慢性的停滞論は長期の波状運動の下降局面を一般化した議論であり，他方，修正主義者の議論はそれの上昇局面を一般化した議論であると考えられていた[44]からである．これらの，ともに一面化された議論は長期波動論によってのみ克服可能であると彼は確信していた．＊

　資本主義的生産発展の長期の波状運動が主として世界市場の拡大可能性に依存しているとする彼のこうした見地は同年に発表された論文「工業関税と

---

＊　生産技術の発展について，慢性的停滞論あるいは崩壊論の場合には，「生産と消費の矛盾」という観点から，それの供給拡大効果が需要拡大効果を上回る点が強調される一方，資本主義的生産が拡大基調にある場合には，その要因として，それの需要拡大効果が供給拡大効果を上回る点が強調されるという点で整合性に欠けている．

世界市場」[45)]の中でも強調されている．彼はその論文で次のように述べている．「工業国への，あるいは工業国の発展は，特に世界市場の一般的連関の影響下にある．世界市場は飛躍 Aufschwung と下降 Niedergang というそれに固有な大波動 grosse Wellenbewegung をもち，それは個々の国家の貿易政策によって鈍らされ，攪乱され，緩慢化されるが，しかし廃棄されることはなく，それはそれで各国の工業発展に対して，効果的にまたは弱々しく，規則的にまたは攪乱的に，作用する．」「したがって，各々の国々の工業発展は，特に，世界市場の発展に依存する．」[46)]*

「経済秩序の総体」によって条件づけられるその国の工業の発展，あるいは工業諸国家間の経済的関係の在り様，これらの発展態様を外部から制約するのが世界市場である．つまり，一方では，工業諸国家間の不均等発展が資本の運動を内的動因とする世界市場での展開形態としてあり，他方では，世界市場はそうした展開を背後で究極的に制約する外部的諸条件として立ち現れる．そして，世界市場はそれ自体で飛躍と下降を規定する独自の発展法則を持っている，このようにパルヴスによって捉えられているように思われる．さらに言い換えれば，産業周期の場合には，固定資本の独特な回転様式を基盤にこれを資本の自律的運動として説きえるのに対し，長期波動の場合には，自律性＝回帰性を持った資本の独自的運動としては説きえない．

なお，パルヴスは1908年に著書『議会主義と社会民主党』を公刊しそこでも長期波動論を展開している．その際，彼は資本主義的生産発展の長期の波状運動の規定要因として世界市場の拡張（＝新市場の開拓）要因を重視しつつも，しかしこれまでよりいっそう技術発展の役割を重視している．彼によれば，世界市場の発展は資本の運動と無関係ではなく，資本の運動は農業国を

---

＊ 「ある一国の工業発展の最も重要な諸条件としては，鉄道，都市，電信・郵便，商業の機構，資本の蓄積，貨幣市場の発展，能力ある・よく訓練された工場労働者，国民教育，技術専門学校，議会制度などが挙げられる．」これらの諸条件は「経済秩序の総体 gesammte Wirtschaftsordnung」を形成し，これが一国の工業競争力を条件づける[47)]．

工業国に転化させ，植民地を経済的に自立化させ，世界交易を拡大させる．世界市場にはこうした固有の発展法則が存在する．他方，「技術の発展は世界市場の発展と同じく固有の法則に従う．」技術発展は自然科学の成果に緊密に依存する．「技術の固有の発展法則は無数のしかしわずかな変化の時代と大きな変革の時期とを示す．」だから，「技術革新が世界市場の発展の革命的時代に同時に生じるなら，それは大きな影響力を持つだろう．」[48]パルヴスはこの時期に長期波動に及ぼす技術革新の影響を重視し始めている．＊技術の発展を経済発展に従属させて説明するのではなく，それらをひとまず分離し，技術の発展にはそれに固有の法則性があることを強調したことはパルヴス理論の一つの特徴である．

なお，パルヴスの長期波動論に関するより立ち入った検討は次章での課題とする．

(2) カウツキーの長期波動論

カウツキーは1902年に「恐慌諸理論」と題するツガン-バラノフスキー批判の論文を公表し，その中で「2つの理論」，つまり，恐慌論と長期波動論とを展開している．

彼は，恐慌の説明に際して，この時期，生産の無政府性を論拠として生産諸部門間の不比例性から恐慌を説明するかつての理論を後退させ，大衆の過少消費を重視する理論に移動し始めていた．彼によれば，資本家は競争力を維持し強化するために資本の蓄積を行なうのであるが，このことは生産手段と消費手段とを共に増加させる一方，他方では，資本家の個人的消費と労働

---

＊ パルヴスは「資本主義的発展のシュトゥルム・ウント・ドラング」を方向づけた「諸革命」について次のように述べている．「われわれは，生産と社会発展の種々なる領域で，また種々なる国々で，一連の革命を眼前にしている．それらは相互に条件づけ合い，一致して新たな資本主義的シュトゥルム・ウント・ドラング時代を形成している．」そうした「諸革命」とは，アメリカにおける経済革命，ロシア革命，アフリカの変革化，アジア工業の形成，世界貿易における革命，技術革命，これらである[49]．

者のそれとを減少させる．そのために過剰生産が生じる[50]．このように述べ，彼は，パルヴスの恐慌論に触れながら，「(パルヴスの恐慌論は――引用者)明快にかつ大胆に………科学的深さで統一し分かりやすい方法で恐慌の本質を解明するという困難な課題を見事な方法で解決している」[51]とこれを絶賛し，この恐慌論こそ「正統派」マルクス主義者の恐慌論であると強調した．

ところで，カウツキーはパルヴスの長期波動論にも賛意を示した．1895年以降における世界資本主義の飛躍的発展は「慢性的停滞論」を無効にし，長期波動論的観点による分析手法のほうがいっそう現実妥当性を有する理論に見えた．彼はパルヴスの理論を「新たな理論的洞察」[52]であり，「マルクス恐慌論の価値ある補足と豊富化とを意味する」[53]と評価した．そして周期的恐慌を資本の一つの運動法則によるものであるとすれば長期波動として現れる資本主義的生産の波状運動はいま一つの法則であり，前者は後者によって発現形態が修正されるであろうとした[54]．今や，カウツキーは，第一に，「正統派」の崩壊論（彼はそれを認めようとはしていないのだが）に代えてパルヴスが提唱する長期波動論を容認した．第二に，資本主義発展の長期の波状運動は産業周期と並ぶいま一つの法則であると見なすことによって，長期周期の存在を容認した．

彼は，イギリスの輸出統計をもとに，1815年以降における資本主義の発展と衰退の交替的大波状を3期に区分し，さらに世界市場の拡張諸要因と，長期波動と社会的諸事件との対応関係を列記している[55]．

すでに明らかなように，カウツキーの長期波動論は，彼がかつて展開した「慢性的過剰生産論」（＝崩壊論）の一変種，あるいは崩壊論を基礎理論とした歴史分析と言えるであろう．「生産とその販売市場の拡大を求める資本の不断の衝動（性）」は，それに対する制約諸条件が作用するもとでは，「慢性的過剰生産」を惹起させるが，逆の諸条件が作用するもとでは，それが逆の大波状運動を惹起させる．これまで見てきたように，カウツキーの場合にも長期波動論は崩壊論の一変種としてそれを継承する形で受容されたことが明らかになった．重ねてその理論の性格に関して言えば，それは「資本一般の

諸法則」(=『資本論』)の歴史分析的具体化,とりわけ世界市場における資本の運動を歴史分析的に解明するための一手段としての特徴をもっている.長期波動論は崩壊論批判として登場してきたとはいえ,資本主義の発展過程の分析手法は両理論とも同一基盤に立っていたと言えるであろう.

## 第5節　長期周期論の生成

(1) ヒルファディングの産業周期論

「正統派」と「修正派」との理論的対抗関係が深まる最中に,ヒルファディングは,「生産と消費の矛盾」から資本主義の崩壊を説く(過少消費説的偏向を持つ)「正統派」の崩壊論は『資本論』第2巻の再生産表式論によって成立し難いことが証明されているとする「修正派」の主張の正しいことを認めた.しかし,彼は,マルクスの発見した「資本の有機的構成の高度化に伴う一般的利潤率の傾向的低下の法則」については,この法則を認め難いとするツガン－バラノフスキーの理論に真っ向から反対した.ヒルファディングはこの法則を彼の経済理論の根幹に据えた.彼はこの法則の重要性を強く認識しつつ,諸資本の集積過程の延長線上に社会主義の経済的基礎の成立根拠を見いだすと同時に,社会主義革命の現実的基礎をも見いだすという独自な見方に立って,マルクス主義の理論戦線に参加した.つまり,彼は『資本論』第2巻に依拠して,「正統派」の崩壊論に対抗し,他方,第3巻の「利潤率の傾向的低下の法則」を容認することによって,「修正派」の階級緩和論に対抗し,最もマルクス的な経済理論を打ち立てようとした.ヒルファディングの労作『金融資本論』[56](1910年刊行)は崩壊論批判と貧困化論批判を主眼とする修正主義への最終的回答,言い換えれば,修正主義論争の最終的決着を意図するものであった.実際,彼の『金融資本論』は,諸資本の集積過程を一本の太い軸線とする『資本論』の続篇として彼自身によって位置づけられていた.

ところで彼の著書の中では長期波動論的観点を見いだすことはできない.

市場理論あるいは販路の理論としての色合を強く持つ崩壊論→長期波動論という理論史上の系譜からすれば，崩壊論を拒否するヒルファディングが長期波動論的観点を容認しないのは当然のことかもしれない．とはいえ，彼の恐慌・産業循環論は長期波動論，とりわけ長期周期論の形成に多大な影響を与えた．ツガン－バラノフスキーが修正主義者とされていただけに，ヒルファディングの理論が産業周期に関する研究により多く活用された[57]．＊

ところでパルヴスの長期波動論は今度はオランダにおいて，それも新たに長期周期論の色彩を強めた形で登場してくる．したがって，理論史的観点からすれば，ヒルファディングによる恐慌の周期性に関する研究は長期波動論の中の長期周期論展開における媒介環的意義を果たしたものということができる．

(2) ヘルデレンの長期周期論

パルヴスの「資本主義的生産発展の法則」＝長期波動論は，1913年に，オランダのマルクス主義者ヘルデレン（J. フェッダー）によって，長期周期論に再構成された．彼はオランダの左派系月刊誌『ニュー・タイト』誌上に論文「大潮．産業発展と価格運動に関する一考察」を公表した．彼はその中で，価格の運動，とりわけ物価動向を統計的に処理し，物価の長期にわたる「大波動 grootere golfbewegung」の存在を確認した．そしてさらに，その波動が資本主義的生産の「拡張」と「収縮」との周期的交替に関連していることを明らかにしようとした．そのため，彼は生産の規模，交通機関の拡張，外

---

＊　ヒルファディングは恐慌の解明のために，ツガンが構成した論理体系を参考にしながら，『資本論』を基礎にした体系的展開方法を採用している．「恐慌の一般的諸条件」→「恐慌の諸原因」（＝「恐慌の周期性」）→「恐慌の形態変化」という論理構成がヒルファディング恐慌論の基本構成であり，再生産過程の均衡諸条件の析出と利潤率が低下する諸過程の分析とに重点が置かれている．しかし，彼の恐慌論では「正統派マルクス主義者」の恐慌論とされていたところの基本的観点，つまり労働者大衆の過少消費が恐慌の説明の際に一定の役割を果たすというそうした観点，が軽視されていた．カウツキーはその本の書評に際してこの点を指摘した．

国貿易，利子率等に関する統計資料を利用した．その際，彼は，ツガン－バラノフスキー，カウツキー，ヒルファディングらによって研究された産業周期の理論を長期周期論の構成に適用することによって，パルヴスの長期波動論を長期周期論に磨き挙げることを意図した．ヘルデレンは，パルヴスが長期波動論を長期周期論に練り上げるまでにいたらなかったことに不十分性を見いだしていた[58]．彼は，産業周期における各局面の主要指標を利用し，長期周期の存在を確証しようとした．そして彼は，1850-73年を「大潮の時代 springvloedperiode」，1873-95年を「引潮の時代 ebbeperiode」と時期区分し，1895年以降資本主義は再び「大潮の時代」に入っていると見なした．そして彼は，長期波動の規定要因として，技術革新それ自体がもたらす需要創出効果（＝「生産拡大の法則」）と世界市場の拡大＝販路の拡大とのこれらの2要因の関係を重視し，とりわけ前者の，技術革新がもたらす生産拡大への衝撃効果を強調した[59]．

　資本主義的世界経済における上昇的長波と下降的長波の存在が確認され，その波動の時期区分の確定が必要になり，さらにその波動性を規定する諸要因が議論される中で，（他方では，産業循環に関する研究の成果が公表されるという状況の中で）長期波動の周期性の有無に関する問題にまで議論の範囲が拡張されて行くのは当然の成行きであろう．そしてヘルデレンが，7～10年の産業循環の説明に際して利用される経済諸指標を活用し，長期周期の存在をそれらをもって確証しようとしたことについても非難されてはならないであろう．とくに10年後に復活してくるコンドラチェフやヴォルフの長期周期論を想起すれば，ヘルデレンのこの論文の長期波動論史上における先駆的な意義は評価されねばならないであろう．とりわけ彼が物価の長期的動向に注目したことは長期波動をめぐる彼の理論の先駆性を象徴するものであったと言ってよいかもしれない．

## おわりに

　長期波動論は崩壊論の一変種として生成してきた過程を明らかにしてきた．これらの諸理論は，論理次元において，また現状分析へと具体化する方法において，ともに共通性を有していた．通説に従えば，崩壊論争に見られる方法論上の誤謬は，帝国主義段階に固有な矛盾の現象形態を「資本一般」の諸法則（＝『資本論』）によって直接解明しようとしたことにあった．この種の批判は容認できる．しかし同時に，崩壊論あるいは長期波動論が資本主義的生産様式の構造分析にあるいは動態分析に果たす固有の役割が軽視されてはならないであろう．要約すれば，崩壊論争が提起した問題は次の2点であった．第一に，「資本一般」の諸法則（＝『資本論』）によって資本主義の生成・発展・死滅の必然性はいかに論証しえるのかという問題，第二に，「資本一般」の諸法則の現状分析への適用に関する問題，これらである．これらの2つの論点はその後，4つの方向に分岐した．第一に，「資本一般」の諸法則によって資本主義の崩壊を論定しようとする再三の試み．第二に，帝国主義は資本主義の崩壊傾向を阻止しようとする資本の延命策と理解する見解に対する批判．第三に，崩壊論を長期波動論に組み替える方向．第四に，恐慌・産業循環論研究の深まりに平行して進められた「長期周期論」の構成作業．しかし，既述のように，長期波動を規定する諸要因はその波動を合法則的・規則的ならしめる単一要因に還元できるものではなく，またそれらが相互連関的合力として資本の運動に自立性を与える機構を持っているわけでもない．経済活動に周期性を与える物質的基礎を見いだすことはできないからである．しかしそれにもかかわらず，資本主義発展の長期波動現象は「資本一般」の論理段階で明らかにされる諸法則の長期の特殊・歴史的な顕在形態として理解することができるであろう．「資本一般」の諸法則といっても，それは決して観念的なものではなく，現実的根拠を持っているからである．極論すれば，長期波動論なる固有の「理論」は存在し難いと言わざるを得な

い．ましてや「固有の競争論」で研究対象となるとされる産業循環論とのアナロジーで長期周期論を構成しようとする試みには同意できない．


〔付記〕 崩壊論から長期波動論へ

　小澤光利氏は論稿「『長期波動論』と『全般的危機論』――戦間期マルクス恐慌論の展開と特質《序説》――」(『経済志林』第58巻第3・4号併合，1991年) の中で，筆者の旧稿「『長期波動』論の理論的性格に関する一考察――『長期波動』論の生成過程に関連して――」(『商学論纂』第22巻第4・5・6号，1981年．この論文は本章に転用された) に対し，「戦前期 (第一次帝国主義戦争前――引用者) の先行諸議論をただちに『「長期波動」論の生成』とみる」見解には「同意できない．」「むしろ戦前期の諸議論については，ひとまず『崩壊論』として概括し，『長期波動論』とは明確に区別しておくべきであろう」と批判的に述べておられる (68ページ)．しかし，既に本章で詳細に検討したように，ヘルデレンの理論について，これを「長期波動論」の一変種としてならともかく，「崩壊論」の一変種として特徴付けることはできないし，そのように「概括」することは正しくないと思われる．彼はツガン-バラノフスキーやヒルファディングの産業循環論の影響を多分に受け，パルヴスやカウツキーの長期波動論を媒介として，これを長期周期論に純化させようとしたのである．したがって，パルヴスの長期波動論を長期波動論の嚆矢と見なし，ヘルデレンの長期波動論を長期周期論の嚆矢と見なすことに何の問題もないように思われる．加えて，ヘルデレンの理論が，20世紀に入ってからの急激な物価騰貴をめぐる多彩な議論の中から，とりわけ，物価の長期的変動に関わる議論の中から登場してきた，長期周期論の形成過程におけるこの独自な経過 (本書の第3章を参照) が，重視される必要があるのではなかろうか．

　なお，長期波動論が崩壊論の一系譜であることが重視されるべきか，あるいは崩壊論的視点から脱却して長期周期論が構成されたことが評価されるべきかは，各論者の経済学の方法にかかわる主要な争点となる．本章はこの点についてかなり強く意識して書いた．(本書第5章の付記もあわせて参照されたい．)


1) E. Mandel, *Der Spätkapitalismus*, 1972. (*Late Capitalism*, translated by J. D. Bres, London 1975.) 飯田裕康・的場昭弘訳『後期資本主義』(第1分冊) 柘植書房，1980年．

2) Parvus, *Die Handelskrisis und die Gewerkschaften,* München 1901.
3) K. Kautsky, Krisentheorien, *Die Neue Zeit,* Jg. 20, Bd. 2, 1901-02.
4) 彼は1908年に著書『議会主義と社会民主党』(Der Parlamentarismus und die Sozialdemokratie, 1908. in : *Der Klassenkampf des Proletariats,* Berlin 1911.) を公刊し，その中でもこの理論について述べている．
5) Van Gelderen (J. Fedder), Springvloed─ Beschouwingen over industrieele ontwikkeling en prijsbeweging, *De Nieuwe Tijd,* Nos, 4, 5, 6, Vol. 18, 1913.
6) この時期の論争を詳細にサーヴェイした論文としてG. ガーヴィの労作「コンドラチェフの長期周期論」(G. Garvy, Kondratieff's theory of Long Cycles, *The Review of Economic Statistics,* Vol. xxv, Nov, 1943.) がある．
7) コンドラチェフとトロツキーとの主要な対立点を究明し，マンデルの長期波動論を吟味した優れた論文としてはデイの論文「長期周期論．コンドラチェフ，トロツキー，マンデル」(R. B. Day, The Theory of the Long Cycle : Kondratiev, Trotsky, Mandel, *New Left Review,* 1976, 9-10) がある．
8) 詳細には三宅義雄『イギリス恐慌史論』(上，下，大月書店) を参照されたい．
9) *Marx-Engels Werke,* Bd. 33, S. 607.（『マルクス・エンゲルス全集』第33巻，497ページ．）以下では，*Werke*（『全集』）と略記する．また論文名なども略す．
10) ラシャートル版『資本論』，351ページ．
11) 同上，280ページ．*Werke,* Bd. 34, S. 145.（『全集』第34巻，122ページ．）
12) *Werke,* Bd. 34, S. 370-2, 463-4.（『全集』第34巻，297, 381-2ページ．），*Werke,* Bd. 35, S. 156.（『全集』第35巻，128ページ．）
13) *Werke,* Bd. 34, S. 372.（『全集』第34巻，298-9ページ．）
14) *Werke,* Bd. 21, S. 184.（『全集』第21巻，190ページ．）
15) *Werke,* Bd. 36, S. 386.（『全集』第36巻，338-9ページ．）
16) *Werke,* Bd. 25b, S. 506.（『全集』第25b巻，626ページ．）
17) *Werke,* Bd. 38, S. 151.（『全集』第38巻，123ページ．）
18) *Werke,* Bd. 22, S. 596.（『全集』第22巻，599ページ．）
19) K. Kautsky, Der Entwurf des neuen Parteiprogramms, *Die Neue Zeit,* Jg. 9, Bd. 2, 1890-1901, S. 723-30, 749-58, 780-91, 814-27.
20) 提出された各草案の中，比較的重要なものとして党大会で紹介されのは，①『ノイエ・ツァイト』編集部草案，②A. アウエルバッハ，P. カンプマイアーおよびルクサスらの共同起草による草案，③シュテルンの起草による草案，である．
21) *Werke,* Bd. 22, S. 231-2.（『全集』第22巻，237ページ．）
22) *Werke,* Bd. 24, S. 409.（『全集』第24巻，505-6ページ．）
23) K. Kautsky, *Das Erfurter Programm,* Verlag J. H.W. Dietz Nachf., 1974. S. 83-4.
24) *Ibid.,* S. 95-7.
25) *Ibid.,* S. 97.
26) *Ibid.,* S. 95.
27) E. Bernstein, *Die Voraussetzungen des Sozialismus und die Aufgaben der Sozialdemokratie,* S. 68. 佐瀬昌盛訳『社会主義の諸前提と社会民主主義の任務』ダイヤモンド社，116-7ページ．

28) *Werke,* Bd. 25b, S. 506.（『全集』第25巻 b, 626ページ.）
29) E. Bernstein, *ibid.,* S. 113-4.
30) R. Luxemburg, Sozialreform oder Revolution?, *Leipziger Volkszeitung,* Nr. 219-225, 21-8. September, 1898. in : *Gesammelte Werke,* Dietz Verlag. Bd. 1/1.
31) *Ibid.,* S. 374-85.
32) K. Kautsky, *Bernstein und Sozialdemokratische Programm. Eine Antikritik,* Stuttgart 1899.
33) *Ibid.,* S. 138.
34) *Ibid.,* S. 141-2.
35) Tugan-Baranowsky, *Studien zur Theorie und Geschichte der Handelskrisen in England,* Jena 1901.（救仁郷繁訳『新訳 英国恐慌史論』ぺりかん社, 1972年.）
36) 1913年刊行のフランス語版では, 第1部の「恐慌の理論と歴史」の篇を2つの部分に分け, 第1篇を「恐慌の歴史」, 第2篇を「恐慌の理論」, 第3篇を「商業恐慌の社会的影響」とした. そして第2篇の「恐慌の理論」を大きく3つの章に区分し, 第1章で恐慌の一般的原因を, 第2章で恐慌諸学説を, そして第3章で恐慌の周期性をそれぞれ論じている.
37) Tugan-Baranowsky, *Studien zur Theorie und Geschichte der Handelskrisen in England,* S. 29.（同上, 37ページ.）
38) *Ibid..*（同上.）
39) *Ibid.,* S. 34.（同上, 41ページ.）
40) *Ibid.,* S. 230.（同上, 245-6ページ.）
41) Parvus, *Die Handelskrisis und die Gewerkschaften,* S. 26.
42) *Ibid.,* S. 26.
43) *Ibid.,* S. 28-31.
44) *Ibid.,* S. 27.
45) Parvus, Die Industriezölle und der Weltmarkt, *Die Neue Zeit,* Jg. 19, Bd. 1, 1901, S. 199-201, 708-16, 772-84.
46) *Ibid.,* S. 715-6.
47) *Ibid.,* S. 709.
48) Parvus, *Der Klassenkampf des Proletariats,* S. 34.
49) *Ibid.,* S. 45.
50) K. Kautsky, Krisentheorien, S. 80.
51) *Ibid.,* S. 80-1.
52) *Ibid.,* S. 81.
53) *Ibid.,* S. 137.
54) *Ibid.,* S. 136.

55) *Ibid.,* S. 138.
下記の年表的表記はカウツキーの記述をもとに筆者が加筆した.

|  | 〔経済拡張要因〕 | 〔政治事件〕 |
|---|---|---|
| 1815年……… | | |
| シュトゥルム・ウント・ドラング時代 | ・蒸気機関<br>・鉄道の拡張 | ・フランス革命 |
| 1836年……… | | |
| 停　滞 | | ・チャーティズムの時代 |
| 1847年……… | | |
| シュトゥルム・ウント・ドラング時代 | ・自由貿易<br>・鉄道の拡張<br>・カリフォルニア,オーストラリアでの金鉱開発<br>・化学工業 | ・ロシア,オーストリアでの絶対主義に対する闘争<br>・合衆国での,奴隷制に対する闘争<br>・ドイツ,イタリアの統一 |
| 1873年……… | | |
| 停　滞 | ・ドイツ社会民主党の隆盛<br>・ロシア絶対主義の苦境<br>・イギリスにおける社会主義の再生と強化 | |
| 1887年……… | | |
| シュトゥルム・ウント・ドラング時代 | ・植民地政策<br>・鉄道の敷設<br>・電気技術<br>・南アの金鉱開発 | |

56) R. Hilferding, *Das Finanzkapital. Eine Studie über die jüngste Entwicklung des Kapitalismus,* Wien 1910.（林要訳『金融資本論』大月書店, 1955年）
57) 彼はこの本の第16章「恐慌の一般的諸条件」の中で,「恐慌の3つの条件」について述べる. その第一の条件は, 一般に,「恐慌の抽象的可能性」と呼ばれている部分に対応する. 第二の条件は, 商品生産の規模が拡大し, 世界市場で生産の無政府性が生じる場合に関してである. 第三の条件は, 資本主義的生産のもとでの「無規律的生産 umgeregelten Produktion」によるものである. ヒルファディングは恐慌の第一, 第二条件について, これらを商品生産一般から生じるところの「恐慌の可能性」と呼び, 第三条件を資本主義的生産に固有な恐慌として, これを「恐慌の現実性」と呼んでいる (*Ibid.,* S. 329.〔同上, 364ページ〕). そして第三条件の解明に重要な役割を果たすのが再生産表式論である. すなわち, 生産手段生産部門と消費手段生産部門間およびそれぞれの生産諸部門間には全体と

して比例関係がなければならないが，資本主義的生産は攪乱なしには進行しえない．ただし，表式ではいかに攪乱が生じ，全般的過剰生産がいかに生じるかについて明らかにされてはいない．その限りで，いまだここでは「恐慌の一般的諸条件」が明らかにされたに過ぎない．そこで彼は第17章で「恐慌の諸原因」を追求する．この章では利潤率の低下に関連して生じる恐慌と，生産諸部門間の不均衡によって生じる恐慌の，2種類の恐慌が説明されている．しかし，なお資本主義的生産に特有な周期的恐慌が全面的に明らかにされたわけではない．そこで，彼は第18，19章で信用関係について論じる．さらに，第20章では金融資本の成立によって恐慌はいかに発現形態を変えつつあるかを論じている（*Ibid.*, S. 389-404.〔同上，425-40ページ〕）．

58) Van Gelderen (J. Fedder), Springvloed—Beschouwingen over industrieele ontwikkeling en prijsbeweging, 1913, blz. 455-6.

59) *Ibid.,* blz. 447-8.

# 第2章 パルヴスの長期波動論
―― 20世紀初頭における植民地政策論争 ――

## は じ め に

　第1章では，長期波動論の生成過程を学説史的観点（＝系譜）から考察し，この理論の基本的特徴を明らかにした．一般に，それがいかに独創的な理論に見える場合にも，結局は社会環境の変化を背景に，先行する諸学説の批判的摂取をその理論成立の前提条件としている．長期波動論の場合には，「19世紀末大不況」を表象にして『資本論』の論理をもとに形成された「崩壊論」を基礎理論とし，1895年から明確に現れてきた資本主義世界経済の上昇的長波を歴史的背景にしてその成立をみた．この上昇的長波の出現は，「19世紀末大不況」期を資本主義没落の段階と認識していた当時の「正統派」マルクス理論家の一部の人たちにとって，資本主義発展の段階認識に対する第一の修正を迫るものであり，この理論の成立はその確認証明ともいうべき意味を持つものであろう[1]．

　ところで，崩壊論では，資本主義的生産発展の長期の過程を資本主義的蓄積の一般法則（＝「資本一般」の諸法則）の歴史分析への直接的適用で説明しようとする独自な方法論が採用されている[2]．この崩壊論が経済学方法論上で提起した主要論点は次のように要約される．第一に，『資本論』（＝「資本一般」の諸法則）では資本主義の生成・発展・没落（＝死滅）の必然性が論証されているとされるが，その論証はその著書のどの部分でいかになされているのか，第二に，新たな社会体制に移行するためには，あらかじめ現社会体制の胎内に新しい社会体制を維持するに足る物質的基礎（＝経済的基礎）が確

立されていなければならない（＝客体的条件の確立）．と同時に，体制移行の任務を遂行し，新体制を維持するに必要な新たな担い手（＝変革主体）が形成されていなければならない（＝主体的条件の確立）．しかしこれらのことは『資本論』でどのように説明されているのか．第三に，新たな社会体制へ移行するための諸契機を何に求めたらよいのか（たとえばそれを「世界市場恐慌」と見なしてよいのか）．さらに，第四に，崩壊論あるいは『資本論』は20世紀の資本主義分析にどのような意味で有効性を持ちえているのか，つまりこれらの理論と「帝国主義論」（特にレーニンの著書『帝国主義論』）との論理的関係をいかに理解したらよいのか．

　長期波動論は崩壊論の一系譜ないし一変種とみなされるのだから，上記のいくつかの論点は（形を変えてではあるにしても）長期波動論に対しても同様な質問が突きつけられていると言ってよいであろう．ただし，長期波動論は崩壊論批判という形で登場してきたが故に，この理論に特有な新たな論点もまた浮かび上がってこざるをえない．なかでも無視できないのは，長期波動論は資本主義発展の段階認識を希薄化するという点でむしろ崩壊論より一歩後退しているのではないかとする批判であろう．

　この第2章では，長期波動論の創始者とされるパルヴス（Parvus〔A. Helphand〕）の理論[3]について，上述の問題点を念頭に置きながら，いま少し立ち入って検討を加え，その理論の特徴あるいは性格を明確にすることを課題にしたい．長期波動論が7～10年周期の産業循環とのアナロジーで長期周期論へと組替えられ，マルクス経済学体系からしだいに遊離し，独立して展開されてきた現実の理論史を振り返るとき，改めて理論生成の出発点に立ち戻ってこの理論の有用性を吟味し，マルクス経済学体系から見て，この理論にいかなる評価が与えられるべきか，そうした視点から検討作業を行なうことにしよう．

## 第1節　崩壊論批判としての長期波動論

(1) 長期波動論の成立の意義

パルヴスの長期波動論成立の学説史上の意義について，これをおおよそ次のようにまとめることができる．第一に，「修正派」のベルンシュタイン (E. Bernstein) らによる崩壊論批判は，資本主義発展の長期の大波状運動（＝長期波動）における上昇的長波の一面的一般化によって論拠づけられており，他方，批判の対象とされた「正統派」の崩壊論または（不治の）慢性的不況論は，その運動の下降的長波の同じ一面的一般化によって論拠づけられている．したがって19世紀末「修正主義論争」の核となった資本主義崩壊論争は長期波動論を提示することによって止揚されるとしたこと．第二に，20世紀初頭の世界資本主義が全体として崩壊期に直面しているとする認識を否定し，資本主義の発展が既存の所有諸形態に障害を見いだしている（資本主義が爛熟期に達している）のはヨーロッパだけであると推察したこと．しかも資本主義世界経済の発展の重心がヨーロッパからアメリカに移動し，資本主義が発展の新たな局面を迎える可能性があることを示唆したこと．第三に，崩壊論的視点から長期波動論的視点へと分析視点を転換させたことによって，プロレタリアートの当面の任務が社会主義の実現にあるのではなく，それへ向けての条件整備にあるとする戦略・戦術上の転換を迫るものであったこと．そして第四に，労働者階級による社会（革命）運動の高揚と衰退の原因について，資本主義の発展を規定する諸要因およびその発展の結果として生じる経済的諸変化との関連で，それらをより具体的に説明することを可能にしたこと[4]，これらにある．

パルヴスの長期波動論に限定して彼の理論の特徴を概括すれば，次のようになる．第一に，資本主義世界経済の発展過程を生成・発展・没落というような単線的な過程で捉える捉え方が否定される．第二に，資本主義がヨーロッパを中心に，あるいはイギリスを中心に，そこから同心円的・外延的に，

非資本主義領域を資本主義化することによって，資本主義が拡張してゆくといった見方は否定される．第三に，資本主義世界経済は，発展の牽引力となる国あるいは経済領域が地理的に重心を移動させつつ非資本主義領域を資本主義化することによって，(その際，長期波動を生み出しながら) 発展するとされる．第四に，世界経済はこのように極めてダイナミズムな動きに支えられて発展するが，このようなダイナミズムは「世界資本 Weltkapital」の運動によるものとされる．

(2) 長期波動の規定要因

パルヴスは資本主義的生産の長期の歴史的発展過程について，1901年の彼の著書『商業恐慌と労働組合』の中で，これを次のように概括している．

「資本主義的生産発展の波状運動は世界市場の不均衡発展を前提としている．しかしまた，それとは独立して，それぞれの発展は，それが最高の効果を生み出すまで，ある期間を必要とする．今や資本主義的国民経済のあらゆる領域で——技術において，貨幣市場において，商業において，植民地において——世界市場の顕著な拡大が生じ，世界生産の全体が新たな包括的な基礎のもとで高揚するそういう発展の著しく成熟した時期がくる．その時，資本のためのシュトゥルム・ウント・ドラング時代が始まる．好況と恐慌の周期的交替はこれによっては除去されないが，しかし，好況はより強力な前進を遂げ，恐慌はより鋭く作用するが短期間しか続かない．こうして集積された発展諸力が完全に開花するまで続く．それから商業恐慌の最も鋭い勃発が生じ，結局，経済的不況に移行する．経済的不況は生産発展の遅滞性によって特徴づけられる．経済的不況は好況の大きさとその活動範囲を短縮し，これに対して商業恐慌は拡大するが，しかしそれによってその鋭さが失われる．人は，発展諸力が新たなシュトゥルム・ウント・ドラング時代に成熟するまであたかも生産が総じてもはや前進することができないのではないかという印象を抱く．」[5]

見られるように，彼の理論では，第一に，「資本のシュトゥルム・ウン

ト・ドラング時代」は「世界市場の拡大」とともに（また内的には，国民経済のあらゆる領域で発展のための諸条件が成熟している段階において）始まるとされている．第二に，「シュトゥルム・ウント・ドラング時代」には，好況はより強力に前進し，恐慌はより鋭いが短期間しか作用せず，他方，「経済的不況」の時代には，好況は短縮し，恐慌は鋭さが失われるが長期化するとされ，さらに，前者から後者へ移行するその転換点において，恐慌の最も鋭い勃発が生じるとされている．つまり，長期波動と産業循環とを重ね合わせて経済変動を見る視点を通して，特に長期波動の下方転換点に目を向けている点に注目すべきであろう．長期波動論の研究対象がここに明確に提示されている．＊

なお，世界市場がどの様な諸条件のもとで，またいかなるメカニズムを通じて拡大し，また世界市場と国民経済とがいかなる連関性にある場合に市場が拡大するのか，これらの点についてはここでは事実確認にとどまり，理論的説明はなお不充分なままに残されている．つまり，なぜにこの「シュトゥルム・ウント・ドラング時代」（＝上昇的長波）が終り，「経済的不況」（＝下降的長波）に転換するのか，この点については明快ではない．

資本主義的生産発展の長期の波状運動が主として世界市場の拡大可能性に依存しているという彼のこうした見地は，同年（1901年）に発表された論文「工業関税と世界市場」[6]の中で，国民経済と世界経済との関連を説明する中で，次のように語られている．「ある一国の工業発展の最も重要な諸条件としては，鉄道，都市，電信・郵便，商業の機構，資本の蓄積，貨幣市場の発展，能力ある・よく訓練された工場労働者，国民教育，技術専門学校，議会制度などが挙げられる．」これらの諸条件は「経済秩序の総体 gesammte Wirtschaftsordnung」を形成し，これが一国の工業競争力を条件づける[7]．「工業発展の全社会的前提条件を総括したものが，人が，工業国と呼ぶ本質

---

＊ パルヴスの場合，産業循環は資本の自立的運動として現われるとされるのに対し，長期波動はそれとは異なる独自な運動であるとされる．

を構成する.」ところで,「工業国への発展,あるいは工業国の発展は,特に世界市場の一般的連関の影響下にある.世界市場はそれに固有の飛躍 Aufschwung と下降 Niedergang の大波状運動 grosse Wellenbewegung をもち,それは個々の国家の貿易政策によって鈍らされ,攪乱され,緩慢化されるが,しかし廃棄されることはなく,それはそれで各国の工業発展に,効果的にまたは弱々しく,規則的にまたは攪乱的に,作用する.」「したがって,各々の国々の工業発展は,特に,世界市場の発展に依存する.」[8]

　世界経済との関連なしの「国民経済」はありえないこと,一国の工業競争力を条件づけるのはその国の「経済秩序の総体」であるが,それは世界市場に固有な「飛躍と下降」の「大波状運動」との連動性をもって初めて効果的に機能するとされる.これらの指摘は注目に値する.これを言い換えれば,「経済秩序の総体」を構成する諸要素間の関係が,世界市場に潜在化している「大波状運動」と有機的に連関することによって「飛躍」の局面が顕在化するのだが,逆に,この局面に照応する経済秩序を持たない国あるいは経済秩序の編成替えのできない国では,工業における国際競争力は後退するということになる.そして,工業国が発展の遅滞性をこうむれば,この「大波状運動」の「飛躍性」に対してそれは反作用し,「運動」の「飛躍性」がそこなわれることになる.パルヴスによって提示されたこうした分析手法は世界経済分析のための一手法としてなお立入った検討が必要であろう.ただし,パルヴスの説明になお不満が残るのは,「経済秩序の総体」を構成するとされる諸要素が羅列されており,これら諸要素間の諸関係,およびこれらと世界市場における他国との連関性の問題が整理されて論じられていないからであろう.

　ところで,「経済秩序の総体」によって条件づけられる工業国家の競争力,あるいは工業諸国家間の経済的諸関係,これらの態様を外部から制約するのが,固有の「飛躍」と「下降」の二側面を持つ世界市場である.そしてこの二側面の現れ方は各国の貿易政策(＝国民経済の国際的連関性)に依存する,これが彼の強調点である.パルヴスは彼の長期波動論によって当時代の貿易

政策をどのように説明しようとしたのであろうか.

## 第2節　植民地政策と長期波動論

(1)　SPD 内の修正主義的植民地政策論

　第二インターナショナルの時代のドイツ社会民主党 (SPD) 内で繰り広げられた20世紀初頭の各種帝国主義論は，ドイツ帝国政府が執行する植民地政策や保護関税政策および軍備拡張政策などに対して，プロレタリア的政策を対置させていく過程で，形成されてきた．つまりドイツ帝国政府の執行する各種外交・軍事政策推進の政治・経済的要因分析および政策推進主体を構成する国内権力構造などの分析から得られた諸成果の上に成立した．と同時に，他方では，帝国主義をめぐる議論は19世紀末修正主義論争の継続という側面もあった．

　たとえば，ファン・コール，ベルンシュタイン，ダヴィドら修正主義者は，1907年8月にドイツのシュトゥトガルトで開催された第二インターナショナルの国際会議で，帝国政府が実施している植民地政策に対して「社会主義的植民地政策」と称する政策を対置させるべきことを主張し，植民地における「積極的な改良労働」なるものの実施案を提案した．この植民地政策は，植民地原住民に高い文化をもたらし，資本主義を急速に発展させ，ブルジョアジーとプロレタリアートとの階級対立を緩和させるのに有効である，と彼らによって主張された[9]．

　修正派のこの主張に対し，当時 (1907年)，SPD 正統派からは，結論は同じだが論拠の異なる3様の植民地政策論が展開された．第一は，ドイツ国内の権力構造を分析し，長期波動論の観点から植民地政策を批判したパルヴスの植民地政策論 (『植民地政策と崩壊』)[10]，第二は，植民地領域の乏しいドイツが急速な経済発展によって抱え込みつつある諸矛盾を分析したヒルファディングの植民地政策論 (「帝国主義と国内政治」)[11]，そして第三に，修正主義的植民地政策を厳しく批判した，「正統派」の宗主としての役割を担ってき

たカウツキーの植民地政策論(『社会主義と植民地政策』)[12],これらである.
いまかりに,これらの植民地政策論を理論構成の相違を基準に特徴づけするとすれば,順に,「長期波動論的植民地政策論」(パルヴス),「集積論的植民地政策論」(ヒルファディング),「崩壊論的植民地政策論」(カウツキー)と呼ぶことができよう[13].本節では,これらのうち,まず,パルヴスの植民地政策論に限定して立ち入ってこれを考察することにし,他の2つは後の第3節でふれることにする.

(2) 植民地政策と長期波動論

パルヴスの著書『植民地政策と崩壊』(1907年刊)が検討課題として掲げているテーマは,ドイツの帝国主義的政策によって「経済的破局」や「戦争」や「革命」へと駆り立てられてゆく「資本主義的生産の固有の発展法則」を明らかにすることにある.その際,彼は,資本主義諸国家が共通して植民地政策を求める「一般的衝動」(=「一般的原因」)とドイツにのみ特有な「特殊的原因」とをそれぞれ区別し,その上で両者の相互関連においてドイツ帝国主義の特質を析出するという特有な分析方法を採用している.

パルヴスによれば,資本主義国家には植民地を求める「一般的衝動」が存在する.その規定要因は「資本主義的過剰生産」と「資本主義的競争」である.(「資本主義的過剰生産」とは「有産階級の支出を上回る所得の余剰から生じる.」)「資本主義的過剰生産が生み出す植民地を求める衝動は,資本主義的競争によっていっそう先鋭化される.」「過剰生産」が「競争」をバネとして,あるいはそれを推進的動機として,資本は世界を包括しようとする「生産発展の浮揚力」を獲得し,包括的な「『世界生産』を創出する.」つまり,資本は非資本主義的領域を粉砕することによって非資本主義的領域を統一的な資本主義的世界市場に包摂する強力な力を発揮する[14],と.彼は次のように述べている.「世界市場の発展はヨーロッパやアメリカやアジアの一部における生産の技術的・社会的条件を均衡化するだけでなく……すべての国々の工業を緊密かつ包括的な関係と相互作用に引き込む.……ある一国の工業国家の

発展はとりわけ他の工業諸国家との商取り引きの発展に依存している.」これは「原則と称せられる.」[15]

　この叙述の中に崩壊論→長期波動論の系譜を見ることは容易である．すなわち，資本主義的生産様式においては，消費を増加するために生産が拡大されるのではなく，生産拡大のための生産拡大，価値増殖のための生産拡大という顛倒した関係で生産拡大が行なわれる．この生産様式のもとでは，労働の社会的生産諸力が無制限的に発展する．労働の生産諸力のこうした発展は狭隘な消費限界を突破し内的矛盾を外的に処理する形で市場の外延的拡大に向かわざるをえない．このことによって資本は拡大されたその生産諸力に照応する世界市場を作り出す．だが所与の生産諸力は再び現存の世界市場の消費力に限界づけられざるをえない．崩壊論の場合には所与の生産諸力が既存の世界市場における消費限界に衝突し「不治の慢性的不況」に陥り，新たな生産様式においてのみこの危機を脱することができるのだとされて世界市場における消費需要の非弾力性が強調されているのに対し，「長期波動論」では現存世界市場における非資本主義的領域の存在意義がより重視され，非資本主義的領域の資本主義化によって開かれる将来の消費需要の拡大の可能性が強調されている[16]．

　崩壊論の場合には，現存する世界市場の態様は，同心円的・外延的拡張の一段階を——つまり所与の生産諸力に照応した世界資本主義のある特定の(不可逆的な)発展段階を——直接反映するものとして，生産諸力の発展と世界市場の態様との間の非弾力的関係が印象づけられるのに対し，長期波動論の場合には，所与の生産力水準と世界市場の態様との間のかなりに弾力的な関係，両者のかなりの自立性をもった関係を，したがって資本主義の発展諸段階規定の困難性を印象づける．ここで世界市場の態様とは，パルヴスの説明に即して言えば，工業諸国家間の緊密かつ包括的な関係と相互作用のあり方のことである．なお「崩壊論」も「長期波動論」もいずれも，各理論展開のために『資本論』(とりわけ第3部第3篇第15章)の理論が援用されていることに留意する必要があろう[17]．

次に彼はドイツの経済政策から生じる，植民地を求める資本の独自な一傾向＝帝国主義の特質を明らかにしようとする．パルヴスは次のように述べる．「世界市場の発展はしだいに拡大される工業諸国家の連結に駆りたてられる．世界市場の発展は世界生産にふさわしい政治形態を得ようと努力するそうした一つの世界生産を創り出す．資本主義政府の貿易政策はこうした生産発展から説明すべきではなく，生産発展に対立するものとしてだけそれを理解すべきである．／……世界市場の発展の到達した段階にある生産発展は再び，政治的制限にぶつかっている．しかし，資本家階級はこうした発展を促進しないでこれに逆らっている．なぜなら今日，資本主義の発展は，すでに，資本主義的所有形態が生産発展にとって永久的に対立しているそうした一つの段階にまで達しているからである．新しい発展の担い手はプロレタリアート以外にはありえない．」[18]

　パルヴスによれば，現在，資本主義的政府が行なっている貿易政策＝保護関税政策は，「世界生産」と言うにふさわしい（世界市場での）「生産発展」に対立しこれを阻止する政策である．つまり既存の政治形態および所有形態は「世界生産」をさらに発展させる際の大きな障害になっている．それにもかかわらず政府は政策変更の可能性を全く持たない．なぜならこの政策の推進主体が，工業カルテル，銀行および国家の三位一体で構成されているからである．したがって，現在の保護関税政策は世界市場での領土再分割闘争を激化させ戦争勃発の危機を作り出している元凶となっている．このように分析して，彼は，プロレタリアートが要求すべき貿易政策は保護関税政策の撤廃＝自由貿易でなければならない，と断定する．

(3)　長期波動論とドイツ帝国主義

　パルヴスは20世紀初頭の「資本のシュトゥルム・ウント・ドラング時代」の発生要因を金融資本の形成あるいは金融資本に独自な行動様式に求めてはいない．彼は，それを「資本主義的過剰生産と資本主義的競争」という資本主義的生産様式に固有な二つの一般的な要因に求めている．そしてカルテル

やトラストなどについては，それらは資本のこの一般的運動を阻害し，社会進歩にとっての反動的諸要因をなすものとして，糾弾している．これらは資本主義の一般的発展を阻止し，「世界生産」の発展を屈折させ，不純化させるものとされる．パルヴスは，プロレタリアートの掲げるべき政策基準評価については，その政策が「世界生産」をいっそう強力かつ円滑に推進させることができるか否かに政策の判断基準を置いている．

このような観点に立って，彼はドイツ「帝国主義」を次のように規定している．

「資本主義的工業は，暴力で市場の拡大を要求する一方，逆に，保護関税によって市場を制限している．資本主義国家は相互に市場を遮断し，このような相互の遮断を逃れるために植民地に向かって逃避する――いまだ資本主義国家が存在しない植民地に．しかし，同時に，植民地を保護関税制度に取り入れようとする志向が生まれる．これが帝国主義である．」[19]

植民地を求める資本の衝動は，相互に市場を遮断する資本主義諸国家の保護関税領域からの資本の逃避であるが，しかし同時に，資本は保護関税制度をみずから植民地にまで拡張しようとする，これが「帝国主義」である，パルヴスはこのように主張する．だがそれにしても，保護関税政策と植民地政策とがドイツでなぜ連動していたのであろうか．

パルヴスは，「帝国主義」について，これを，自由貿易を要求するブルジョアジーと保護関税を要求するユンカー階級との貿易政策上の対立に架橋する「狂気の貿易政策」と特徴づけた[20]．植民地政策＝対外膨脹政策は販売市場の拡大を意味するのであるから自由貿易を主張するブルジョアジーに支持される．他方，それは保護関税領域を植民地まで拡張することを意味するのであるから当然ユンカー階級にも受け入れられる．そして「狂気の貿易政策」と呼ばれるこの政策がドイツで採用された原因について，彼はそれを，概ね，次のように説明している．もしブルジョア諸政党が，資本の志向する自由貿易政策を要求するとすれば，彼らは社会民主党の有力な支持を得るであろう．しかし反面，このことは社会民主党の勢力をいっそう強化すること

になる．したがって，資本の要求を受け入れつつ社会民主党に対抗するには保護関税政策の強力な推進者であるユンカー階級と妥協を図らねばならない．ドイツの帝国主義的植民地政策はまさに両階級の貿易政策上の対立に架橋し，プロレタリアートに対抗する政策である[20]，と．

　カウツキーの見解を吟味する前にパルヴスの経済学の方法的特徴について補足しておくことにする．彼の方法論にしたがえば，資本の一般的運動法則が資本主義的生産様式の枠内で，正常な過程として運動するかぎり，まずもって是認される．次いで，その法則の現実的貫徹過程において，各種の政策が過程促進的要因をなすかあるいは過程阻止的要因をなすかという形で政策判断の基準が据えられている．つまり非資本主義的領域を駆逐しそれを資本主義化する世界包括的な資本の運動によって現れる資本主義発展の長期波動現象が（「資本一般」の理論の直接的適用によって）まずもって説明され，次に，たとえばドイツを例にとれば，資本のこのような一般的運動に対して，工業カルテル，銀行および国家からなる三位一体的政治体制が，社会発展に逆行する形で，舞台に登場している．これらの事実をもって，ドイツ帝国主義に特有な（経済領域）拡張的・攻撃的権力主体と各種関連諸政策（植民地政策，保護関税政策，軍拡政策など）が糾弾される．

　ただし，パルヴスの方法論がいっそう説得性を持ちえるとすれば，次の3点の問題が明確にされていなければならない．第一に，彼の理論を『資本論』の体系にいかに整合的に組み込むことができるかという問題である．第二に，金融資本の行動様式や国家の経済過程への関与（植民地政策，保護関税政策，軍国主義など）とが社会的総資本の再生産過程や資本の総過程にどのような影響を及ぼし，各国金融資本がどの様な特質を伴う資本の運動を展開することになるのかという問題である．第三に，資本の一般的運動と特殊的運動とを二重化して理解するのではなく，原因が結果となり，結果が原因となる両者の相互関係において，資本主義の特有な生産発展の動態過程をいかに分析可能かという問題である．（この点については，「一般的原因」と「特殊的原因」という語を用いて，ある程度の示唆的論述がなされている．）

## 第3節　崩壊期認識と植民地政策諸理論

(1) 崩壊期認識と長期波動論

　長期波動論が資本主義崩壊論の一ヴァリアントであるということは，前者の理論は後者の理論の全面的否定を意味するのではなく，部分的否定と部分的継承とを意味する．両理論を比較した場合，資本主義の発展段階についての両者の認識の差異が決定的意味をもつ．パルヴスは19世紀末「大不況」期が資本主義の没落期であるとする崩壊論者の現状認識を否定した．崩壊論は19世紀末「大不況」期の末期に登場してきたのに対し，長期波動論は「大不況」が収束し，1895年から始まる「資本のシュトゥルム・ウント・ドラング時代」に登場してきたのであって，各理論はそれぞれの時代背景をまともに反映する形になった．

　パルヴスは，当時，世界資本主義の発展段階について独自な認識を持っていた．彼によれば，資本主義は，全世界的規模においてではなく，ヨーロッパにおいてだけその生産様式が生産発展の障害となる発展段階に到達した[21]．つまり，西ヨーロッパにおいてだけ，世界包括的な生産発展の浮揚力と狭隘な消費をもたらす所有諸形態との間の対立が激化している[22]．したがって世界資本主義の全体はいまだ没落の時代に入っていない．資本主義の発展段階に関するパルヴスのこうした現状認識から導かれてくるのは，プロレタリアートは帝国主義的諸政策に対して（ヒルファディングのように）社会主義を対置すべきではなく，自由貿易政策を対置させるべきであるとする．実際に，彼がこの時期に提案した政策は，資本の世界包括的運動を可能にさせる貿易政策，すなわち，世界資本主義を全面的に開花させるために自由主義ブルジョアジーとプロレタリアートとの間の対立を架橋し，当面，反動諸階層に対抗して両階級を興隆させる政策スローガン，「民主主義，統一ヨーロッパ，自由貿易」であった[23]．（これについては次節で詳論する．）

(2) ヒルファディングとカウツキーの植民地政策論

ところで，ここで，パルヴスの理論の特徴をいっそう明確にするために「正統派」の他の植民地政策論について簡単に触れておくことにしよう．

①ヒルファディングの集積論的植民地政策論

ヒルファディングはパルヴスの植民地政策論について特に次の点を評価している．第一に，資本主義的植民地政策推進の経済的原動力が「過剰資本」の形成にあるとしていること，第二に，植民地政策の推進主体が工業カルテルと銀行および国家の三位一体にあるとしていること，これらである[24]．

ヒルファディングは現代資本主義を社会主義の直接の前段階と見なし，社会主義の現実化はもはや労働者階級の意識だけにあるとした．したがって，貿易政策をめぐる議論に関して，その議論の論点は自由貿易か保護関税かの二者択一の選択問題にあるのではなく，帝国主義的政策に対して社会主義を対置させるべきか否かにあるとした．

彼は著書『金融資本論』第25章「プロレタリアートと帝国主義」の中でこれと同様の内容を次のように述べている．「資本は帝国主義的政策とは異なる政策をとりえないのだから，プロレタリアートは，産業資本が専制的に支配した時代の一政策をもって帝国主義政策に対抗させることはできない．より進歩した資本主義政策に対して自由貿易時代の，国家敵視の，すでに乗り越えられた政策を対置させるのは，プロレタリアートのなすべきつとめではない．金融資本の経済政策たる帝国主義に対するプロレタリアートの答えは自由貿易ではなく社会主義でありうるのみである．」[25]

自由貿易という政策スローガンには「自由競争の再建」という，失なわれた時代への回帰を求める政策含意がこめられている．しかし，ヒルファディングによれば，その政策は，時代逆行的な，「反動化した理想」でしかない．「保護関税か自由貿易か」というブルジョアジーの政策的ジレンマから逃れ出るには，あるいはまた金融資本の経済政策である帝国主義に対しては，プロレタリアートは「社会主義」という答えを用意しなければならない[26]，これが彼の見解である．資本主義の発展段階に対する，パルヴスとの認識の

相違は歴然としており，この発展段階認識の相違がプロレタリアートの当面の任務についての両者の見解の相違にはっきりと現れている[26].

崩壊論→長期波動論という理論史上の系譜からすれば，崩壊論を拒否するヒルファディングがパルヴスの長期波動論に賛意を示さなかったことは当然のことであろう．そして，確かに，「資本の集積・集中」→金融資本の成立（＝資本主義の最高の発展段階）という資本主義発展の不可逆的過程を経済分析の支柱に据えた，ヒルファディングの帝国主義的植民地政策批判と，プロレタリアートが掲げるべき政策スローガン（＝社会主義）の提案とはいずれも論理一貫している．ただ，ここで問題となることは，現実の資本の集積・集中過程はヒルファディングが想定したほど決して一直線に進むわけではないこと，また金融資本の行動を規定する経済領域は不安定であること，これらの点の認識に弱点があったということであろう．結局，彼は結論をいそぎすぎたということになろう．資本の世界的集積のもとでの世界資本の運動が問題になるほど，それほどの生産力基盤はまだ世界市場には存在していなかったということになろう．

②カウツキーの崩壊論的植民地政策論

これらの理論に対してカウツキーは，植民地政策を資本主義の崩壊傾向に対する延命策と位置づけた．彼によれば，資本主義的生産様式において生産を拡大する最も強力な手段は「競争と利潤」であった．しかし，原始的な農村の家内工業や手工業の駆逐によって販売領域は一時的に拡大するにせよ現在では内外ともに生産は次第に市場に限界性を見いだしている．彼によれば，「前世紀の80年代に既に資本主義的生産様式は生産力の発展の障害となるこのような限界に達した．」したがって，「資本主義的生産様式の拡大可能性の終りが，それゆえ，資本主義的生産様式の最後が近づいている．」しかし，資本家階級は資本主義のこの最後の段階に，彼らの支配を生きながらえる一連の逃げ道を見いだした．第一に，カルテルとトラストの形成および関税政策，第二に，軍国主義，第三に，資本の輸出つまり植民地政策である[27]，と．

見られるように，カウツキーは，生産と消費の矛盾から資本主義世界経済の慢性的停滞局面への突入の不可避性（＝資本主義崩壊の不可避性）を論じ，資本主義の延命策として，国内においてはカルテルとトラストの成立と軍国主義化が，対外政策としては関税政策と植民地政策が，画策されていると把握した．

　「19世紀末大不況」を背景に，この「大不況」期を資本主義の没落時代と認識し，資本主義の延命策として帝国主義的政策を位置づけること，そしてまた，この政策もいずれ近いうちに破綻せざるをえず社会主義の実現は間近に迫っているのだとするこうした認識は，第二インター期のマルクス理論家の「正統派」にある程度共通していた．しかし，非資本主義領域が世界に広範囲に存在するもとで社会主義の実現が可能なのは，資本主義の完成度が高いヨーロッパを中心に先進諸国が先ず社会主義へ移行し，次いで，地球上になお存在する非資本主義領域が資本主義を通過することなしに，あるいは資本主義の開花なしに，社会主義へと飛び越えることが可能な場合，つまり「飛び越え可能」論が妥当性を持っている場合であろう．つまり，資本主義が最も発展した国ないし領域を中心に，そこから同心円的に，順次，社会主義に移行するのだとする前提のもとでのみこの理論は成立する．ところが現実の世界史が経験していたのは，資本主義が最も典型的にかつ高度に発展したと見られていたイギリスの経済力をドイツが凌駕し，ドイツ資本主義に社会主義の経済的基礎（＝「組織された資本主義」）が確立されたということ，しかし，同時に，世界経済の中心地はしだいにヨーロッパからアメリカに移動しつつあったという事実である．つまり，世界資本主義はヨーロッパを中心に同心円的・外延的に非資本主義的領域を駆逐し拡大してゆくのではなく，資本主義世界経済の発展の中心軸を次々と西方へ移動させ，それに対応する形で波動性を伴って発展しているのである．

## 第4節　世界資本主義の発展傾向

### (1)　パルヴスの現状認識

　パルヴスは同じ時期に著書『プロレタリアートの階級闘争』[28]（1907年）を刊行し，その中で，「世界資本 Weltkapital」という用語を多用しながら，資本主義的生産の長期の波状運動の歴史を再論している．彼は次のように言う．「われわれはここでもまた嵐のような発展と凪の発展との歴史法則，すなわち満潮 Hochgang と干潮 Tiefgang の歴史法則を経験している．20世紀がそれで始まった資本主義発展のシュトゥルム・ウント・ドラング時代は，戦争と革命と反乱を通して目の前に現れている．」[29] 彼は，戦争や革命が資本主義の干潮（＝「経済的不況」）の時代に現れるのではなく，満潮の時代（＝「資本のシュトゥルム・ウント・ドラング時代」）に現れると考えている．見られるように，ここでは，いわゆる「上部構造」とその「土台」たる「下部構造」との対応関係が長期波動論の観点から問題にされている．

　次いでパルヴスは現代資本主義世界の具体的諸相の叙述に向かう．彼によれば，「世界資本」は北アメリカ合衆国の工業化を進展させ，アジアにおける工業の発生と展開を促進したので，西ヨーロッパにおける各国資本の活動範囲は狭められ，世界生産に占める西ヨーロッパの生産割合は低下した．そのため，西ヨーロッパの工業はアフリカに市場を見いださざるをえなくなっている．「すでに今やわれわれの眼前で繰りひろげられている20世紀の資本主義発展像は，いたるところで在来のものの崩壊，シュトゥルム・ウント・ドラングといった，新しい像の強力な出現，全世界諸部分をめぐる相互の闘争を示している．その道は，商業恐慌，革命，商業戦争，植民地戦争および植民地の反乱に通じている．」[30]

　資本は本来的に政治・経済領域の制限性を突破して運動する．その意味では，資本はすべて無国籍な「世界資本」であるが，活動拠点を複数の国々に置いているという点では，それは「多国籍」資本である．生産に必要な最低

資本量の増大にもかかわらず，資本が複数の活動領域を持つということは，資本の集積の著しい進展と生産力の著しい増大との反映である．「世界資本」というやや大げさな呼称のうちにパルヴスが資本主義発展の新たな段階の到来を察知していたことを感じさせる．

(2) 世界資本主義の発展傾向

パルヴスは「長期波動論」の観点からする現代資本主義世界像の概括的把握を行なう．その論点は，第一に，資本の世界支配に向けての運動法則，第二に，資本の世界的集積と金融寡頭支配，第三に，世界のプロレタリアートの任務，これらである．

①資本の世界支配に向けての運動法則について

パルヴスによれば，資本主義的過剰生産は最も発展した工業諸国からそうでない国々へと資本を移動させ，世界を総じて同質的な資本主義に作り上げてきた．資本主義的発展は自ら停止することはないから(利潤が得られる限り)，たとえ資本が全世界を一つの工場に統一したとしてもこの工場をさらにいっそう大きくするために既存設備を破壊する[31]．

自由貿易政策がプロレタリアートの利益と一致するのは，パルヴスによれば，次の4点に要約される．第一に，自由貿易によって生活手段の価格が低下し，労働者の生活状態が改善されるであろう．第二に，各国間の貿易が促進されることによって各国は闘争なしに生産発展へと相互に生産を促進させることができるであろう．第三に，国民間の物的交流が増加しまた思想的交流が深まることによって国民的後進性と国民的愚昧さとが除去されるであろう．第四に，各国間の政治的闘争が緩和されることによって軍国主義の基盤が掘り崩されるであろう[32]．

②資本の世界的集積と金融寡頭支配について

世界を包括し，支配しようとする資本のこの運動は，資本主義的集積を世界的規模で遂行させる．貨幣制度の発展は全世界の資本を「銀行諸連合 Bankkonsortien」に集積させる．同様に，工業カルテルと商業カルテルとが

工業と商業との世界的集積を創り出し，船主のカルテルは世界貿易を集積する．同時に，これら相互の関係は結合され，そうした傾向は資本主義的「世界中央部 Weltzentralen」の形成にまで導く．それは，生産，商業，交通および貨幣業務を支配し，さらに彼らの金庫に流れ込む国債によって国家を支配する．しかも，多数の小株主が少数の大株主によって支配されることによって，世界を支配する資本主義的世界中央部は個人によって支配され，「百万長者が世界の支配者」になる[33]．

③世界のプロレタリアートの任務について

パルヴスは資本主義の発展傾向を上記のように見据えながらプロレタリアートの任務について次のように主張する．「全世界の労働者は相互に依存しあい，資本が個々の国々で作り上げる世界生産の発展のあらゆる政治的阻止要因を除去することに利益をもつ．」つまり，「自由貿易によってプロレタリアートの経済的利益をめぐる全世界のプロレタリアートの闘争に道が開かれる．」[34]

(3) 金融寡頭世界支配

本節(2)の②で見たように，パルヴスによる世界資本主義の歴史的発展傾向についての見通し，あるいは資本主義の発展段階認識は「世界資本」の運動と資本の世界的集積という新たな規準によって得られるのでなければならないことになる．＊

一方では，資本の世界的集積の結果として銀行諸連合がその頂点に立ち，したがって，金融寡頭世界支配が行なわれている状態が想定され，他方では，それに全世界のプロレタリアートが真っ向から対峙するとされている．世界

---

＊ パルヴスは前掲著書の中で，いたるところで「世界的 Welt-」という用語を乱発している．「世界資本 Weltkapital」，「世界市場 Weltmarkt」，「世界貿易 Welthandel」，「世界生産 Weltproduktion」，「世界秩序 Weltordnung」，「資本の世界的結合 Weltzusammenschluss」，「世界闘争 Weltkampf」，「世界戦争 Weltkrieg」，「世界集積 Weltkonzentration」などなど．

資本主義はこうした局面にまで発展することによってだけ社会主義へ移行することが可能であると見なされている．

しかし，少数巨大金融資本による全世界の共同搾取（＝「超帝国主義」）に対して世界プロレタリアートが決然とそれに対峙するとする，したがって世界革命の現実的諸条件をそのような状況において見いだそうとする，彼のこの理論は，資本主義世界体制の崩壊の時期をはるか彼岸の将来にまで押しやることになりはしないであろうか．というのは，生産の世界的集積＝世界的規模での生産の社会化・組織化（それに照応した諸国家の統合化）を可能にする，それほど高い生産力水準が前提されなければならないからである．

確かに，彼はこのような推論のありうることを認めており，資本主義の没落期はまだ先のことと考えていた．彼は次のように言う．「状況はさしあたりもし，工業のシュトゥルム・ウント・ドラング時代が終りになるであろうならば，まさに危機的になるであろう．全く，資本主義的ヨーロッパにとって特に不都合に現れるであろう」[35]と．彼によれば，世界包括的な生産発展の浮揚力と狭隘な消費をもたらす所有形態との間の矛盾が極点に達しているのはヨーロッパであって，世界資本主義ではない．世界資本主義はいまだ生命力を持っている．したがって，「世界資本」の世界包括的運動を可能にし，資本主義工業諸国を均質化した世界市場にまで再編するためには，あるいは，資本主義的生産様式のもとで生産力を全面的に開花させるためには，自由貿易政策がとられなければならない．ただし，当面は，アメリカの経済力に対抗し，プロレタリアートにとってもプラスになる政策は，ヨーロッパ先進資本主義諸国の統合化つまり「統一ヨーロッパ」の形成とこれを前提にした自由貿易政策であろう[36]．

当時，パルヴスは資本主義が世界的規模で没落ないし崩壊の時代に突入しているとは見ていなかった．したがって，彼は，資本主義発展のこの段階に採用されるべき政策として，資本の一般的運動を可能な限り効果的にする貿易政策，つまり，工業カルテル，銀行および国家の三位一体に対抗し，自由主義ブルジョアジーとプロレタリアートとをともに強化させる（両者に架橋

する）貿易政策，つまり自由貿易政策が実施されなければならないとした．それゆえまたプロレタリアートの当面の行動は，社会革命的・急進的「大衆行動」ではなく，プロレタリアートの組織の強化と議会活動を中心とした改良闘争に限定されなければならないと考えた．

## おわりに

しかし，翌1909年になると彼の現状認識は変化したように見える．彼は彼の時代が今や大衆行動の時代に移行しつつあることを感じ取る．列強の植民地争奪戦は世界戦争勃発の可能性を充分に予想させたからである．彼は言う．「世界市場をめぐる大闘争はおそらく世界戦争にまで導くであろう．」「戦争はあらゆる資本主義的対立を頂点にまで導く．」[37]さらに続けて次のように言う．「それゆえそれは世界革命でのみ完了し得る．」[38]

一見すると，この論述は，前述のような彼の資本主義発展段階認識に矛盾しているように見える．確かに，彼は，1908年までは，世界戦争が間近かに迫っており，また，資本主義が社会革命の時期に突入するかもしれないことを予期していたとは思われない．ところが，その後の数年間で，差し迫る戦争への危機感，物価騰貴，政治的大衆ストライキの高揚など，社会の不安定性が国民の中に，急速に増大し始めた．それとともに，パルヴスの目にも革命的行動期が間近に接近しつつあるように見えた．しかし彼は次のように論じた．すなわち，世界の労働者は，世界戦争を契機に一気に世界革命まで状況を進展させることはできない．世界資本主義の成熟はなお先のことであるからだ．したがって，党（SPD）は闘争の政治的先鋭化を図るのではなく，闘争の社会的拡大を図ることが先決である，と．そしてさらに彼は続けて次のように述べた．党は，労働組合，議会，消費者組合，ストライキなど，あらゆる組織と機会を利用して国家権力に対抗し，国家権力機構を徐々に侵食してゆくことが必要である．そのためには一つの武器ではなく，それらを総合した武器による闘争がいっそう効果的である[39]，と．

〔付記〕 生産の世界的集積

　1908年〜1910年に再論されたパルヴスの長期波動論の中には下記のような特徴ある論述が見られる．すなわち彼は，資本の世界的集積に基づく金融寡頭世界支配の世界像を構成しようとしたことであろう．1907年には，工業カルテルと銀行およびこれらと結合している国家との三位一体が植民地政策に利益を得ている階層であると分析し，これがヒルファディングの理論に影響を与えたのであるが，この著書（『プロレタリアートの階級闘争』）では，資本の集積に関する論点についてさらに視野が広げられ，一国資本主義を前提にしたヒルファディングの「総カルテル」論よりもさらに進んだ生産力の発展段階とそれに照応する資本の集積段階が想定され，関連して社会主義革命の現実的諸条件の問題が論じられている．生産の世界的集積，世界的に組織された資本主義，統合的世界国家の形成，これらがパルヴスの描いている世界資本主義の将来像であり，「世界資本の運動」概念はそれらを説明するためのキー・ワードとなっている．この世界像はパルヴスにとって社会主義の前段階における世界資本主義の容姿でもある．と同時に，彼の理論から直ちに，いわゆる「超帝国主義論」が想起される[40]．

1) ここで「一部」というのは直接的にはカウツキーやルクセンブルクらを指すが，他方では，20世紀の「独占資本主義」一般を資本主義の没落期（＝資本主義の最高の発展段階）と認識する多くの論者を意識してのことである．これら後者に属する論者の多くは，「崩壊論」は長期波動論によってではなくヒルファディングの『金融資本論』やレーニンの『帝国主義論』によって克服されたと見なしている．ことのついでに記しておけば，資本主義の発展段階認識における第二の修正は「1930年代不況」，第三のそれは1970年代以降の「20世紀末不況」に対してである．
2) 誤解のないようあらかじめ念を押しておけば，筆者は「資本一般」の諸法則を現実分析へ直接適用する方法を誤っているとする見解は採らない．反対に，「資本一般」の諸法則は長期・理想的平均を想定して明らかにされているのだが，その法則が現実的根拠を有しているとすれば，その限りで現実分析の一手段としての一定の有効性を主張することができると考えている．
3) パルヴスの理論を取り扱っている最近の文献としては，田中良明『パルヴスの先進国革命―第二インタナショナル・マルクス主義の到達点―』（梓出版社，1989年）がある．
4) パルヴスはこの点について次のように言う．「資本の経済的・政治的発展におけると同じくプロレタリアートの解放闘争においても，力強い発展の時代と発展の遅滞した時代とがある．」「熱狂的なシュトゥルム・ウント・ドラング時代には労働者階級が勇気ある決然とした行動と大胆な計画によって世界を驚愕させる一

方，不況の時代には，彼らは優柔不断で臆病になり，彼らの世界を動かす力はつまらぬことに消費されるように見える．」，と．(Parvus, Der Opportunismus in der Praxis, *Die Neue Zeit*, Jg. 19, Bd. Ⅱ, 1900-01, S. 610.(「実践上の日和見主義」山本統敏編『第二インターの革命論争』紀伊國屋書店，1975年，71ページ．))
5) Parvus, *Die Handelskrisis und die Gewerkschaften,* München 1901, S. 25.
　　パルヴスはこの同じ著書で資本主義発展の長期波動の時期区分について，先駆的な分析成果を得ている．それによれば，資本主義は1860年代に「資本のシュトゥルム・ウント・ドラング時代」を迎え，この時代は1870年代の末まで続いたが，1870年代の商業恐慌の勃発とともに「経済的不況の時代」に突入し，これは1890年代の中ごろまで続いた．そののち，再び，資本主義は「資本のシュトゥルム・ウント・ドラング時代」に入った，と．(*Ibid.,* S. 26-7.)
6) Parvus, Die Industriezölle und der Weltmarkt, *Die Neue Zeit,* Jg. 19, Bd. 1, 1899-1901, S. 708-16, 772-84.
7) *Ibid.,* S. 709.
8) *Ibid.,* S. 715-6.
9) この国際会議では，論戦の後，今日のすべての植民地政策は略奪的・暴力的性格を有するとされ，この政策を糾弾する決議が127対108，棄権10で，小差ではあったが正統派の決議案が採択され，修正主義者の主張が退けられた．
10) Parvus, *Die Kolonialpolitik und der Zusammenbruch,* Leipzig 1907. 本書は，1907年の帝国議会選挙に際して執筆された小冊子『帝国議会選挙と労働者階級』(*Die Reichstagwahlen und die Arbeiterschaft,* Leipzig 1907.)に新たに第2，3，4部が追加され，同年に刊行された．なお，上記のカッコ内はパルヴスの代表的著書ないし論文名である．以下同様．
11) R. Hilferding, Der deutschen Imperialismus und die innere Politik, *Die Neue Zeit,* Jg. 26, Bd. Ⅰ, 1907-08.
12) K. Kautsky, *Sozialismus und Kolonialpolitik,* Berlin. 1907. この著書にはカウツキーによって修正主義者の植民地政策論が詳細に紹介されている．
13) 詳細には，市原健志「世界戦争(第一次)前夜における『長期波動』論展開の意義と限界について」(『商学論纂』第23巻第1・2号，1981年)を参照されたい．
14) Parvus, *Die Kolonialpolitik und der Zusammenbruch,* 1907, S. 7, 14.
　　パルヴスは，この著書で，「植民地は，そこから貨幣を引き出すためにあるのではなく，貨幣を投下するためにあるのだ．これが現代の資本主義的政策の核心である」(*Ibid.,* S. 15.)と述べている一方，他の箇所では，「現代資本主義の発展に応じて現代資本主義的植民地政策をたいてい特徴づけるのは販売市場を求める熱病である」(*Ibid.,* S. 86.)「植民地政策の主要な推進力は販売市場欲である」(*Ibid.,* S. 92.)とも述べており，「資本過剰」と「商品過剰」および両者の関連づけの分析に成功していない．

1904年のイギリス貿易（単位は百万スターリング）

|  | 輸入 | 輸出 |
| --- | --- | --- |
| 北アメリカ合衆国 | 119 | 20 |
| 南米諸国 | 40 | 27 |
| カナダ | 23 | 11 |
| オーストラリア | 24 | 17 |
| 小　　計 | 206 | 75 |
| イギリス植民地 | 73 | 94 |

(*Ibid.*, S. 89.)

販売領域としての植民地の役割が大きくなっていることが実証されている．

15) *Ibid.*, S. 96-7.
16) 前者の場合には，資本主義的生産発展が生成・発展・没落の一回性＝絶対的不可逆性の軌道でイメージされ，後者の場合には，周期性＝可逆性の軌道でイメージされる．
17) ただし，当時の各論者達の理論が『資本論』の当該箇所に基づいていると断定することには異論のあるところであろう．彼らはその著書からの引用も参照指示もしていないからである．
18) Parvus, *Die Kolonialpolitik und der Zusammenbruch*, 1907, S. 97.
19) *Ibid.*, S. 17, 97. 別の著書でパルヴスは次のように述べている．「植民地を求める衝動は自国の保護関税制度からの資本の逃避であるが，同時に資本はそれを植民地に移そうとする．これが帝国主義である．」(Parvus, *Klassenkampf des Proletaliats*, Berlin 1911, S. 43.) なお，イギリス帝国主義についてパルヴスは次のように述べている．「イギリス以外の世界と緊密に関係するようになった国々を，このような成育過程から切り離し，国家権力の助けで一つの統一世界へ総括しようとしているイギリス帝国主義は徹頭徹尾不合理である，」(*Ibid.*, S. 100.)
20) *Ibid.*, S. 24. ブルジョアジーにとって，自由貿易政策は販路を拡大し，費用価格を低下させ，利益を増大させる一手段である．
21) *Ibid.*, S. 85.
22) *Ibid.*, S. 86.
23) *Ibid.*, S. 30.
24) R. Hilferding, (Rezension), *Die Neue Zeit*, Jg. 26, Bd. Ⅱ, 1907-08. S. 688.
25) R. Hilferding, *Das Finanzkapital, eine Studie über die jüngste Entwicklung des Kapitalismus*, Europäische Verlaganstalt Frankfurt Europa Verlag Wien 1910. S. 502. (林要訳『金融資本論』〔1955年ディーツ改訂版〕大月書店，1961年，539ページ．ただし訳文は翻訳書のとおりではない．)
26) *Ibid.*（同上．）なお，社会主義への現実的移行について，彼は，「政治的大衆ストライキ」を背後に持った議会戦術を通じて，議会をプロレタリアートによる権力奪取の道具にすることが可能になると期待した．
27) K. Kautsky, *Sozialismus und Kolonialpolitik*, 1907, S. 35.
28) Parvus, *Klassenkampf des Proletariats*, Berlin, 1911.
29) *Ibid.*, S. 44.

30) *Ibid.,* S. 61.
31) *Ibid.,* S. 63.
32) *Ibid.,* S. 68-9.
33) *Ibid.,* S. 64.
34) *Ibid.,* S. 66.
35) *Ibid.,* S. 146.
36) アメリカ合衆国の経済力に対しては，ドイツ，フランス，イギリス，オーストリア・ハンガリーのヨーロッパ4ヵ国の生産力で対応し得るとパルヴスは判断していた．(Parvus, *Die Kolonialpolitik und der Zusammenbruch,* 1907, S. 22.)

|  | 北アメリカ合衆国 | ヨーロッパ4ヵ国 |
| --- | --- | --- |
| 人　口 | 76百万人 | 195百万人 |
| 鉱工業従事者 | 7百万人 | 26百万人 |
| 石炭生産量 | 339百万トン | 489百万トン |
| 鉄生産量 | 23百万トン | 25百万トン |
| 汽船の積載量 | 1.9百万トン<br>（登録トン数） | 12.2百万トン<br>（登録トン数） |

37) *Ibid.,* S. 147.
38) *Ibid.,* S. 145.
39) *Ibid.,* S. 149.
40) 彼の理論は，「金融寡頭世界支配」の段階を提示することによって，カウツキーの「超帝国主義論」と同様に，当時，「日和見主義」的傾向と批判されざるをえない論理構成を持っていた．

## 第3章 「金・物価論争」と長期波動論
――20世紀初頭の物価騰貴の原因をめぐって――

### はじめに

　いわゆる「金・物価論争」(=「金価値論争」)とよばれるこの論争は，20世紀初頭に資本主義諸国を襲った急激な物価騰貴の原因をめぐって，1910年代に，ドイツ社会民主党の週刊誌『ノイエ・ツァイト』誌上で争われた一連の議論を指している．この論争はわが国では1960年代の急激なインフレーションの原因をめぐる議論の過程で注目され，この論争から現状分析のための有益な示唆が得られるのではないかとされて検討の素材とされた[1]．

　ところで今日この論争の周辺を含めて，改めてこの時の議論を振り返って見ると，この論争に交差してもう一つの異なる議論の流れのあったことを確認することができる．そのもう一つの流れというのは長期波動論のことであり，この交差する二つの議論の流れの交点に，オランダの社会民主主義者ヘルデレン (J. v. Gelderen) の論文「大潮．産業発展と価格運動に関する一考察」[2]が位置しており，さらにこのヘルデレンは，パルヴス (Parvus) と並び長期波動論のパイオニア，とりわけ長期周期論の提唱者として，近年，この分野の研究で注目され始めている理論家たちのうちの一人である．彼の前掲論文は「金・物価論争」とちょうど重なる時期に書かれ，しかも彼はこの論争へ参加した者のうちの一人でもあった．しかし長期波動に関する彼のこの論文がオランダ語で書かれ，オランダの雑誌に掲載されたこと，また「金・物価論争」に加わった際の論文執筆者名が「J. v. G」なる匿名であったこと，さらにこの論争は第一次帝国主義戦争で中断されてしまったことなどによる

ためであろうか，これまでその論文は「金・物価論争」としてくくられる議論枠から完全に外されてきた．しかし，ヘルデレンの長期波動論をこの論争およびその周辺の議論にかかわらせて改めて検討し直して見るならば，この論文には，資本主義世界経済の長期にわたる波動的発展を解明するための経済学方法論上における有益な視点が提示されているのを見てとることができる．

本章では，第一に，「金・物価論争」の時代背景と議論の過程を概観する．第二に，この論争にかかわる帝国主義的政策と物価騰貴との関連問題を検討する．第三に，論争にかかわって，ヘルデレンの見解＝長期波動論が登場してくる必然的過程を明らかにする．第四に，これらの課題を検討することを通じて長期波動論的視点が資本主義分析にとっていかなる意義を有していたかについて明らかにする．

なお，本章では，入手困難な文献も利用したため，「資料」としての役割を考慮して内容紹介に紙数を多くついやしている．また統計資料については当時のものを利用することにした．

## 第1節 「金・物価論争」の時代背景

(1) 若干の事実確認

いわゆる「金・物価論争」(Gold-Diskussion) は，1910年代に入って，ヴァルガ (E. Varga) がバウアー (O. Bauer) の著書『物価騰貴』の内容を批判したことから開始された．論争は1911～13年にかけて『ノイエ・ツァイト』誌上で行なわれた．参加した論者は，カウツキー (K. Kautsky)，ヒルファディング (R. Hilferding)，バウアーらを含めて「第二インター期」における主要なマルクス理論家たちの面々であった．この論戦に参加した主要文献は以下のようである．

  1910年  O. バウアー『物価騰貴』(O. Bauer, *Die Teuerung*, Wien.)
  1911年  E. ヴァルガ「金生産と物価騰貴」(E. Varga, Goldproduktion und

Teuerung, *Die Neue Zeit,* Nr. 7, Jg. 30, Bd. 1, 1911-12.）〔「金生産と物価騰貴」と題して笠信太郎訳『金と物価──貨幣価値論争──』同人社，1932年所収.〕

　　　J. v. G.「金生産と物価の変動」（J. v. G., Goldproduktion und Preiswebegung, *Die Neue Zeit,* Nr. 19, Jg. 30, Bd. 1, 1911-12.）〔「金生産と物価の変動」と題して同上書に収録.〕

1912年　　R. ヒルファディング「貨幣と商品」（R. Hilferding, Geld und Ware, *Die Neue Zeit,* Nr. 22, Jg. 30, Bd. 1, 1911-12.）〔「貨幣と商品」と題して同上書に収録.〕

　　　K. カウツキー「金, 紙幣および商品」（K. Kautsky, Gold, Papier und Ware, *Die Neue Zeit,* Nr. 24, 25, Jg. 30, Bd. 1, 1911-12.）〔「金, 貨幣及び商品」と題して同上書に収録. 他に,「金, 紙幣及び商品」と題して向坂逸郎・岡崎次郎訳『貨幣論』改造社，1934年に収録.〕

　　　O. バウアー「金生産と物価騰貴」（O. Bauer, Goldproduktion und Teuerung, *Die Neue Zeit,* Nr. 27, 28, Jg. 30, Bd. 2, 1911-12.）〔「金生産と物価騰貴」と題して同上書に収録.〕

　　　スペクタトール「金生産と物価騰貴の問題によせて」（Spectator, Zur Frage der Goldproduktion und Teuerung, *Die Neue Zeit,* Nr. 41, Jg. 30, Bd. 2, 1911-12.）〔「金生産と物価騰貴との問題に就いて」と題して同上書に収録.〕

1913年　　E. ヴァルガ「金生産と物価騰貴」（E. Varga, Goldproduktion und Teuerung, *Die Neue Zeit,* Nr. 16, Jg. 31, Bd. 1, 1912-13.）〔「金生産と物価騰貴」と題して同上書に収録.〕

　　　K. カウツキー「金生産の変動と物価騰貴の変動的性格」（K. Kautsky, *Die Wandlungen der Goldproduktion und der wechselnde Charakter der Teuerung,* Ergänzungshefte zur Neue Zeit, Nr. 16, 1912-13. Ausgegeben am 24. Januar 1913.）〔「金生産と物価騰貴」と題して前掲書

第3-1表　生活諸手段価格の変動　　（1900年価格＝100）

|  | 1900 | 01 | 02 | 03 | 04 | 05 | 06 | 07 | 08 | 09 | 10 | 11 | 12 |
|---|---|---|---|---|---|---|---|---|---|---|---|---|---|
| ド　イ　ツ | 100 | 101 | 102 | 104 | 104 | 108 | 113 | 111 | 112 | 113 | 117 | 118 | 123 |
| オーストリア | 100 | 100 | 99 | 101 | 105 | 108 | 113 | 113 | 118 | 120 | 126 | 128 | 135 |
| イ　タ　リ　ア | 100 | 101 | 103 | 101 | 100 | 100 | 100 | 107 | 106 | 108 | 112 | 114 | 111 |
| イ　ギ　リ　ス | 100 | 100 | 101 | 103 | 102 | 103 | 102 | 105 | 108 | 108 | 109 | 109 | 115 |
| フ　ラ　ン　ス | 100 | 101 | 103 | 106 | 105 | 107 | 106 | 112 | 115 | 111 | 114 | 121 | 123 |
| ベ　ル　ギ　ー | 100 | 101 | 102 | 113 | 109 | 110 | 112 | 115 | 116 | 120 | 122 | 128 | 132 |
| ス　ペ　イ　ン | — | 100 | 102 | 102 | 108 | 109 | 106 | 102 | 103 | — | — | — | — |
| オ　ラ　ン　ダ | 100 | 100 | 100 | 102 | 103 | 102 | 103 | 105 | 107 | 109 | 115 | 117 | 123 |
| ノ ル ウ ェ ー | — | 100 | 99 | 99 | 97 | 100 | 103 | 108 | 109 | 106 | 108 | 111 | 119 |
| ロ　シ　ア | 100 | 104 | 107 | 102 | 104 | 112 | 116 | 130 | 130 | 127 | 116 | 121 | — |
| ア　メ　リ　カ | 100 | 105 | 111 | 111 | 113 | 113 | 117 | 122 | 126 | 133 | 140 | 139 | 150 |
| カ　ナ　ダ | 100 | 104 | 109 | 106 | 109 | 111 | 115 | 128 | 129 | 133 | 135 | 136 | 151 |
| オーストラリア | — | 100 | 109 | 105 | 95 | 101 | 101 | 98 | 106 | 104 | 103 | 103 | 116 |
| 日　　　　　本 | 100 | 97 | 100 | 108 | 120 | 132 | 127 | 134 | 136 | 132 | 132 | 138 | — |

(Carl von Tyszka, Tatsachen und Ursachen der internationalen Verteuerung der Lebenshaltung, *Annalen für Soziale Politik und Gesetzgebung,* Bd. 3, 1914, S. 512-3.)

　　『貨幣論』に収録．他に，市川正一訳『資本主義と物価問題』早稲田泰文社，1924年がある．これは英訳本, *The High Cost of Living,* Chicago 1915. からの重訳である．〕

　まず，論争が行なわれた当時の時代状況を簡単に見ておこう．
　1900年代に入って生活手段の価格騰貴は世界的規模で急激に進んだ（第3-1表）[3]．
　1911年9月にチューリッヒで開催された国際社会主義書記局会議で，R. ルクセンブルク (R. Luxemburg) によって起草され採択された「生活手段価格騰貴に関する決議」では，資本主義諸国を，次いで他の諸国を次々に襲っている生活手段の価格騰貴は資本主義諸国における関税政策とカルテルに原因があるとしてこれらの政策を糾弾した[4]．1912年9月にケムニッツで開催されたドイツ社会民主党大会では，「ドイツの支配的な保護関税政策の中に

耐え難い物価騰貴の激化の原因がある」とし,「貿易政策の変更」を要求し,「支配階級の略奪体制に対する闘争」を労働者に呼びかける決議を採択した[5]．一般的に，物価騰貴の主たる原因は保護関税政策とカルテル価格にあると見なされていた．社会政策学会（Verein für Sozialpolitik）は，1911年以降,「価格研究」を学会として取り組むべき一つの重要テーマとしていた．ドイツでは，物価騰貴と軍拡費用をまかなう租税の引き上げ圧力とによって労働者の賃金引き上げ部分が帳消しにされただけでなく，実質所得が減少し始めたため，政治的大衆ストライキがいつ発生しても不思議がないほどに政治的に緊迫した情勢が作り出されていた．「金・物価論争」は階級間対立が最も先鋭化していたドイツで展開された．

論争の出発点になったバウアーの著書『物価騰貴——社会民主党の経済政策における一つの入門書——』は，次のような問題意識と構成のもとで書かれている．

バウアーによれば，生活手段の価格騰貴の究極的原因は関税政策にある．その際，帝国政府が執行しているこの貿易政策については資本主義社会の今日の組織がどのようであるかを理解せずにはこれを理解しえない．したがって，議論は必然的に資本主義的生産様式批判の枠組みにまで踏み込まざるをえない[6]．

その著書は三つの部分（テーマ）から構成されている．第一は，世界経済全般にわたる物価騰貴の諸要因を明らかにすること（「物価騰貴の国際的諸要因」），第二に，関税政策が物価騰貴にどのような影響を与えているかを明らかにすること（「国家の価格決定への干渉」），第三に，物価騰貴に反対する労働者の闘争の意義について（「労働者階級と物価騰貴」），これらである．なお，後に論争点となる，金生産量の変化と物価騰貴との関連について，バウアーは第一の部分の中で次のように述べている．「南アフリカ金鉱における金生産費の下落はおそらく今日の物価騰貴の諸原因のうちの一つであろう」[7]，と．ヴァルガ（E. Varga）はバウアーのこの見解を批判した．論戦はこれをもって開始される．見られるように，「金・物価論争」は論戦の当初から,

第3-2表　世界の金生産高　　　　　　　　　　(kg)

| 年 | 年平均 | 年 | 平均 | 年 | 年平均 |
|---|---|---|---|---|---|
| 1943-1520 | 5,800 | 1801-1810 | 17,778 | 1901-1905 | 484,639 |
| 1521-1544 | 7,160 | 1811-1820 | 11,445 | 1906-1910 | 652,166 |
| 1545-1560 | 8,510 | 1821-1830 | 14,216 | 1901 | 392,705 |
| 1561-1580 | 6,840 | 1831-1840 | 20,289 | 1902 | 446,490 |
| 1581-1600 | 7,380 | 1841-1850 | 54,759 | 1903 | 493,083 |
| 1601-1620 | 8,520 | 1851-1855 | 199,388 | 1904 | 522,686 |
| 1621-1640 | 8,300 | 1856-1860 | 201,750 | 1905 | 568,232 |
| 1641-1660 | 8,770 | 1861-1865 | 185,057 | 1906 | 605,632 |
| 1661-1680 | 9,260 | 1866-1870 | 195,026 | 1907 | 621,375 |
| 1681-1700 | 10,765 | 1871-1875 | 173,904 | 1908 | 666,318 |
| 1701-1720 | 12,820 | 1876-1880 | 172,414 | 1909 | 683,331 |
| 1721-1740 | 19,080 | 1881-1885 | 154,959 | 1910 | 684,176 |
| 1741-1760 | 24,610 | 1886-1890 | 169,869 | 1911 | 692,000 |
| 1761-1780 | 20,705 | 1891-1895 | 245,170 | 1912 | 707,000 |
| 1781-1800 | 17,790 | 1896-1900 | 387,257 | | |

(*Statistisches Jahrbuch für das Deutsche Reich.* Jg. 34, 1913, S. 35[*]. この統計表は1890年まではゾオートベーア (Soetbeer) に，それ以降はアメリカ造幣局長官報告 (*Annual Report of the Director of the Mint.* Washinton) による.)

非常に限定された範囲の論点から開始されたのである．

　ところで金生産量の変化については当時次の表からこれを容易に知ることができた（第3-2表）．

　バウアーが物価騰貴の根本原因を金価値の低下に求めていたと解するのは正確な理解の仕方ではない．バウアーは，基本的には，「物価騰貴の根本原因は総じて資本主義社会の組織の中にあるであろう」とする観点に立っていたからである．彼の著書における主張の力点が金価値問題にではなく，この著書の第二部の関税政策批判に置かれていたことは明白である．

　なお，イギリスにおける物価指数の長期的変化は既に1886年にザウエルベック (A. Sauerbeck) によって計算され，それ以降も毎年計算され続けられてきた（第3-3表）．ただし，金生産量の変化と物価変動との関連が問題にな

第3章 「金・物価論争」と長期波動論　　　　79

第3-3表　イギリスにおける卸売物価指数の変化（＝ザウエルベック指数）
(1891-1900＝100)

| 年 | 指数 | 年 | 指数 | 年 | 指数 | 年 | 指数 | 年 | 指数 |
|---|---|---|---|---|---|---|---|---|---|
| 1818 | 214 | 1839 | 155 | 1860 | 149 | 1881 | 127 | 1902 | 105 |
| 1819 | 183 | 1840 | 155 | 1861 | 148 | 1882 | 126 | 1903 | 105 |
| 1820 | 169 | 1841 | 151 | 1862 | 152 | 1883 | 124 | 1904 | 106 |
| 1821 | 160 | 1842 | 137 | 1863 | 155 | 1884 | 114 | 1905 | 109 |
| 1822 | 152 | 1843 | 125 | 1864 | 158 | 1885 | 108 | 1906 | 116 |
| 1823 | 155 | 1844 | 127 | 1865 | 152 | 1886 | 104 | 1907 | 120 |
| 1824 | 160 | 1845 | 131 | 1866 | 154 | 1887 | 103 | 1908 | 110 |
| 1825 | 177 | 1846 | 134 | 1867 | 151 | 1888 | 106 | 1909 | 112 |
| 1826 | 151 | 1847 | 143 | 1868 | 149 | 1889 | 109 | 1910 | 117 |
| 1827 | 146 | 1848 | 118 | 1869 | 148 | 1890 | 108 | 1911 | 120 |
| 1828 | 146 | 1849 | 112 | 1870 | 145 | 1891 | 108 | 1912 | 128 |
| 1829 | 140 | 1850 | 116 | 1871 | 151 | 1892 | 103 | 1913 | 128 |
| 1830 | 137 | 1851 | 113 | 1872 | 164 | 1893 | 103 |  |  |
| 1831 | 139 | 1852 | 118 | 1873 | 167 | 1894 | 95 |  |  |
| 1832 | 134 | 1853 | 143 | 1874 | 154 | 1895 | 94 |  |  |
| 1833 | 137 | 1854 | 154 | 1875 | 145 | 1896 | 92 |  |  |
| 1834 | 136 | 1855 | 152 | 1876 | 143 | 1897 | 93 |  |  |
| 1835 | 139 | 1856 | 152 | 1877 | 142 | 1898 | 97 |  |  |
| 1836 | 154 | 1857 | 158 | 1878 | 131 | 1899 | 102 |  |  |
| 1837 | 142 | 1858 | 137 | 1879 | 125 | 1900 | 113 |  |  |
| 1838 | 149 | 1859 | 142 | 1880 | 132 | 1901 | 106 |  |  |

(*Journal of the Royal Statistical Society*, Vol. 49-77.)

るのは議論がさらに先に進んでからのことである．

　なお，論述を先取りすることになるが，論争に参加したとされる前記の人々の中で筆名が「J. v. G.」とイニシアル表示になっている人物は，長期波動論の論者ヘルデレン（J. v. Gelderen）のことである．これまでわが国では「J. v. G」なる人物の本名と実像は特定できなかった．そのため，当然のことにヘルデレンがこの論争に参加し，その直後に長期波動論に関する労作「大潮．産業発展と価格運動に関する一考察」を発表していたことを知らな

かった．しかし，「金・物価論争」と長期波動論とは理論上だけでなく，人的関係においても密接に関連していたのである．もしこの事実がもっと早い時期に確認されていれば，わが国におけるこの論争をめぐる議論の枠はもうすこし拡がりを見せていたはずである．

これらの事実を確認した上で，まず，この「論争」それ自体について概観しておくことにする．（ただし，本章では「紙幣理論」に関する議論の内容の検討についてはこれを省略する．）

(2) 「金・物価論争」の概観

ヴァルガは，金生産費の下落＝金価値低下を物価騰貴の一要因だとするバウアーに対して，金生産費の変化は物価騰貴に何等の影響も及ぼすことはないことを主張した．彼によれば，採金方法の改善は確かに金の生産費を低下させ理論の上では物価を騰貴させるが，現実には，そのようなことはありえない．金生産費の低下は従来の限界生産者に新たに差額地代を生み出すだけであって，金価値が低下するわけではない．というのは，金生産費の低下によってより劣等な鉱山が開発されるようになり，新たな限界生産者の同一労働がこれまでと同等な金量を生産するからであり，彼がそれを発券銀行に持って行けばこれまでと同じ金鋳貨を手に入れるであろう．金に対する需要は「無限界」であるからだ．彼は次のように述べる．「金商品の生産には競争は存在しない．新たに，より安く生産された地金のキログラムは，以前と同じ様に，全く同じ枚数の金鋳貨で，またはそれに照応した諸商品で発券銀行によって買い取られる.」[8]

ヴァルガは物価騰貴の原因を保護関税政策と結び付いたカルテル価格にあると見ていた．したがってバウアーの議論は保護関税政策を免罪にする危険な議論と見た．

ヘルデレン（J. v. G〔elderen〕）は，金生産部門での労働生産性の上昇は現実に金価値を低下させ，物価を騰貴させるとして，ヴァルガを批判した．その際，彼は，ヴァルガは価格の度量基準としての貨幣の機能と価値尺度とし

ての機能を混同しているとして彼を次のように批判した[9]．

　価値尺度として金は諸商品の諸価値を金の諸量で表現し，価格の度量基準としては金は金の諸量を，確定された金量を基準として度量する．金の諸価値は金の諸量で度量されるのではなく，それは他の諸商品との交換関係を通じて，それらの交換価値によって度量される．金地金が中央発券銀行で同じ量の金鋳貨と（またはそれと同等量の金兌換を約束した紙券と）交換されるのは価格の度量基準が変更されない限り当然のことである．このことは金価値の変動と全く無関係である．ヘルデレンの見解はおおよそ以上のようであった．

　ただし，彼は当時の物価騰貴を金生産量の変化に求めることができるか否かについて態度を保留した．彼は言う．「現在の物価騰貴が金生産の運動によって惹起されたかどうかを私は決定せずにおく．そのような影響が可能であるということは……確固として動かし難い．」[10]

　ヒルファディングはヴァルガに同調し，金生産量の変化は物価騰貴の原因にはなりえないとする後者の説を擁護した．ただし，ヴァルガの論証を決定的なものにするにはなおいま一つの本質的な補足を必要とするとして，「金に対する無限界な需要」の問題に加えて，「国立発券銀行による貨幣制度の固有な調整 Regelung」の問題について論じた．彼によれば，貨幣の価値は次の価値等式（等式を簡略化してある——引用者）によって決定される．

　　　貨幣総量の価値＝商品の価値総量／貨幣の流通速度

「金は一定の固有価値を持っている．しかし，流通目的に実際上使用される貨幣量に関しては，同様に，上に掲げた等式が妥当するに違いない．」[11] 自由鋳造金本位制の場合には，もし，国立発券銀行が存在していれば，流通に必要な貨幣量はこの発券銀行によって調整されるので，「金の固有の価値」（＝「金鋳貨の交換比率」）は変化しない．しかし，発券銀行が存在しない場合や発券銀行に金が蓄蔵されていない場合には，たとえば「流通価値」が1000から1500に増加すれば，「金鋳貨の交換比率は変化することになろう．すなわち今や1マルクは1.5マルクに値することになる．逆は逆である．」[12] 要す

るに，現実には，提供される金はことごとく発券銀行によって買い上げられ（=「金に対する無限界の需要」）蓄蔵され，この発券銀行は流通貨幣量を調整するのだから，金生産量の変化が物価騰貴の原因になることはない，これがヒルファディングの見解である．彼は，ヴァルガと同じように，物価騰貴の要因をカルテル価格に求めていた．

　ヒルファディングもヴァルガと同じように，金地金のある一定重量が発券銀行でそれと同等量の（貨幣名を持った）金鋳貨または兌換紙幣といつでも交換可能なことをもって金価値不変を意味すると錯覚していたように思われる．しかし，金の価値は金の重量では度量されないで他の諸商品の使用価値によってのみ度量される．値段表を逆に読まない限り，金価値は度量されない．商品価値を不変とすれば，金価値の低下は，その商品のより多くの使用価値によって表現される．彼の見解にも金の度量基準としての機能と価値尺度としての機能の混同がある．

　「金・物価論争」は物価騰貴をめぐる本来の分析課題から離れ始めていた．このことに気付いてカウツキーは議論の軌道修正を促した．バウアーにしても自分にしても，物価騰貴の原因を金生産費の減少=金価値低下にだけ求めているのではなく，またそれを物価騰貴の最も本質的な原因と見なしているわけではない，彼はこのように弁明した[13]．そして彼は，ヴァルガが論点を極端に単純化していることを非難した．しかし，この一連の議論の中で金生産量の変化と物価騰貴との密接な関連を終始強調し，議論の範囲を狭めてきたのはむしろカウツキーであった．「金・物価論争」は，マルクスの価値・貨幣論にかかわる重要な論点をめぐる論戦であるとはいえ，この時期のこうした議論と論争は，列強の対立関係=戦争勃発の危機と国民生活破綻の元凶となっている関税政策とカルテル価格とを，結果的には，免罪するものであろう．

　ともあれ，こうした断わり書きを記した上で，カウツキーは，金の生産条件の変化が物価騰貴の原因になりえないとするヒルファディングの見解をまずもって批判した．ただし，金価値が20世紀に入っても持続的に低下し続け，

それが原因で物価が騰貴し続けているとカウツキーが主張したわけではない．「（今日では――引用者）金価値が実際上低下してはいないということは，おそらく当たっている」，彼はこのように述べている[14]．すなわち，ある時期までは金価値は低下し，それが物価騰貴の原因になっていたが，その時期以降は金価値は低下していない．したがって物価騰貴の原因は金価値の低下以外に求められなければならない，これが彼の見解であり，彼のこれまでの見解の一部に修正が加えられている．

なお，カウツキーは，ヒルファディングが価値と価格とを同じ意味で取り扱っていること，貨幣の価値尺度機能と度量基準機能とを混同していること，これらの点を批判した．さらに，「金に対する無限界の需要」という点に関して，それの意味することは，銀行が金を購入し金をそこに堆積することではなく，それは銀行券所有者の単なる銀行への預金に過ぎないことを指摘した[15]．

バウアーはカウツキーの議論をほぼ容認した上で，これまで充分には論じられてこなかった新たな論点，「貨幣価値の下落がいかなる方法でそしていかなる手段によって商品価格の上昇を惹起させるか」について，これをまず一般論として次のように論じた．彼によれば，新生産方法を採用した部門では利潤率が上昇するので他部門から資本が流入してくる．この部門では生産力が上昇するのでいずれは供給量が増大し価格が低下し，利潤率が低下するであろう．他方，他の部門では供給力が遅れ，停滞的になるから価格が上昇し，利潤率が上昇する．今度はこの部門に資本が流入してくる．彼によれば，最近10年間における物価騰貴の「最も重要な原因」は，こうした市場メカニズムが作動したこと，具体的には，「世界経済における農業生産の成長が工業の成長に遅れたこと」にある[16]．

金生産と物価騰貴との関連の問題について，バウアーはこれを次のように説明した．金生産部門における生産方法の改善はこの部門の利潤率を上昇させることによって資本をこの部門に流入させ，金生産量を増加させる．しかし他部門では供給量はわずかしか増加しないので諸価格は上昇する．物価の

上昇は金生産費を上昇させるので，金生産部門の利潤率を圧迫し，この部門の拡張は押しとどめられ金生産量は減少する，と．バウアーの場合には，金生産費の下落がこの部門の利潤率を高め，金生産部門への資本の過大な投下を招く一方，他部門では生産力の上昇がおさえこまれ，そのために金生産部門における他部門への需要増が物価騰貴の原因になる，このように論じられた[17]．要するに，彼は金生産量の変化が物価騰貴を招いた原因であることを認めたとはいえ，金価値の低下が物価騰貴を招いたことを否定した．何故なら，金生産部門では部門内競争が排除されているから金価値の下落はないと見ていたからである．彼は，「価格を規制し，最も不利な条件のもとで生産される金量の生産費は依然として同一である」とするヴァルガを「全く正しい！」とした[18]．

スペクタトールは金価値と物価騰貴に関するカウツキーの見解を正しいとした．ただし，彼は20世紀に入ってからの物価騰貴の原因を金価値の変動に求めることには反対であった．彼は次のように述べる．「物価騰貴の根本原因は一般的には資本主義的生産様式に，そして特殊的には生産物の分配の無政府性に基づく．」[19]したがって，金の供給量の増加が物価を騰貴させたとするのはブルジョア経済学者の見解であり，この見解を誤りと見なした．そして，彼は，それとは逆に，資本欠乏，信用膨張および流通手段の不足によって，金に対する需要は継続的に供給を超過しているのであって，「金価格 Goldpreis」はむしろ上昇したとする[20]．これについて彼は次のように述べている．「要するに，金に対する需要は継続的に供給を超過している．しかしもしそうだとすれば，金価格は最も不利な条件のもとにおける生産費に向かうというヴァルガの想定は正しいに違いない．したがって，金価格は下落しなかっただけでなく，かえって上昇したのである．というのは金を得るために高い生産費を人々は黙認したのであるから．」[21]

結局，金価値の上昇（相対的上昇）によって本来は低下すべき物価が逆に上昇したところに問題があり，物価騰貴の原因は金の側にあるのではなく商品の側に，カルテル価格にある，これがスペクタトールの見解の主張点であ

る.

　ヴァルガはバウアーの見解を好意的に受け取った．何故なら，バウアーは金価値不変を容認し，物価騰貴は資本移動を伴う（利潤率の差異に基づく）需給のギャップによってのみ生じると見なしたからである．ヴァルガは金生産方法の改善による物価への影響はごくわずかなものと見ていた．彼は次のように言う．「今日の時点においては，物価騰貴は実際に非常に小さいものであること，また金（貨幣）と商品との間の交換比率における変化は，したがってまた，今日の物価騰貴は，このことによっては起こりえないと私は主張する.」[22] 彼はこの点の実証に努め，再び次のように言う．「……このような資本移動の価格諸関係に及ぼす影響は極めて微々たるものである．今日の物価騰貴の原因は金の側に求められてはならず，もっぱら商品の側に求められねばならない.」[23]

## 第2節　帝国主義と物価騰貴

(1)　議論の第二段階

　『ノイエ・ツァイト』誌上における「金・物価論争」は軍縮問題に関する議論によって1912年の夏頃に一時期中断された．当時，軍国主義や帝国主義に関する論文，たとえばラデック（K. Radek）の論文「帝国主義に反対するわれわれの闘争について」[24] やエックシュタイン（G. Eckstein）の論文「帝国主義と軍縮」[25] などがそれに掲載されている．ルクセンブルクの著書『資本蓄積論』[26] はこの年に準備され，12月には書き上げられた．

　論争の「再開」が「宣言」されたのは1913年の1月である．*

---

＊　ヴァルガの前掲論文は，論争の「再開」後に公表されたものであったが，実際には，それは，1912年の夏頃に，『ノイエ・ツァイト』編集部（カウツキー）に送付されていた[27]．ヴァルガは論文の掲載にあたって，この論文が半年前に編集部に送られたこと，またこの間，『オステルライヒッシェ・フォルクスヴィルト』の1913年の最新号に「金・論争 Gold-Diskussion」が紹介され，その中で彼がこの論

しかし帝国主義戦争勃発の危機がさしせまるこの時期に，金生産量と物価騰貴との関連問題をめぐる議論を「再開」することにどれほどの意義があるか疑問である．カウツキーはこの問題にややこだわりすぎていたと言えよう．

カウツキーは1913年に『ノイエ・ツァイト』の付録として小冊子『金生産の変動と物価騰貴の変動的性格』を刊行した．その中で，彼は金生産量の変動が景気の周期に与える作用を論じ，それが19世紀末からの物価騰貴に大きく関与したことを改めて強調した．**

しかし，カウツキーは既存の政治情勢が急激に緊迫しつつある中でこれまでの議論の枠内にとどまることはできなかった．彼は次のような新しい見解を表明した．彼によれば，物価騰貴の性格は1905年頃から変化してきている．「物価上昇は今や完全にその性格を変えている．増加した金生産の，すなわち増加した需要の影響が優勢な限りでは，物価上昇は有益なものとして，増大する繁栄のWohlstandの随伴現象として感じられた．［しかし——引用者］増大する金生産の影響が後退し，物価上昇の他の諸要因——それらすべては需要増に作用するのではなく供給減に作用するのだが——が優勢になってからは，物価上昇は苦痛を増す性格を帯びるようになった．それは増大する繁栄の一つの随伴現象から増大する貧困の原因に転化し，しかも単に社会的・

---

文で批判の対象としたバウアーの論文が論評されていること，これらの断わり書きを脚注として入れることを編集部に要請している[28]．『ノイエ・ツァイト』編集部はヴァルガの要請に応えて次のような脚注を入れた．「前年7月に，軍縮問題の議論のために中断しなければならなかった議論をわれわれはこの論文で再開する．」[29]

** 彼は次のように言う．「今日の物価騰貴が金生産量の増加に関連しているという理論的可能性は，私には議論の余地がないように見える．もちろん，可能性が現実性に転化したかどうかは別問題である．実際にそうであるということを正確に数字の上で証明することは，今日の統計の状態ではほとんど不可能である．しかし全ての徴候はこれを証明している．私は，もともと，私が物価騰貴の問題の研究に着手したときから，金が物価騰貴に連座していることはかなり有りえると想定した．ヴァルガの異論は私をして問題を一層正確に吟味させたが，私がそうしようとそうするほど金生産の変化が物価の上昇に寄与したという確信が強まった．この変化が何の影響も及ぼさなかったとすれば，それこそ真に驚くべきことであろう．」[30]

相対的貧困の原因，増大した搾取の原因と言うだけでなく，さらに絶対的・肉体的貧困の原因に転化した.」[31] ここで物価騰貴の他の諸要因と言うのは，彼によれば，私的独占による価格のつり上げや工業関税，大農業資本家や大地主階級に利益をもたらす農業関税および軍備拡張等のことである.

　要するに，かつては金生産量の増大は需要を増加し好況をもたらすことによって（たとえ物価が騰貴しても）労働者階級に好都合に作用したが，今やその要因は消え失せ，これと異なる他の諸要因による物価騰貴が現れている．この場合にはそれは貧困の原因になる，これが彼の新たな認識である[32]．

　しかし，カウツキーの物価騰貴性格変化論が，木に竹を接いだように見えるのは，抽象から具体へと上向する展開方法が無視され，「一般論」にいきなり「特殊理論」を（同じ論理段階で）直結する方法論が採用されているからであろう．金生産量の変化と物価騰貴との関連問題に彼はこだわり過ぎていた．むしろ別の箇所で彼が述べている次のような分析方法が採用されるべきであったのではなかろうか．「金が物価騰貴の唯一の原因」であるということはかつて言われたこともないし言ったこともない．「最近の20年間における物価騰貴は，もし金生産の変化にのみよるものであるとしたら，………これほど甚だしくはなかったであろう．」「この一要素は同じ方向に作用する他の諸要素によって著しく促進された．」[33]

　「この一要素」ということで物価騰貴の主たる原因を依然として「金生産量の増大」に帰していることに疑問が残るが，資本主義発展のある一時期に現れた長期の物価騰貴が，独占資本主義に特有な諸要因によって，著しく促進されたとするのであれば，このような見解は充分検討に値する．

　これに対してマルヒレフスキー（J. Marchlewski）は論文「物価騰貴，資本主義および社会主義」(1912年)の中でカウツキーとは対照的な次のような議論を展開した．物価騰貴（変動）の原因は一般的には資本主義的生産の無政府性にある．アメリカからヨーロッパへ農業生産物が流入してきたこと，工業技術の発展，および交通手段の発達によって，物価はこれまでは低落していたが，アメリカにおける工業に対する農業の立ち遅れ，および輸送費の高

騰によって，穀物価格は騰貴した．今日の物価騰貴はこうした無政府的生産に起因する．と同時に，特殊的には，大土地所有者と大農業家に利益をもたらす農業関税と，カルテルやトラストによる工業製品の価格引き上げ，これらに起因している．したがって，物価騰貴に見合う賃金引き上げ要求（＝経済闘争）を政治闘争にまで発展させ，さらにこの「政治的・経済的闘争」を「最終目標，つまり社会主義をめぐる闘争」にまで発展させる必要がある[34]，と．

さらに彼は翌年の1913年に著書『物価騰貴，商品価格および金生産』[35]を著し，この見解を詳論した．その際，彼は，特に，金生産量の変化と物価騰貴とは全く関係がないことを強調した．＊

物価騰貴の原因となる諸項目を並記するのではなく，まず，それを資本主義的生産の基本法則あるいは一般的諸法則から説明し，次いで，特殊的にはその原因を帝国主義的諸政策に帰着させる，マルヒレフスキーの見解はこうした重層化した論理の関連構成を採っているように見える．もしそうだとすれば，金生産量の変化と物価騰貴との関連についていま少し立入って体系的に論じる必要があったであろう．

### (2) 帝国主義と物価騰貴

20世紀初頭の物価騰貴は資本主義諸国の関税政策とカルテル価格に原因がある，これが社会民主主義者たちにとって当初から一致した認識であった．ヴァルガが，物価騰貴の原因を賃金騰貴や金生産量の変化に帰する説を批判

---

＊　彼は次のように述べている．「1850年から90年代の中ごろまでの時期において，金価値の低下にもかかわらず商品価格は低下しており，90年代中頃以降の時期には，金価値は相対的に安定的ないしは低下していない場合にも物価は上昇している」[36]と．しかし彼の見解は現実と異なっている．第一に，物価が低下したのは1850年頃からではなく1873年以降のことであり，1850年代には物価は上昇していた．第二に，1873年以降，金価値が持続的に低下したという事実はない．第三に，1890年代中頃から金価値が停滞ないし上昇していたという事実もない．歴史的事実は，金生産量の変化が物価騰貴の変動に驚くほど密接に対応していることを示している．

したのも，そうした説は現実的であれ理論的であれ，誤っているにしても，なによりもこの議論は支配階級の責任を免罪にする議論であると見たからである[37]．したがって「金・物価論争」でなされるべき議論は，本来は，歴史研究ではなく理論研究としての範囲でなされるか，さもなければ資本主義発展の歴史的・動態的分析においてなされるべきであった．1913年になって議論は再び帝国主義政策と物価騰貴との関連問題という当初の問題関心に戻った感がある．＊

ところがカウツキーは論文「帝国主義」(1914年) の中でこれまでの見解とさらに異なる次のような議論を展開した．

生産過程の全体が攪乱なしに進行するためには，生産手段の生産と消費手段の生産とが比例性 Proportionalität を保持していなければならない．この関係は工業（生産物）と農業（生産物）との関係についても言える．「資本主義的生産」の場合には，「単純商品生産」の場合とは違って，「工業生産は農業生産よりもはるかに急激に発展する傾向を持つ」[38]と．ここから，彼は一方では帝国主義の問題を論じ[39]，他方では物価騰貴について論じる．

「工業と農業との間の不均衡 Mißverhältnis」は「二面的方法」で現れる．「一つは農業領域における工業生産物の販売は，工業生産ほどに農業生産が急激に拡大しないために，過剰生産として現れる．そして，次に，農業は，急激に増大する工業生産が要求するほどの生活手段と原材料を提供しえないために，物価騰貴の形態をとる．」「これら二つの現象は工業生産と農業生産との間の不均衡から生じる．」さらに続ける．「物価騰貴と過剰生産という二つの現象の中の一つは，それらが問題になっている不均衡に由来するその場を越えて，容易に他の一つに移っていく．物価騰貴は過剰生産として現れ価格暴落を随伴する恐慌の入口となる．」

＊　と同時に，わが国で紹介されてきた「金・物価論争」の取り上げ方の限界性が先ずもってここで確認されなければならない．理論分析があまりにも歴史分析に直結しすぎていた傾向があるからである．

第3-4表　生産諸部門間の不均等発展（アメリカ）

| 年　次 | 原料品 | 工　業製　品 | 農業生産　物 | 綿　花 | 衣　服 | 金属・什　器 | 松　材 |
|---|---|---|---|---|---|---|---|
| 1897 | 87.6 | 90.1 | 85.2 | 92.2 | 91.1 | 86.8 | 93.7 |
| 1898 | 94.0 | 93.3 | 96.1 | 76.9 | 93.4 | 86.4 | 96.8 |
| 1899 | 105.9 | 100.7 | 100.0 | 84.7 | 96.7 | 114.7 | 107.9 |
| 1900 | 111.9 | 110.2 | 109.5 | 123.8 | 106.8 | 120.5 | 120.5 |
| 1901 | 111.4 | 107.8 | 116.9 | 111.1 | 101.0 | 111.9 | 119.4 |
| 1902 | 122.4 | 110.6 | 130.5 | 115.1 | 102.0 | 117.2 | 137.2 |
| 1903 | 122.7 | 111.5 | 118.8 | 144.7 | 106.6 | 117.6 | 141.9 |
| 1904 | 119.7 | 111.3 | 126.2 | 155.9 | 109.8 | 109.6 | 141.5 |
| 1905 | 121.2 | 114.6 | 124.2 | 123.1 | 112.0 | 122.5 | 150.7 |
| 1906 | 126.5 | 121.6 | 123.6 | 142.0 | 120.0 | 135.2 | 171.6 |
| 1907 | 133.4 | 128.6 | 137.1 | 153.0 | 126.7 | 143.4 | 187.0 |
| 1908 | 125.5 | 122.2 | 133.1 | 134.8 | 116.9 | 125.4 | 189.0 |
| 1909 | 136.8 | 123.9 | 153.1 | 156.0 | 119.6 | 124.8 | 194.4 |
| 1910 | 139.7 | 129.6 | 164.6 | 194.8 | 123.7 | 128.5 | 196.1 |
| 1911 | 139.9 | 126.6 | 162.0 | 168.0 | 119.6 | 119.4 | 201.9 |

(K. Kautsky, *Die Wandlungen der Goldproduktion und der wechselunde Charakter der Teuerung*, *Ergänzungshefte zur Neue Zeit*, Nr. 16. 1912-13. Ausgegeben am 24. Januar 1913. S. 45. 向坂逸郎・岡崎次郎訳『貨幣論』改造社，1934年，210ページ．）カウツキーが *Bulletin of the United States Bureau of Labour Statistics*, Nr. 114. 1913. より作成．

　したがって，これら「二つの現象」を回避しようとして資本主義工業諸国は農業領域を拡大しようと努力する．この努力の特別な形態が「帝国主義」である[40]，と．

　見られるように，ここでは，物価騰貴は，金価値の低下によるのでもなく，私的独占による価格引上げによるのでもなく，資本主義工業諸国における工業の急速な生産拡大に対して，農業領域における生活手段と原材料の供給が工業領域の需要に対応し切れないところに生じた，とされている（第3-4表）．この見解の背後にある理論は「世界市場の拡大を求める資本の衝動」論（＝崩壊論）であり，悪名たかいカウツキーの「帝国主義論」である．これまで見てきたように20世紀初頭の物価騰貴の原因を説明するカウツキーの理論

は，この間，二転三転した．

ところで，これまで検討してきたどの見解にもまして，オイレンブルクやシュミットおよびヘルデレンは，この時期の物価騰貴の原因をより説得力ある方法で説明しえていたように思われる．

## 第3節　物価の長期波動

(1) パルヴスの長期波動論

金生産量の変化が資本主義の発展とどのようなかかわりを持っていたのかという論点について，カウツキーは彼の著書『ベルンシュタインと社会民主主義綱領』（1899年）の中でかつて次のように述べていた．「カリフォルニアとオーストラリアにおける金鉱発見がヨーロッパにおいても1847年から1849年まで続いた恐慌を克服するのに貢献したように，南アフリカにおける金鉱発見が1873年から1887年まで続いた恐慌を克服することに，また今日の繁栄に，関与した」[41]と．

そして彼はこの間，一貫して，金鉱の発見あるいは採金技術の改良を歴史的偶然事と解していた．彼は次のように言う．およそ10年の「産業周期」は「資本主義的生産過程の拡張の必然的形態」であるが，金生産の変化と関連する好況・不況の交替は「一連の偶然事に依存していて循環をなすものではなく，その種々の諸局面は規則的な反復に結び付けられていない」[42]と．金生産量が産業周期と同じ意味で合法則的に変化する，あるいは合法則性をつくりだす要因として作用する，とすることはもとより誤りであるが，それを資本主義的生産様式の特殊性と切り放し，単に歴史的偶然事と解することには問題があろう．

富鉱の発見と採金技術の改良とは金生産量を増加させ，他の生産諸部門の需要を拡大する引金になり，それによって景気が拡大することは，歴史的経験としても充分ありえる．また，景気拡大の誘因が何であれともかく社会的需要が拡大したとすれば，需要拡大に伴う物価上昇＝金生産費の上昇は金生

産部門の利潤率を圧迫し，金鉱発見への衝動を強めるかあるいは採金技術の改良への衝撃を与えるであろう．後者の場合には金生産量の増加が需要拡大・物価騰貴の直接的原因になるのではなく，資本主義の発展に伴う需要拡大が物価騰貴の原因になり，金生産量はそれを追認する形で金生産量の増大が促進される．つまり資本主義の発展が独立変数であり，金生産量の変化がそれの従属変数になるであろう．金生産量の変化は決して歴史的偶然事として片づけることはできない．ところがカウツキーは本節の冒頭に記したように，因果関係を常に逆にとらえているのである．*

とはいえ，物価騰貴の諸要因に関する議論の過程で，カウツキーは，それの主要因について，金価値の低下→独占価格→資本主義的生産発展の法則といった形で，言い換えれば，因果関係を逆転させる形で彼の見解を変化させてきた．

ところで，長期波動論の本格的な展開は一連の経過を経て1913年にヘルデレンによってなされることになる．この過程を辿るために，パルヴスが当時の物価騰貴を彼の理論（＝「長期波動論」）でどの様に説明しようとしていたかについて簡単に見ておくことにしよう．そうすれば，「金・物価論争」（＝「金価値論争」）の流れとは別に，長期波動論に基づく物価変動分析のもう一つの理論史の流れがあったことを知ることができる．

パルヴスは19世紀末から20世紀初頭にかけての物価騰貴の原因を「世界資本」の運動によるものと理解した．彼は，著書『植民地政策と崩壊』（1907

---

\* このことは金生産量の変化が産業周期に及ぼす影響を論じる場合にも言える．カウツキーは次のように述べている．「金生産の拡張が停止するか，あるいはさらに金生産が減退したりすれば，好況の時期は容易に短縮され，好況は次第に力を失う．これに反して恐慌の時期は長引かされる．恐慌は慢性的性格を帯びる傾向を持つ．1873年以降の20年間がそうであった．金生産量の増大しつつある時代はそれと全く異なる．金生産が生み出す繁栄は世界から恐慌を取り除くことはできないが，繁栄の時期を延長し，それをさらに活発にし，他方，恐慌と不況の時期を短縮しその克服を容易にする．これが最近の20年間における産業周期の像である．」[43] 見られるように，金生産量の変化はここでは資本主義発展にとって外部要因としてしか捉えられていない．

年)の中で,物価騰貴について次のように論じている.数年来の一般的物価騰貴は「資本主義発展のシュトゥルム・ウント・ドラング時代」に踏み込んだことの証左である.つまり,アメリカにおける工業発展(それは資本主義発展のシュトゥルム・ウント・ドラング時代の到来を規定した一要因である)がアメリカの穀物価格の上昇を促がし,それとともにヨーロッパの穀物市場に対するアメリカの価格低下圧力が止んだ.したがって,「パンの価格は必ずしも持続的に低下することはなく,上昇し,さらに上昇して行くであろう.パンの価格騰貴は永続的になる」[44]と.

彼は,物価騰貴の原因を金価値の低下やカルテル価格などの単一的要因に求めることなく,「世界資本」の運動に基づく世界市場の発展(=「資本主義発展の法則」)と技術革命の二要因に求めた[45].

(2) 1913年における価格分析

ヴォルフ (S. de Wolff) によれば,1913年に,偶然にも,ヘルデレンの他に,物価変動の長期にわたる周期性の存在を指摘した経済学者が3人いた.1人はツガン-バラノフスキー (Tugan-Baranowsky) であり,他の2人はアフタリオン (A. Aftalion) とルノアール (M. Lenoir) である[46].ツガン-バラノフスキーは著書『イギリスにおける商業恐慌の理論と歴史の研究』のフランス語版(1913年)の,物価変動の歴史的事実を論じている中で,次のように述べている.「市場には周知のように物価の周期的動揺の他に,長期の好況期と不況期,好景気と不景気がある.」[47]ルノアールも同様に,著書『価格の形成と運動に関する研究』の中で,「長期の物価運動」の存在を指摘している[48].ヘルデレンを含めて4人もの経済学者が1913年に同時に物価の長期波動を検出したということは偶然にしてはあまりにできすぎのような気がしないでもない.しかし,当時の経済学の研究動向からすれば,必ずしもこのことは不思議なことではない.理由は次の点である.

当時,世界的に物価騰貴が問題になっている中で,各国で,価格形成に関する諸研究が,また実態調査と並んで社会統計の整備が,急速に進んでいた.

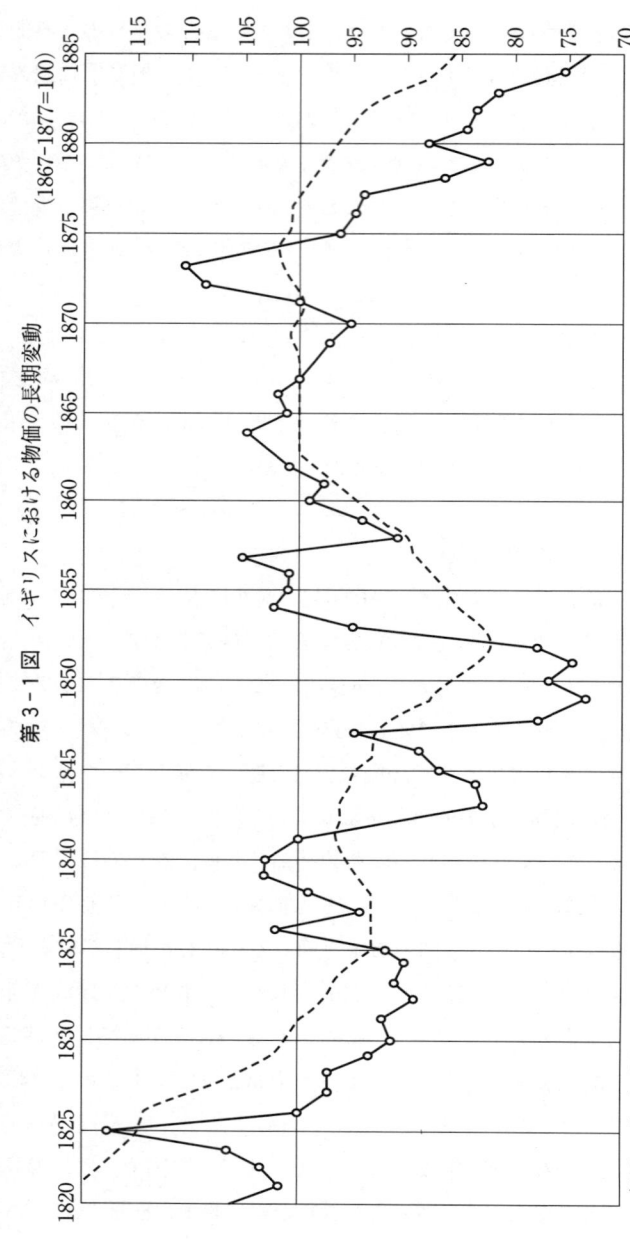

第 3-1 図　イギリスにおける物価の長期変動
(1867-1877=100)

―― 1867-1877年の平均を100とした各年度の数値
--- 過去10年間の平均価格

(A. Sauerbeck, Prices of Commodities and the Precious Metal, *Journal of the Statistical Society*, Vol. XLIX, Part III.)

たとえば，イギリスでは1886年以降ザウエルベックが，『社会統計ジャーナル Journal of the Statistical Society』で，物価の動向を毎年報告している．アメリカでは，1912年より，労働省労働局が『合衆国労働統計局会報 Bulletin of the United States Bureau of Labour Statistics』を刊行し，物価変動の実体を掲載している．また既述のように，ドイツでは，1912年から，社会政策学会が価格研究をテーマとして報告書を相次いで刊行している．そのような中で，長期にわたる物価変動を図示してみれば，物価指数に長期にわたる波動性が存在していることは苦もなく知りえるところであった．ザウエルベックは既に次のような図表を作成していた（第3-1図）．彼はこの図の中に，戦争や革命といった政治的諸事件や，富鉱の発見，鉄道網の拡大，穀物飢饉や綿花飢饉さらに，恐慌年や不況年を書き入れている．ドイツでは，1903年にシュミッツ（O. Schmitz）が労作『ドイツにおける1851年から1902年までの諸商品価格の運動』[49]を著し，物価変動に関する研究史上で先駆的役割を果たしていた．したがって，世界経済における物価のこうした長期的変動をいかに説明すべきかということが研究テーマになるであろうことは時間の問題でもあった．

(3) オイレンブルクの価格運動分析

オイレンブルク（F. Eulenburug）は1910年代初頭のドイツにおいて，価格研究の分野で大きな役割を果たした．彼は，社会政策学会が1912年より農業生産物と工業生産物に関する価格研究および生活費について調査し，報告書をまとめたが，その際，後者の二つの項目に関する報告書の編集責任者となった．そしてその過程で，彼は，イギリスについては，ザウエルベックや『エコノミスト』誌および商務省によって集められた統計を，ドイツについてはシュミッツがまとめた統計やドイツ帝国統計を，アメリカについては労働局統計等さまざまな統計資料や文献を収集し，19世紀から20世紀にかけての価格運動について，小冊子『最近10年間の物価騰貴』の中でその研究成果を公表した．（ただし，彼はこの本の中でマルクス主義者の諸文献を一切使用してい

ない)．*

　オイレンブルクは物価の長期変動過程を，1815-50年，1850-73年，1873-95年，1895年以降というように大きく時期区分し，それぞれの時期における物価の変動要因について次のように説明している．

　①1850年までの継続的な物価の低下要因について．彼はその原因について次のように述べている．「その原因は，とりわけ鉄道の建設，それによって達成された農業諸国家の国内の開拓，輸送費が安くなったこと，ならびに現代生産技術の進歩の中に求められなければならないであろう．」[51]

　②1850年代から1873年までの物価の著しい上昇要因について．物価騰貴は家計費目と原材料市場で顕著であった．この物価騰貴にヨーロッパにおける経済生活の強力な活況が随伴した．オイレンブルクはしかしその原因を必ずしも明確に述べてはいない．

　③それに続く1873年から1895年までの物価の低下要因について．この原因を，彼はもっぱら技術進歩と輸送機関の著しい発達に伴う原料と穀物のヨーロッパへの大量流入に帰した．「新ベッセマー法が導入され，鉄鋼生産費を安価にした．新たに化学が著しく発展した．大経営への移行がまさにその時代に大規模に増加した．それによって労働が再び安価にされた．しかし，その時，海外市場は鉄道の建設や汽船の開設によって開かれた．大アメリカ横断鉄道が完成された．原料品はそれによって安価に作られ，大部分がヨーロッパ市場に流れ込んだ．特に，海外諸国はヨーロッパに向けて穀物生産物を送り始めた．開始された穀物輸入は19世紀以来継続していた食料品の自然的な価格上昇を停滞的にした．それは逆転した．世界市場は初めて，本来的に自由競争の原理を完全に現した．」[52]

　＊　スペクタトールは『ノイエ・ツァイト』にこの本の短評を書き，「ブルジョア教授が書いた」この本の問題点を指摘するとともに，党内でも物価騰貴に関する研究を深めることの重要性について述べた．そして，「それにしても，しかし，この論文は興味ある資料を含んでおり，同志たちの注意を喚起するはずである」として，この著書を高く評価して締めくくっている[50]．

④1895年以降再び価格騰貴が始まった．特に，工業原材料と食料品にそれが顕著である．彼はそれらの価格上昇を，物価騰貴の中心的な現象，物価上昇運動の全基礎を表現する現象と見なした．

　オイレンブルクは1895年以降の物価騰貴に関する通説を次のように批判している．賃金騰貴を物価騰貴の原因と見なすことはできない．何故なら，賃金騰貴は最近の現象ではないし，むしろ反対に，賃金の騰貴は物価騰貴に原因がある．同様に，取引所投機や保護関税にその原因を求めるのも誤りである．何故なら，それらは既に1873-95年の時期に同様なことがあったが物価は上昇しなかったからである．さらに，穀物の収穫不足にそれを求めることもできないとした．何故なら，これもかつて同様なことがあったからである．またカルテルやトラストに物価騰貴の主要原因を転化することもできないとした．というのはそれらがあまり大きな役割を演じていないイギリスにおいても継続的な物価騰貴が生じているからである．オイレンブルクはそれらすべてを物価騰貴の副次的要因とみなし，これらは各々の国民経済にとってのみ問題になりえるとした[53]．要するに，彼は，まずもって，この間の物価騰貴は，徹頭徹尾，国際的な性格を持つ一般的現象であることを強調した．

　オイレンブルクによれば，原材料価格の上昇とそれに伴う食料品価格の上昇は，かつてない程の資本主義世界経済の拡張に起因している．彼は物価騰貴の主要原因を世界経済における需給関係の変化から次のように説明する．

　需要サイドからは，最近15年間における需要拡張要因として，次の三つが考慮されるべきである．第一に，需要の「外延的拡張 extensive Ausdehnung」である．「それは資本主義経済の自己発展 Selbstentwicklung から説明されるべきである．」[54]彼は次のような諸事実を列記した．南アメリカ，東アジア（シベリア，満州，中国，ペルシャ，インドなど）およびアフリカへのヨーロッパ資本の投下（鉄道建設等）に伴うあらゆる種類の生産財に対する需要拡大，南アメリカ，バルカン諸国およびロシアにおける工業化の進展に伴う原材料と工業生産物への需要の拡大，これらである．オイレンブルクはこれらを需要の「外延的拡張」要因と名付けた[55]．第二に，需要の「内包的展

開 intensive Ausgestaltung」である．それらの具体的要因として彼は，①自給経済の，商品・貨幣経済への移行，②人口の都市化と工業化，③旧素材の新素材への転換を挙げている．これらが大規模な需要を喚起する役割を果たした．続けて彼は言う．「物価の上昇はある生産物の使用に，注意すべきことの警告，警戒信号である．というのは需要の外延的・内包的展開が生産の拡張に先行しているからである」[56]と．そして第三に，収入の増加である[57]．

ところで交易手段の発達やあらゆる技術改良にもかかわらず，需要に供給が対応しきれず，商品価格が上昇したのは，原料・食料生産部門において「限界費用の上昇」が生じたからである．オイレンブルクは供給サイドからこれを次のように論じる．彼によれば，「限界費用の上昇」に伴う価格上昇というのは，「最も悪い諸条件のもとで生産されかつ需要の充足のためにまさに必要な生産，この生産に価格が従う」こと，このことを意味する[58]．ある一定の生産物，たとえば，繊維原料，動物性食料および鉱物の価格は，自然による制限によって，不利な条件のもとで生産が行なわれる場合の生産費に影響される．需要が増大し，より不利な条件のもとで生産が行なわれることになれば，限界費用は上昇せざるをえない．したがって価格は上昇する[59]．要するに，原料や食料の生産部門における国際的な「限界費用の上昇」によって物価騰貴が生じた．そしてこのことが生じたのは世界市場における前述のような世界的規模での需給諸関係の変化にある，これが彼の主張である．

オイレンブルクはこの本の最後を次のように締めくくっている．「概して，それゆえ，高い物価水準にとどまること，そして当面は永続的に貨幣の価値減価のあることを考慮すること，これらのことを覚悟しなければならない．このことは新たな世界史的・世界経済的段階の徴候であり，この徴候はわれわれの資本主義経済に深く根をおろしている．それは，変化した経済状態の，資本主義時代の新たな一局面の原因と作用である．同時に，もちろん技術と交易の国際性とが，経済生活のあらゆる領域でもっとも深い痕跡を残すことなしにはそうたやすくは越えることのできないある一定の限界に結び付けられているということについて，警告する必要がある．」[60] *

## 第3章 「金・物価論争」と長期波動論

　20世紀初頭の諸価格の動向において，食料品と工業原材料の価格上昇率が際だって高いことは比較的早くから知られていた．しかしこれらが「土地生産物」であり，それらの価格は「限界原理」によって支配され，当時の物価騰貴は「限界費用の上昇」によるものであることを指摘し，しかもそれが，徹頭徹尾，世界市場における一般的な需要拡大（＝需要の「外延的拡張」と「内包的展開」による）に起因する，国際的性格を持つ要因であることを論じたことは，オイレンブルクやシュミットの功績である．しかし，「世界市場における需給の変化」が何故に生じたのか，その背後に資本主義世界経済のいかなる経済メカニズムが働いていたのかなど，これらについて彼らは説明する理論を持ち合わせていなかった．（長期波動論はこれに一つの回答を与えているように思われる．）その意味で，不十分な展開であると言えるにせよ，「ブルジョア経済学者」であるオイレンブルクが需要の「外延的拡張」要因は「資本主義経済の自己発展」から説明されるべきであるとしたことは卓見であったということができる．

---

＊　シュミット（C. Schmidt）はオイレンブルクの前掲書の書評の中で，その著書が19世紀における価格運動に関する興味ある概観を提示していること，また原料・食料生産における「限界費用の上昇」がこれらの部門での価格騰貴傾向の究極的な原因であり，今日の物価騰貴の根本的原因であることを指摘していること，さらに，このことを世界市場における需給関係の変化，徹頭徹尾，国際的性格を帯びた現象として理解されなければならないことを主張している点を高く評価している[61]．彼も基本的にはこれらの点に同意した．同時に彼はオイレンブルクの理論は基本的にはリカードのそれであり，マルサスにも結び付く理論であると指摘している[62]．また彼は，他方で，金生産量の増大が物価騰貴の原因であるとしているオイレンブルクに対して次のように批判している．それは金生産者や株主に大きな利益をもたらし，それの種々の波及効果があるという間接的なもの以外に物価騰貴には何等の影響力を持つものではない[63]，と．
　シュミットによれば，加工工業部門とは異なり，土地生産物（農業及び鉱業生産物）を生産する部門では，平均生産費によって商品の価格が規定されるのではなく，劣等地での生産に必要な費用＝限界費用によって規定される．したがって，価格は限界費用＋平均利潤で決まる．ところが増大する需要とともに限界費用が上昇し，それ故これらの生産物の価格が急騰した．シュミットはこうした傾向に対し，以前はほとんど利用されていない国々の世界経済への編入と，新たな土地資源の開発とによってこうした傾向が緩和されるとしている[64]．

第3-5(1)表　卸売物価の変化

| 年次 | イギリス | アメリカ | カナダ | ドイツ | フランス | オーストリア・ハンガリー |
|---|---|---|---|---|---|---|
| 1890 | 109 | 113 | 110 | 114 | 110 | 104 |
| 1891 | 109 | 112 | 109 | 118 | 109 | 105 |
| 1892 | 103 | 106 | 103 | 103 | 106 | 100 |
| 1893 | 103 | 106 | 103 | 97 | 104 | 101 |
| 1894 | 95 | 96 | 97 | 90 | 96 | 97 |
| 1895 | 94 | 94 | 96 | 91 | 94 | 98 |
| 1896 | 92 | 90 | 93 | 90 | 90 | 95 |
| 1897 | 94 | 90 | 92 | 92 | 91 | 97 |
| 1898 | 97 | 93 | 96 | 98 | 95 | 101 |
| 1899 | 103 | 102 | 100 | 104 | 103 | 103 |
| 1900 | 114 | 110 | 108 | 113 | 122 | 110 |
| 1901 | 106 | 108 | 107 | 108 | 105 | 108 |
| 1902 | 105 | 113 | 109 | 107 | 103 | 105 |
| 1903 | 105 | 114 | 111 | 107 | 104 | 108 |
| 1904 | 106 | 113 | 111 | 105 | 103 | 110 |
| 1905 | 109 | 116 | 114 | 107 | 109 | 115 |
| 1906 | 117 | 122 | 120 | 117 | 116 | 122 |
| 1907 | 121 | 130 | 126 | 126 | 118 | 127 |
| 1908 | 111 | 123 | 121 | 123 | 114 | 123 |
| 1909 | 112 | 126 | 121 | 120 | 116 | 127 |
| 1910 | 118 | 132 | 125 | 120 | 122 | — |
| 1911 | 121 | 129 | 127 | 131 | — | — |

(J. Fedder, Springvlood-Beschouwingen over industrieele ontwikkelingen prijsbeweging, *De Nieuwe Tijd,* 1913, vol. 18. S. 264.)

(4) ヘルデレンの長期周期論

　さて，オランダの社会民主主義者ヘルデレン（筆名はフェダー（J. Fedder））は，マルクス理論に立脚した長期波動論によって，物価の長期的変動の分析を試みた．既に見たように，彼は「金・物価論争」に参加し，この論争では金価値の低下は物価を上昇させるとする見解を主張したが，当時の物価騰貴がそれで説明できるかどうかについては態度を保留していた．だが新たに書

第3-5(2)表　工業原材料価格の変動

| 年次 | イギリス | アメリカ | カナダ | ドイツ | フランス | オーストリア・ハンガリー |
|---|---|---|---|---|---|---|
| 1890 | 111.1 | 113.8 | 107.9 | 114.0 | 115.2 | 104.7 |
| 1891 | 106.4 | 108.4 | 105.1 | 105.7 | 110.3 | 103.0 |
| 1892 | 101.7 | 104.0 | 102.1 | 99.2 | 103.9 | 99.5 |
| 1893 | 101.7 | 101.5 | 101.4 | 97.4 | 100.1 | 103.1 |
| 1894 | 93.9 | 91.8 | 97.6 | 90.4 | 90.8 | 97.1 |
| 1895 | 93.9 | 93.1 | 95.4 | 92.9 | 93.1 | 95.7 |
| 1896 | 93.9 | 91.8 | 94.8 | 95.3 | 91.5 | 94.9 |
| 1897 | 92.3 | 90.8 | 94.6 | 96.0 | 90.5 | 96.5 |
| 1898 | 95.5 | 95.1 | 96.0 | 98.4 | 93.6 | 97.8 |
| 1899 | 109.5 | 109.9 | 101.8 | 110.5 | 110.6 | 114.5 |
| 1900 | 125.2 | 117.9 | 112.3 | 121.8 | 121.8 | 120.3 |
| 1901 | 112.7 | 111.6 | 108.4 | 112.5 | 111.6 | 116.3 |
| 1902 | 111.1 | 119.3 | 109.2 | 107.9 | 109.8 | 108.2 |
| 1903 | 112.7 | 124.7 | 113.0 | 114.1 | 110.9 | 109.7 |
| 1904 | 112.7 | 118.9 | 113.1 | 116.2 | 110.5 | 110.4 |
| 1905 | 117.4 | 123.8 | 115.3 | 118.0 | 115.1 | 112.3 |
| 1906 | 129.9 | 132.7 | 123.3 | 133.6 | 130.0 | 125.4 |
| 1907 | 134.6 | 139.8 | 127.5 | 148.2 | 126.3 | 131.6 |
| 1908 | 115.8 | 124.6 | 119.7 | 129.3 | 118.0 | 120.6 |
| 1909 | 117.4 | 129.6 | 118.4 | 125.6 | 121.0 | 122.3 |
| 1910 | 126.8 | 136.9 | 123.4 | 131.6 | 127.2 | — |
| 1911 | 129.0 | — | — | — | — | — |

(Ibid., S. 265.)

き上げられた労作「大潮．産業発展と価格運動に関する一考察」では，彼は，物価の持続的な上昇について，これを資本主義の国際的な性格を持った経済現象として理解し，これを資本主義的生産発展の法則に基づいて説明しようと努めた[65]．彼は，1913年に，資本主義経済に特有な，物価の長期周期性を指摘したとされる4人の経済学者の中でも，最も包括的で，実証的かつ理論的にすぐれた研究を行なった，長期波動論研究史上の傑出した理論家の1

第 3-5(3)表　食料品価格の変動　　(1890-1899 = 100)

| 年次 | イギリス | アメリカ | カナダ | ドイツ | フランス | オーストリア・ハンガリー |
|---|---|---|---|---|---|---|
| 1890 | 106.6 | 109.7 | 115.0 | 106.9 | 104.3 | 102.4 |
| 1891 | 112.4 | 115.8 | 115.0 | 116.2 | 107.6 | 107.6 |
| 1892 | 106.6 | 104.0 | 104.2 | 109.6 | 107.6 | 100.1 |
| 1893 | 105.1 | 109.5 | 104.7 | 105.6 | 109.2 | 99.1 |
| 1894 | 96.3 | 98.3 | 96.3 | 98.4 | 103.0 | 96.8 |
| 1895 | 93.4 | 94.2 | 96.0 | 91.3 | 95.7 | 99.6 |
| 1896 | 90.5 | 83.3 | 87.9 | 85.8 | 88.9 | 95.0 |
| 1897 | 94.9 | 89.6 | 87.6 | 90.9 | 92.6 | 97.8 |
| 1898 | 99.3 | 96.3 | 96.2 | 99.5 | 96.5 | 103.9 |
| 1899 | 94.9 | 99.5 | 96.8 | 96.9 | 93.5 | 97.6 |
| 1900 | 100.7 | 106.2 | 100.2 | 99.5 | 94.4 | 97.5 |
| 1901 | 97.8 | 108.6 | 104.3 | 100.6 | 95.7 | 97.8 |
| 1902 | 97.8 | 117.4 | 107.5 | 98.4 | 93.5 | 100.9 |
| 1903 | 96.3 | 111.3 | 105.8 | 104.7 | 94.4 | 105.3 |
| 1904 | 99.3 | 113.6 | 108.2 | 104.8 | 93.9 | 110.1 |
| 1905 | 100.7 | 114.3 | 109.6 | 109.9 | 101.3 | 118.1 |
| 1906 | 100.7 | 116.2 | 113.6 | 111.6 | 98.4 | 117.6 |
| 1907 | 105.1 | 123.9 | 124.1 | 117.2 | 103.5 | 122.2 |
| 1908 | 105.1 | 125.4 | 122.9 | 110.0 | 108.9 | 124.9 |
| 1909 | 106.6 | 129.7 | 126.7 | 121.5 | 110.0 | 133.0 |
| 1910 | 108.0 | 133.9 | 128.3 | 124.7 | 114.7 | — |
| 1911 | 104.0 | — | — | — | — | — |

(Ibid., S. 265.)

人と見なしてよいであろう．

　ヘルデレンは，まず，物価の短期的変動について述べる．彼によれば，物価の周期的変動の諸原因（oorzaken）は，①生産の無計画性，②大衆の消費の大きさに対する生産拡大の先導性，③生産諸部門間の発展速度の相違，これらにある[66]．これらは，彼の長期周期論の展開にさいして適用されるので，特に心にとめておく必要がある．次に，彼は最近20年間における物価

変動の分析に入る．彼はこの間の物価水準が，産業循環による周期的変動を内に含みながら，全体として継続的に上昇していることを見いだす．とりわけ，彼は1896年以降の原材料価格の上昇と1905年以降の生活手段価格の高騰に注目している（第3-5(1)・(2)・(3)表)[67]．

そこで，物価のこうした傾向運動がこれまでの歴史においても存在したかどうかを検討する．そして彼は次のような結論を得る．「一般物価水準において，平均10年の変動を除けば，物価曲線は，なお，もう一つの大波動 grootere golfbeweging を示し，それは数十年の，物価の上昇・下降線を持っている」[68]と．この大波動の時期区分について，彼は，上昇期：1850年～1873年，下降期：1873年～1895年，上昇期：1896年～今日まで，とする．そして彼は好況の時代を「大潮の時代 springvloedperiode」と呼び，不況の時代を「引潮の時代 ebbeperiode」と呼び，これらの大波動は「資本主義的再生産過程の機構 het mechanisme van het kapitalistisch reproductieproces」に起因すると見なした[69]．彼が，長期にわたる物価曲線の大波動を，短期の物価の周期的変動とのアナロジーで説明しようとしていることは明白である．

ヘルデレンは資本主義発展の大波動の時期区分を行ない，それぞれの時期における物価変動の歴史的規定要因を次のように整理している．

(1)　1850年～1873年の物価上昇規定諸要因

①鉄道の大規模な建設とそれと結合した金属工業生産部門への投資の増加．②北アメリカやオーストラリアへのヨーロッパからの移民の増加に伴う商品輸出の増加およびその他の国を含めての国際市場の開拓．③信用制度の発達による国内市場の整備．④カリフォルニア（1847年）とオーストラリア（1851年）における金鉱の開発[70]．

(2)　1873年～1895年の物価下降規定諸要因

①鉄道建設が以前のように金属工業生産部門の需要を喚起しなかったこと．②北アメリカからヨーロッパへの穀物輸出の継続に伴なうヨーロッパの穀物価格の下落（＝長期農業不況の発生)，またそれによる農業労働者の，工

業生産物に対する購買力の減退．③交通機関の改善（＝運輸費の低下）と工業技術の改善に伴なう費用価格の低下と物価の低下[71]．

(3) 1896年からの物価上昇規定諸要因

①自由貿易政策から保護貿易政策への貿易政策の転換に伴なう物価の下落傾向に対する反作用．②資本輸出（南・北アメリカとアジアへの）と結合した移民の増加に伴なう資本輸入国の開発とそれによって開かれた販売市場の拡大（ロシアのアジア侵略，フランスのアフリカ北海岸・インドシナ占領，イギリスによるアフガニスタン，エジプト，ソマリーランド，ビルマ，ベトナム，東アフリカ，エチオピアおよびローデシア等の植民地化，日本の発展と東アジア貿易の拡大）[72]．③オーストラリアとトランスヴァールにおける金生産の増加．④電気工業の嵐のような発展とそれに結び付いた金属工業および鉱業の好況（特にアメリカとドイツにおいて）[73]．

ヘルデレンはさらに，1896年からの「一般的上昇波動」の立ち入った分析に入る．「最近15年間の満潮の時代は非常な高さに達しており，資本主義それ自体は広さと深さにおいて非常に発展しているので，1850-1873年の時期のそれより一層強力な発展の作用と力とを持っている．」[74]彼はこのような認識に立つ．そこで彼は，この時期を，①生産の急速性，②交通の拡張，③商業取引，④利子の状態，について立ち入って実証分析を行なう[75]．（なお，工業製品の価格の変動は農業生産物のそれと異なることについて，彼は，穀物価格の上昇の原因はアメリカ合衆国の急速な工業化にある，とする．）

ヘルデレンはこれらの実証分析を通じて，物価変動諸要因を次のように一般化する．つまり，「大潮の時代」を規定する要因は彼によれば次の二点である．第一に，未開拓領域（＝新市場）の開発，第二に，自動車工業や電気工業などの新生産部門の発生，とりわけ人間の欲望を大規模に喚起する新生産部門の発生，これである．その中でも，彼は第一の要因をより重視した[76]．＊

＊　なお，彼は金生産量の増加の物価に及ぼす影響について次のような見解を持って

さて，嵐のような生産拡張が生じる「大潮の時代」に，そのような生産拡張を反転させる二つの要因が発生してくる．第一に，生産拡大が余りに急速なことで，高度に発展した資本主義諸国に商品過剰が生じる．資本輸入国では原料と生活手段を外国市場に提供するために工業を大規模化したため，商品過剰は一層甚だしいものになる．第二に，工業生産の急速な拡大は原材料需要を増大し，原材料価格を継起的に上昇させる．このことは工業部門全般の費用価格を上昇させることに作用し，利潤率を低下させ，工業生産のそれ以上の拡張力を阻止する要因となる[78]．彼は資本主義発展の長期波動を「生産発展の大周期 grootere perioden」と理解し，10年周期の産業循環とのアナロジーで理解しようとした．そして彼はこの「大周期」現象に正しい光を当てることをしなかったオイレンブルクをとがめている．その際，ヘルデレンは工業原材料の価格騰貴を通して景気が反転するとし，それは資本主義的生産関係とその所有諸関係に根本的原因があるとした[79]．

ヘルデレンの論旨は一貫しており，また明快である．彼はパルヴスの長期波動論を種々の統計を通じて，マルクスの理論に立脚する長期周期論にまで磨き上げることに努力し，一定程度それに成功している．すなわち，好況的長波の原因を説明するとともに，それの反転する論理をも説明することによって，彼は長期周期論の構成に重要な役割を果たした．

とはいえ，合法則的に運動する産業周期（＝産業循環）とのアナロジーで長期周期論の展開が可能かどうかは問題になるところであろう．というのは，産業周期の場合には固定資本の生命循環（＝耐用年数）が周期性を規定する物質的基礎とされるのに対し，長期周期の場合には，その周期性を規定する

いた．金生産量の増大は購買力を増加し，生産物に対する超過需要を作り出し，物価を騰貴させるが，しかしそのことによって金生産費を上昇させ金の生産量を減少させる．したがって，確かに，金生産量の変化が物価水準に影響を与えることは否定できないが，「大潮の現象の根本原因」にはなりえない．そしてそもそも社会全体の商品生産量から見ればその効果はほんのわずかでしかない．結局，物価騰貴の根本原因は「資本主義的拡張に求められるべきであり，それらの周期的過程の説明は資本主義的生産様式の量的・質的な無規律的過程に求められるべきである」[77]と．

物質的基礎を特定できないからである．合法則的で周期的な運動が可能なのは，常に同一で同質の要因が，一定期間作用する場合であるが，長期の周期を規定するそのような要因が資本主義世界経済の長期動態過程に作用しているということは考えられないからである．

さて，これまで見てきたように，20世紀初頭に，とりわけ，1910年代の初めに，物価騰貴の原因を金生産量の変化やカルテル等に求める見解とは異なる，他の一つの有力な見解が，当時，既に存在していたことが明らかになった．オイレンブルクやシュミットやヘルデレンに代表される，資本主義的生産の固有の発展法則から物価騰貴を説明する観点がそれである．彼らの見解にはなお検討を要する論点のいくつかが含まれているにしても，資本主義世界経済をダイナミックに捉える彼らの理論には学ぶべきものが多くあり，またマルクス経済学を豊富化する内容が含まれていることも確実である．これらの成果と比較して，（理論的関心はともかくとして）金生産量の変化から物価騰貴の原因を一直線に説明しようとするカウツキーらの見解の一面性は明白である．

## おわりに

20世紀初頭における物価騰貴の原因をめぐる議論の経過を検討することによって，わが国における「金・物価論争」（=「金価値論争」）の取り上げ方は非常に限定されたものであることが確認できた．確かに，金価値の低下が物価騰貴の原因になるかどうか，金価値が現実に低下するかどうか，さらに，不換制下における紙幣減価=インフレーションにかかわる論点など，主として貨幣・信用理論にかかわる限りで，この論戦から一定の成果がえられたことは確かである．しかしこの論争でそもそも議論の出発点となっていた課題はこの時期の物価騰貴をどの様に説明するかであった．したがって，もしこの時期の議論をわが国の「金・物価論争」の取り上げ方にとどめておくならば，結論もまた，金生産量の変化が20世紀初頭の物価騰貴の主要原因である

か否かの枠内にとどまらざるをえなかったことであろう．しかし，論戦の経過を詳細に辿って知ることができたように，この時期の議論においてさえ，結局，この時期の物価騰貴は金生産量の変化からだけでは説明できない，という結論に到達していたように思われる．金生産量の変化と物価変動との関連の緊密性を最も強力に主張していたカウツキーでさえ，1913年になると，1906年頃を境に「物価騰貴の性格は変化した」として，それまでの彼の見解に修正を加えざるをえなかったのである．金生産量の変化と物価騰貴との関連についての理論的関心と成果はともかくとして，まずもってこのことを確認しておく必要がある．

関連して，「金・物価論争」周辺の議論の検討を通じて確認できたいくつかの事実を要約しておこう．

第一に，『ノイエ・ツァイト』は物価騰貴に関する議論を金価値問題に引きよせ，余りに一面的に取り扱い過ぎた．これはこの雑誌の編集責任者であり，この問題に人一倍強い関心を寄せていた（寄せ過ぎた）カウツキーの責任に帰すことができる．戦争勃発の危機のさし迫る緊迫した社会情勢のもとで検討課題にズレのあることに異様な感じさえする．

第二に，「金・物価論争」で「J. v. G.」とされていた人物はオランダの社会民主主義者で，別に，フェダー（J. Fedder）の筆名をもつヘルデレン（J. v. Gelderen）であることが確認できた．彼はこの論戦に参加しながら，その直後に，産業発展と長期の「物価運動」について研究を行なっていた．しかし，この点について，わが国の研究では完全に看過されていた．

第三に，ヘルデレンの産業発展と物価運動に関する研究（＝「生産発展の大周期」論）はオイレンブルクやシュミットの研究およびパルヴスの長期波動論など多様な理論を摂取している．そして，ヘルデレンらは物価騰貴の主たる要因を金生産量の変化やカルテル価格に求めることに反対し，資本主義的生産の（自己）発展法則あるいは「資本主義的再生産過程の機構」に求めるべきだとする他の一つの有力な見解を打ち出していた．しかしわが国ではこのことについて，全く知ることがなかった．

第四に，資本主義発展の長期波動現象を解明するために産業周期とのアナロジーで長期周期論を構成しようとしたことは（彼の説に賛成するにせよ反対であるにせよ）ヘルデレンの最大の貢献である．その先駆性を評価して「コンドラチェフ波」を「ヘルデレン波」と呼び換えるべきことを主張しても何の異論もないであろう．というよりはむしろそのような名称変更をすべきであろう．

　最後に，展開された議論を経済学方法論上の関心に基づいて整理すれば，一方では，資本主義発展の一般的傾向＝資本蓄積の一般法則の歴史・現状分析への適用によって20世紀初頭の持続的物価騰貴を説明しようとした方法が採られたのに対し，他方では，金融資本の蓄積様式にその原因を求めようとする方法が採られた．それゆえ，これらの理論をどのように整合的に関係させることができるのかが課題として残されたと言えよう．この場合，両者を対立的に見るのではなく，統一して扱うべきであるとすれば，次のような方法を採ることが可能であると思われる．すなわち，資本の世界包括的運動に基づく（商品需要の世界的拡大を惹起するような）物価の一般的騰貴は，カルテル価格や保護関税政策および資本輸出などの帝国主義的諸政策によって著しく加速される，あるいは物価の一般的騰貴傾向のもとではカルテル価格の設定はきわめて容易になる，さらに言い換えて，帝国主義的諸政策は資本の世界包括的運動が急速でかつ大規模であればあるほど実施し易い，と．

〔付記〕　物価騰貴と独占価格

　20世紀初頭の物価騰貴の原因が独占価格によるものかあるいは金生産量の増大によるものかについての議論が「第二インター」期の理論家たちによって，主として『ノイエ・ツァイト』誌上でなされ，論争の過程で，その原因を金生産量の増加に求めるべきではなく，資本主義的生産の発展法則に求めるべきであるとする一つの有力な見解のあったことを既に本章で実証した．かつてこの論争の検討に関わりを持った鶴田満彦氏はこの問題に関して当時次のような見解を示された．すなわち，氏は著書『独占資本主義分析序論』（有斐閣，1972年）の第6章「独占資本主義と物価問題」の中で，独占価格が物価上昇の基本要因であるとする説は認め難いとしてこれを退け，当

時の物価騰貴は主として金の価値低下に基づくものであると論拠づけようとされた．そしてさらに「金価値の絶対的・相対的低下にもとづく物価上昇の中でこそ，独占価格は，その十分な支配をつらぬくことが可能だった」とする見解を主張された（188ページ）．

　20世紀初頭の物価騰貴の主要要因について，これを「金の価値低下」に求めることは一面的であり，「資本主義的生産の発展法則」ないし「資本主義的再生産過程の機構」にその主要要因を求めるべきであるとするのがこの論争およびこの論争の周辺を整理した上での筆者の主張であった．したがって，鶴田氏が物価騰貴の原因を「金の価値低下」に求めていることについては賛成し難いが，氏のもう一つの見解，すなわち，物価の一般的騰貴と（独占資本の行動様式に関わるところの）独占価格の設定とを相互にオーヴァーラップさせ，「（一般的—引用者）物価上昇の中でこそ，独占価格は，その十分な支配をつらぬくことが可能だった」とする考え方については採用されるべきものと考える．

1)　わが国でこの論争を紹介・吟味した最近の文献として岩見昭三「金の価値―『金価値論争』の提起した問題」（『資本論体系』第2巻，有斐閣，1984年所収）がある．その他の文献についてはその論文の脚注および「追記」を参照されたい．なお，この論争は，正確に言えば，「金生産と物価騰貴との関連をめぐる論争」のことである．本書では，通説にならいこれを略して，「金・物価論争」という呼び方をとることにした．
2)　J. Fedder (J. v. Gelderen), Springvloed. Beschouwingen over industrieele ontwikkeling en prijsbeweging, *Die Nieuwe Tijd,* 1913, vol. 18, Ns. 4, 5, 6.
3)　1914年8月23日から27日までウィーンで開催された国際社会主義者会議で，O. バウアーが物価騰貴問題で報告した際，この表が使用された（*Ottor Bauer Werkausgabe,* Bd. 6, S. 27.）.
4)　R. Luxemburg, Resolution über die Lebensmittelteuerung, in der Sitzung des Internationalen Sozialistischen Büros am 23. September 1911 in Züriche, in : *Rosa Luxemburg Gesammelte Werke,* Bd. 3, S. 57.
5)　*Protokoll über die Verhandlungen des Parteitages der Sozialdemokratischen Partei Deutschlands,* Abgehalten in Chemnitz, von 15. bis 21. September 1912. S. 180-1.
6)　O. Bauer, *Die Teuerung,* Wien 1910, in : *Otto Bauer Werkausgabe,* Bd. 1, S. 643-4.
7)　*Ibid.,* S. 687.
8)　E. Varga, Goldproduktion und Teuerung, S. 219.（笠信太郎訳『金と物価』同人社，1932年，19ページ．）
9)　「ヴァルガは二つの全く異なる場合を一まとめにして，同じ主張のための証拠と称している．金の価値がいかに高かろうと，1キログラムの金には常に同じ枚

数の鋳貨が与えられるであろう．(鋳造費を度外視すれば)この平価は，ある一定の本位貨幣で表された商品価格を(商品価格の価値尺度たる)金商品に結び付ける環をなす．『またはそれに照応した諸商品』というのは全く違った事柄である．価格の尺度に従ってのみ金の価値変動を認識できる．」(J. v. G., Gold und Preiswebegung, S. 662. 同上，31ページ．)「J. v. G.」が「J. v. Gelderen」(J. Fedder)であることを著者は次の文献から知った．G. Haupt, J. Jemnitz, L. v. Rossum (HG.), *Karl Kautsky und die Sozialdemokratie Sudost-Europas. Korrespondenz, 1883-1938*, Campus Verlag, S. 513.

10)　*Ibid.*, S. 664. (同上，34ページ．)この論文ではヘルデレンの長期波動論的視点は全く見ることができない．
11)　R. Hilferding, Geld und Ware, S. 774. (同上，39-40ページ．)
12)　*Ibid.*, S. 775. (同上，41-2ページ．)
13)　K. Kautsky, Gold, Papier und Ware, S. 837. (同上，63ページ．)
14)　*Ibid.*, S. 837. (同上，65ページ．)
15)　*Ibid.*, S. 889. (同上，107ページ．)
16)　O. Bauer, Goldproduktion und Teuerung, S. 7. (同上，131ページ．)
17)　*Ibid.*, S. 9-11. (同上，135-40ページ．)
18)　*Ibid.*, S. 14. (同上，148ページ．)
19)　Spectator, Zur Frage der Goldproduktion und Teuerung, S. 553. (同上，172ページ．)
20)　*Ibid.*, S. 551-2. (同上，166-7ページ．)
21)　*Ibid.*, S. 551. (同上，166ページ．)
22)　E. Varga, Goldproduktion und Teuerung, S. 559. (同上，181-2ページ．)
23)　*Ibid.*, S. 563. (同上，192ページ．)
24)　K. Radek, Zu unserem Kampfe gegen den Imperialismus, *Die Neue Zeit*, 1911-12, Bd. 2, Jg. 30.
25)　G. Eckstein, Imperialismus und Rustungsbeschrankung, *Die Neue Zeit*, 1911-12, Bd. 2, Jg. 30.
26)　R. Luxemburg, *Die Akkumulation des Kapitals*, 1913.
27)　G. Haupt, J. Jemnitz, L. v. Rossum (HG.), *Karl Kautsky und die Sozialdemokratie Sudost-Europas. Korrespondenz, 1883-1938*, Campus Verlag, S. 513-4.
28)　*Ibid.*, S. 514. *Oesterreichische Volkswirt*に掲載されたという論文を筆者はいまだ見ていない．
29)　E. Varga, Goldproduktion und Teuerung, *Die Neue Zeit*, Nr. 16, Jg. 31, Bd. 1, 1912-13, S. 557. の脚注を参照のこと．
30)　K. Kautsky, *Die Wandlungen der Goldproduktion und der wechselunde Charakter der Teuerung*, Ergänzungshefte zur Neue Zeit, Nr. 16, 1912-13. Ausgegeben am 24. Januar 1913. S. 35. (同上，188-9ページ．および，カウツキー著『貨幣論』向坂逸郎・岡崎次郎訳，改造社，1934年所収．)

周知のように，1848年にカリフォルニアで，そして1851年にオーストラリアで金鉱がそれぞれ発見され金生産量が増加した．1860年以降金生産量の増加が止む

が，なお暫くの間その影響が残る．1870年から74年までは金生産量が減退する．1886年に南アフリカで金鉱が発見され1890年にはそこで新採金方法が開発され金生産量が急激に増加する．1897年にはアラスカで金鉱が開発された．(*Ibid.,* S. 19.)（同上，154-6ページ．）カウツキーはこのことを確認した上で金生産量の変化と物価変動との関連について次のように述べる．「われわれはここで1849年までは金生産が変化しないのに，繁栄期における中断はあるが，一般に物価が低落しているのを見る．1849年から物価は上り始め，初めは余り目立たないが，1853年から1861年までは急速である．ついで1873年までは，恐慌時には低下し，1871年から73年までの経済的好況の時期に上昇しながらもだいたい等しい水準にとどまっている．今や再び，金生産が不変であり，時には低下しているのに，1896年まで物価の低落が見られる．それ以後は，今日，全世界が問題にしている物価上昇である.」(*Ibid.,* S. 20.)（同上，158ページ．）（但し，彼は1861年の数値を間違って（1891-1900年を100として）1688としているが148としなければならない．したがって，上記の内容に若干の修正が必要である．）

31) *Ibid.,* S. 46.（同上，213ページ．）
32) *Ibid.,* S. 39.（同上，196ページ．）
33) J. Marchlewski, Kapitalismus und Sozialismus, *Leipziger Volkszeitung,* Nr. 194 vom August 1912.
34) J. Marchlewski, ibid., in : *Imperialismus oder Sozialismus?,* Verlag Marxistische Blattere, Frankfurt am Mein. 1978.
35) I. Karski (J. Marchrewski), Teuerung, Warenpreis und Goldproduktion, Dresden 1913. これについては入手できなかった．内容は F. Eulenburg, Literatur zur Theorie der Teuerung, *Weltwirtschaftliches Archiv,* Bd. 4, Ht. 1, 1914. によった．
36) *Ibid.,* S. 44.
37) E. Varga, Goldproduktion und Teuerung, S. 212-3.（『金と物価』，12ページ．）ヴァルガは後にこの論争を回顧して次のように述べている．「半世紀以上前に見られた物価騰貴を分析した結果，この物価騰貴の主な原因は，独占資本が自分の商品に対して高い価格を設定したことにあったという結論に達した.」（ヴァルガ『資本主義経済の諸問題』岩波書店，1966年，216ページ．）
38) K. Kautsky, Der Imperialismus, *Die Neue Zeit,* 1913-14, Bd. 2, Jg. 32, S. 917.（波多野真訳「カウツキーの帝国主義論」『武蔵大論集』13(5)，1966年，172ページ．）レーニンは『帝国主義論ノート』の中で，カウツキーが上記の論文を「単純再生産」の場合から論じていることに対して，この部分に，「（駄弁，古いがらくた）」と書き込んでいる．（『レーニン全集』第39巻，234ページ．）「帝国主義」に関する短い論文の中で，戦争勃発の危機が迫り来る中，「単純再生産」の場合からこの問題を解き明かそうとするカウツキーの現状認識にレーニンは異和感を感じとったのであろう．
39) 「工業に生活手段と原材料の他に購買者をも提供する農業領域の拡大を求める衝動が強まれば強まるほど，資本主義工業の拡大可能性は一層暴力的になる.」「帝国主義は高度に発展した産業資本主義の一産物である．それは，そこにどんな国民が住んでいるかを考慮することなく，ますます大きな農業領域を従わせ併

合しようとするあらゆる産業資本主義国家の衝動にある.」*Ibid.,* S. 909.（同上，162ページ.）

この論述部分にカウツキーの帝国主義論の理論的要点が凝縮されているものとされてきた.（カウツキーの帝国主義論については本書では省略する.）

40) *Ibid.,* S. 917.（同上，173ページ.）
41) K. Kautsky, *Bernstein und das Sozialdemokratische Programm,* Verlag J. H. W. Dietz Nachf. Gmbh Berlin, 1899. S. 140.（山川均訳「マルキシズム修正の駁論」『世界大思想全集』第47巻，春秋社，1928年，214ページ.）
42) K. Kautsky, Die Wandlungen der Goldproduktion und der wechselunde Charakter der Teuerung, S. 20.（『貨幣論』，159ページ.）
43) *Ibid.,* S. 20.（同上，159ページ.）
44) Parvus, *Die Kolonialpolitik und der Zusammenbruch,* 1907, S. 36. パルヴスは1879年以降1905年までの，ベルリンにおける小麦の卸売価格の変動表を掲載している.（*Ibid.,* S. 32.）なおこの本の第一部「1907年の帝国議会選挙以前」は彼の著書『帝国議会選挙と労働者階級』と題して同年に公刊されたものの収録である.「物価騰貴」という項目はこの第一部に属する.
45) Parvus, *Der Parlamentarismus und die Sozialdemokratie, in : Der Klassenkampf des Proletariats,* Berlin, 1911, S. 34-5. 1910年の彼の著書『国家，工業及び社会主義』（*Der Staat, die Industrie und Sozialismus,* Dresden.）でもこれについて若干のことが論じられているとされるが著者はこれを確認していない.
46) S. de Wolff, Prosperitäts- und Depressionsperiode, 1908, in : *Der lebendige Marxismus, Festgabe zum 70. Geburtstage von Karl Kautsky,* Verlag Detlev Auverman KG Glashuttern in Taunus（1973) S. 15-7.
47) *Ibid.,* S. 16.（M. I. Tugan-Baranowsky, *Les Crises industrielles en Angleterre,* Paris 1913, S. 16.『英国恐慌史論』鍵本博訳，日本評論社，1931年，18ページ.）
48) *Ibid.,* S. 16.（M. Lenoir, *Etudes sur la formation et le movement des Prix,* Paris 1913, S. 148-9.）
49) Otto Schmitz, *Bewegung der Warenpreis in Deutschland von 1851 bis 1902,* Franz Siemenroth, Berlin 1903.
50) Spectator,（Literarische Rundschau）, *Die Neue Zeit,* Jg. 31, Bd. 1, 1912-13, S. 302. ただし，オイレンブルクが利用しまたは作成した統計または図表それ自体に独自なものはない. 彼は，ドイツについてはシュミッツやドイツ帝国統計を，アメリカについては労働局の統計を，イギリスについては商務省の統計やザウエルベックの統計を使用している.
51) F. Eulenburg, *Die Preissteigerung des letzten Jahrzehnts,* am 17. Februar 1912. Verlag von B. v. Teubner in Leipzig und Dresden. S. 17.
52) *Ibid.,* S. 19.
53) *Ibid.,* S. 30, 33.
54) *Ibid.,* S. 45.
55) *Ibid.,* S. 45-6.
56) *Ibid.,* S. 48-50.

第3章 「金・物価論争」と長期波動論　　　　113

57)　*Ibid.*, S. 51-2.
58)　*Ibid.*, S. 34-5.
59)　*Ibid.*, S. 35-8.
60)　*Ibid.*, S. 81.
61)　C. Schmidt, Preisbewegungstendenzen, *Sozialistische Monatshefte,* 1912. 12. 12. Heft. 25.
62)　*Ibid.*, S. 1577.
63)　*Ibid.*, S. 1579.
64)　*Ibid.*, S. 1578.
65)　J. Fedder, Springvloed—Beschouwingen over industrieele ontwikkeling en prijsbeweging, *De Nieuwe Tijd,* 1913. Vol. 18, Nos. 4, 5, 6.
66)　*Ibid.*, S. 258.
67)　*Ibid.*, S. 266-7.
68)　*Ibid.*, S. 268.
69)　*Ibid.*, S. 269.
70)　*Ibid.*, S. 269-71.
71)　*Ibid.*, S. 271.
72)　*Ibid.*, S. 271-4.
73)　*Ibid.*, S. 274-6. これらの諸要因については，1870，80年代についてのことであるが，ヘルデレンはこれを物価が下落から反転に向かって停滞的となった諸要因，そしてさらにそれが上昇してゆく諸要因としている．
74)　*Ibid.*, S. 276.
75)　*Ibid.*, S. 369-384.
76)　*Ibid.*, S. 448. マンデル（E. Mandel）はヘルデレンの説明について，それは「決定的に二重化をもつ」と批判しているが，その批判に同意することはできない．
77)　*Ibid.*, S. 453.
78)　*Ibid.*, S. 450.
79)　*Ibid.*, S. 454.
　　ヘルデレンは価格運動に関する諸説を次のように批判している．
　　オイレンブルク，フィッシャー（I. Fisher），アシュレイ（Ashley）ら，多くの人々は物価の変動を金生産量の変動に求めている．しかし「大潮の時代」の現象の根本原因は資本主義的生産様式の量的・質的な無規律的過程としての資本主義的再生産過程の機構そのものに求めるべきであり，この関連において（金生産の増大の問題を含め）価格運動の長期動態を論ずべきである（*Ibid.*, S. 453.）．
　　ゾンバルトは「大潮の時代」と停滞の時代について，表面的な知識に留まっていたとはいえ，よく知っていた．しかし彼はその原因を金生産あるいは金ストックの拡大と縮小に求めており，「拡大」から「縮小」への時代の変化を偶然的な性格と見なした．彼はこれを，資本主義的再生産過程の性格，合法則的循環であることに気付いていなかった（*Ibid.*, S. 455.）．
　　他方，パルヴスは10年周期の産業循環と資本主義の長期の発展運動を区別する

貢献をした．そして，資本主義の発展諸要因についての研究に大いに貢献をした．しかし，彼は資本主義的周期運動の考え方をさらに磨き上げるまでには至らなかった (*Ibid.,* S. 455-6.)．

物価の騰貴を生活手段の価格騰貴や保護関税に求める議論にも彼は反対した．彼によれば，価格の上昇は資本主義の生産＝市場発展における局面として理解されなければならない．カルテルやトラストは景気の上昇を鋭くし，下降を緩やかにするが循環の周期性を揚棄するものではない (*Ibid.,* S. 459-64.)．

# 第4章 「均衡蓄積軌道」と資本主義発展の長期波動
――長期波動論をめぐる1920年代ロシアの議論を素材にして――

## はじめに

　「均衡蓄積軌道」概念は，社会的生産諸部門間の均衡条件さえ維持されれば「部門Ⅰの自立的発展」は無限界に可能だとし「生産と消費の矛盾」から恐慌を説くことに反対したツガン-バラノフスキー（M. I. Tugan-Baranowsky, М. И. Туган-Барановский）の理論や，意図した蓄積基金の積立額に対応して，それを埋め合わすだけの貨幣投下さえあれば実現の問題は解決されるとして，そのことによって新たに生じる実現の困難性の問題を説きえないケインズ（J. M. Keynes）の有効需要論に対する批判のための最も有効な武器として，富塚良三氏によって定立された[1]．ツガンらの見解は，生産と消費との内的関連性またはそれらの相互依存性を無視する誤った議論であることを明示するために，富塚氏は，生産と消費とのこれら両契機の相互に必要な，ある一定の技術的・経済的な関係を意味する「均衡蓄積額・均衡蓄積率」概念を定立した．「均衡蓄積軌道」を規定する「均衡蓄積額・均衡蓄積率」概念の定立によって，資本主義的生産に内在する「過剰蓄積」傾向（「均衡蓄積軌道」から絶えず乖離しようとする現実の資本蓄積運動）解明の「理論的基準」が確定され，資本蓄積の態様分析の研究は飛躍的深化をなしえたものと思われる．

　ところが，再生産論研究のそうした著しい進展にもかかわらず，再生産論の現実分析への適用方法については，それと平行して拡充したかというとそのようには見えない[2]．富塚氏は，「均衡蓄積額・均衡蓄積率」概念定立の意義は資本主義的生産に内在する「過剰蓄積」傾向析出のための「理論的基

準」の設定にあるのだとされている[3]が,その概念をそうした抽象的範囲内にとどめておくのでは資本主義的蓄積運動の歴史的・現実的分析作業のいま一歩の前進は望みえないのではなかろうか.理論分析はもとより,「均衡蓄積軌道」の現実的・歴史的意味内容についても,また,社会主義計画経済の立案に関しても,一度はこの問題が真正面から検討の対象にされなければならないのではなかろうか.

　検討に必要な素材の一つは1920年代後半期におけるロシアでの「循環研究」,とりわけ「長期波動論」をめぐる議論の中にあるように思われる.当時,ロシアにおける「循環論」研究者たち,特にコンドラチェフ（N. D. Kondratieff, Н. Д. Кондратьев）やオパーリン（D. I. Oparin, Д. И. Опарин）らは,資本主義経済発展の長期波動現象の分析をめぐる議論の中で,資本主義経済の長期的・歴史的「動態的均衡状態 Zustand des dynamischen Gleichgewichts」（=「均衡的に発展する経済 gleichmäßig fortschreitende Wirtschaft」）を想定し,前者は「諸律動」を「動態的均衡状態」からの可逆的乖離現象と把握してそれら相互の相関関係の解明に関心を寄せ,後者はそれを「動態的均衡状態」,つまり「動態的均衡軸 dynamischen Gleichgewichtsachse」からの偏差としてのみ把握され得るとして「動態的均衡軸」そのものの確定作業に意欲を示した.

　確かに,もし,資本主義経済発展における「動態的均衡」をめぐる当時の議論が上述の「均衡蓄積軌道」に関する議論と噛み合い,「動態的均衡状態」あるいは「動態的均衡軸」を確定することが経験的＝統計的に可能であるとすれば,資本主義経済の歴史的状態分析,とりわけ恐慌分析のための重要な手がかり（資本蓄積運動分析のための「現実的基準」）をつかむことになり,この分野の実証研究をさらに一歩前進させる一つの大きな契機になるに違いない.言い換えれば,「均衡蓄積軌道」概念を明確な形で定立し,利用することなくして,社会主義計画経済の実施は不可能であるということである.

　本章ではこうした問題関心に基づいて,20年代後半期ロシアにおける長期波動論をめぐる議論を素材にして,「均衡蓄積軌道」の現実的根拠あるいは

現実分析へのそれの適用に関する諸問題を検討することを課題にしたい．

## 第1節 「資本主義的均衡蓄積軌道」と長期波動

　周期的に勃発する「世界市場恐慌」は「ブルジョア経済のあらゆる矛盾の現実的総括および暴力的解決」として把握されなければならない．好況過程は諸矛盾の累積過程（＝不均衡諸要因の潜在的累積過程）であり，恐慌はそれらの顕在化であり，「均衡」は恐慌を通じてのみ維持される．したがって，事態を事後的に見れば，資本主義的生産様式のもとでの「均衡蓄積軌道」は，現実的・歴史的には，産業循環を平均化した中位の状態，したがって，均衡点が不断に変化する「可動的均衡」として計測される，あるいは，これを単純な図をもって表せば，（事実関係は顛倒的だが）産業循環は「均衡蓄積軌道」上を振幅する諸律動と見なされる，おそらくこれが上記の諸論述から類推される，「均衡蓄積軌道」の一般的観念であろう．

　この蓄積軌道の性格をもう一歩進めて表現すれば，次のように言い換えることもできるであろう．第一に，「均衡蓄積軌道」概念が資本主義経済発展の長期・理想的平均を想定して定立されているのだとすれば，この蓄積軌道は現実的・歴史的根拠を持っていると言ってよいであろう．第二に，この「均衡蓄積軌道」は，あらゆる歴史的社会形態を問わず経済が経過する，「均衡蓄積軌道」ではなく，また，政策的に選択可能な「軌道」でもない．それは，労賃を労働力の再生産に必要な最低の水準に圧下させるメカニズム（＝産業予備軍の創出メカニズム）が機能しているもとでの，資本主義的生産に独自な均衡経路，その意味で，この「軌道」は「資本主義的均衡蓄積軌道」を意味していると言ってよいであろう．第三に，この蓄積軌道は，資本構成の高度化（＝資本主義的生産のもとでの技術の進歩）に伴う部門構成の高度化，この意味での「不均等発展の法則」にしたがう．しかし第四に，この「法則」それ自体は歴史的社会形態のいかんを問わず貫徹する経済法則であるとはいえ，資本主義経済のもとでは（非弾力的な，したがって「過剰蓄積」傾向を生み

出しやすくする）独自な貫徹形態をとる．したがって，この「均衡蓄積軌道」は現実の社会では波動的に，すなわち長期波動という運動形態をとって現れるであろう．

さて，次節以降では，1920年代後半期に展開された長期波動論をめぐる諸見解を素材にし，各論点にいま一歩踏み込んで検討を加えることにしよう．

## 第2節　コンドラチェフの経済的静態・動態概念

### (1) コンドラチェフの方法論

コンドラチェフによれば，経済現象を研究するに際しては，「経済現象を本質において，時間的カテゴリーを度外視して」（経済現象の変動過程を度外視して）考察する「(経済的) 静態理論」(=「静態的視点」)と，「時間的変動の過程を考慮し」，「経済現象を経済諸要素とそれらの相互関係の変動過程そのものの歩みの中で」法則性を探究する「(経済的) 動態理論」(=「動態的視点」)とに区分しなければならない．後者については，さらに，「動態的均衡（状態）」(=「進化的過程」および「不可逆的過程 a nonreversible process, необратимых процесс」)を研究する理論と，この「均衡（状態）」に究極的に規定され，この「状態」から乖離しては収斂する「諸律動」(=「可逆的過程 a reversible process, обратимых процесс」)を研究する理論とに，それぞれ概念的に区分しなければならない[4]．ここで「動態的均衡（状態）」というのは，国民経済の「諸部門，諸領域の状況変化は存在するが，それらの変化が厳密に相互に対応している」状態(=「変動する諸要素間の均衡」状態)のことであり，彼によれば，この場合の国民経済は，「マルクスの拡大再生産表式に一致して進行する経済発展」がその理念像を与えている．あるいは，それは，「絶えず，均衡的に発展する経済というカッセルの理念型」に接近する[5]．これらの研究はいずれも資本主義経済における「不可逆的過程」の「抽象的研究」である．

コンドラチェフによれば，「諸律動」(=「可逆的過程」)とは「動態的均衡

(状態)」(=「進化的過程」あるいは「不可逆的過程」)から乖離するにしても究極的にはそこに収斂する運動である.言い換えれば,マルクスの拡大再生産表式で表示される蓄積経路は,「動態的均衡(状態)」(=「均衡蓄積軌道」)であるとされ,「諸律動」はこの「動態的均衡(状態)」(=「均衡蓄積軌道」)を軸にそこから乖離してはそこに収斂する周期的運動の軸であるとされる.現行(エンゲルス編)『資本論』第2部第3篇におけるマルクスの拡大再生産の累年展開表式が「均衡表式」であるかどうかについては議論の別れるところであるが,マルクスが「均衡状態」を想定して再生産の諸条件を導出し,拡大再生産表式を展開しようとしていたことは明らかであろう.マルクスの意図した表式を「均衡表式」とみなし,「動態的均衡」を「変動する諸要素間の均衡」と把握したことはコンドラチェフの卓見である.とりわけ,それは,「再生産の均衡条件」を「部門間均衡条件」に解消するツガン的謬見に対する有力な批判的観点である.ただし,コンドラチェフは,諸律動(たとえば産業循環)について,それは「均衡蓄積軌道」を振幅する運動である,あるいは産業循環の中心軸は「均衡蓄積軌道」であると推論していたむきがあるが,もしそうだとすれば彼のこの考え方は,後に(本章第3節の2で)見るバウアーの基本視点と共通する誤りを含んでいる.*

コンドラチェフに独自な経済学方法論についての検討は後の課題にして,本節では少し先の論点に移っておくことにしよう.

(2) 静態的経済と動態的経済

コンドラチェフは,ユロフスキー(L. N. Jurovskij, Л. Н. Юровский)が「静態

---

\* ただし,コンドラチェフの場合には,彼に独自な「長期周期」論が主張されており,彼の言う「長期周期」を「諸律動」の中の一つと見るならば,「長期周期」として律動する経済過程にとってさらにもう一つの中心軸になる「動態的均衡(状態)」軸が想定されねばならない.つまり,7~10年の産業循環(=律動)の中心軸=「動態的均衡(状態)」線(=軸)は,50~60年の「長期周期」線に一致し,この「長期周期」の中心軸としてさらにもう一つの新たな「動態的均衡(状態)」線が考えられねばならないことになるからである.

的経済」と「定常的経済 stationäre Wirtschaft」とに概念区分し,前者の場合には「経済の完全な静止」状態を意味し,後者の場合には経済が「運動の状態にありながら運動が定常化している」状態を意味しているのだとして,これを「動態の問題領域に位置づけている」点を批判し,「定常的経済」の理論は「静態的経済」の理論に含められるべきだとして,ユロフスキーの区分の仕方に異議を唱えた[6]。

文字通り解すれば,「定常的経済」の場合には時間的変動の過程(＝時間的カテゴリー)が考慮されており,したがってそれは「動態的経済」の一局面を成し,またはそれの一構成部分を成すのだから,「定常的経済」を「動態的経済」の理論に属せしめるユロフスキーの見解の方が正しいように見える。しかし問題となっていることは,「静止」か「運動」かではなく,「運動」それ自体の内容である。つまり,「基本的諸要素間の均衡」を維持する運動か,あるいは「均衡」から乖離し,あるいは収斂する運動か(「諸要素の変動過程とそれら要素の関連」運動か)にある。かかる観点からすれば,「定常的経済」は「動態的経済」のうちの「静態的経済」に属すると見ることの方が分かりやすいであろう。

マルクスの再生産論を一例にとれば,コンドラチェフの場合には「単純再生産」は「静態的経済」の対象領域に属し,「拡大再生産」は「動態的経済」の対象領域に属することになる[7]。したがって,これに対してユロフスキーの場合には,「単純再生産」は「動態的経済」の一構成要素をなし,それは「動態的経済」の理論の対象領域に属するとされなければならない。「単純再生産」は「拡大再生産」の一構成部分を成しているからである。

マルクスは次のように述べている。「単純再生産または不変な規模での再生産なるものは――一方では,蓄積または拡大された規模での再生産が全く欠如するということが資本主義の基礎の上では奇妙な仮定であるという限りでは,他方では,生産が行なわれる諸関係は年度が異なれば絶対的に同じく,不変なのではない(それなのに同じく不変ということが前提されている)という限りでは――一つの抽象であるように見える。」[8]「とはいえ,蓄積が行

なわれる限りでは，単純再生産は常に蓄積の一部分を形成し，したがってそれ自体として考察されうるのであり，蓄積の現実的一要因である．」[9]

マルクスのこの論述はユロフスキーの見解と一致している．しかし拡大再生産の場合にも，「基本的諸要素間の均衡」を維持した運動，とりわけ両部門の資本拡大率が一定であるような場合についても，「定常的経済」概念についての拡大解釈が可能であり必要になるであろう．「動態的経済」の分析にとって「静態的経済」概念を定立する意義があるかどうかまず見極めることが重要であろう．

なお，コンドラチェフは，シュンペーター (J. Schumpeter) が「伝統の支配するところに」「静態」を見いだし，「企業家の創意と結び付いた」「経済的現実における質的変化」のある場合だけそれに「動態」を見いだしていることを批判し，「量的変化の見られる場合」にはそれを「動態」とみなすべきだとする[10]．一般的に言えば，経済的諸要素に量的・質的変化がない場合にも，時間的カテゴリーが考慮されている限り，たとえそれが，「定常的経済」に見えるにしてもそれは「動態的経済」のカテゴリーに属せしめることが正しいと思われる．ましてや諸要素に量的変化がある場合には「動態的経済」と見なすべきことは当然であろう．その上で，経済の運動の内容，つまり量的・質的変化の内容の分析が図られるべきであろう．こうした意味において，資本主義発展の質的変化=「不可逆的過程」を重視するシュンペーターの区分の仕方はそれなりの意味を持っている．

経済的「静態」と「動態」との区別と関連をめぐる議論は，「循環研究」に対する関心が深まる中でかなり活発になされた[11]．この議論の中で「動態的均衡」概念を定立し，現実の資本蓄積過程はこの「均衡」状態から乖離しては収斂する運動であることを説こうとしたことは1920年代における「循環研究」の一成果であろう．生産のための生産ではなく，消費のために生産が行なわれねばならない社会主義経済にとって，「均衡」概念を明確にすることはとりわけ大きな意義を有しているからである．

## 第3節　カッセルの「均衡的に発展する経済」論

(1) カッセルの理論

コンドラチェフによって「動態的均衡（状態）」を「理念的に」表示したものと評され，彼の「長期周期論」構成上の一つのモデルにされているカッセル (G. Cassel) の「均衡的に発展する経済 gleichmäßig fortschreitende Wirtschaft」から検討を始めよう[12]．

カッセルによれば，社会的生産過程が完全に不変のままである状態，すなわち，当該経済における人口の数と彼らの全欲望が不変のままである状態，したがってすべての経済的諸要素（間）が不変のままである状態は，「定常的経済 stationäre Wirtschaft」と呼ばれる[13]．これに対して，「均衡的に発展する経済」について彼はそれを次のように説明している．

「進歩 Fortschritt」は，増大する生産として，日々現れる運動として量的にだけ把握される．進歩の一般的な原因は国民の増加である．各人の欲望の充足度が不変であるとすれば，増加する人口に照応して生産の増加がなければならない．この場合には，進歩は，ただ，人口増加に比例して常に拡大する生産規模においてだけ存在する．他方，人口が不変の場合，恒常的進歩は，生産方法が絶えず改良されるときに（1人当りの生産の増加によって改善された欲望の充足で）生じるに違いない．ところで，与えられた年間の進歩率をともなう生産拡大のためには，同じ進歩率をともなう現実資本の増加がなければならない．現実資本は，それの相対的関連にしたがって，当面の想定では不変のままであるので，この増加は，現実資本の，個々の具体的構成諸部分の各々の量の均衡的増加として理解されねばならない．つまり増加する現実資本は，個人的労働力の増加と，人口と同じ比率で増加する欲望充足要求とともに，同じ歩みで維持されなければならない[14]．

つまり，カッセルの「均衡的に発展する経済 gleichmäßig fortschreitende Wirtschaft」とは，年々増加してゆく総労働者階級の生活を維持するに必要

な消費手段と総資本家階級の消費に必要な消費手段とが（つまり総人口が消費するに必要な消費財が）過不足なく順調に生産され，同時に，拡大再生産に必要な諸要素間の均衡諸条件が充足された状態を意味する．このように想定された経済モデルは生産力水準不変を前提する限りでは（ただし，カッセルは労働生産性が上昇する場合も一応考慮にいれている），マルクスの例示した拡大再生産の累年展開表式に一致し，他方，一定の人口増加率に消費財生産の拡大率を依存させこれを均衡条件の主要要因にするという点では，バウアー（O. Bauer）によって作成された「マルクスの均衡表式」の考え方に酷似している．したがって，バウアー表式の展開方法について言えることはそのままカッセルの理論についても妥当する．

(2) バウアーの理論

バウアーが作成した表式の諸前提は次のとおりであった．(1)人口が毎年5パーセントずつ増加するものとし，その5パーセントの人口増加に対応して可変資本総額が毎年5パーセントずつ増加するものとする．(2)不変資本総額は10パーセントずつ増加する．(3)剰余価値率は両部門とも100パーセントと不変とする．(4)両部門の蓄積率は毎年異なるが同一年度には両部門とも同一の値をとることとする[15]．

バウアーのこの表式は，1929年にグロスマン（H. Grossmann）によって彼の「崩壊論」[16]に利用されるまで，マルクス再生産表式の具体化・精密化に成功した表式として，言い換えれば，R.ルクセンブルクによって批判されたマルクス表式の難点（＝労働生産性の上昇が考慮されていないこと，およびこの要因を考慮すれば再生産上の不一致が生じること）をすべて克服したところの，「それ以前のすべての同様な試みに対する決定的進歩」[17]を示す表式として，高く評価されていた．

しかし，バウアーの作成した「マルクスの均衡表式」には表式展開のための条件として，次のような欠陥があった．第一に，技術進歩が考慮され，両部門の資本構成が毎年高度化し，部門構成も高度化しているのに，剰余価値

率は不変とされている．第二に，そうした前提で計算が続行されれば，蓄積率が毎年上昇するのに対応して資本家の消費率が低下し，35年目には資本家の消費率がマイナスになる．第三に，両部門の資本構成を変化させ（したがって両部門の利潤率が異なる），両部門の蓄積率（剰余価値の蓄積額に対する割合）を均等にすれば，再生産上に需給の不一致が生ずる．そして，この不一致は，交換を伴わない生産物の移動によって解決されている．

しかも，資本の蓄積率を労働者人口の増加率に依存させるバウアーの表式には次のような根本的な問題点が含まれている．第一に，労働生産性の進歩は労働者を雇用するに必要な貨幣額をますます少なくさせるのであり，したがって可変資本増加率は労働者人口の増加率に一致するものではない．（資本主義的生産関係のもとでは一般的にはより少ない可変資本がより多くの労働者を雇用する．）第二に，資本の蓄積は労働者人口を相対的に過剰化し，賃金を資本の価値増殖欲に適合的な範囲内に圧下させる傾向を伴って進行してゆく[18]．（つまり，労働力を相対的に過剰化させる機構の働く資本主義的生産様式のもとでは，この生産様式に固有な人口法則が生み出される．）「資本蓄積こそ，人口増加に影響を及ぼしかつこれを規定するのであって，その逆ではない．」[19]前者が独立変数であり，後者が従属変数である．

バウアーに対するこれらの批判はそのままカッセルにも妥当する[20]．

なお，資本主義経済にはおのずから均衡軌道に収束する機構がある，あるいは産業循環は均衡軌道をめぐる諸律動であるとするバウアー（およびカッセル）的思考は，そうした均衡軌道を「資本主義的均衡蓄積軌道」としてではなく，あらゆる歴史的社会形態のいかんを問わず成立する「均衡蓄積軌道（＝経路）」であるかのように彼らが考えていたことと無関係ではないように思われる．

ともあれ，これまで見てきたことから次のことが明らかになった．第一に，「均衡蓄積軌道」概念は，コンドラチェフの「長期周期論」（＝「動態的均衡論」）を基礎づけているカッセルの「均衡的に発展する経済」概念や，バウアーによって構成された「マルクスの均衡表式」に基づく均衡軌道と等しく噛み合

う議論であることが明らかになった（とりあえずこの蓄積軌道を「均衡蓄積軌道」と呼ぶことができる）．しかし，第二に，カッセルの「均衡的に発展する経済」把握やバウアーの「均衡表式」把握には，均衡概念に難点が含まれていること（「均衡蓄積軌道」の性格づけの誤り）が明らかになった．したがって，カッセルの理論およびマルクスの拡大再生産表式を無批判的に受容しているコンドラチェフの理論・実証分析の方法に，まずもって問題点が含まれていることが確認できた．（そもそも，これらを同一視していること自体，コンドラチェフのマルクス再生産論に対する無理解さを示すものである.）

## 第4節　オパーリンの「均衡的に発展する経済」

　コンドラチェフの「長期周期論」[21]を批判した代表的論者の一人はオパーリンである．彼は，物価と利子率においてだけ経験的に「長期周期」が確認しえるにすぎないとした．そしてこれらと生産発展との相関関係を強調して，資本主義的生産における「長期周期」の存在を説くコンドラチェフの説は誤りであるとした．コンドラチェフが，資本主義発展の長期波動現象を，「動態的均衡状態」（=「均衡的に発展する経済」）からの可逆的乖離現象=均衡軸をめぐる諸律動（=「長期周期」）として把握しえるとしたのに対し，オパーリンは，資本主義的生産発展の歴史的長期動態軌道（発展傾向）を，種々の偏差を伴うが，まさに「動態的均衡軸線 Achse Linie」それ自体であるとみなした．彼によれば産業循環はこの「動態的均衡軸」からの偏差として測定される．

　オパーリンは，「社会経済の正常な諸機能を保証する生産・分配・交換の機構の表象を明確に作り上げなければならない」とし，まず，この機構の単純な表式展開から始め，次いで多様な諸要素をこの表式に順次投入してゆけば（「理論的表式」と「現実」との「統一」によって），現実の社会経済体制の多様な運動が模写しえるとした[22]．

　マルクスの再生産論では，現実の複雑な再生産機構を理解するために，二

部門分割三価値構成の，最も単純化された表式が例示されている．したがって，現実社会の再生産機構と動態を分析するには，構成すべき意図した対象に応じて，必要な諸要素を順次的に表式に導入し，再生産表式を具体化することが必要であろう．現実の社会で生じる再生産構造上の現象の多様性はこうした手続きで構成される表式によって模写しえることになろう．ただし，言うまでもなく，再生産表式論の正しい理解と表式の正しい運用とが現状分析のためのあらゆる作業の前提になる．ところが，「均衡的に発展する経済」を表象して構成したとされるオパーリンの表式には，累年展開表式作成の前提となる「均衡条件」把握において，既述のバウアーのそれと共通する難点が含まれているのである．

オパーリンの表式は次の諸前提で展開されている．

「われわれは，その表式（「静態経済」を表す表式——引用者）の代わりに，財というカテゴリーに入るすべての財が，それらの間に存在する比例性を維持しているもとで，増加率不変を保つ，均衡的に発展する経済の表式に基礎を置いている．したがって，消費財の増加率は人口増加率に照応し，1人当りの生活は同じままである．労働，生産手段および耕作地についても，さらに流通貨幣もしくは支払手段の供給についても，総じて同じことが言える．物価水準は不変のままである．あらゆる財の増加率は同じままなので，他の商品で測られる個々の商品の購買力もまた不変であり，そしてさらにこのようにして構成された経済において質的変化は決してないので，労働強度，技術，経済組織，需要の規模と様式に全く変化がない．それはまさに完全に均衡的に発展する経済である．」[23]

| 経済の諸要素 | 度量単位 | 経済の諸要素 | 度量単位 |
|---|---|---|---|
| 人口数 | 100人 | 貨幣の流通速度 | 4回 |
| 生産手段 | 100単位 | 現物財の1単位当たりの価格 | 1マルク |
| 原料 | 100 〃 | 1人当りの現物財の量 | 3単位 |
| 消費財 | 100 〃 | 1人当りの消費財の消費 | 1 〃 |
| 現物財の総量 | 300 〃 | | |
| 流通貨幣量 | 75マルク | | |

## 第4章 「均衡蓄積軌道」と資本主義発展の長期波動

**第4-1表 オバーリンの「均衡表式」**

| 流通金量 | 生産諸部門 | 経済全体の消費 生産手段 | 原料 | 労働力ないし消費財 | 金 | 利益(マルク表示) | 生産物 |
|---|---|---|---|---|---|---|---|
| 1 | 2 | 3 | 4 | 5 | 6 | 7 | 8 |
| ( 第 一 生 産 期 間 ) |||||||||
| 22.5 | 生産手段 | 30 | 30 | 30 | 9 | 9 | 108 |
| 22.5 | 原 料 | 30 | 30 | 30 | 9 | 9 | 108 |
| 22.5 | 消費財 | 30 | 30 | 30 | 9 | 9 | 108 |
| 7.5 | 金 | 10 | 10 | 10 | 3 | 3 | 36 |
| 75.0 | 総 計 | 100 | 100 | 100 | 30 | 30 | 360 |
| ( 第 二 生 産 期 間 ) |||||||||
| 24.3 | 生産手段 | 32.4 | 32.4 | 32.4 | 9.72 | 9.72 | 116.64 |
| 24.3 | 原 料 | 32.4 | 32.4 | 32.4 | 9.72 | 9.72 | 116.64 |
| 24.3 | 消費財 | 32.4 | 32.4 | 32.4 | 9.72 | 9.72 | 116.64 |
| 8.1 | 金 | 10.8 | 10.8 | 10.8 | 3.24 | 3.24 | 38.88 |
| 81.0 | 総 計 | 108.0 | 108.0 | 108.0 | 32.40 | 32.40 | 388.80 |
| ( 第 三 生 産 期 間 ) |||||||||
| 26.244 | 生産手段 | 34.992 | 34.992 | 34.992 | 10.4976 | 10.4976 | 125.9712 |
| 26.244 | 原 料 | 34.992 | 34.992 | 34.992 | 10.4976 | 10.4976 | 125.9712 |
| 26.244 | 消費財 | 34.992 | 34.992 | 34.992 | 10.4976 | 10.4976 | 125.9712 |
| 8.748 | 金 | 11.664 | 11.664 | 11.664 | 3.4992 | 3.4992 | 41.9904 |
| 87.48 | 総 計 | 116.640 | 116.640 | 116.640 | 34.9920 | 34.9920 | 419.9040 |

(D. I. Oparin. Das theoretische Schema der gleichmäßig fortschreitenden Wirtschaft als Grundlage einer Analyse ökonomischer Entwicklungsprozesse. *Weltwirtshaftliches Archiv.* XXXII. 1930(11). S. 113-5. オバーリンが作成した第4, 5, 6表を一括して表示した。)

　要するに，「均衡的に発展する経済」を表象とした理論モデルとは，オバーリンによれば，人口増加率および生産力水準など一定の，均等的に発展する拡大再生産を前提にした表式のことであるが，この表式の前提は拡大再生産を人口増加率に依存させて再構成されたバウアーの再生産表式のそれに一致し，技術進歩を捨象している点でバウアーのそれより後退している。

　オバーリンは第一生産期間における経済のはじめの状態を次のように前提し，すべての経済諸要素が年間8パーセントで均等的に増大するという仮定を設けた[24]。

その結果，第一生産期間から第三生産期間までの累年展開表は次のように総括表示される（第4-1表）．

この表は，縦軸に投入係数をとり，横軸に産出係数をとった，一種の「国民経済バランス」・「産業連関表」であろう．オパーリンのこの表では，「国民経済バランス」や「産業連関表」と同じように年間の社会的総生産物の需給均衡が総括表示されているだけでなく，最終消費財を需要する国民がその背後に勘案されており，したがって生産が究極的に消費に結びつく関係が一応配慮されている．とはいえこれは基本的にはカッセルやバウアーの考え方に一致する．また，「生産部門」を，「生産手段」・「原料」・「消費財」・「金」生産部門に細分割しているにしても，彼がマルクスの再生産表式の基本原理を踏襲しようとしていることは明らかである．（ただし，「原料」は「労働手段」とともに「生産手段」に属するのであるから，「生産手段」は，ここでは，「労働手段」とされなければならない．）[25]

ちなみに，（第2年度の蓄積のために）第1年度における価値・素材配置を考慮した拡大再生産表式を描けば次のようになる．

$$\begin{array}{rl} & \quad\quad\quad\quad\quad\overbrace{\quad\quad 14.4m\alpha \quad\quad}\\ \text{I} & 120c+60v+\overbrace{9.6mc+4.8mv}+21.6m\beta=216\\ \text{II} & \ \ 80c+40v+\underbrace{6.4mc+3.2mv}+14.4m\beta=144\\ & \quad\quad\quad\quad\quad\quad 9.6m\alpha \end{array}$$

（$m\alpha$：蓄積額，$m\beta$：資本家の消費額）

資本の有機的構成（cに対vの比率）は両部門とも2対1，剰余価値率は60パーセントで，いずれも不変である．年間の生産諸要素の増加率は8パーセントである．蓄積率は部門Iも部門IIも等しく40パーセントにされている[25]．つまり生産力水準一定を前提に，資本構成，部門構成，剰余価値率および蓄積率も一定の，部門I，IIが平行的に発展するいわゆる「均等発展経路」が描かれている．生産力水準が一定（資本構成不変）とされている点を除けば，彼の再生産論の基本思考はバウアーのそれと全く同じであることが分かる．

すなわち，消費財の増加率は人口増加率（8パーセント）に依存し，生産財の増加率は消費財の増加率に依存するとされ，資本蓄積運動は究極的に人口増加率に依存する形で表が組立てられている．こうした発想はバウアーによって展開された「マルクスの均衡表式」に他ならない．人口増加率が資本蓄積運動に依存するのではなく，逆に，資本蓄積運動が人口増加率に依存するとされる．人口の自然的増加を中心軸に可変資本が，また可変資本とともに必要な比率で不変資本が，均衡軌道を軸に振動する．この軌道は，彼の場合（バウアーと同じく），景気変動がそれからの偏差として把握されるその中心軸たる「動態的均衡軸」（つまりオパーリン型の「均衡蓄積軌道」）に他ならない．

さて，マルクスの再生産表式と「国民経済バランス」との関係および後者の資本主義分析にとっての意義と限度とが明らかになった．次に，この「理論表式」によっていかに現実分析が行われたかについて論を進めることにしよう．

## 第5節 「資本主義的均衡蓄積軌道」と長期波動

(1) 理論的表式と現実との一致

オパーリンによれば，資本主義経済の長期的発展傾向は理論的に想定された「均衡的に発展する経済」の表象に近似的に一致し，それはそれを軸に開展する諸律動（＝「産業周期」）の均衡軸として把握される．その均衡軸を規定し運動衝動を呼び起こすのは，自然的富の開拓，新市場の開拓および技術進歩である．これらは「均衡的に発展する経済」を規定する主要な歴史的諸要因である．

彼は，「経済的諸要素の実際の運動」が次の「図式」に従って行なわれるとする．

「いわゆる長期の säkularen 発展傾向，つまり経済的諸要素の長期にわたる諸変化を表すいわば第一番目の諸変動にとっての一つの軸線が，究極的で最も基本的な運動衝動 Bewegungsantrieb を形成する．これらの諸変化は，

新たな自然的富の発見や個々の国民経済の競争による新市場の開拓によって呼び起こされる．この場合には新たな土地領域の植民地化と技術進歩の2要因が重要な意味を有している．この，種々の時期に個々の諸要素が生じる，長期の変動は，数十年間の波動期間を持っている．すなわち，長期の発展傾向はそれの均衡軸 Gleichgewichtsachse を表している．異なる諸変動，つまり，産業活動における周期や農業内部における年間の諸変動などが，長波 langen Wellen に重なる．産業周期は，資本主義社会の内部において，株式資本の拡大や技術進歩および労働生産性の増大があった場合に，工業生産物に対する需要と供給との間の複雑な関係を通して，呼び起こされる．最新の研究成果によれば，それらは，3年から11年の期間で，諸変動を引き起こす．ある程度まで，それは工業から始まって農業に影響を与える．これに対して，年間の諸変動はもっぱら収穫に条件づけられる．これらは一変動を描き，再び数年の期間に集まる．諸運動の両様式は均衡の基礎あるいは運動の基礎となる長期波動をめぐって変動する.」「自ずから理解されることは，均衡的に発展する経済の表式は，まさに，経済発展にそれが基礎を置き，時の経過の中では，一時的現象として諸変動を無視できるそうした長期の均衡線 Linien eines säkularen Gleichgewichts として，この一般的発展傾向を描写するものでなければならないということである.」[26]

彼の論文は「経済的発展過程分析の基礎としての均衡的に発展する経済の理論表式 Schema」と題されており，第3節の「理論表式と現実との一致」とされている部分は実証分析に属する．彼は，彼が作成した理論表式に従い，次のような実証分析を行なう．

第一に，物的財の生産と貨幣量の増大との間に比例的な（平行的な）発展が存在したかどうか，一般物価水準が安定的であったかどうかを実証する．その際，彼は，物的財に関する適切な実証は困難と見て，「長期にわたる財の量の増加は実質国民所得の増加に一致する」という考えに基づき，実質国民所得の推移と貨幣量の推移の比較をする．カッセルの計算に基づいて正常な金量の年間平均増加率を2.8パーセントとし，同期間（1849-1906年）におけ

第4章　「均衡蓄積軌道」と資本主義発展の長期波動　　　　　　　　　　　131

るイギリス，フランス，合衆国の3カ国の有効実質国民所得の均衡線を算定（定式；$M = \sqrt[60]{\frac{10572}{1931}}$ または $\log M = \frac{1}{60} (\log 10572 - \log 1931)$ より，中位の増加率Mを得る）すればM＝2.85パーセントを得る．ここには，物的財の生産増加率と流通貨幣量の増加率との間に「驚くべき一致」が見られる[27]．

　しかし，このことは決して「驚く」ことではない．流通に必要な貨幣量は，実現される諸商品の価格総額に比例し，流通速度に反比例するからである．

　第二に，一方での，増加する生産手段，原料および労働力間に，他方での，諸生産物量間に，つまり経済的諸要素間に不変な関係（＝均等な発展速度）が実際に存在したかどうか，またそれらの価格はどの様に推移したかどうかという問題を検討する．使用する資料は加工工業に関するアメリカ・センサス統計である．その結果彼は工業生産の増加率が人口増加率を凌駕するという結論を得る[28]．

　しかし，これもまた，自明なことであり実証も容易なことである．彼は単に，資本構成の高度化に伴う部門構成の高度化，すなわち「不均等発展の法則」を確認したに過ぎないからである[29]．

　理論分析が大がかりなわりにはオパーリンの実証分析とそこから導かれてくる結論はそれほど注目すべき内容を含んではいない．その理由は後にやや詳しく述べるように，彼の理論にとって肝心要の役割を果たす「正常線」・

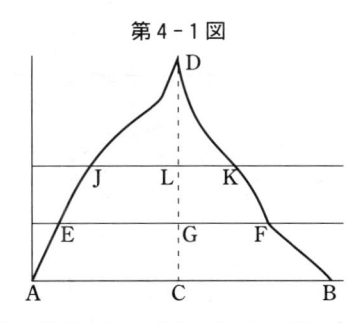

第4-1図

(R. Wagenführ, Die＞schematiche Analyse＜in der Konjunkturforschung. *Jahrbücher für Nationalökonomie und Statistiks,* Jena, Bd. 130, 1929. S. 199.)

「基準線」となる「動態的均衡軸」の性格づけが誤っていることによる．つまり，「動態的均衡軸」あるいは「理論表式」などについてのオパーリンの考え方がカッセル゠バウアー的思考に基づいていることによる．繰り返し言えば，彼は，この「均衡軸」を，諸運動がそこから乖離しては引き戻されるその中心軸と考えていたことによる．

(2) 「資本主義的均衡蓄積軌道」と長期波動

コンドラチェフの「長期周期論」に反対してなされたオパーリンの実証的研究に対して，ヴァーゲンフューア（R. Wagenführ）は，当時，次のような見解を提示している．彼によれば，「循環研究は変動諸現象や変動の強度などを問題にし研究する．しかし，こうした振幅の測定は，いかなる基礎数値 Grundwert から出発するかで，全く違ってくる．」たとえば，第4-1図に見られるように，もしABを基礎にすれば，振幅は最大のCDになり，EFを基礎にすれば，振幅はGDになり，最後にJKを基礎にすれば振幅はただの

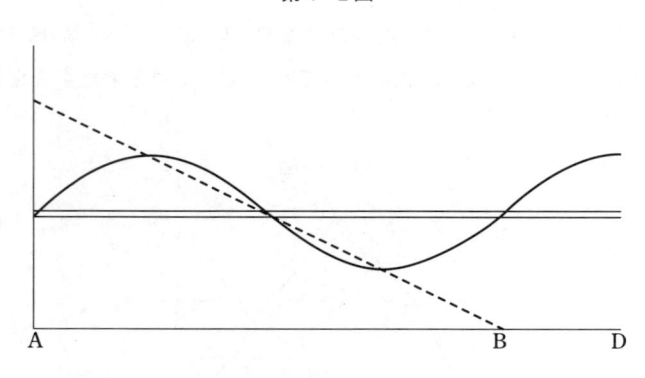

第 4-2 図

----- A-B 間諸変動の趨勢
―――― A-D 間諸変動の趨勢

（出所は第 4-1 図と同じ．）

LDになる[30]．数学的定式からすれば，すべての基礎数値は正しくても，経済的考察にとっては，一つの数値だけしか利用できないはずである．

　彼は続けていわゆる「長期的傾向 Jahrhunderttendenz」（=「趨勢 Trend」）あるいは「長期波動」について次のように述べる．趨勢の算定は「最小自乗法」に従う平均計算によって行なわれるのだが，その際，考察の対象とされる経済曲線の出発点と最終点が何処に置かれるかに応じて，全く違った「長期波動 Jahrhundertlinien」が求められることになる．たとえば，第4-2図のグラフが示しているように，出発点をどの年次に置くかによって，「世紀線」の波動形態に相違性が生じてくる[31]，と．

　ヴァーゲンフューアは，コンドラチェフとオパーリンとの対立点はこのような考え方によって解消可能だとする．彼は，結局，「長期周期」の存在問題に関しては「不可知論」に立つ．「循環研究」におけるバウアー的思考に対して，ヴァーゲンフューアの議論はこの問題に関する限り一つの有力な見解になりえる．第一に，ある国民経済の発展過程を概観すれば，国民経済は成長し，繁栄し，停滞する．この過程の軌跡を表示するのにどの年代をどのように区切るかで，過程を平均化した「均衡軸」の水準が変化し，この変化に対応して「均衡軸」を基準として把握される現実の偏差度合が異なってくる．したがって，運動過程の分析から導かれる結論が種々でありえる．第二に，資本主義世界経済における発展の「中心軸（=国）」が移動することによって世界経済の発展の全過程が量的には平均化される．それ故，「均衡的に発展する経済」を「理論的基準」とした一国資本主義分析の結論がヴァーゲンフューアのような資本主義発展の「長期周期」の存在「不可知論」に到達するのは必然である．資本主義世界経済における長期の波動現象については，一見すると，経験的事実によってそれを容易に実証できるように見えながら，実際には，この現象の分析のために経済学方法論の確定が強く求められるのである．

## 第6節 「不均等発展の法則」と資本主義発展の長期波動

ところで,「長期的均衡軸(=「均衡線」)」が,もし資本主義発展の「不可逆的過程」を示す資本蓄積軌道であるとすれば,オパーリンは資本主義的生産における構造的変化(=「不可逆的」諸要素の存在と成長)の問題をいかに彼の理論の中に取り込もうとしたのであろうか.明らかなことだが,彼の「均衡的に発展する経済」論では,カッセルのそれと同様に,徹頭徹尾,経済構造変化に関する問題関心が欠如している.ペルヴーシン(S. A. Perwuschin, C. A. Первушин)が適切にも指摘したように,オパーリンは,結局,「正常線 Normallinie」あるいは「基準線 Niveaulinie」としての「動態的均衡軸 Ausgleichslinie」それ自体の解明を不十分にしか行なっておらず,この「基準線」の利用限界を明確にしていない[32].「不可逆的過程」(=「動態的均衡」)の「性格」について,それの解明の必要性を強調し,この過程と「可逆的過程」(=「諸律動」)との相関関係を解明することによって,国民経済の動態の特質が明らかにされるとした,経済学方法論に関する,コンドラチェフの示唆的指摘がむしろ注目されてよいだろう.だが,そうはいっても,残念ながら,この問題に関するコンドラチェフの具体的成果はいまのところ知られていないし,そうした方法論がいかに彼の「長期周期論」と理論的に整合的でありえるかも不明のままである.

ところが,資本主義発展の「不可逆的過程」を重視する他の有力な一つの理論が,「動態的均衡」論に対抗して,登場してきた.それは,いわゆる「不均等発展の法則」論である.*

---

\* 「不均等発展」論は,再生産論における一つの重要な研究領域として,理論史上,独自な経緯において発展してきた.しかし,1920年代のコミンテルンの場で,それは「一国社会主義可能論」の論拠にされ,30年代以降,さらに独自な意味内容をもって再生産論に取り込まれることによって,以降の再生産論の展開過程およびそれの具体的適用による実証分析に,独自な色合いを刻印する要因になった[33].

## 第4章 「均衡蓄積軌道」と資本主義発展の長期波動

　ヘルツェンシュタイン（A. Herzenstein, А. Герценштейн）はコンドラチェフの「長期周期論」に対する批判論文「大循環周期は存在するか？」(1928年) の中で，コンドラチェフの理論の難点を次の2点に要約している．第一に，社会的生産（物的生産＝実体的諸要素の生産）の発展のテンポと商品価格の平均水準における長期的変動とは平行しているとしている点，第二に，通常の産業循環に相似して，世界経済には平均25年で自動的に交替する活況と停滞の循環的大周期が存在しているとしている点，これである[34]．ヘルツェンシュタインは，物価の大波動が物的蓄積過程あるいは物的生産諸力の上昇を反映しているか否かを検証し[35]，社会的生産物の生産は物価変動に平行する場合だけでなく，しばしば，反対の方向に向かう場合もあるとして，コンドラチェフの主張する長波の一局面の期間＝2½産業周期説は「一つの虚構である」と断定する[36]．また，彼は，資本主義の長期歴史的動態過程は資本主義における社会的生産諸力の増大テンポの不均等性すなわち「資本主義発展の不均等性 Ungleichmäßigkeit の特殊な法則」あるいは「資本主義的動態の不均等性の法則」から説明されるべきだと主張する[37]．＊

　彼によれば，資本主義の歴史諸時代の分析は，「1．異なった時期の一国における資本主義の成長テンポの不均等性 Ungleichartigkeit と，2．同じ歴史時代内の異なった資本主義諸国における成長テンポの不均等性という，これらの二つの過程を包括する資本主義の発展の不均等性の法則 Gesetz von der Ungleichmäßigkeit を根拠としてだけ，行なうことができる．」[40]この理論に従えば，19世紀末のイギリス資本主義がその形成期と同じ成長力を持ちえなくなったことや，それに比して若い資本主義諸国の工業発展が顕著であることの説明が可能になり，コンドラチェフの第二「大周期」論はイギリスを例にした観念からの誤った構想にすぎないということが明らかになるとす

---

＊　ヘルツェンシュタインは，前掲論文で，「われわれは，他の箇所で，社会的生産諸力の増大テンポの不均等性において貫徹する資本主義的動態の不均等性の法則の根本要因を暴露することに努めた」と述べている[38]．ここで「他の箇所」というのは彼の著書『資本主義的市場の理論』(1928年，モスクワ)[39]のことである．

る[41]．要するに，ヘルツェンシュタインは，19世紀末に世界経済の重心がイギリスから他の諸国に移動したこと，つまり，「世界経済体制の急激な構造変化」が生じたこと，このことを根拠に，19世紀末の長期停滞がイギリスにのみ妥当する一現象であるとすることによって，世界経済の全体が長期停滞に陥っているとする説を否定しようとした[42]．

また，彼によれば，資本主義世界経済は，資本主義的工業の新たな形成，世界市場の一般的条件の変化（たとえば，資本主義的工業の中心地の移動）および地理的に分割された諸領域間の関係の変化などによって，あるいは産業革命やヨーロッパにおける鉄道の敷設，オーストラリアや南アフリカにおける金鉱の発見など，一回きりの歴史的組合せによって発展してきた．ところがコンドラチェフの場合には，資本主義の発展過程における，諸段階の質的特殊性，独自性および一回性は「大周期」という経済の連続的な循環過程に取り込まれてしまっている．それ故，コンドラチェフの理論に基づけば，「資本主義の最終成果は見えてこない」し「資本主義は歳を取らない」[43]ことになる．

資本主義の様々な歴史時代や，あるいは同時代に現れる資本主義諸国の成長テンポの不均等性を，コンドラチェフは長期の循環法則の作用要因に解消させていることは明らかである．ヘルツェンシュタインはこれを正しく批判している．また，「世界経済の重心がイギリスから他の諸国に移動したこと」，すなわち，「世界経済体制の急激な構造変化」に，彼が各国の社会的再生産における大きな変動の根拠を求めたことも評価しえる点であろう．彼は，全体として，彼の理論がコンドラチェフの「長期周期論」に対する「マルクス主義的な包括的批判」になりえていることを確信していた[44]．

ただし，彼のこうした「不均等発展の法則」論からは決して「資本主義の全般的危機」段階（「コミンテルン綱領」では「不均等発展」論を基礎にそれが強調されているのだが）は見えてこないであろう．彼の「不均等発展の法則」論が強調している結論は，世界経済の中心領域がイギリスから潜在成長力を持つ若い資本主義国アメリカ合衆国に移動し，世界資本主義の経済発展はアメ

リカを展開軸とした新たな段階に入りつつあるという予測である．言い換えれば，彼は「不均等発展法則」を論拠とする長期波動論の新展開を試み始めていたと言えるであろう．彼の理論から推測される将来の世界資本主義像は，彼の構想していたそれとは違っていたのではなかろうか．

　1920年代後半期における（および30年代に入ってからも）「不均等発展の法則」論は，一方では，主として，「全般的危機論」を補完する理論として，他方では，再生産論の分野では，「動態的均衡」論＝「均衡的に発展する経済」論（＝「均衡論」）批判として，さらに長期波動論の分野では，コンドラチェフの「長期周期論」批判として，展開されたと言うことができる．その際，言葉の文字通りの意味において，「不均等発展 Ungleichmäßigkeit der Entwicklung」は「不均衡発展」と同義であり，資本主義のもとで「均衡発展 Gleichmäßigkeit der Entwicklung」がありうるかのように主張する論者への批判を含意していた．しかし，「不均等発展の法則」は，資本構成の高度化に対応した部門構成の高度化法則であり，それは歴史的社会形態のいかんを問わず貫徹する一般的法則である．ただし，資本主義的生産様式のもとでは国民大衆の消費水準を狭い限界内に圧下する作用が働くため，この「不均等発展」は資本主義に独自な形態をとる．したがって，「不均等発展」といっても，生産と消費との均衡関係は維持されている場合があり，この場合には，この「不均等発展」は「資本主義的均衡蓄積軌道」でもある．

　ところが，ヘルツェンシュタインは「不均等発展」軌道と「動態的均衡」軌道との両者の関係を明確にしていないのみならず，資本主義発展の軌道は「動態的均衡」軌道ではなく，「不均等（＝不均衡）発展」軌道であるとして両者を対立的に理解しているように見える．だが，本来，彼は，「動態的均衡」軌道は資本主義のもとでは「資本主義的不均等発展」軌道である，と言わなければならなかったのではないか．つまり，資本主義のもとでは，資本主義発展の蓄積軌道はあらゆる歴史的社会形態に共通する「不均等発展軌道」ではなく，「資本主義的不均等発展軌道」であり，同じ意味において，「均衡蓄積軌道」はあらゆる歴史的社会形態に共通する「均衡蓄積軌道」ではなく，

「資本主義的均衡蓄積軌道」であると言わねばならなかったのではなかろうか．このように理解されて初めて20年代後半期ロシアにおける再生産論・長期波動論をめぐる対立する議論を止揚できるように思われる．同時に，「均衡蓄積軌道」の現実的・歴史的意味も明らかになるように思われる．

## おわりに

1920年代後半期における長期波動論をめぐる議論の一般的特徴は次の点にあったように思われる．

第一に，「循環研究」のためのマルクス再生産表式の数学的・統計的分析諸手法の開発・導入は，この時期の再生産論をめぐる議論の展開過程を特徴づけている．その端緒がバウアーの「錯綜した数学的公式」に基づく表式展開やブハーリンによるマルクス表式の分析にあるにしても，実際にこれに関する立ち入った議論がなされたのは，この国の社会主義計画経済構築という現実的課題からの切実な要請が背後にあったからである．したがって，マルクス再生産論のその課題解決のための発展・具体化が緊急の課題になっていたという点で，大戦前の，「第二インター期」の再生産論争とは質を異にしていた．

第二に，この時期の，多岐にわたる，ロシアにおける再生産論（争）をめぐる議論の対抗軸は，R.ルクセンブルクの再生産論とバウアーのそれとの二つの再生産論にあったことが確認できた．言い換えれば，バウアーの再生産（表式）論（＝バウアー的思考）が，当事者がそれを意識していたにせよそうでないにせよ，ロシアの「循環研究」においても著しい影響力を持っていた（＝著しく浸透していた）ということである．その場合，景気変動を動態的均衡軸からの偏差かあるいは可逆的乖離とみなすべきかについて，これをひとまず黙認するにしても，この動態的均衡軸そのもの（＝「資本主義的均衡蓄積軌道」）の基本性格を彼らが見極めようとしなかったことは彼らの研究における共通する欠陥であったといえるであろう．ルクセンブルクは資本蓄積問

題においてバウアー的発想に転換を迫ったのであるが，事態の本質解明に関心を向けることなく，皮相的に経済諸事象に多大の関心を向け（過ぎ）ていたロシアの「循環研究」者達には，この点が充分理解できなかった．彼らの「均衡蓄積軌道」の性格づけには誤りがあるということである．

次に，本章で確認しえたことを補充し，まとめておくことにする．

第一に，資本主義のもとでは，「動態的均衡」軌道は「不均等発展」軌道であるが，資本主義発展の「均衡軌道」はあらゆる歴史的社会形態に共通する「均衡蓄積軌道」ではなく，資本主義に独自な「資本主義的不均等発展軌道」＝「資本主義的均衡蓄積軌道」であるとされなければならない．

第二に，「資本主義的均衡蓄積軌道」は，そこから乖離した諸運動がそこに収束するその意味での「均衡」軸（＝バウアー的思考）ではなく，現実の資本蓄積運動にそれが引き寄せられるその意味で，ブハーリンの名づけた「可動的均衡 bewegliches Gleichgewicht」軸（＝ルクセンブルク的思考）と理解されなければならないであろう．その軌道は資本の蓄積衝動に究極的に規定された，「均衡」点が不断に変化する（「長期周期」という形態を取らない）きわめて不安定な再生産軌道＝長期波動であろう．したがって，産業循環は資本主義的均衡蓄積軌道を振幅する諸律動であるとする言い回しには事態が転倒して理解される恐れがあるので慎重な表現が選ばれねばならない[45]．

第三に，20年代に展開された「国民経済バランス」の基本性格はバウアーの表式を「国民経済バランス」に組替えることによって明らかにされた．明らかにされたことは，「国民経済バランス」は生産と消費の「均衡関係」を直接的には表示しえてはいない，ということである．したがって，それは，資本主義的均衡蓄積軌道はもちろんのこと社会主義的均衡蓄積軌道を表示しえるとは思えない．また再生産構造分析へのこれらの適用によって構造上の問題点が析出しえるということもない．部門Ⅰの部門Ⅱに対する（または諸部門間の）優先的発展，その意味での「不均等発展」を確認しえるが，しかし，「不均等発展」の確認によって，それで直ちに資本主義の「根本的法則・矛盾」が明らかになったということにはならないであろう．ここに，

「国民経済バランス」による再生産構造分析の意義と限界がある．

〔付記〕 玉垣良典氏の方法とバウアー理論
　玉垣良典氏は，産業循環は資本主義的均衡蓄積軌道を振幅する諸律動であるとされる．氏は次のように述べている．
　「均衡蓄積軌道は経済体系が現実にたどる時間的経路を表すものではない．現実の運動は不断にこの軌道から乖離した不均衡過程である．だがそれは全く非現実的な思考上の仮構物でもない．現実の運動は景気循環という形をとってこの均衡軌道から離れつつも，またそれに引き寄せられ，長期的にみればこの軌道から大きく離れるものではなく，**事後的，長期平均的にこの軌道を実現してゆく**．その意味で均衡蓄積軌道は均衡からの乖離の検出の基準であると同時に**不均衡の運動が終局的に収斂すべき基準線**をも理論的に示唆するものである．──もっともこうして長期的に実現される『均衡蓄積軌道』は技術進歩を考慮して再定式化されたそれでなければならないであろうが．」[46]（強調点は引用者）
　「均衡蓄積軌道」は「非現実的な思考上の仮構物」ではなく，「事後的，長期平均的」という意味において現実的根拠をもっている，また，「均衡蓄積軌道」は均衡からの乖離の検出の基準であると同時に「不均衡の運動が終局的に収斂すべき基準線」をも理論的に示唆している，これが玉垣氏の上記主張の要点である．富塚良三氏のように，「均衡蓄積軌道」を「過剰蓄積」過程検出のための「理論的基準」というにとどめておくだけではなく，それが現実的根拠を持っているとされている点に玉垣氏の方法論の第一の特徴点がある．この点については著者は玉垣氏の見解に同意するところである．しかし第二の論点，すなわち，「均衡蓄積軌道は……不均衡の運動が終局的に収斂すべき基準線をも理論的に示唆するものである」とされている点については賛成できない．というのは，上記のような意味内容をもつ「基準線」（＝均衡蓄積軌道）を想定する場合には，これを規定する要因について，それは，「不均衡の運動」とは異なる別個の運動を想定するか，あるいは，「不均衡の運動」＝諸律動の平均化あるいは趨勢として事後的に表わされるのかいずれかの場合であるが，玉垣氏の既述の論旨からすれば，前者のそれに近い．もしそうであるとすれば，この「基準線」（＝「均衡蓄積軌道」）は究極的に何によって規定されるのか，人口増加率か？　そうであるとすれば，これはバウアー理論と全く同じになる[47]．
　バウアーは資本主義経済の中心軸に変化を伴う人口数を置き，これをもとに再生産

第4章 「均衡蓄積軌道」と資本主義発展の長期波動　　　　141

軌道（＝「均衡表式」）を定置し，産業循環については，この再生産軌道の均衡軸からの絶えざる乖離しては引き戻される振幅運動——上方での「過剰蓄積」，下方での「過少蓄積」——としてそれを理解しようとした[48]．このバウアー的観点に関してはすでに本章で批判したところである．


1) 富塚良三『恐慌論研究』未來社，1962年，86ページ以下．
　再生産論において使用される用語あるいは訳語のうち，「比例性 Proportionalität」に対して「不比例性 Disproportionalität」，「均衡 Gleichgewicht」に対して「不均衡 Misverhältnis」，さらに，「均等性 Gleichmäßigkeit」に対して「不均等性 Ungleichmäßigkeit」というのが，それぞれの対立概念であろう．わが国で呼び慣わされている「不均等発展の法則」は，「Gesetz der Ungleichmäßigkeit der Entwicklung」の訳である．これは「均等発展（＝均衡発展）Gleichmäßigkeit der Entwicklung」に対する「不均等発展（＝不均衡発展）Ungleichmäßigkeit der Entwicklung」を意味内容とし，前者の場合には，部門Ⅰと部門Ⅱの両者が平行的に拡大するいわゆる「均等発展経路」を意味し，後者の場合には，資本構成の高度化に伴って部門Ⅰが部門Ⅱより急速に拡大する「不均等発展経路」を意味内容とする．ただし後者の場合にも，生産と消費との間に均衡性が維持されている場合に，「均衡（的）発展」という場合があり，実際には，議論が混乱している．バウアーの表式は資本構成・部門構成ともに高度化する「不均等（＝不均衡）発展」経路を描いた表式であるが，これは当時「マルクスの均衡表式」と呼ばれていた．
　本章では，生産と消費との均衡性が維持されている場合の発展を「均衡(的)発展」と呼ぶことにする．
2) 再生産論の現実分析への適用・具体化に際して，再生産過程の型（＝軌道）の析出とこの軌道の攪乱・崩壊の可能性から，戦前日本資本主義の構造的特質と危機発現の必然性を解明しようとした山田盛太郎『日本資本主義分析—日本資本主義の再生産把握—』（岩波書店，1934年）の方法と，部門Ⅰと部門Ⅱとの「不均等発展」を産業構造分析によって析出することに重点をおき，これによって資本主義的再生産過程（＝構造）の奇形化と資本主義的生産に内在する矛盾を確認し，同じく危機発現の可能性ないし必然性を論じようとする方法との二方法があったように思われる．これに対して，「均衡蓄積軌道」概念を有効に利用し，現実の蓄積態様分析を試みた成果をいまだ見ていない．
3) 「理論的基準なしには，『過剰蓄積』といっても，いったい何に対して過剰なのかがはっきりしない．」（富塚良三『増補　恐慌論研究』未來社，1975年，494ページ．）
4) Н. Д. Кондратьев, К вопросу о понятиях зкономический статики, динамики и конъюнктуры, *Социалистическое хозяйство*, Книга Ⅱ, 1924, стр. 350, 355, 357.（中村丈夫訳「経済的静態・動態および景気変動の概念の問題によせて」『コンドラ

チェフ景気波動論』亜紀書房，1978年，161, 171, 175ページ.）
5) N. D. Kondratieff, Die Preisdynamik der industriellen und landwirtschaftlichen Waren (Zum Problem der relativen Dynamik und Konjunktur), *Archiv für Sozialwissenschaft und Sozialpolitik,* Bd. 60, 1928, S. 6. （中村丈夫訳「工業製品と農産物の価格動態（相対的動態と相対的景気変動の問題によせて）」同上書，222ページ.）

ただし，コンドラチェフによれば，「マルクス学派にあっても動態理論は体系的完成に達するにはいたらなかった.」(Н. Д. Кондратьев, К вопросу о понятиях экономический статики, динамики и конъюнктуры, стр. 352. 〔同上，164-5ページ.〕)

6) コンドラチェフによれば，「定常的経済」というのは，静止を意味するものではあるが，しかし，それは，「生産量，生産の組織と技術，需要の量と質，資本の量，配分，構成などが経済的に不変のままである」状態，「経済の全要素が変化せず，中断せず，安定している」状態のことであって，両者を概念的に区分する合目的性はない．したがって，「静態的経済」も「定常的経済」もいずれも「静態的視点」のカテゴリーに入れることにいっこう問題はないとする (Там же, стр. 356.〔『コンドラチェフ景気波動論』，172-3ページ.〕). 彼に従えば，マルクスの「単純再生産表式」は「静態理論（静態的視点」）」であるということになる.

7) 高田保馬は次のように述べている．「私はマルクスに於ける単純再生産を以て一種の静態であると見る．」（『経済学新講』第5巻，岩波書店，1932年，63ページ.）

8) K. Marx, *Das Kapital,* Bd. 2, S. 394. ただし，冒頭部分はマルクスの「草稿」（「第8稿」）に基づき修正してある（Ms. 8, S. 16.）.

9) *Ibid.*「草稿」では「とはいえ」は「しかし，他方」となっている（*Ibid.*）.

10) Там же, стр. 356. （同上，174ページ.）

11) 「静態」理論と「動態」理論という区分の仕方は，既に当時のわが国にも影響を与えていた．高田保馬『景気変動論』（日本評論社，1928年）第1節を参照のこと．

12) G. Cassel, *Theoretische Sozialökonomie,* Leipzig 1921, S. 23-9.

13) *Ibid.*, S. 23-7.

14) *Ibid.*, S. 27-9.

15) O. Bauer, Die Akkumulation des Kapitals, *Die Neue Zeit,* Jg. 31, Bd. 1, 1913, S. 835-7. （向坂逸郎訳「資本の蓄積と帝国主義」『社会科学』第3巻第2号，改造社，80-4ページ.）

16) H. Grossmann, *Das Akkumulations- und Zusammenbruchsgesetz des kapitalistischen Systems,* Verlag von C. L. Hirschfeld, Leipzig 1929.〔Archiv sozialistischer Literatur 8, Verlag Neue Kritik Frankfurt 1970.〕（〔有澤廣己・森谷克己訳『資本の蓄積並びに崩壊の理論』改造社，1932年.〕

17) *Ibid.*, S. 100. （同上，127-8ページ.）バウアーの表式は必ずしも彼の人口理論と結合していないという点で，ローザ・ルクセンブルクの批判をかわしえている

第4章 「均衡蓄積軌道」と資本主義発展の長期波動　　　143

とグロスマンには思われた（*Ibid.*, S. 104. 〔同上，128ページ〕）．
18) 詳細には，本書，第1章第3節を参照されたい．
19) R. Luxemburg, *Die Akkumulation des Kapitals oder Was die Epigonen aus der Marxschen Theorie gemacht haben: Eine Antikritik,* Frankes Verlag GmBH, Leipzig, 1921. 〔in: *Rosa Luxemburg Gesammelte Werke*, Bd. 5. Dietz Verlag, Berlin 1975.〕S. 484. （長谷部文雄訳『資本蓄積再論』岩波文庫，1935年，133ページ．）
　　ローザ・ルクセンブルクは，「資本蓄積の人口増加に対する適応の傾向」というバウアーの考え方に対して，他の箇所で次のように述べている．「バウアーにあっては，ただ可変資本およびプロレタリアート（「人口」）という，二つの人形の踊りが存在するだけである」，と（*Ibid.*, S. 493. 〔同上，148ページ．〕）．
20) バウアーは資本主義経済発展の中心軸に変動する人口数を置き，これを基準に再生産軌道（＝「均衡表式」）を定置し，産業循環については，この再生産軌道の均衡軸からの絶えざる乖離しては引き戻される振幅運動——上方での「過剰蓄積」，下方での「過少蓄積」——としてそれを説明しようとした（O. Bauer, Die Akkumulation des Kapitals, S. 869-71. 〔向坂，前掲訳「資本の蓄積と帝国主義」，91-3ページ〕）．
21) 資本主義発展の長期波動現象についての用語の用法は，ロシアでは一致していなかったといわれる．コンドラチェフはこれを「長期波動 langen Wellen」と呼び，オパーリンは「長期変動 langen Schwankungen」と呼んでいる．しかし，コンドラチェフの場合には「大周期 grossen Zyklen」とか「長期周期 langen Zyklen」とした方が一層彼の理論的内容に即している．
22) D. I. Oparin, Das theoretische Schema der gleichmäßig fortschreitenden Wirtschaft als Grundlage einer Analyse ökonomischer Entwicklungsprozesse, *Weltwirtshaftliches Archiv,* XXXII, 1930 (II), S. 106.
23) *Ibid.,* S. 109.
24) *Ibid.,* S. 110.
25) オパーリンが作成したこの「表」は，マルクスの再生産表式といかなる関係にあり，この「表」から何が分かるのであろうか．「表」を，二部門分割・三価値構成からなるマルクスの再生産表式に組替えてみる．ただし，貨幣材料の生産部門である「金生産部門」は部門IIに属するものとみなす．

　　第1年度
　　　I　　120c ＋　60v ＋ 36m ＝ 216
　　　II　　 80c ＋　40v ＋ 24m ＝ 144
　　　　　　200c ＋ 100v ＋ 60m ＝ 360
　　第2年度
　　　I　　129.6c ＋ 64.8v ＋ 38.88m ＝ 233.28
　　　II　　 86.4c ＋ 43.2v ＋ 25.92m ＝ 155.52
　　　　　　216.0c ＋ 108.0v ＋ 64.80m ＝ 388.80

第3年度
　　Ⅰ　139.968c ＋　69.984v ＋ 41.9904m ＝ 251.9424
　　Ⅱ　 93.312c ＋　46.656v ＋ 27.9936m ＝ 167.9616
　　　　233.280c ＋ 116.640v ＋ 69.9840m ＝ 419.9040

26) D. I. Oparin, *op. cit.,* S. 408, 410.
27) 彼は次のように言う．「われわれは，第一の問題に関して，したがって，次の結論，つまり，交換される商品量，流通貨幣量および世界物価指数の間に見られる関係において，現実の経済生活の長期的 säkularen 発展は均衡的進歩を示している，という結論に達した．」(*Ibid.,* S. 423).
28) 「工業生産は人口の増加をかなりな程度で追い越す．原料の消費は工業生産と平行的に運動する．人口数の相対的に弱い発展のために，労働力の増加は工業生産の発展の背後にとどまり，このことが再び，機械エネルギーの成長を促進する．」(*Ibid.,* S. 432-3.)
29) 彼の表式では，労働生産性の上昇が考慮されていない．資本構成の高度化は部門構成の高度化をもたらし，このことは不均等発展を促進する大きな要因となる．再生産過程の理論的表式分析でこの契機を捨象し，現実との一致を論じることはできない．事実，彼は，上述のように，実証分析において，工業製品の生産増加率が人口の増加率を上回っていることを確認している．長期・歴史的平均において，部門Ⅰと部門Ⅱは平行的に発展するのではなく，前者は後者より急速に発展する．したがって，現物経済諸要素から見て，工業生産物量の増加率が労働人口増加率を上回ることは，社会体制の如何を問わず生起する，経済発展の必然的法則である．
30) R. Wagenführ, Die >schematische Analyse< in der Konjunkturforschung, *Jahrbucher für Nationalökonomie und Statistiks,* Jena, Bd. 130, 1929.
　彼は，当時の資本主義諸国では一般に手に入りにくいロシアにおける循環研究に関する資料，とりわけ，循環研究への数学的・統計的方法の適用に関する議論を，欧米に紹介することに貢献したとされる．
31) *Ibid.,* S. 199.
32) S. A. Perwuschin, Kondratieff, N. D., und D. I. Oparin, Die langen Konjunkturzyklen, *Weltwirtschaftliches Archiv,* XXXll, 1930 (ll)，S. 42*-3*.
33) これを決定的にしたのは，1929年12月27日に開催されたマルクス主義的農業問題専門者会議の席上での，スターリンの発言である（本書，第2章，70ページ参照).
　マルクスもエンゲルス（F. Engels）も「不均等発展の法則」を知らず，レーニン（W. I. Lenin, В. И. Ленин）がはじめて発見したものであり，前独占資本主義のもとでは「一国社会主義」は不可能だが，帝国主義の時代にはそれが可能になったとする特異な見解は，1925年以降，スターリン（I. W. Stalin, И. В. Сталин）によって再三強調された（いわゆる「一国社会主義可能論」の通説については「ロシア語版編集部の注解を底本にして作られたドイツ語版編集部注解」〔『マルクス・エンゲルス全集』第4巻，662-3ページ〕を参照).
　1922年の第4回コミンテルン大会から開始された綱領に関する議論は，ようや

く，28年の第6回大会で採択された「共産主義インターナショナル綱領」によって収束したが，この綱領の中では，「不均等発展の法則」は次のように書かれた．「経済的および政治的発展の不均等性は，資本主義の絶対的法則であり，しかも帝国主義の時代には，なおいっそう顕著である」と．ここではスターリンの「不均等発展」論の一定の軌道修正がなされている．（これに反し，前記『マルクス・エンゲルス全集』の「注解」は，再び，スターリンの見解に復帰している．）とはいえ，28年以降，この「不均等発展の法則」論は，「一国社会主義可能論」と結びつき，あるいは「全般的危機論」との関連で綱領によって権威づけられ，コミンテルンの場で確固不動の「理論」に祭り上げられた．20年代後半期における「不均等発展の法則」論は，再生産論においては「均衡的に発展する経済」論（＝「均衡論」）批判として，長期波動論においては，主として，コンドラチェフの「長期周期論」批判として，展開された．

34) A. Herzenstein, Gibt es Grosse Konjunkturzyklen?, *Unter dem Banner des Marxismus,* Heft 1, 2., 1929, S. 97.
35) *Ibid.,* S. 100-20.
36) *Ibid.,* S. 120.
37) *Ibid.,* S. 124.
38) *Ibid.,* S. 124
39) А. Герценштейи, Теория капиталистического рынка, Moskau 1928.
　なお，ブレーゲリ（E. Bregely, Э. Врегель）は，ヘルツェンシュタインについて，後者は再生産論における「不均等発展の法則」――すなわち，部門Ⅰは部門Ⅱより急速に発展するというこの法則――を資本主義に固有の法則とは見ておらず，また資本主義に内在する生産と消費の矛盾について，増大する消費手段の増加に立ち遅れる労働者階級の消費の制限に見いだしているとし，これはローザ・ルクセンブルクと同じ理論であるとして，激しく批判している（エー・ヤー・ブレーゲリ著・永住道雄訳『再生産論』叢文閣，1935年，114-9ページ）．しかし，ヘルツェンシュタインもルクセンブルクも「不均等発展の法則」の資本主義社会における独自な貫徹形態を重視していたのであって，彼らがこの法則と生産と消費の矛盾とを切り離していないことは明白である．
40) A. Herzenstein, Gibt es Grosse Konjunkturzyklen?, 1929, S. 112-3.
41) *Ibid.,* S. 114.
42) *Ibid.,* S. 112-3.
43) *Ibid.,* S. 126.
44) *Ibid.,* S. 97-8.
　コンドラチェフの理論を如何に有効的に摂取しえるかという観点を持たないとすれば，「長期周期論」の批判としては，彼の批判は今日でもかなりの有効性を持っていると思われる．
45) 本章の付記を参照のこと．
46) 玉垣良典『景気循環の機構分析』岩波書店，1985年，40ページ．
47) O. Bauer, Die Akkumulation des Kapitals, *Die Neue Zeit,* Jg. 31, Bd. 1, 1912-3, S. 869-71.（向坂逸郎訳「資本の蓄積と帝国主義」『社会科学』第3巻第2号，改造

社，1927年，91-3ページ）．
48) *Ibid.*, S. 872-3.（同上，95ページ．）

## 〔補論1〕「国民経済バランス」表と拡大再生産表式

### (1) 「国民経済バランス」と「経済体制の均衡法則」

オパーリンの「表」，一種の「国民経済バランス」の特徴をより明確に理解するには1920年代における「国民経済バランス」の成立過程を顧みておくことが必要である．彼の「表」は「国民経済バランス」研究成果の直接の延長線上にあるからである．とはいえ，これに立ち入って論述することは本書の課題ではないので，ここでは最小限の論述にとどめておく[1]．

1920年に，ソ連中央統計局に国民経済バランス部が設置され，「国民経済バランス」の作成作業が開始されたとされる[2]．24年から表の作成作業が進められ，26年の『中央統計局紀要』（第29巻）に「1923-1924年国民経済バランス」が掲載された．これはマルクスの拡大再生産表式に基礎をおき[3]，これを「経済体制の均衡法則 the law of equilibrium（ないし均衡条件）」に基づいて作成したとされた[4]．

① 「1923-24年国民経済バランス」の特徴

この「表」の「生産的消費」の区画は諸部門の連関を不完全ながら「基盤稿」の形＝行列形式で示されており，「のちの産業連関表，部門連関バランスの展開への重要な萌芽・原型を意味」しているとされている[5]．しかし，この「表」はマルクスの再生産論を基礎にしているとはいえ，二部門分割の基本原理＝意義は重視されておらず，需給均衡を前提にした「国民経済のバランス」表示でもない．「生産的消費」の合計をCとし，「不生産的消費」のうち「個人的消費」をVとし，「集団的消費（諸施設の消費）」をSとすれば，C＋V＋S＝W′ は年間に生産された総生産物価値を表すと同時に消費（生産的消費を含む）の総価値を表す．したがって，この「表」によって示されていることは，C＋V が投入され，C＋V＋S＝W′ だけの社会的総生産物が生産されこれらが消費されたということだけであって蓄積態様分析に役立ってはいない[6]．

第4－2表 「1923-1924年国民経済バランス」

|  | 生産的消費 C |  |  |  |  |  | 不生産的消費 V＋S | 全部門合計 W′ |
|---|---|---|---|---|---|---|---|---|
|  | 農業 | 工業 | 建設 | 運輸 | 商業 | 合計 |  |  |
| 農業 | 3285.9 | 1240.9 | 145.4 | 50.1 | 1.0 | 4723.3 | 5590.9 | 10314.2 |
| 工業 | 355.1 | 2344.8 | 316.6 | 397.5 | 146.2 | 3560.2 | 4628.4 | 8188.6 |
| 出版事業 | — | — | — | — | — | — | 37.2 | 37.2 |
| 建設 | 201.6 | 95.5 | — | — | 15.0 | 312.1 | 541.2 | 853.3 |
| 全部門 | 3842.6 | 3681.2 | 462.0 | 447.6 | 162.2 | 8595.6 | 10797.7 | 19393.3 |

（野澤正徳「産業連関表と再生産表式」〔富塚良三・井村喜代子編集『資本論体系』第4巻，有斐閣，1990年〕，408-9ページより作成．）

② オパーリンの「理論表式」

オパーリンの「理論表式」は「1923-1924年国民経済バランス表」に対していかなる関係にあったのであろうか．彼の「表」を一般化して表示すれば次のようになる．

第 1 年度
$$\begin{array}{rl} \mathrm{I}_a & F_a + R_a + V_a + G_a + P_a = W_a \\ \mathrm{I}_b & F_b + R_b + V_b + G_b + P_b = W_b \\ \mathrm{II} & F_2 + R_2 + V_2 + G_2 + P_2 = W_2 \\ \underline{\mathrm{III}} & \underline{F_3 + R_3 + V_3 + G_3 + P_3 = W_3} \\ & F + R + V + G + P = W \end{array}$$

第 2 年度
$$\begin{array}{rl} \mathrm{I}_a & F'_a + R'_a + V'_a + G'_a + P'_a = W'_a \\ \mathrm{I}_b & F'_b + R'_b + V'_b + G'_b + P'_b = W'_b \\ \mathrm{II} & F'_2 + R'_2 + V'_2 + G'_2 + P'_2 = W'_2 \\ \underline{\mathrm{III}} & \underline{F'_3 + R'_3 + V'_3 + G'_3 + P'_3 = W'_3} \\ & F' + R' + V' + G' + P' = W' \\ & (=W_a)\ (=W_b)\ (=W_2) \end{array}$$

（$\mathrm{I}_a$：労働手段生産部門，$\mathrm{I}_b$：原料生産部門，$\mathrm{II}$：消費手段生産部門，$\mathrm{III}$：金生産部門，$F$：労働手段，$R$：原料，$V$：労働力，$G$：金，$P$：利益）

オパーリンの「表」では，生産手段と消費手段とが次年度にすべて消費されるということが示されているだけで，蓄積部分が表示されていない．そのため，この表では需給一致を総括表示する「国民経済バランス」の体裁がまだとられていない．ただし，この「表」ではマルクスの拡大再生産表式を基礎にした部門細分割の試みがなされており，生産が究極的に消費に結びついている関係が考慮されている限りでひとまず「1923-1924年国民経済バランス」より数歩の進歩を見せていると言うことができる[7]．

(2) ツガン表式とバウアー表式から「国民経済バランス」へ
① ツガン表式との類似性

オパーリンが構成した表式はツガンの表式やバウアーの表式を連想させる．たとえば，1905年の論争的論稿「国民経済学からみた資本主義経済秩序の崩壊」（後に著書『マルクス主義の理論的基礎』（1905年）に収録）に書き表されたツガン-バラノフスキーの三つの表式──①「資本家の消費が不変で，労賃が低下する場合」の表式，②「社会的労働の生産性が低下する場合」の表式，③「社会的労働の生産性が上昇する場合」の表式[8]──では，オパーリン的な「国民経済バランス」の作成を容易にさせる表示方法が採られている．彼の表式の作成方法は次のようになっている．

第4章 「均衡蓄積軌道」と資本主義発展の長期波動　　149

$$
\begin{array}{ll}
\text{第1年度} & \text{第2年度} \\
\text{I}\quad p_1+a_1+r_1=w_1 & \text{I}\quad p'_1+a'_1+r'_1=w'_1 \\
\text{II}\quad p_2+a_2+r_2=w_2 & \text{II}\quad p'_2+a'_2+r'_2=w'_2 \\
\underline{\text{III}\quad p_3+a_3+r_3=w_3} & \underline{\text{III}\quad p'_3+a'_3+r'_3=w'_3} \\
\quad\ p\ +a\ +r\ =w & \quad\ p'\ +a'\ +r'\ =w' \\
& \quad\quad (=w_1)\ (=w_2)
\end{array}
$$

（I：生産手段の生産，II：労働者用消費手段の生産，III：資本家用消費手段の生産．p：生産手段の価値，a：賃金，r：利潤）

　前年度に生産された生産手段の価値（$w_1$）は次年度に生産的に消費される生産手段の価値（$p'$）に一致し，同じく労働者用消費手段の価値（$w_2$）は次年度に（不生産的に）消費される消費手段の価値（$a'$）に一致する．「行」（＝横軸）の合計が次年度に対する供給額を表し，「列」（＝縦軸）の合計が今年度の需要額を表す．需給額は一致する．見られるように，オパーリンとツガンの両表式はピタリと一致する．

② バウアー表式との類似性

　これに対してバウアーの展開した表式は「国民経済バランス」構想のすぐ手前にまできている．彼の表式は次のように容易に「表」に組替えられる．

$$
\begin{array}{l}
\text{I}\quad c_1+v_1+k_1+\alpha_1+\beta_1=w_1 \\
\text{II}\quad c_2+v_2+k_2+\alpha_2+\beta_2=w_2 \\
\quad\ \alpha_1+\beta_1 \\
\underline{\quad\ \alpha_2+\beta_2\quad\quad\quad\quad\quad\quad\quad} \\
\quad\ w_1+w_2=w
\end{array}
$$

（c：不変資本，v：可変資本，k：資本家の消費額，$\alpha$：追加不変資本，$\beta$：追加可変資本）

　バウアーの展開した表式の特徴と問題点については既に述べた．この表式を「表」に組替えた場合にも問題はそのまま残る．否，「表」では，需給の一致だけが表示されることになり，そのため新たな問題が生じる．バウアーの表式では，彼の言う「均衡」が維持されるように $\alpha_1+\beta_1$ と $\alpha_2+\beta_2$ の部門間配分比率が厳密に規定されており，それに従って，蓄積されるその部分の部門間資本移動が行なわれることになっていた．ところが，この「表」では，$\alpha_1+\beta_1$ と $\alpha_2+\beta_2$ の部門間配分比率は任意でありえ，需給の一致以外の他の何物にも制約されていない．

　つまり，バウアー表式とこれを組替えた「表」とを対照すれば明らかなように，「国民経済バランス」は再生産過程の本来的均衡関係を，すなわち生産諸部門における生産の比例性と生産と消費との間の均衡，したがって「技術的─経済的均衡関係」

を表示しえておらず，ただ，各生産諸部門で生産された諸生産物間の価値均等関係しか表示しえていない.「国民経済バランス」がバウアー的再生産論にとどまる限り，それの意義と限界は明確であろう．しかも，人口増加率を基礎に生産と消費との均衡関係を組み込んだ表式を構成しようとしたバウアーの基本思考それ自体,「表」から消失してしまっている．それ故，この「表」を基に各部門の一層の細分化を図り，また固定資本要因を導入するなどの「表」の精緻化が図られたとしても，そのことによって国民経済の本来の「動態的均衡」状態が表示されるわけではない.「再生産過程を支配する法則」は，ここでも「1923-1924年国民経済バランス」と同じく，部門間均衡条件式（＝諸部門間の価値均等式）に解消（＝矮小化）されてしまっている．とすれば，この表式の現実分析への適用によって明らかになる内容は極めて限定的なもの，せいぜい，生産諸部門間の不均等発展の確認だけにとどまらざるをえないであろう．しかし,「不均等発展」の確認だけでは，決して資本主義の「根本法則」を明らかにしたことにはならないし資本蓄積の態様分析に役立つとは思えない.「不均等発展」はそれ自体としては歴史的社会形態のいかんを問わず貫徹する一般法則だからである．

コンドラチェフやオパーリンの理論の検討を通じて明らかになったように，20年代中・後半期における（主としてロシアにおける）「循環研究」は，事実上，バウアーによって構成された「マルクスの均衡表式」＝バウアー的発想の普及と浸透という形で進められてきたということが確認できる．

1) 詳しくは，市原健志「『均衡蓄積軌道』と資本主義発展の長期波動—『長期波動論』をめぐる1920年代ロシアの議論を素材にして—」(『中央大学企業研究所年報』第14〔Ⅰ〕号，1993年）を参照されたい．
2) この間の経過の詳細については，長屋政勝「ソヴェト統計学における初期国民経済バランス作成の試み—所謂1923／24年バランスの方法論的基礎—」(『龍谷大学経済学論集』第8巻第4号，1969年），平館利雄『ソヴィエト計画経済の展開』（新評論，1968年，187-92ページ）およびM.ドッブ『現代経済体制論』（玉井龍象・藤田整訳，新評論，1970年，141-55ページ）などを参照されたい．
3) 「このバランスの主要な特徴は，再生産の総過程の一般像を『経済表』のかたちで把握するために，社会的生産物の生産のみならず分配をもまた数字で表現することを試みたということにある．」(W. Leontief, The Balance of the Economy of the USSR, in ; N. Spulber (ed.), *Foundations of Soviet Strategy for Economic Growth ; Selected Soviet Essays, 1924-1930,* Indiana University Press, Bloomington 1964, p. 88.)
4) 下記注6）のポポフの論文を参照のこと．
5) 二瓶剛男「社会主義計画経済と国民経済バランス論」『資本論体系』第4巻，有斐閣，1990年，375ページ．野澤正徳「産業連関表と再生産表式」同上書，407, 412ページ．

6) 中央統計局長官であったポポフ (P. I. Popov, П. И. Попов) は,「経済バランス」の理論的基礎は, ケネーの「経済表」とマルクスの拡大再生産表式にあるとこの表に付した「序文」の中で述べている (P. I. Popov, Introduction to the Balance of the National Economy, 1926, p. 9.). しかし, 実際には, この表はブハーリン (N. I. Bucharin, Н. И. Вухарин) の再生産論に依拠している. ポポフは, ブハーリンにならって, 生産手段に関する需給均等式と消費手段に関する需給均等式から部門間均衡条件式, Ⅰ$(V+Mv+M\beta)$ = Ⅱ$(C+Mc)$ を導出し, これを「再生産過程を支配する法則」と見なした. そして彼は続けて言う.「生産と消費との間の均衡は, 社会経済の再生産のための必要不可欠の鍵を成す」(*Ibid.* p. 14.) と. 要するに, ポポフにおいては, 部門間均衡条件式によって生産と消費の連関が表示され, この条件式の充足によって社会的再生産過程の均衡的発展が維持されると見なされた.

しかし, 第一に, 社会的総再生産過程では, 事後的に見れば, 常に, 需給は一致し, 部門間均衡条件式は充足される. 第二に, 需給一致は必ずしも, 生産と消費との間の基本関係を表示するものではない. ポポフは需給の均等を表示する「国民経済バランス」によって「均衡的に発展する経済」が描かれると考えていたが, この考えは誤りである.

7) オパーリンは, 後の1960年代に, マルクスの再生産表式を基礎にしたとする「多部門表式」を作成しているが, 上記の欠陥は克服されていない. この「多部門表式」を詳細に検討したものに野澤正徳「部門連関バランスの諸形態と固定ファンド (1)」(『経済論叢』第101巻第2号, 1968年) がある.

8) M. I. Tugan-Baranowsky, Der Zusammenbruch der kapitalistischen Wirtschaftsordnung im Lichte der nationalökonomischen Theorie, *Archiv für Sozialwissenschaft und Sozialpolitik*, Bd. 19, 1904, S. 284-5, 297, 300.

## 〔補論2〕 R. ルクセンブルクと長期波動論
――マトゥイレフ論文について――

 長期波動論者としてのマトゥイレフ（W. E. Motylew, В. Е. Мотылев）については，バー（K. Barr）の論文「長期波動；選択・解題文献目録」[1]の中でわずかにその存在を知ることができるだけである．バーはこの論文で，「この一篇（マトゥイレフ論文――引用者）はソヴィエト経済学者の中にあってコンドラチェフの見解を支持している稀有なものである」とだけ紹介している[2]．バーのこの論述は，G. ガーヴィ（G. Garvy）の論文「コンドラチェフの長期周期論」[3]の脚注46の記述に依拠していることが推測される．そこには次のように書かれてある．「コンドラチェフはロシアのマルクス主義経済学者の中でたった一人の味方だけを見いだした．W. E. マトゥイレフは『ローザ・ルクセンブルクの蓄積論』……の中で，次のように断言している．『もし長期周期の周期的性格を否定するマルクス主義者がいるとすれば，これは19世紀の期間における資本主義社会の展開の非常に不完全な分析に帰しえるだけである』」[4]，と.

 マトゥイレフの論文「ローザ・ルクセンブルクの蓄積論」は，1920年代のコミンテルンの場におけるルクセンブルク理論をめぐる「再版再生産論争」[5]の資料として重要であるというにとどまらず，長期波動論史の研究にとっても大いに意義あるものと見なすことができる．周知のように，コミンテルン第4回大会（1922年開催）における綱領草案の起草の問題に関する議論の中で，ドイツ共産党（KPD）を代表したタールハイマー（A. Thalheimer）は綱領の基礎にルクセンブルクの理論を置くべきだとする観点からロシア共産党を代表するブハーリン（N. I. Bucharin, Н. И. Бухарин）に激しく対立した．これを契機に，以後，彼女の理論はコミンテルンの主流から批判の対象にされる．他方，トロツキー（L. Trotskij, Л. Троцкий）やコンドラチェフの長期波動論は1920年代の中・後半期にコミンテルン綱領の理論上の基礎となっている「不均等発展の法則」と「全般的危機論」からの激しい攻撃にさらされる．こうした風潮の中で，彼らに比較的親近感を持っていたと思われるマトゥイレフは，マルクス経済学の理論史の上で，上記の若干の例外を別とすれば，これまで完全に埋もれてきたように思われる．しかし，概して，この論文は，長期波動論のみならず1920年代における再生産論，恐慌論（＝「循環研究」）および帝国主義論研究の各分野で，マルクス学派にとって貴重な文献の一つに数え上げてよいように思われる．＊

---

 ＊ 1920年代のマルクス経済学は，当初は，多方面の研究分野に開花してゆく可能性を充分にもっていたということができる．

## 第4章 「均衡蓄積軌道」と資本主義発展の長期波動

(一) 再生産論について
① ドゥボライツキー批判

マトゥイレフの論文は，R. ルクセンブルクの著書『資本蓄積論』を批判したドゥボライツキー（S. Dwolajzki, Щ. Дволайцкий）に対する反批判を試みた前半の部分と，彼女の理論を長期波動論および帝国主義分析に適用した後半の論評の部分からなる．

『資本蓄積論』のロシア語版の翻訳者でもあるドゥボライツキーは，消費（者）信用や流通信用によって呼び起こされる大衆の購買力の増大によって（「連鎖関連の法則」によって）剰余価値実現の可能性が創出されるという観点から，蓄積されるべき剰余価値部分の実現は非資本主義的領域なしには不可能であるとするローザ・ルクセンブルクの理論の批判を企てた[6]．

「連鎖関連の法則」によって，ある部門の生産拡大があるいは部分的な消費拡大が連鎖的に一般的な生産拡大を惹起し，これが労働者階級全体の所得の増大につながり，消費の拡大がいっそうの生産拡大を促していくとするドゥボライツキーの見解は，消費需要の拡大がその何倍かの投資の拡大をもたらすとするいわゆる「剰数理論」を想起させて興味深い．＊

ドゥボライツキーの批判に対して，マトゥイレフは，R. ルクセンブルクの説を擁護する立場から，剰余価値の実現問題に信用の役割を導入しても何の困難の解決にもなりえないとした[7]．労働生産性が不変の場合ですら生産手段量と消費手段量の増大が引き起こされるのであり，ましてや労働生産性の増大に伴う剰余価値率の増大と蓄積率の増大とによって，（労働者が機械によって置き換えられるもとで）巨大な過剰生産が現出するであろう．信用や意図した設備投資は生産と消費の矛盾の発現を先に延ばしその発現形態を先鋭化するだけである，これが彼の主張であった．しかし，信用を媒介とした「連鎖関連の法則」に基づく部門Ⅰと部門Ⅱの相関的生産拡大が現実にありえること，とはいえそれは無限界にはありえない理由をマトゥイレフは再生産過程における有効需要の構造分析によって明確にしてはいない．部門Ⅰの生産拡大が部門Ⅱの生産を上から引き上げ，部門Ⅱの生産拡大が部門Ⅰの生産拡大を一層促進する，「過剰蓄積過程」に特有なこうした構造を表式に基づいて説明するのでなければドゥボライツキーの反批判は説得的ではありえないであろう．結局，マトゥイレフの再生産論はローザ・ルクセンブルクの再生産表式分析の成果をさらに押し進めるまでに至ってはいない．

＊ ルクセンブルクの再生産論をめぐる1920年代の議論は，蓄積基金の積立（=「貯蓄」）と投下（=新投資）の問題，いわゆる「有効需要」の問題に集中したという点で，「ケインズ理論」に対して時期的にかなり先行していたということが評価されねばならない．

② ローザ・ルクセンブルク批判

ところで，マトゥイレフは，引き続く叙述の中で，マルクスの『資本論』第2巻の再生産論について，独自な解釈をおこなう．彼によれば，マルクスは第2巻ではまずもって「蓄積に付随するあらゆる現実的過程を捨象」したのであり，「社会的資本の再生産機構の研究」に限定し，拡大再生産の現実的条件の問題を提起する準備を行なったに過ぎない．矛盾なく蓄積が進行するかのように拡大再生産表式が展開されているのはかかる方法的前提による．しかし，「マルクスが第2巻の問題の検討を続けたと仮定すれば」，「第1巻と第3巻の然るべき箇所から，マルクスが非資本主義的環境なしには『純粋』資本主義の長期的累進的な蓄積の不可能なことを議論の余地なく示すところの，生産の拡大と消費市場の縮小との深刻な矛盾についての，自己の学説を作り上げたであろうことを確信することができる．」[8]

第2巻の再生産論の課題に関して，ルクセンブルクが「再生産機構」分析と資本蓄積の「現実的過程」分析とを不可分の関係に置いた上で，後者の分析課題をマルクスは認めていないとするルクセンブルクによるマルクス批判は不当だとマトゥイレフは言う．マルクスは「再生産機構」分析から後者の問題をひとまず切り離し，それを後に考察されるべき課題として留保していたのだとして彼はマルクスを擁護した．

もしマトゥイレフが，第1巻第7篇および第3巻第3篇と対応的に第2巻の最後で上述のことが論ぜられるべきだと考えていたとすれば，この見解は注目に値する．何故なら，これらの篇を第2巻第3篇と対応させるならば，この篇では，第一に，労働生産性の進歩が考慮されていない点，第二に，資本蓄積の制限的傾向が考慮されていない点で，『資本論』を全体として見た場合，整合性に欠けているように見えるからである．これらは，第2巻で，「再生産機構」の分析として，補充されなければならない．しかし，マトゥイレフが，第1巻第7篇と第3巻第3篇（および信用を論じているそれ以降の篇など）で資本蓄積の「現実的(=化)過程」が論じられると解しているのは明らかに誤りである．『資本論』では，現実の資本蓄積運動の分析は，考察範囲外に属しているとされているからである．

なお，マトゥイレフによれば，ルクセンブルクには非資本主義領域が生産拡大に果たす役割に対する過小評価がある．消費市場のわずかな拡大でさえ連鎖関連の法則によって波状的な生産拡大につながることを見ていない．彼はこれを彼女の蓄積論の肯定し難い部分の一つであるとする[9]．

(二) 長期波動論について

マトゥイレフの長期波動論研究の契機は，1921年のコミンテルン第3回大会における情勢分析での，トロツキーとコンドラチェフの「長期波動論争」と，1922年の同第4回大会から開始された「綱領論争」にある．彼は，これらの議論に触発されて「大循環」の分析を彼の一つの重要な研究課題とした．

マトゥイレフはルクセンブルクの市場理論をパルヴス（Parvus〔A. Helphand〕）やカウツキー（K. Kautsky）の長期波動論の流れの中に位置づけようとした[10]．言い換えれば，ルクセンブルクの『資本蓄積論』を長期波動論史に位置づけ，彼女の再生産論を資本主義発展の長期波動分析に適用できることを論史上はじめて主張したのはマトゥイレフであったということである．＊

　マトゥイレフは，『資本蓄積論』の第26章以降の各章で展開されている，剰余価値実現の場としての，非資本主義的市場について概説した後，「大循環の合法則性の問題」について次のように述べている．「こうしてわれわれは，上昇期と不況期が入れ替わりながら大循環を形成することを見いだす．小循環は大循環の各部分の範囲内で展開するのであり，これは大循環の各部分の一般的性格を本質的に破壊するものではない．／資本主義の発達におけるこの奇妙な法則性は，何によって証明されるものだろうか？　この合法則性が，一連の条件と要素の合成力であることは疑いえない．しかし，それと同時に，われわれは非資本主義的市場を資本主義の軌道に吸引しそれらを利用する法則性が決定的な役割を演ずるものと考えている．」[11]

　マトゥイレフはこのように述べて，イギリスを事例に，19世紀前半期の不況期，50, 60年代の上昇期，70, 80年代および90年代初頭の不況期，20世紀に入ってからの新しい高揚期について，主としてツガンの著書『周期的産業恐慌』からの引用によって概説する．そして，彼は，資本主義の発展にとって非資本主義的領域が如何に重要であったかを強調しながら，「大循環の法則性は，われわれの擁護する（ルクセンブルクの――引用者）蓄積論に基づく場合にのみ認識されうることを見て取ることができる」と結論する．そして，彼は，「大循環」と「小循環」との相互関連を非資本主義的領域＝新市場の開拓から説明しようとした．

　歴史的事実に関するマトゥイレフの詳論は，パルヴスやカウツキーの理論水準を出ていないし，ヘルデレン（J. v. Gelderen）やオイレンブルク（F. Eulenburg）などの成果も吸収していない．また，歴史の不可逆的過程を重視するルクセンブルクの理論を合法則的な「長期周期論」＝「大循環」論に組替えていることにも疑問が残る．さらに産業循環や恐慌の説明において，市場の狭隘化＝消費制限から直接にそれを説こうとするなど問題点は多々ある．しかし，それにもかかわらず，彼の主要な貢献は，彼がルクセンブルクの再生産論を資本主義世界経済の長期波動現象の解明に適用しようとしたことにあると思われる．


＊　ルクセンブルクの再生産論は，「市場理論」であり，あるいはそれが「崩壊論」であるという理由で，ルクセンブルクの理論を長期波動論に適用する試みがこれまでにないはずはないと考えていた著者の推測は見事に的中していた．

㈢　帝国主義論について

帝国主義分析に関し，マトゥイレフは，ルクセンブルクの再生産論を基礎にしても帝国主義を資本主義の発展の特殊な段階と見なすことができるとして彼女の帝国主義論を正しいとしている[12]．

ルクセンブルクの「帝国主義論」の方法論上の誤りは，彼女が，蓄積されるべき剰余価値の実現問題から帝国主義段階，とりわけ20世紀初頭に特有な資本主義の諸現象を一直線に説明しようとしたことにある．方法論的には，彼女の設定した前提の範囲内で彼女の理論が説き得るのは，「帝国主義段階の，矛盾にみちた運動」それ自体ではなく，諸矛盾が激化し大規模化していく資本主義崩壊期を規定する蓄積傾向，すなわち，資本蓄積の制限化されていく傾向でなければならないはずであった．言い換えれば，彼女の蓄積論は，金融資本の蓄積様式の解明を基礎にそれの世界市場での運動を明らかにする「帝国主義論」としての性格を持っているのではなく，個別資本，とりわけ金融資本の型と運動を，背景で究極的に規定する資本の一般法則，資本主義の発展傾向と崩壊傾向＝資本蓄積の制限化傾向の分析，その意味での「崩壊論」，資本主義の発展・崩壊期の歴史分析であるとされなければならないであろう．そのように理解されることによってのみ，彼女の理論は帝国主義分析に一定の役割を果たすに違いない．

しかし，彼女の帝国主義論がヒルファディングやレーニンの帝国主義論に対していかなる「補充」になりえているかについて，マトゥイレフの説明は不明確である．とりわけ，『資本論』と「帝国主義論」との論理的関係（＝「経済学方法論」上での関係）が明らかにされていない限りで，方法論的に不充分である．だが，彼女の帝国主義論が他の帝国主義諸理論を「補充」し得るものと見なされ，資本主義を帝国主義に転化させる諸条件をその理論が「一元論的な基礎に還元する可能性を与えている」とされていること，さらに，帝国主義が「資本主義の最後の段階である」ことをそれが論証したとされていることなど，マトゥイレフの経済学方法論は，改めて，『資本論』と「帝国主義論」との論理的関連を考察する際の検討素材を与えているものと見ることができる．

1) K. Barr, Long Waves : A Selective, Annotated Bibliography, *Review,* II, 4, Spring 1979.（小笠原嘉一郎訳「長期波動；選択・解題文献目録」市川泰治郎編『世界景気の長期波動』亜紀書房，1984年所収．）
2) *Ibid.*, S. 689.（同上，270ページ．）
3) G. Garvy, Kondratieff's Theory of Long Cycles, *The Review of Economic Statistics,* Vol. XXV, No. 4, November, 1943.
4) *Ibid.*, S. 211. これらの論述に興味を持ち，筆者は中央大学図書館のレファレンス・ルームを通じて論文のコピーを北海道大学附属スラブ研究所に依頼し，取り寄せたコピーを本学商学部の横倉弘行教授に翻訳していただいた．横倉弘行訳

第4章 「均衡蓄積軌道」と資本主義発展の長期波動

「ローザ・ルクセンブルクの蓄積論」『商学論纂』(中央大学) 第35巻第1・2号, 1993年.
5) 詳細には拙稿「マルクス以降の再生産論の展開」(富塚良三・井村喜代子編集『資本論体系』第4巻, 有斐閣, 1990年所収) を参照されたい.
6) ドゥボライツキーの論文は最初「市場の理論」と題して『社会主義アカデミー通信』誌に掲載され (Ш. Дволайцкий, К теории рынка, *Вестник Соц. Академии*, 1923, No. 3.), 後に, ドゥボイラツキーの名で『インターナチオナール』誌にその中の一部分が転載された (S. Dwojlazki, Zur Theorie des Marktes, *Die International,* Jg. 6. Heft 14.). ドゥボイラツキーのこの論文については, 後者の論文の抄訳が戦前に公表されている (鳥海篤助訳「ローザ資本蓄積論の批評」『社会科学』第3巻第2号, 改造社, 1927年).
7) В. Е. Мотылб, Теория накопления Розы Люксембург, стр. 146. (『商学論纂』(中央大学) 第35巻第1・2号, 306ページ.)
8) Там же, стр. 149. (同上, 308-9ページ.)
9) Там же, стр. 151. (同上, 310ページ.)
10) Там же, стр. 154. (同上, 313ページ.)
11) Там же, стр. 157. (同上, 315-6ページ.)
12) Там же, стр. 160. (同上, 318ページ.)

# 第5章　全般的危機論と長期波動論
――「戦間期」資本主義の歴史的位置づけの問題について――

## はじめに

　本章では，第一次帝国主義戦争から第二次帝国主義戦争までのいわゆる「戦間期」資本主義に時期を限定し，この間，ロシアとドイツの両国で議論されたマルクス経済学にかかわる諸論点，特に，長期波動論にかかわる論点について，検討する．検討に際して次の点に留意した．第一に，「戦間期」資本主義については，わが国では，この時期を，独占資本主義の国家独占資本主義への移行期と位置づけ，戦後段階を国家独占資本主義の確立・展開過程期と位置づけたのであるが，資本主義発展のこうした段階認識に誤りはなかったかどうか，改めて長期波動論的視点から批判的に検討する．第二に，長期波動論は20世紀に入ってマルクス経済学における一つの重要な研究分野であったにもかかわらず，なぜそれが現代資本主義論の体系的構成へと向かう研究過程の中でドロップ・アウトしてしまったのかを明らかにする．第三に，1920年代に登場してきた「全般的危機論」の理論的性格を長期波動論との関連で考察し，この理論の現代資本主義分析にもつ意義と限度を明らかにしたい．*

---

＊　マルクス経済学における現在の理論状況からすれば，既存する「社会主義」の崩壊傾向の影響もあって，「(国家)独占資本主義論」とともに「全般的危機論」も批判の矢面に立たされており，今や，新興の「レギュラシオン理論」や「SSAアプローチ」などが注目を集めている．しかし，戦後に深められたわが国のマルクス経済学の方法論からすれば，これら後者の経済学が採用している分析手法には種々問題点があり，部分的には，実証分析において参考にすべきものがあるとはいえ，こ

## 第1節　1920年代コミンテルンの経済諸理論

1920年代といえば，本来は，第二インターの時代のマルクス主義の諸理論を継承し，発展させ，それらを開花させる時代になるはずであった．ところが，帝国主義戦争とロシア社会主義革命との二つの大きな歴史のふるいにかけられたそれらの諸理論は，一方では労農同盟を基盤としたロシア「社会主義」政権のもとで，他方ではドイツ社会民主主義のもとで，それぞれ独特な形で開花することになった[1]．

本節では，一方において，1920年代のマルクス経済学の諸理論を第二インターの時代のそれの継承・発展関係の視点から把握し，他方において，コミンテルンにおける諸理論とドイツ社会民主主義者のそれとを，現実に存在した対抗関係を明確にすることによって，1920年代における経済諸理論の特徴を明らかにし，マルクス主義の理論に立脚していたと思われる理論家たちの資本主義の発展段階認識（＝「戦間期資本主義」の歴史的位置づけ）について検討する[2]．あわせて，20年代における長期波動論の展開の意義を明らかにすることにしたい．

### (1) 攻勢理論の危機論的性格

第一次帝国主義戦争直後の1919～20年に登場してきた経済理論として，「攻勢理論 Offensivtheorie」がある．「攻勢理論」とそれに基づく「攻勢戦術 Offensivtaktik」の提唱者として，パンネケック（K. ホルナー），タールハイマー，フレーリッヒ，ホルテル，ラデック，ベーラ・クン，ジノヴィエフ，ブハーリンらの名を挙げることができる．世界資本主義は，革命の時代に突入

---

れらが前者の経済理論に取って代わりえるほどの高い質を備えた理論であるとは思われない．今日，「(国家)独占資本主義論」や「全般的危機論」のどこに問題がありどのようなことが補充されねばならないかという観点で改めて学史的検討が必要になってきていると思われる．

したのであるから，各国のプロレタリアートは世界革命へと状況を進展させなければならない．戦争による資本主義経済の破綻＝恐慌の勃発はプロレタリア革命情勢の客体的条件を成熟させ，プロレタリアートの，社会主義をめざす共同行動の意識を高めている，これがこの理論の主張の要点であった．ただし，客観的に見て，世界の革命運動それ自体が退潮期に向かいつつあることに彼らは気づいていた．つまり，情勢認識について彼らはほぼ一致していたと言ってよいが，これらを裏付ける理論については必ずしも彼らの間で一致していたとは思われない．

たとえば，パンネケックは，拡大再生産の均衡的発展の諸条件を析出し，戦後段階における均衡諸条件の恒常的欠如（生産手段の不足，労働力不足など）をもって資本主義の健全な再建の不可能性＝漸次的に悪化する恐慌＝資本主義の「危機」段階の現出を，説明した[3]．ブハーリンは，資本主義的諸矛盾の拡大再生産とその爆発を再生産論によって説明し，均衡の全面的回復が不可能であることを強調することによって，資本主義の「危機」への突入を説明した[4]．タールハイマーやフレーリッヒは，蓄積されるべき剰余価値部分の実現は非資本主義的領域なしには不可能であるとするルクセンブルクの理論にならって，資本主義の新たな発展の不可能性を再生産論で説き，その時代の資本主義の「危機」段階を説明した[5]．

つまり，「攻勢理論」の第一の特徴は，再生産論を基礎にしていたという点にある．再生産論を世界市場の構造分析に適用することによって現状を認識するという方法を採用している点がこの理論の一つの特徴であったということができる．

「攻勢理論」の第二の特徴は，この理論は後の「全般的危機論」に連繋するいくつかの共通性を含んでいたという点にある[6]．第一に，「攻勢理論」は，「恐慌 Krise」を資本主義の「危機 Krise」と結び付け，当時の「攻勢理論」家たちはこの用語を好んで用いた．第二に，資本主義各国の不均等な発展が重視され，「不均等発展の法則」の各種分野への適用が行われた．第三に，帝国主義体制の崩壊による資本蓄積条件の悪化と他方でのロシア社会主

義革命の成功＝（労農同盟を基盤とした）ロシア社会主義政権の樹立をもって，世界資本主義が直面している危機の局面を説明した．

「攻勢理論」における現状分析のこうした方法には，「四大矛盾」（①帝国主義諸国間の矛盾，②資本主義世界体制と社会主義世界体制との矛盾，③資本主義諸国内部における資本と賃労働との矛盾，④帝国主義国と民族解放運動との矛盾）の現象羅列的項目例示をもって世界資本主義の危機局面を説く「全般的危機論」との方法上の共通性があった．

ただし，「攻勢理論」には，上記のように，『資本論』（特に再生産論）との一定の連関性を見ることができるが，「全般的危機論」ではこうした連関性が断ち切られている．戦争によって帝国主義的世界体制が崩壊し，資本主義的世界生産のシステムが瓦解してしまったにしても，このことをもって資本主義的世界生産システムの再建が将来にわたって不可能であるとする論拠とはなりえない．資本の世界的集積が高度化し，「全商業世界が一国資本主義とみなされる」段階に一歩でも近づくには，その間になお，資本主義の多様な型の世界生産システムが在りうるからである．

(2) 攻勢理論批判としての長期波動論

1921年6月に開催されたコミンテルン第3回大会では，タールハイマーやブハーリンらの「攻勢理論」が批判された．この大会では，「攻勢理論」に基づく世界革命成熟論が「長期波動論」的視角から批判された．つまり，「攻勢理論」とは異なる情勢論が議論されたことにこの大会の特別の意味があった．批判者の一人，トロツキーは，「長期波動論」的視角から，戦後資本主義世界体制の長期的動向を予測した．再生産過程の正常な機能の喪失した諸要因を羅列することによって，戦後世界資本主義の危機段階の突入＝資本主義の再建不可能性を強調する「攻勢理論」の方法とは異なり，資本主義世界経済の「発展」と「危機」との動態的関連把握を意図している点で，「長期波動論」は固有の特徴を持っていた．トロツキーは大会報告の中で，ドイツ共産党の「左派」やブハーリン，ジノヴィエフらの「ボリシェヴィキ

第5章　全般的危機論と長期波動論

左派」の情勢認識（＝危機把握）の誤りを次のように指摘した．

　資本主義世界経済には長期の波動現象が存在している．その波動は，内在（＝内生）的要因によってではなく，外在（＝外生）的要因（新市場の開拓，自然資源の発見，戦争，革命など）によって規定されるために不連続な曲線で示しえる．「革命の起動的要素」は歴史的発展の下降曲線と上昇曲線の接合点である，「資本主義発展の転換点 Breaking Point of Capitalist Development」においてのみ発生する，と．そして1920年代初頭の世界資本主義はこの下降的長波の一局面で生じた恐慌からの一時的回復過程にあり，革命運動は一時的に後退している時期であるが，しかし，労働者階級が将来攻勢に転じるための強固な基盤を形成する時期でもある．トロツキーは「攻勢戦術」の採用を鼓舞する「左翼」急進派の立場をこのように批判した．トロツキーは1921年段階の情況を，没落しつつある資本主義の一時的な均衡の回復過程であると見なした[7]．見られるように，この時期の「長期波動論」は，一種の「危機論」たる「攻勢理論」に対する批判の理論として登場してきた．パルヴスの「長期波動論」が20世紀初頭に崩壊論批判の一側面を持って登場してきたこととの類似性にまず注目しておくことが必要であろう．ただし，後者の場合には資本主義発展の上昇的長波の一過程に一歩踏み込んだ時期に登場してきたのに対し，前者の場合には下降的長波の一過程に，（しかし，産業循環の回復期に）あった時期に，登場してきたという点に違いがあるのではあるが．

　ところで，同じ時期，ロシアの財務人民委員部所管景気研究所長であったコンドラチェフも独自に，資本主義世界経済に長期の周期的波動があることを観測していた．彼によれば，世界資本主義はおよそ50年の長期の周期的波動をもって発展している．戦後恐慌は，第三周期の転換点，下降的長波の開始の時期に一致している．このことが，恐慌の特別に急迫した性格を刻印する原因となった．しかし，だからといって，その恐慌は資本主義世界経済の破局の徴候として見るのではなく，それは資本主義世界経済の動的均衡の再確立の過程を意味するものと見るべきである[8]，と．

　このように，「長期波動論」は，資本主義世界経済の動態分析に一定の有

効性を発揮していたのだが，他方で，この理論では資本主義の発展段階（＝独占段階）認識が希薄化されているとするやや致命的な欠陥を突かれることになる．というのも，この理論が『資本論』やレーニンの『帝国主義論』との関係をはっきりさせていないことにあったからであろう．

　ヴァルガはトロツキーの情勢把握に賛成していた．彼によれば，「正常」な資本主義が再建されつつあるとするドイツ社会民主主義者の説も，資本主義の最終的崩壊が始まっているという党内「左派」の説にも同意しなかった．世界経済の危機＝恐慌はいまだ克服されていないという点では，確かに「正常な」資本主義が再建されつつあるとまでは言い切ることはできないであろうが，しかし，資本主義経済の再建力と破壊力との均衡が，この間，世界的規模で進行しつつある事実は認めざるをえないとした．要するに，資本主義の「正常な」回復はもはやありえないが，資本主義は，現在一時的な「均衡の再建」過程にある，彼はこのように認識した[9]．

　なお，世界資本主義の情勢把握においてヴァルガとトロツキーの意見はほぼ一致していたが，分析手法においては，両者は異なっていた．ヴァルガは，世界資本主義の発展過程を生成・発展・没落という大きな山なりの不可逆的傾向曲線において想定していた．したがって，資本主義は，帝国主義戦争を契機に「発展」段階を通過し，下降する「没落」の時代に入ったと見なしていた．つまり，ヴァルガは，1922年を資本主義の「没落」段階にある資本主義の一時的に改善された好景気の局面にあるとみなし，いずれ，「危機時代の内部における急性恐慌」が生じるであろうと論じた[10]．ヴァルガのこの見解は，「全般的危機論」につながると同時に，不換制のもとでの国家の経済過程への介入を資本主義の延命策と見なす，「国家独占資本主義論」にもつながる「オーソドックス」な考え方であろう．ただし，彼は資本主義世界経済の中心地がヨーロッパからアメリカに移動しつつあることの意味の重要性についてほとんど認識していなかった．言い換えれば，資本主義的世界体制は，既存の生産力の範囲内では，多様な形態をもつことを深く分析することをしなかった．

## (3) 新攻勢理論としての全般的危機論

ブハーリンはコミンテルン第4回大会（1922年）に，彼が起草した綱領草案を提出した．この綱領草案では，冒頭で，資本主義的生産様式の一般的性格を論じたのち，資本主義体制の発展過程を区分し，資本主義の発展しつつあった段階，それの最近10数年間の段階，およびそれの瓦解が開始しはじめた段階に区分した．そして世界戦争後の資本主義については，それを没落段階（＝瓦解開始段階）にある資本主義と規定した．ブハーリンの見解は「攻勢理論」に基づく情勢認識を部分的に修正するものであったが，その基調を変えるものではない．

彼は，資本主義発展の全体の考察に際して，「資本主義の全体的発展は資本主義的諸矛盾の拡大再生産の観点から考察されねばならない」とし，「戦争それ自体は経済恐慌の全く特殊な一形態」と理解すべきであり，「戦争を，資本主義社会の無政府的構造の拡大再生産としてだけ確認しえる」と断定した[11]．こうした認識に基づいて，作成された彼の草案には，戦争の諸結果あるいは資本主義が瓦解を開始しはじめたとされる諸要因として，次の諸項目が列挙されている．

①戦争による損失と生産力の破壊，②世界交易の破壊，③植民地および半植民地の独立による母国の収入の減少，④社会的総収入の減少，⑤帝国主義的寡頭グループ間の闘争の先鋭化，⑥植民地と母国との間の闘争の激化，⑦階級闘争の激化，⑧資本主義体制の絶対的不安定性[12]．

これらの諸項目の中で特に注目すべき点は，資本主義諸国が植民地および半植民地領域を喪失したことによって，資本主義が繁栄の基盤を失い，これによって「全般的危機 allgemeine Krise」が激化したと述べている次の叙述であろう．「植民地および半植民地は帝国主義的筋肉の創造力を利用し尽くし，大きな経済的独立性を獲得することによって帝国主義的世界体制は本質的に変化した．この事情は母国の繁栄の基盤を掘り崩し全般的危機を激化させた．」[13]「攻勢理論」と「全般的危機論」との一定の理論的連関をここに見ることができる．

ところで，1923年に党内で顕在化してきた路線上の対立は，同年10月のソ連共産党中央委員会と中央統制委員会との合同総会および翌24年1月開催の中央委員会総会，さらに，同13回協議会において，「トロツキー主義」には「小ブルジョア的偏向」があると断定されるに及んで，「トロツキー主義」の政治的「敗北」が決定的となり，これによって，彼の「長期波動論」もマルクス主義の異端分子の理論として，この後，コミンテルンの場で真面目に検討する機会を奪われた．したがって，「長期波動論」に関する議論は，これ以後，コンドラチェフの「長期周期論」とそれに対する批判的な経済学者との間の，一見するとかなりアカデミックな議論に移行することになった．しかし，「長期周期論」については，それが資本主義の強靭な生命力を強調することになるという点で，戦後の世界資本主義を没落段階と認識するコミンテルン内の一般的風潮の中で，トロツキーの理論よりそれはいっそう危険視され，激しい攻撃を受けることになる．

コンドラチェフの理論に対してはオパーリン，バザロフらが詳細な論証的批判を試みた．コンドラチェフの「長期周期論」は資本主義の不可逆的な歴史時代における生産力発展の不均等性を無視し，資本主義の危機段階を循環的律動の一局面に解消せしめるものであるとする観点からの批判である．これらのうちヘルツェンシュタインによってなされた批判は重要である．彼の批判は，「長期周期論」に対する「不均等発展の法則」からの包括的批判といってよいであろう．

(4) 「不均等発展の法則」論の理論的・実証的分析への導入

いわゆる「不均等発展の法則」は，19世紀末のロシアにおける資本蓄積論争を通じて執筆された「市場問題」に関するレーニンの一連の労作によって，基本的には既に解明されていた．彼の後の労作『資本主義の最高の発展段階としての帝国主義』(1917年)にもこの理論の基調は貫かれており，この法則はレーニンの経済理論における重要な構成要素の一つとなっていた．

ところで，1920年代のコミンテルンの場で，この理論の重要性が必要以上

## 第5章 全般的危機論と長期波動論

に強調されるようになったのは，1925年以降におけるスターリンの一連の諸論文によってである．それまでは，たとえば，ブハーリンによるローザ・ルクセンブルクに対する批判論文「帝国主義と資本の蓄積」(1925年)の中では，むしろそのことが奇妙に見えるほど，「不均等発展の法則」について触れられていない．レーニンとの関連について言えば，ブハーリンは上記論文の中で，レーニンの論文「ペ・ネジダーノフ氏への回答」だけを引用しているにすぎない．ところが，1928年の9月1日に採択された，ブハーリンの起草によるとされる「共産主義インタナショナル（コミンテルン）綱領」の草案では，頻繁に「不均等発展の法則」という用語が使用されている．そして「綱領」の採択を契機に，「不均等発展の法則」は経済学を含めて他のあらゆる学問分野で，しだいに過度に適用されていくことになる．言うまでもなく「再生産論」論争の分野においてもこの「法則」の重要性が強調されるのだが，「長期波動論」の研究分野においても長期周期論は「不均等発展の法則」によって攻撃されることになる．（「不均等発展の法則」については第3節で再論する．）

たとえば，A.ヘルツェンシュタインの論文「資本主義的市場の理論」(1928年)では，「資本主義的動態の不均等性の法則の根本的諸要素を暴露する努力」がなされた．1929年に，雑誌『マルクス主義の旗の下に *Unter dem Banner des Marxismus*』に掲載された論文「大循環周期は存在するか？」では，「不均等発展の法則」に依拠して「長期周期論」が徹底的に批判された[14]．同年に発表されたベネディクトの労作「有機的構成が上昇する場合の資本の蓄積」では，「レーニンが指摘した資本主義発展の不均等性の根本法則」というような言い方でレーニンの業績が評価された[15]．経済学の分野でこうした傾向が最も典型的に現われているのは1935年に書かれたブレーゲリの著書『再生産論におけるレーニン的段階』（邦訳『再生産論』）であろう．社会科学の分野，とりわけマルクス経済学の分野における「不均等発展」論のもつ意義は1930年代において確定的になった．

これまで見てきたように，ロシアで受容され内容が深められるかに見えた

「長期波動論」は，「全般的危機論」とそれと一体化した「不均等発展論」によってあらかじめ論議の内容に足かせがはめられた．このことは資本主義世界経済の動的把握に自ら一定の制限を設けるものである．ただしヘルツェンシュタインの「不均等発展の法則」論は「長期波動論」と必ずしも矛盾するものではない．しかし，「長期波動論」を「不均等発展論」で再構成することはトロッキーの理論の復権を図ることになる．「長期波動論」が「長期周期論」を含めてコミンテルンの場から姿を消していったのはこうした政治情況を反映してのことであると思われる．

つまり，「長期波動論」がマルクス理論の拡充にどれほどの意味を持ちえるかという点での検討を充分になしえぬまま，この理論は捨て去られてしまったということである．

次に，「第二インター」期の理論はドイツでは1920年代にいかなる形で継承され新たな理論展開を見せたかについて考察しよう．

## 第2節　ドイツにおける経済諸理論

(1) ヒルファディングの組織された資本主義論

ドイツでは，戦後の政治情勢は急旋回した．1921年に多数派社会民主党 (SPD) は行動綱領を採択した．この綱領では，ワイマール共和国を，民主主義的共和制の国家と形態規定し，歴史的発展は逆行不可能であるとするなど，独占資本主義段階における金融ブルジョアジーの政治支配力の再建可能性を過小評価していた．彼ら金融ブルジョアジーは，戦争によって破綻したドイツ経済の再建と賠償金の支払いの重圧に耐えかねて，企業経営から一時的に一歩引下がった．また，「巨大な，集積した経営の共同経済への移行」は「進歩的改造」によってなされるとすることによって，プロレタリアートが政治権力を掌握することなしに生産手段の社会化が行なわれうるかどうかの問題の結論も残したままでいた[16]．これらの情勢把握と政治路線はいずれもコミンテルンのそれと著しく見解を異にしていた．こうした見解の相違

は，ある程度まで，ロシアとドイツの資本主義の発展過程と社会主義運動の質的相違から説明可能である．

　1922年9月24日に，ニュルンベルクで社会民主党（SPD）と独立社会民主党（USPD）との合同大会が開催され，合同して成立した統一社会民主党（VSPD）は前年にSPDが採択した行動綱領を継承することを確認した．

　ところで，1920年代のドイツ社会民主主義者に強い影響力を与えた政治・経済理論は，1915～16年にかけて構成された，ヒルファディングによる「組織された（国家）資本主義」論である．「組織された資本主義」というのは，彼によれば，「資本主義的独占と国家との統一した権力」がその頂点に立ち，「労働者大衆が生産の使用人として階層的構成のもとで働く」，「非民主的に組織された」，「資本主義の高度な，最新の段階」における経済社会である．したがって，このような社会に置かれた勤労大衆は，「組織された資本主義」かあるいは「プロレタリアートの永続的な利益」を擁護する「民主社会主義」かの，二者択一の進路の選択を迫られているのだ[17]，とされた．

　1920年代に入って，戦後の経済の再編過程で，ドイツでは大工業と大銀行との結合がさらに一段と強化された．ヒルファディングはこの時期に，再度，「組織された資本主義」論を展開した．彼によれば，資本主義社会内部における組織化の傾向は強化されている．したがって，現在，「上からの組織により，資本家と協力しながら」，「資本主義的・階層的に経済が組織されるべきか，あるいは民主主義的・社会主義的に経済が組織されるべきかという問題」が提起されている．こうした情勢把握に基づき，ヒルファディングは，資本家を生産過程から排除し，民主主義的・社会主義的経営を組織するべき労働者階級が行動するよう呼びかけた[18]．この「組織された資本主義」論は第二インター期の諸理論といかなる関係にあったのだろうか．

(2) 組織された資本主義論と全般的危機論

　ヒルファディングの著書『金融資本論』（1910年刊）では，資本主義の発展に伴う資本の集積化傾向が重視され，金融資本による全経済の組織化＝「総

カルテル」化をもって金融資本の完成形態が見いだされるとし，その過程における階級対立の激化から社会主義への移行の現実的根拠が得られるとする論理構成が採られていた．この著書の刊行当初，カウツキーによって，この著書では流通過程が重視され過ぎている点が難点として指摘されたが，一般的には，この著書は社会民主主義者が共有する一つの財産になっていた．「組織された資本主義」論は『金融資本論』とある一定の連関をもって——その主軸に資本の集積・集中論を置き，この論理の延長線上で——構成されている．それ故，結局，「組織された資本主義」論はヒルファディング理論の特徴を強く反映することになる．第一に，彼は，「崩壊論」の受容を拒否している．第二に，「生産と消費の矛盾」を根拠に資本の世界包括的運動を説く長期波動論を容認していない．この意味において「組織された資本主義」論は，「崩壊論」的帝国主義論に対抗する「集積論（＝社会化論）」的帝国主義論の一類型であった．彼の「組織された資本主義」論が世界資本主義的視野において資本主義の動態とその歴史的位相を明確にしえなかったこと，また，1920年代の資本主義の将来を展望する彼の見通しがかなり楽観的であるのは「崩壊論」がもつ固有の動態分析の方法を彼の理論に取り込めなかったことにあると見てよかろう．この点について，彼の国際情勢把握の特徴を見ておくことにしよう．

　ヒルファディングによれば，戦後の国際政治・経済諸関係は変化した．彼は，次のように述べている．「帝国主義とは，自己の国民経済の独占的優位性を得るために，自国の資本主義の独占化・組織化諸傾向を世界市場段階に移すという，諸大国の努力である．国家の権力手段は，他の諸国に対して自己の国民経済の拡張に役立てられる．」しかし，戦争による力の決定にまで導かれざるをえないのは，どの集団にも勝利の可能性がある勢力均衡の場合だけである．戦後における諸国家間の経済的不均等性と経済的破綻，均衡関係の移動は戦争による暴力的調整を阻止している．また，諸国家の関心は，既に獲得したものの維持と組織化に向けられ，民主主義的大衆の利害もこれらに一致している．続けて，彼は次のように述べる．「このことは，世界市

第 5 章　全般的危機論と長期波動論　　　　　　　　　　　　171

場の個々の部分を暴力的に略取する代わりに，世界市場を共同で確保し利用する方向で，資本主義的拡張志向が転形することを意味しないか？　これが戦争の傾向を弱めるにいたり，そこで現実的平和主義と特徴づけられうる政策が可能とならないか？　実際に，資本主義が戦争を意味し，その結果，資本主義の完全な克服によってのみ平和が保証されるのだろうか，それとも一つの超国家のために個々の国家の主権を制限する一貫した政策によって，政治的な世界秩序の新しい形態が形成されないか？」[19]

　この「現実（主義的）平和主義」論はいわゆる「超帝国主義」論として批判され，歴史的にも第二次帝国主義戦争の勃発によって現実の見通しを誤ったことが実証されたとすることができようが，ヒルファディングのここでの主張点は，諸国家間に内在する不均衡要因を暴力的に調整する方法＝戦争はなんとしてでも回避しなければならないというところにあったように思われる．社会主義は戦争によって破壊された経済的基礎を受け継ぎ，発展させることがいかに困難であるかについて，SPD は共通認識をもっていた．なお，戦後の「パクス・アメリカーナ」の時代とその崩壊および1980年代に入ってからの「強いアメリカ」復活のスローガンと「メガ・コンペティション」など新しい世界経済秩序など，今後の資本主義世界を見ていく場合には傾聴すべき内容を含んでいると言ってよいであろう．

　既に述べたように，「組織された資本主義」論は資本の集積・集中過程を理論構成の基本軸としている．つまり，「組織された資本主義論」は「崩壊論」を拒否し，「生産と消費の矛盾」から資本の世界包括的運動を説く「長期波動論（的思考）」を容認していない．言い換えれば，「組織された資本主義論」は資本の集積・集中過程を単線的軌道において理解するむきが強いため，国際的連関をもった資本主義世界経済の波動的運動の認識に欠けるところがある．したがって，世界資本主義的視野において，資本主義の発展段階の歴史的位相を明確にしえない欠陥を有している．「全般的危機論」が第一次帝国主義戦争後の下降的長波の時代をやや一面的に理論化しようとする傾向があったにせよ，ともかく，資本が運動する場としての世界市場の構造と

再生産の諸条件を説こうとした点にこの理論の一つのメリットがあったのに対し,「組織された資本主義論」は世界資本主義の構造と動態,とりわけ後者を分析する力に欠けている点があったと言ってよいであろう.おそらく,「資本の集積・集中論」(＝座標の縦軸ないし垂直的運動)は「生産と消費の矛盾」の展開過程(＝座標の横軸ないし水平的運動)との立体的関係において世界資本の動的過程を把握できると思われるのだが,実現論の欠除しているヒルファディングの理論はこうした試みに成功しえなかったということができる.＊

ところで,同じ時期に,カウツキー生誕70周年を記念した論文集の中で,「カウツキー主義者」のヴォルフが長期周期論を展開した.彼のこの理論についてドイツおよびロシアにおいてどのように受け入れられたのか若干の考察を行なっておこう.

### (3) ヴォルフの長期周期論

ヴォルフは,ヘルデレンの「長期周期論」をさらに純化させようとした.彼は,マルクスがエンゲルス宛の手紙(1873年5月31日付け)の中で,「恐慌の基本法則を数学的に確定しようと思った」としていることにヒントを得て,長期周期について数理的に理論化しようとした.彼は,「理論的に計算された恐慌年と現実のそれとの間の驚くべき一致」を見いだすとともに,「短期」の周期と「長期」の周期との数学的関連を「発見」した[21].

彼によれば,①「短期」(10年)の周期(＝「産業循環」)は歴史的に短縮される傾向にある.理論的には3周期ごとにその期間は1年短縮される.②½「長期」周期は2½「短期」周期に等しい.

---

＊ 「全般的危機論」は「社会化論的帝国主義論」の系譜に属するとする議論がある.確かに,1915年に帝国主義について論じたブハーリンの著書『世界経済と帝国主義』は,ヒルファディングの著書『金融資本論』の一部を世界市場へ適用することによってなっているということは否定できないが,ブハーリンの前掲著書が彼の「全般的危機論」といかなるつながりを持っているかについては必ずしも明確ではない[20].

3年ごとになぜ「短期」の周期が1年ずつ短縮されるかについてはっきりしないし，偶然生じた経験則を法則とみたてたに過ぎないとしても，彼が定式化したこの「理論」が現実の歴史に見事に一致することには驚かされる．

ところで，ヴォルフは，資本主義発展の「長期周期論」に基づいて，資本主義諸国の，内外政策を次のように一般化した．すなわち，「引潮の時代は，国内については，鋭い・激しい階級闘争によって特徴づけられるが，対外的には，この時代は静謐と平和の姿を示す．一般には戦争のない時代である．」これに対し，「大潮の時代は，国内については，余り激しくない闘争が見られ，対外的には，最も激しい・鋭い戦争の時代，戦時の時代である．」[22]

その後の世界資本主義の発展史はヴォルフの理論を実証していない．第二次帝国主義戦争は下降的長波と上昇的長波の転換点で生じた．また国内の階級闘争は「引潮の時代」でよりも「大潮の時代」に見られた．このことは，資本主義発展の長期波動には，10年周期の産業循環と同じような，合法則性を根拠づける経済的要因はないということを意味している．*

ドイツで1920年代に繰り拡げられた経済学の諸理論，つまりヒルファディングの「組織された資本主義論」およびヴォルフの「長期周期論」は「第二インター」期の諸理論を前進させるまでにいたらなかったと言うことができる．というよりは1920年代後半期以降にはドイツではナチの台頭によって，またロシアではスターリンによる独裁政治によってマルクス理論の発展は阻止されたからである．

ところで，前節の終りで，「不均等発展の法則」を強調する論調が1920年代の後半期にコミンテルンの場で強まり，この理論が再生産論や長期周期論の論駁のためにいかに利用されたかについて簡単に述べた．次節では，いま少しこれについて補足することにする．

---

\* ヴォルフは後に刊行された書物の中で，長期周期の規定要因を，建物，ガス工事，鉄道関連資材，配管，ケーブルなどのような長期耐久固定資本の投資に求めたとされる[23]．

## 第3節 「不均等発展の法則」論の登場の意義

(1) スターリンによる「不均等発展の法則」重視の意味

　1920年代の「不均等発展論」は「一国社会主義可能論」を論拠づけるために，主として，政治的色合いをもって再登場してきたところに基本的特徴がある．

　いわゆる「一国社会主義可能論」の通説は次のようである．

　「プロレタリア革命は進んだ資本主義諸国で同時に起こりえるだけであり，したがって，一国だけでこの革命の遂行に成功することは不可能であろうという結論は，エンゲルスの草稿『共産主義の原理』の中で確定的に定式づけられた．それは前独占資本主義の時代については正しかった．／新しい歴史的条件のもとで，W. I. レーニンは，彼の発見した帝国主義の時代における資本主義の経済的および政治的発展の不均等性の法則にもとづいて，社会主義革命の勝利は，はじめは少数の国々で，あるいはただ一国ですら可能であるとの結論に達した．そしてこれによって，すべての国または大多数の国々における社会主義の同時的勝利の不可能なことを強調した．／この新しい結論は，レーニンによって，『ヨーロッパ合衆国のスローガンについて』の中ではじめて定式化された．」[24]

　マルクスもエンゲルスも「不均等発展の法則」を知らず，レーニンがこれをはじめて発見したとする見解，および前独占資本主義のもとでは「一国社会主義」の存立は不可能だが，帝国主義の時代にはそれが可能になったとするこのような見解は，スターリンが再三強調したところである．だが，「新たに定式化された結論」だとされる，レーニンの論文「ヨーロッパ合衆国のスローガンについて」の中で，レーニンは次のように述べている．「経済的および政治的発展の不均等性は，資本主義の無条件的な法則である．ここからして，社会主義の勝利は，はじめは少数の資本主義国で，あるいはただ一つの資本主義国ででも可能である．」[25]

見られるように，レーニンは「不均等発展の法則」を帝国主義の時代にだけ適用可能な固有の法則と見なしてはいない．その法則は資本主義一般に貫徹する法則であるとしている．

(2) 「共産主義インターナショナル綱領」の採択

「共産主義インターナショナル綱領」（＝「コミンテルン綱領」）の中では，次のように述べられている．「経済的および政治的発展の不均等性は，資本主義の絶対的法則であり，しかも帝国主義の時代には，なおいっそう顕著である」と．ここでは，スターリンの理解する「不均等発展」論に対して一定の軌道修正がなされている．＊

「共産主義インターナショナル綱領」草案を批判的に検討したトロツキーは，スターリンによる「不均等発展の法則」理解を批判して次のように述べている．「人類の歴史全体が不均等発展の法則によって支配されている．」「到達した水準の極度の多様性と種々の時期における人類の諸部分の発展度の非常な不均等が資本主義の出発点になる．」ところが，「資本主義はそれ自身の手段や方法を用いて，受け継いだ不均等性を打破し改変して徐々にこれを克服して行く．」「資本主義は，相互親交をもたらし，最も進んだ国と最も遅れた国の経済的および文化的水準を均等化する．」しかし，「資本主義は諸国の発展度を水平化」する作用を持ちながら，反面，世界経済のある部分を発展させ他方では他の部分の発展を阻害したり，産業の各分野を互いに対立させるという，「無政府的方法をもって作用する．」帝国主義の時代には，「これら二つの傾向（均等化と不均等化の傾向――引用者）に活力が与えられる．」「帝国主義は，個々の民族的，大陸的単位を，最も緊密にして，活力にみちた相互依存関係に持込み，それぞれの経済的方法，社会形態，発展水準をより同一化して，これら個々の単位を比類もなく急速かつ強力に単一の全体に

---

＊ これに反し，『マルクス・エンゲルス全集』の「注解」は，再び，スターリンの見解に復帰している．

結び合わせる．同時に，帝国主義は，自己が達成した世界経済の統一と水平化を，先行のいかなる時代にも見られなかったほど乱暴に激しく覆してしまうような，敵対的方法，虎の跳躍，後進諸国や諸地域への侵入によって，この〈目的〉に達するのである．」トロツキーはこのように述べて，「不均等発展法則」の一面的「機械的理解」ではなく「弁証法的理解」が重要であることを強調する．世界経済の固有の発展法則についてのトロツキーの見解は示唆に富んでいる．

ところで「綱領」の草案段階では，はじめは，「不均等発展法則」の一般的性格づけをした後，すぐに，「ここから，社会主義の勝利は，先ずはじめに少数の，あるいは孤立した一つの資本主義国においてすら可能であるという結論がでてくる」であろうとされていた．しかし，社会主義の勝利は「孤立した一つの資本主義国」において可能であるとすることは，トロツキーの指摘するように，「不均等発展法則」の他の一側面である「均等化」，「水平化」，「同一化」作用を無視する，「空虚な主張」であろう．結局，採択された「綱領」では，「社会主義の勝利は，最初は少数の資本主義国においてのみ，あるいは一資本主義国においてさえ可能なのであるが」と変更されている．

## おわりに

1929年12月27日に開催されたマルクス主義的農業問題専門者会議の席上で，スターリンは，「《均衡》論」に対し，「この理論はマルクス主義とは縁もゆかりもない」とそれを激しく攻撃した．彼は，この理論が，「わが国の出版物のうちに横行」し，「右翼偏向者の多くの人々によって宣伝され」，「共産党員の間に横行している」ことをいらだたしく感じていた．彼の直接の矢面に立たされたのは言うまでもなく，N. ブハーリンであり，彼の「均衡」論あるいは再生産論である．

しかし，「横行」していると攻撃された「均衡」論（者）は，当時，多種

第5章　全般的危機論と長期波動論　　　　　　　　　　177

多様であった．すなわち，N. D. コンドラチェフ，D. I. オパーリン，S. A. ペルヴーシン，T. J. ライノフ，W. スタロフスキー，Sch. ドヴォライツキー，E. プレオブラジェンスキー，A. ヘルツェンシュタイン，W. ポスニアコフらの名前を直ちにあげることができる．1920年代のロシアにおいては，コンドラチェフの「長期周期論」をめぐる論議をはじめ，各国の景気研究に刺激され，景気研究のための概念規定の明確化が必要とされ，とりわけ「静態」と「動態」および「経済的均衡」概念の確定が必要とされていた．もちろん，社会主義政権下での計画経済の実行にとって再生産の均衡諸条件の析出が急務となっていたことも改めて言うまでもない．

　しかしまさに，1930年代にはイデオロギー的優位者が科学においても優勢な位置を獲得したのであり，研究対象は著しく狭められたのである．

〔付記〕　崩壊論と長期波動論

　第一次世界大戦と第二次世界大戦とのいわゆる「戦間期資本主義」（1920，30年代）については，これを資本主義のいかなる発展段階として特徴づけるべきか，またこの時期にいかなる経済理論が展開されたのか，こうした問題意識のもとで，著者はすでに本章で，この時期の経済理論を「第二インター期」のマルクス経済学の発展・継承関係において捉え，同時に，コミンテルンの経済学とドイツ社会民主主義者のそれとを現実に存在した理論的対立関係において捉え直すという方法によって，上記課題の考察を試みた．

　小澤光利氏の論文「『長期波動論』と『全般的危機論』——戦間期マルクス恐慌論の展開と特質《序説》——」（『経済志林』（法政大学）第58巻第3・4号，1991年）もほぼ著者と同じ問題意識のもとで執筆されたものと思われる．

　小澤氏は，マルクス経済学の潮流について，次のような図式で理解されようとしているように思われる．すなわち，第一に，マルクス恐慌論＝崩壊論からマルクス恐慌論＝景気循環論へと転換するその最初の契機はツガンの『英国恐慌史論』（1901年刊行）にある．ヒルファディングら「恐慌＝景気循環論」受容の新系譜とカウツキーの「恐慌＝崩壊論」の放棄（1911年）に対し，R. ルクセンブルクの著書『資本蓄積論』（1913年刊行）による「崩壊論」の復権が図られる．第二に，戦間期については，一方では，マルクス恐慌論＝崩壊論→「全般的危機論」へ，他方では，マルクス恐慌

論＝景気循環論→「長期波動論」へとつながる．したがって，第三に，「『全般的危機論』をマルクス恐慌＝危機論の『正統的』嫡子とするならば，『長期波動論』は少なくともその庶子的系譜として認知しなければならないであろう．」(58ページ.)*

小澤氏が自らに課した経済学的方法論は，おそらく「全般的危機論」と「長期波動論（＝長期周期論）」とをいかに統一するべきかという点にあると思われる．これは氏に独自な方法論であり，研究成果が期待される．ただし，氏のこの見解については次の点に疑問がある．

第一に，氏においては，「長期波動論」＝「長期周期論」とされている．しかし，「長期波動論」にこのような枠を填めてしまうと，（「長期周期論」は否定するが）資本主義発展の長期波動現象の解明の必要性を認める他の多くの研究成果をドロップさせてしまうことになるであろう．第二に，ヴォルフの「長期周期論」を過大評価し，ヘルデレンの「長期周期論」を過小評価することになろう．第三に，すでに検証したように，「長期波動論」はパルヴスによって「崩壊論」の一変種として登場してきた．したがって，恐慌論・産業循環論・崩壊論・危機論・長期波動論（長期周期論）・全般的危機論の諸系譜は小澤氏が総括したような単純なものではないであろう．（本書第1章の「付記」もあわせて参照されたい．）

* ただし，別の箇所で論じている，資本蓄積→帝国主義＝崩壊論，対，独占・帝国主義段階→戦争＝危機論（新崩壊論）とされていることが上記の図式とどのように関連しているのか理解し難い．

1) コミンテルン第4回大会の綱領問題の報告に見られるように，そこでは，第二インターの時代のドイツのマルクス主義者，後の，ワイマール期のドイツの社会民主主義者の理論は，「エピゴーネンのマルクス主義」と決めつけられ，「ボリシェヴィキのマルクス主義」こそ「マルクスとエンゲルスの本来のマルクス主義」であるとされた．(*Materialien zur Frage des Programms der Kommunistischen Internationale,* 1924, S. 98.)
2) 詳細には拙稿「『攻勢理論』・『長期波動論』・『全般的危機論』―1920年代初頭のコミンテルンの経済諸理論―」（『商学論纂』（中央大学）第24巻第3号，1982年）および「ロシア10月社会主義革命期周辺における『過渡期』認識の特徴について」（『商学論纂』第25巻第2号，1983年）を参照されたい．
3) パンネケック（ホルナー）は1919年に「新世界」，「世界危機」，「資本主義の没落」などの一連の論文を『コミニスティッシェ・インターナチオナーレ』誌に掲載した．(A. Pannekoek, Die neue Welt, *Kommunistische Internationale,* Nr. 2,

1919. K. Horner, Weltkrise, *Kommunistische Internationale,* Nr. 3, 1919. K. Horner, Der Zusammenbruch des Kapitalismus, *Kommunistische Internationale,* Nr. 4, 5, 1919.)

　「世界危機」の時代に資本主義はそれ自身の世界体制を再構築しうるかどうか，これを彼は，戦後段階にも周期的世界恐慌が存在するかどうかという問題に置き換えられうるとした．彼によれば，戦後の恐慌は，第一に，生産手段の不足と資材の旧式化とによる技術的生産性の悪化，第二に，屈強な男子労働者の欠乏による労働生産性の悪化，第三に，戦時公債の発行による所得の不平等分配，第四に，農業生産性の悪化と穀物価格の騰貴などによって，漸次的に悪化する恐慌になるであろうと特徴づけ，もはや資本の自律的運動は存在しえないと断定した．

　なお，「世界危機」の内容について，それは「未来の輝ける光の中心・向上しつつある共産主義の中心であるロシア」と「資本主義の政治的・金融的中心であるロンドン，パリ，ニューヨーク」との「二つの中心」から生ずる「二つの原理」が世界支配をめぐって闘争することになる事態と理解した．つまり彼は，資本主義と共産主義との体制間矛盾を「世界危機」と表現したといってよい．

4) N. D. Bucharin, Über die Offensivtaktik, *Kommunistische Internationale,* Nr. 15, 1921.『第三インターとヨーロッパ革命』紀伊國屋書店所収．

5) P. Frölich, Offensiv, *Die Internationale,* Ⅲ, Nr. 3, 1921.

6) 「全般的危機論」の創始者は誰かという問題について珠玖拓治氏は「全般的危機論」の「原典」をソ連共産党第14回大会（1925年12月），第15回大会（1927年12月），第16回大会（1930年6月）における中央委員会の政治報告（スターリン報告）に求めえるとしている（珠玖拓治「全般的危機論と『帝国主義論』」『講座資本論の研究』第5巻，青木書店，1980年，17ページ）．

　不破哲三氏は，それをブハーリンだとし，彼を「その第一の産みの親」とするとともに「この規定（全般的危機規定のこと―引用者）を世界の共産主義運動の綱領的規定として最初に提起した人物」であるとしている（不破哲三『「資本主義の全般的危機」論の系譜と決算』新日本出版社，1988年，19ページ．）．なお，その際，氏は，ブハーリンが1921年の第3回世界大会で「左翼主義」の代表者として「攻勢理論」を唱えていたことも指摘している（同上書，26ページ．）．

　なお，旧ドイツ民主共和国（DDR）の国際政治・経済研究所発行の『ヴァルガ選集』（E. S. Varga ; *Ausgewählte Schriften 1918-1964,* Bd. 1, Berlin, 1979.）によれば，資本主義の全般的危機論の創始者はヴァルガであるとされている（*Ibid.,* S. XIX.）．編者によれば，論文「資本主義世界経済の危機」（1921年）は資本主義の全般的危機論形成の方法的出発点であり，論文「資本主義の没落時代」（1922年）は資本主義の全般的危機に関する問題性の最初の根本的仕上げであったとされる（*Ibid.,* S. XIX-XX.）．しかし，20年代初頭のヴァルガにおいては，具体的状況の短期的諸現象と長期的な諸要因および根本的過程との区別が充分でないとされている（*Ibid.,* S. XX.）．

　もし，「資本主義の全般的危機論」が，総体としての資本主義体制の崩壊と没落の時代を明らかにし，恐慌や戦争を資本主義社会秩序の完全な分解への一歩であるとする観点（＝恐慌論的視角）から構成されるのを特徴としているとすれば，

ヴァルガの論文「資本主義の没落時代」は「全般的危機論」の先駆的業績であり，したがって，彼にさらに先んじて書かれたパンネケックの論文「資本主義の崩壊」は一層先駆性をもっていたと言うことができる．それゆえ，資本主義分析における「危機論」の意義と限界がおのずと明確になってくるのであり，さらに，「危機論」批判としての「長期波動論」の理論的意義と限界も浮き上がってくるように思われる．

つまり，後のコミンテルンで支配的になってゆく「資本主義の全般的危機論」の原型を「攻勢理論」，とりわけパンネケックの論文「世界危機」と「資本主義の崩壊」の中に，ついでブハーリンの当時の一連の論文の中に，またタールハイマーら「ルクセンブルク主義者」の諸論文の中に見いだすことができ，これらコミンテルン隊列の左派急進派の理論を批判的に継承しつつヴァルガは彼に独自な「危機論」を展開して後の「全般的危機論」に大きな影響を及ぼした，このように概括できるであろう．

7) *Protokoll des III. Kongresses der Kommunistischen Internationale,* 1921, S. 47-91. 『トロツキー選集1』現代思潮社，1962年，227-95ページ．
8) コンドラチェフにおいては，資本主義のもとでの資本の合法則的・周期的運動が強力に貫徹しているという側面だけが強調され，資本主義の発展諸段階における資本の運動法則の展開形態の変化についての究明に弱点がある．
9) ヴァルガは，1922年のコミンテルン第4回大会における綱領問題の討議資料として提出した論文「資本主義の没落時代」の中で，「没落」段階にある資本主義の特質を次の諸指標に求めた．
 ① 資本主義的生産様式の地理的拡大が狭まりつつあること．
 ② 個々の資本主義諸国の内部に，前資本主義的経済形態に復帰しようとする傾向が現れていること．
 ③ 国際的分業の範囲が狭まりつつあること．
 ④ 金本位制が紙幣本位制に代えられていること．
 ⑤ 蓄積が累進的に乏しくなっていること．
 ⑥ 生産量が減少しつつあること．
 ⑦ 信用制度が崩壊しつつあること．
 ⑧ プロレタリア階級の生活水準が低下しつつあること．
 ⑨ 所有階級内部で社会的価値生産物の分配をめぐる闘争が激化していること．
 ⑩ 資本主義社会体制の永続性と不動性とに対する信頼が動揺しつつあること．

E. S. Varga, Die Niedergangsperiode des Kapitalismus, in; *E. S. Varga, Ausgewählte Schriften 1918-1964,* Berlin 1979, Bd. 3. S. 285-6, 289-97. 西雅雄訳「資本主義の没落時代」(1)～(5)『マルクス主義』第1巻2-6号，1924年，(1)140-1ページ，(2)198-213ページ．

10) 資本主義の急速な発展を規定した諸要因について，彼はこれを，資本主義的生産の前資本主義的社会層の包摂によってもたらされるとした．なお，ヴァルガの情勢認識の方法は，「危機論」的視角（「危機」の強調）に再生産論的視角または

第5章　全般的危機論と長期波動論　　　　　　　　　181

恐慌論的視角を導入して情勢を把握しようとした点で，パンネケックの方法に一層接近したものであるということができる．それ故，彼による「攻勢理論」批判はトロツキーやコンドラチェフの理論によるほど強力なものにはなりえなかった．

11) *Materialien zur Frage des Programms der Kommunistischen Internationale*, 1924, S. 103, 107.
12) *Idid.*, S. 80-1.
13) 　不破哲三氏は「全般的危機論」の「第一の産みの親」をブハーリンであるとした上で，ブハーリンの「全般的危機論」とスターリンのそれとの違いを，第一に，後者が，革命的諸事件が帝国主義国（中心）と植民地諸国（周辺）で同時に起きると見ていたのに対して，前者は「国家資本主義トラスト」論に見られる「国内矛盾消滅論」にあるとした点，第二に，世界資本主義の「危機」の根拠を後者が「10月革命の打撃とソ連の存在」に求めているのに対して，前者は「世界戦争の破壊的諸結果」から「危機」を説こうとした点に，それぞれ，見いだしている（不破哲三『「資本主義の全般的危機」論の系譜と決算』新日本出版社，1988年，79-82ページ）．

　　　なお，柿本国弘氏はスターリンの「全般的危機論」の展開過程を，年代順に，次のように特徴づけている．(1)1924年の論文「レーニン主義の基礎について」や「10月革命とロシア共産主義者の戦術」に見られる，帝国主義の四大矛盾範疇（①資本と労働との間の，②帝国主義列強国間の，③帝国主義国と植民地従属国間の，④ソ連と帝国主義国との間の，それぞれの矛盾）の確立の時期．この四大矛盾は彼の危機論展開の基本「範疇」をなす．(2)1925年の第14回党大会，1927年12月の第15回党大会に見られる「四大矛盾」に基づく資本主義の不安定要因の具体的叙述の時期．(3)1927年の第15回大会報告以後の「全般的危機」概念の使用の時期．特に，1930年の第16回大会報告における「全般的危機」の具体的説明．(4)1930年以後の「恐慌論の展開」に基づく危機の説明の時期．(5)1952年のスターリン論文以後の万年恐慌論，危機一途拡大論の展開の時期．（柿本国弘「危機論の基本視点―全般的危機論を中心に―」『現代と思想』第24号，1976年6月号．）
14) A. Herzenstein, Gibt es Grosse Konjunkturzyklen?, *Unter dem Banner des Marxismus,* Heft 1, 2, 1929.
15) O. Benedikt, Die Akkumulatiom des Kapitals bei wachsender organischer Zusammensetzung, *Unter dem Banner des Marxismus,* Jg. 3, Heft 6, 1929.
16) 詳細には，本章の注2）で指示した拙稿を参照されたい．
17) R. Hilferding, Die politischen und ökonomischen Machtverhältnisse und die Sozialisierung, Berlin 1920. 倉田稔・上条勇編訳『R. ヒルファディング　現代資本主義論』新評論，1983年，41-2ページ．
18) R. Hilferding, Arbeitsgemeinschaft der Klassen?, *Der Kampf,* Jg. 8, Oktober 1915, Nr. 10. S. 322-324.
19) R. Hilferding, Probleme der Zeit, *Die Gesellschaft,* Jg. 1, 1924, Bd. 1, S. 13-4.（同上書，78-9ページ．）
20) 不破氏は，ブハーリンの「全般的危機論」は「資本主義崩壊論」を理論の源泉

の一つとしているとされている（前掲書，51ページ）．この指摘は誤りと言うのではないが，ブハーリン自身は「崩壊論」に一貫して反対していた．
21) S. de Wolff, Prosperitäts- und Depressionsperioden, *Der lebendige Marxismus. Festgabe zum 70. Geburtstage von Karl Kautsky,* Verlag Detlev Auvermann KG Glashuttern in Taunus (1973).
22) *Ibid.,* S. 38-40.
23) S. de Wolff, Het economisch getij, Amsterdam, 1929, S. 416-9.（E. マンデル『後期資本主義』Ⅰ，柘植書房，1980年，148ページ．）
24) 「ロシア語版編集部の注解を底本にして作られたドイツ語版編集部注解」（『マルクス・エンゲルス全集』第4巻，662-3ページ．）
25) 『レーニン全集』第21巻，352ページ．

## 〔補論〕 戦前のわが国における長期波動論の展開

　戦後におけるわが国のマルクス経済学研究は,戦前における研究の諸成果を継承して,著しい進展を見せた.しかし,不思議なことに,長期波動論については,戦前戦後期を通じて,ほとんど注目されたことはなかった.その理由は,第一に,これは「理論分析」というよりはより「歴史分析」に近いものと見なされたこと,第二に,この「理論」の研究が1920年代にトロツキーやコンドラチェフら「反スターリン派」によって進められてきたこと,そして,第三に,この「理論」には資本主義の発展段階認識(とくに「資本主義の全般的危機」認識)に弱点があるとされたこと,これらに要約できるであろう.しかし,マルクス以降の経済学研究を理論史の観点から回顧すれば,資本主義発展の長期波動現象については,この学派が特に強い関心を持って取り組んできた一テーマであったことは容易に理解できる.とりわけ,世界資本主義の発展過程が,生成,発展,没落という単線的経路を辿ることなく,世界経済発展の中心軸を西に移動させながら,複雑な波動現象を伴って経過していることを直視すれば,マルクス学派は長期波動論にいま少しの注意を払う必要があったのではなかろうか.

　この〔補論〕では,戦前におけるわが国の長期波動論の受容の経緯を検討し,当時の長期波動論研究の理論水準がいかほどのものであったかを確定するとともに,なに故にこの理論が戦後における研究へと連続性を持ちえなかったかを明らかにする.

### (一) 戦前日本における長期波動論の受容

　わが国のマルクス経済学研究は1920年代後半から1930年代前半にかけて,早くも欧米の理論水準に達し,それを乗り越えつつあったとさえいってよい[1].マルクスの『資本論』をはじめ,ベルンシュタイン,カウツキー,ヒルファディング,ルクセンブルク,ツガン-バラノフスキーら「第二インター」期に活躍した理論家たちの主要論文・著作は既にほとんどがこの時期に邦訳されている.ブハーリンの1925年の論文「帝国主義と資本の蓄積」は1927年に邦訳された.1928年のグロスマンの大著『資本の蓄積並に崩壊の理論』でさえ1931年には邦訳された[2].『マルクス・エンゲルス全集』全27巻は1928-32年に刊行された.マルクス学派,非マルクス学派を問わず,わが国における西欧経済学への関心は何時の時代にも増して強かった.

　ところで,景気変動の研究は,第一次大戦後,20年代の欧米において,急速に活気を取り戻してきた.各国に景気研究所が創設され,研究成果が相次いで公表された.とりわけ,アメリカにおける研究が活発であった.わが国の経済学も欧米のこうした研究動向に少なからず影響を受けた.

　わが国において,長期波動論が注目されるようになったのは,直接的には,1929年世界大恐慌の勃発を契機にした各国の景気研究の進展過程との関連においてである.

1931年に大塚金之助は論文「世界経済恐慌とブルヂョア経済学」[3]の中で，ヘルツェンシュタインの論文[4]に依拠しながら，コンドラチェフやシュンペーターらの「長期周期論」を批判した．大塚の議論は，「長期波動論」は「資本主義の全般的危機」認識を欠如し，「危機」を拒否する，ブルジョア経済学の亜流であると断定したヴァルガら，コミンテルンで当時主流になっていた見解を代弁するものであった．大塚によれば，究明すべき焦眉の課題は，「長期周期」の研究ではなく恐慌の原因究明に，とりわけ資本主義の没落時代（＝「全般的危機の時代」）における恐慌の解明に，あるいは「全般的危機」の段階における恐慌の形態変化の解明に，置かれるべきである．

　一方，1931-32年にかけて，非マルクス学派の高田保馬，柴田敬らはヴォルフやコンドラチェフの論文[5]を検討し，これらを論評している[6]．ヴォルフの論文を通じて，彼らは，パルヴスやヘルデレンにも概説し，さらにアフタリオンやツガン－バラノフスキーらの研究にも触れている．しかし，長期波動に関するさらに立ち入った独自の理論的研究は行なわれていない．

　1934年の田中精一の論文「世界経済恐慌とブルヂョア経済学」[7]はコンドラチェフの長期波動論を本格的に検討した戦前における注目すべき一成果である．しかし，田中は，その後，彼の研究をさらに先へ推し進めようとはしていない．1939年刊行のレーデラーの訳書『景気変動と恐慌』（有斐閣）の「訳者序文」の中で，彼は，「2か年の月日は私の経済に対する考え方を相当に変化させている」と書いている[8]．しかしその真意を測り知ることはできない．

　以下，本章において，大塚金之助，高田保馬，柴田敬の見解をそれぞれ検討し，続いて，田中精一の見解をより立ち入って検討することにする．

### ㈡　大塚金之助による長期波動論批判

　大塚金之助は，1931年に書いた論文「世界経済恐慌とブルヂョア経済学」[9]において，1929年恐慌を，「資本主義の一般的危機のなかでの経済恐慌」と位置づけた[10]．彼の状況認識は「全般的（＝一般的）危機」論に基づいている．彼は「資本主義の一般的危機」を次のように特徴づけた．「世界大戦と共に，独占資本主義は一般的危機に入った．資本主義の矛盾は最も尖鋭になった．一般的危機を構成するものは，サヴェート同盟の存立，国内プロレタリアートの闘争の激化，大衆失業，国際農業恐慌等である．」[11]彼によれば，「危機」の第一の指標は社会主義の成立であり，第二のそれは資本と労働との対立である．

　彼は，資本主義の発展過程を，「自由競争資本主義」，「新たな社会への過渡段階としての独占資本主義（帝国主義）」，「一部分倒壊して一般的危機に入った資本主義」，の三段階に区分し，「これらは二度と繰り返さぬ一回的な歴史時期である」とする[12]．すなわち，彼は，資本主義の発展過程を生成・発展・没落から成る単線的趨勢曲線でイメージしている．したがって，長期波動論はかかる観点から批判される．

## 第5章 全般的危機論と長期波動論

　彼によれば,「長波説」(＝長期波動論)は「資本主義の発展を一色の単なる景気循環に還元」してしまう.「成長し死滅する資本主義の発展はなくなって,大循環のから廻りだけが残る. そのから廻りは今後何百年でもつゞくものとされる.」「だからこの大循環の理論は, ブルヂョア理論であり, 資本主義の弁護なのである」[13], と.
　「10年を1期」とする「中波」(＝産業循環)とのアナロジーで長期波動論を長期周期論に組み替え, この組み替えられた長期周期論によって世界資本主義の将来を展望しようとすることは資本主義の発展諸段階の質的差異を無視する誤れる方法論である, これが大塚による長期波動論批判の骨子である.
　大塚によるこの種の批判は, 歴史の不可逆性を重視するマルクス学派からの長期波動論批判としては, 最も有効性を持っている. 長期波動論の長期周期論への単純な組み替えと各種周期の単純な重ね合わせによる現実局面把握の手法は, 実際に, これまでしばしば非マルクス経済学によって採用されてきたように思われるのだが, この方法は, 各種波動間の関連が不明確であるという点でも不充分である.
　ところで, ここで批判の対象とされているコンドラチェフの長期周期論は, あまりに単純化された理解で片づけられてはならないであろう. 彼は, 初めは,「長期波動は資本主義経済の本質に存在する原因から説明されなければならない」と述べ[14], 後には,「大循環の説明, 特に価格運動の大循環のそれは, 社会経済的発展の総過程のメカニズムおよび内的法則性の性格の中に, 求められなければならない」[15]と述べて, コンドラチェフはマルクス学派的思考方法に基づくこの問題の解明の必要性を強調しているからである. ただし, 残念なことに, コンドラチェフはこうした問題提起にとどまっており,「経済学批判体系プラン」を念頭に置いて, 長期波動論はいかなる論理段階に属するものと見なせばよいか, (とくにこの理論は『資本論』といかなる関係にあるかというような方法的な) 問題意識に欠けるところがあった. 大塚がコンドラチェフの長期波動論をより綿密にかつイデオロギーぬきに検討したならば, 彼の批判は決して前記のような単純な批判にはならなかったであろう. (彼が紹介しているコンドラチェフの論文は, 1928年の「工業および農業商品の価格運動」[16]である.) シュンペーターやシュピートホフおよびヴァーゲマンらの長期波動論はコンドラチェフの長期価格運動分析を皮相的にかつ図式的に解釈していることを非難しながら, 大塚は, 結局は, 彼らを通して長期波動論を理解し, その上で, ヘルツェンシュタインのコンドラチェフ批判に依拠しつつ「全般的危機論」の視点から批判するというところに, 大塚のコンドラチェフ批判の特徴があり, またここに彼の理論の限界性がある. マルクス学派における当時の (今日においても) 最も典型的な長期波動論批判を大塚の長期波動論批判に見ることができる.
　なお, 大塚は, ドイツ社会民主党がこの理論を採用するようになった経過について次のように概説している.「この説 (長期波動論のこと——引用者) を社会民主党がとり始めたのは, 1913年——帝国主義戦争の前夜である. パルヴースにつゞいて, ト

ゥガン＝バラノウスキー，オランダ社会民主党のゲルデルン（ヘルデレンのこと――引用者）がこれを基礎づけやうとした．これをドイツ社会民主党に輸入したのは，ド・ヴォルフであった．その後さらに，ロシアの反革命学者コンドラティエフがこれを基礎づけやうとしたのである．」[17]

　ここで確認しておかなければならないことは，長期波動論は「ブルヂョア経済学者」に「追随」した「社会民主主義者」の理論であり，また「反革命学者」であるコンドラチェフの理論であるとする評価が，大塚によって，人々に鮮明に印象づけられたことである．この評価は，明らかに，コミンテルンの長期波動論評価に連動している．大塚金之助以降，長期波動論が，マルクス学派のもとで，まともな形で検討される機会を失ったのはこうした評価と無関係ではない．

　確かに，ロシア社会主義革命の後，世界資本主義が1929年恐慌とそれに続く長期停滞局面に移行しつつある中で，「全般的危機論」からする大塚のかかる長期波動論批判，とりわけ長期周期論批判はかなり説得的であったように見受けられる．しかし，「全般的危機論」を動学理論として構成するには，コンドラチェフが意図したように（しかしそれを彼はなしえなかったのだが），資本主義世界経済発展の長期波動現象を「社会経済的発展の総過程のメカニズムおよび内的法則性」を基礎に究明すべきだとする視点がこの理論に必要であった．「全般的危機論」は，「危機」を構成する諸矛盾がどのように作用しあって世界経済にダイナミズムをもたらすのか，そうした疑問に対して必ずしも説得的な説明が得られないからである．

　㈢　高田保馬・柴田敬の長期波動論

　1929年恐慌は，マルクス学派からは「全般的危機論」の視点から，他方，非マルクス学派からは長期波動論の視点から，それぞれの理論が現状分析にどれほどの有効性をもっているか検証される機会になった．そしてさらに1929年世界恐慌に続く不況局面への移行は，景気対策を至上命令とする非マルクス学派の側に景気理論の研究を強制した．そうした状況の中で，長期波動論は，長期周期論にいっそう純化されていく．しかし高田保馬は1931年の論文「長期波動について」[18]の中で次のような見解を述べている．

　高田によれば，「長期波動は構造変化を意味するところの長期的傾向の複合」に他ならず，「循環的なる事象，機能的の事象ではない．」[19]ここで，「構造的要素」と言うのは，彼によれば，「人口，地域，自然的地質的事情，技能及び管理，……消費者の趣味，産業組織の形態など」を意味し，これらの「構造的要素の変動」をさして彼は「構造的変化」とした[20]．つまり，彼の長期波動論は「構造(的)変動論」とでも特徴づけることができよう．

　高田によれば，「長期波動」は「長期的傾向の連続」として考えられるべきであり，「長期的傾向は構造の変化」，「連続的なる構造変化」に基づくものと考えるべきであ

る．したがって，「一世紀間，又は二世紀間を通じてただ単一の方程式を以て示さるるが如き長期的傾向の存すると云ふことが最も疑ふべきことに属する」として，コンドラチェフの長期周期論を拒否した[21]．

　高田はこのように，長期波動を「長期周期」(彼はこのような言葉を用いていないが)という意味で，つまり「循環的変動」ないし「景気変動」と同じ様な意味で理解することに反対した．彼は，コンドラチェフの次のような主張，つまり，第一に，貸付資本の充分な蓄積の後に巨額な投資が行なわれるということについては，株式会社制度の発達や銀行の発達している今日，企業がこのような行動様式をとるとする想定は非現実的であること，第二に，基礎的資本財の建設や更新が50年の周期をもつということについては，それに何の必然的な論証もなされていないことを，それぞれ主張した．そして，オパーリンやズハノフによるコンドラチェフ批判については，ヴァーゲンフューア (Wagenführ) を通じてこれを紹介している．

　長期波動論を長期周期論に組み替え，後者の理論構成を図ろうとする試みに対してなされた高田の批判は首肯しえるところである．景気変動の研究がしだいに活発になりつつある中で，大塚金之助はともかくとして，非マルクス学派の高田保馬によってこうした論評がなされたことは，注目すべきであろう．なお，「構造変動」をもたらす主要な諸要素について彼は次のような分類をしている[22]．

A．内(部)的構造の変化
　a．経済的
　　Ⅰ．貨幣の側
　　　(1) 金保有数量の変化
　　　(2) 貨幣制度，貨幣慣習の変化
　　Ⅱ．財の側
　　　(1) 人口の変化　　　　　　⎫
　　　(2) 資本数量の変化　　　　⎬ 経済的生長
　　　(3) 生産方法の変化　　　　⎫
　　　(4) 需要の変化（向上）　　⎬ 経済的発達
　b．経済外的
　　Ⅰ．自然的
　　　(1) 主として人的なる破壊助長（疫病，飢饉の如き）主として物的なる破壊助長（地変，天災，などの如き）
　　　(2) 生産条件の自然的変化
　　Ⅱ．社会的
　　　(1) 社会的連続変化――独占関係，階級関係の変化
　　　(2) 法的政治的連続関係
　　　(3) 革命内乱等の不連続変化

B．外部的構造の変化
  a．経済的
    Ⅰ．貨幣の側
      (1) 金保有量の相対的変化（世界の保有量に対する自己保有金の割合の変化）
      (2) 外国に於ける貨幣制度貨幣慣習の変化（特に本位制度の変化）
    Ⅱ．財の側
      (1) 外国需要の変化
      (2) 供給の相対的事情の変化（原料分配，設備の差等，技能，労銀に於ける差等の変化）
      (3) 市場的接触の変化（交通機関の発達，交通路の変化，市場の開拓）
  b．経済外的
    Ⅰ．自然的
      (1) 人的破壊助長，物的破壊助長（交易関係上の変化）……………
      (2) 生産条件の変化
    Ⅱ．社会的
      (1) 交易上の関係変化……………
      (2) 交易外関係の変化

      (1) 需要の変化
      (2) 供給の相対的事情の変化
      (3) 関税其他通商上の条件の変化

      (1) 領土の変化
      (2) 資本貸借関係の変更，独占関係の変化
      (3) 租税，賠償金の支払い関係の変化

　ただし，高田の長期周期論批判には次のような問題点があることを指摘しておく必要がある．

　第一に，コンドラチェフは，長期波動の原因は「資本主義経済の本質に存在する」と述べ，後には，「大循環」の原因は，「社会経済的発展の総過程のメカニズムおよび内的法則性の性格のうちに，求められなければならない」として，彼は，それを資本主義経済に特有な現象として理解しようとしていた．しかし，高田はコンドラチェフのこうした意図を充分くみとっていない．第二に，長期波動論を理論史の視点から顧みれば，長期波動論は崩壊論の批判的継承として成立してきたのであり，これらの理論の主要な分析対象は世界市場における世界資本の運動にあり，分析に際して利用される理論は資本蓄積の一般的諸法則であった．しかし，高田は，長期波動論の課題が世界経済の動態分析にあり，分析に際しては，分析対象と分析に利用される理論の論

理段階とに一定の枠が設けられねばならないことを意識していない．

たとえば，高田は，「内部的構造」という場合の「内部」を「社会経済が営まれつつあるその社会」としている[23]．つまり国民経済における内部的構造のことであろう．このように理解すれば，「外部的構造」とは国民経済にとっての「外部社会」を意味することになる．それ故，国際経済関係の緊密化や国際交通手段の発達および世界市場の開拓などの諸要素はこの場合にはすべて「外部的構造」のカテゴリーに入れられる．しかし，長期波動論は分析対象を世界市場においているのであり，「外部的構造」を構成する諸要素とされた上記の諸要素はこの理論では「内部的諸要素」となる．内部的要素か外部的要素かはその理論の対象領域と論理段階に規定される．ある理論にとっての外部的要素はより具体的な事象を扱う場合には，しばしば内部要素に転化するのである．したがって，長期波動論が課題とする分析対象とそれに利用される理論の論理段階あるいは分析領域を確定しなければ長期波動論批判は空転するおそれがある．確かに，高田が主張するように，長期波動論は「構造的変動論」と言い換えることができる．このことに間違いはないのだが，ここで重要なことは，構造変動をもたらす諸要素間にどのような理論で連関性を与えていくかにある．高田は非マルクス学派のため，論理段階を確定して論じようとする方法論を持ち合わせていなかった．

1929年の世界恐慌を長期波動論の視角から分析しようとする試みは，欧米では，クズネッツ，ヴァーゲマンらによってなされた．柴田敬はこれらの研究に触発されて，論文「長期景気波動について」を書いた[24]．しかし，彼は，長期波動諸理論について，より立ち入った研究を行なっていなかった．長期景気波動とは何か，長期景気波動は存在するかなどの基礎的問題提起と検討にとどまった．学説史的視点からの研究は続稿「長期景気波動と世界恐慌」でなされる[25]．この論文で，柴田は，ヴォルフやコンドラチェフの論文に触れ，長期波動の原因についての論議にかかわっている．ただし，彼は，パルヴスやヘルデレンの長期波動論については，ヴォルフによる紹介を越えて知りえていない．トロツキーが長期波動論を展開していたことはもちろん知らない．（長期波動論研究の立ち遅れの背後に，7～10年の周期性をもつ産業循環研究の遅れが柴田にあった．）

ところで，これらの論者にやや遅れて，田中精一が長期波動論に関する独自な研究を行なっている．

### (四) 田中精一の長期波動論

田中精一は，「景気循環」論と「長期的景気波動」論との，研究対象と方法の違いについて，次のように述べている．「景気循環」論の場合には，「問題の主点は，一定の蓄積機構上に於ける蓄積力展開，その蓄積関係との矛盾〔恐慌の客観的基礎〕に置かれる」のに対し，「長期的景気波動」論の場合には，「この矛盾を深刻化，或ひは軽度化せしめるところの諸条件，従って蓄積機構そのものゝ変化が問題とされなければ」

ならない[27]．ところが，コンドラチェフをはじめとする「長期的景気変動論者」は「資本主義の一般的発展傾向」と「諸律動 Rhythmen, Konjyunktur」=「波状運動」とを「絶縁的なものに切り離し」，「長期的景気波動の法則(性)」が「資本主義の一般的発展傾向 seculartrend」や「景気変動」と「乖絶して，自己完結的に」(「独立して」)「構成されるかの如くに思考」している．しかし，「動態論」の構成は「蓄積機構の全面的理解に基礎付け」られるのでなければならない[28]．

コンドラチェフは，経済現象の研究に際して，「経済現象を本質において，時間的カテゴリーを度外視して，考察する」「(経済的)静態理論」と「時間的変動の過程を考慮して研究する」「(経済的)動態理論」に区分し，後者をさらに「動態的均衡(=資本主義の一般的発展傾向)」(=「発展」)を研究する理論とこの状態からの乖離(=「攪乱」)である「諸律動」を研究する理論(=景気変動論)とにそれぞれ概念的な区分を設けている．田中はさしあたりコンドラチェフのこの分類方法については，これを容認しているように見える[29]．田中の批判は，この「二様の動態」理論が，コンドラチェフの場合，彼の意図に反して，「本質的に無縁的であり，内的連繋によって貫徹されていない」という点にある．この指摘は長期波動論研究にとって重要な意味を持つ．つまり，問題の所在は「不可逆的過程」としての「発展」が「可逆的過程」としての景気変動にいかなる作用を及ぼし，逆に後者が前者にいかなる作用を及ぼすかという2つの理論の相互関連に関する議論に論点が移動せざるをえないからである．しかもこの論点は，マルクスの方法に立脚して資本主義の発展過程を歴史的に分析しようとする場合の主要テーマの一つになる．なお，「静態」に対する「動態」，「発展」に対する「攪乱」としての「律動」なる，こうした考え方には，「典型的に均衡論的理解が指示されている」として彼はコンドラチェフを批判している[30]．

コンドラチェフの長期波動論に対して，マルクス学派的方法に基づき，それを真っ向から検討しようとしたことは理論史上における田中の大きな貢献であろう．ところでコンドラチェフは「動的均衡状態」とは，「マルクスの拡大再生産表式に一致して進行する経済発展の理念像」によって与えられると見なしている[31]のであるから，ここではまさに，『資本論』と「景気変動論」および「長期波動論」との理論的関連が問題にされていることになる．

「資本主義の一般的発展傾向」を「動態的均衡状態」と見なし，「諸律動」については，これをこうした「均衡状態」からの不断の乖離と収束の運動として理解できるとする経済学の方法論，こうした方法論を田中は疑問視した．もし「諸変動」ないし「諸律動」を，「動態的均衡状態」を基本軸とする周期的運動と理解するならば，「資本蓄積の機構を蓄積力展開の蓄積関係に対する矛盾的関係」[32]視点から把握することが困難になり，同時に景気変動を資本主義の矛盾に満ちた蓄積機構から説明することは困難になる，田中の見解は概ねこのようである．彼の方法論は充分検討の余地がある．資本主義的生産様式のもとでの「動態的均衡」概念は生産力と生産関係の矛盾あ

第5章　全般的危機論と長期波動論

るいは「生産と消費の矛盾」という概念を排除するものではなく，「動態的均衡」状態がそもそもにおいて不均衡要因を包含しているとする視点で，その概念の内容を理解することが必要である．「動態的均衡」とは「諸律動」がそれをめぐって振動する中心軸ではなく，均衡点が不断に変化する，不安定な，「可動的均衡」（ブハーリン説）を意味するものと理解されねばならない．つまり資本主義的生産における「均衡」状態がいかなる意味内容を持つかを理解することなくしてはそれから乖離する運動も十全には把握できないであろう．

しかし，コンドラチェフは『資本論』の体系的展開という形での経済学方法論を全く意識していないため，彼の長期波動論は「蓄積力・蓄積関係の連繋に基礎付けられる蓄積機構の問題としては提起」しえなかった．この点についての田中によるコンドラチェフ方法論批判は妥当性をもっている．

田中は，コンドラチェフが長期波動の生じる原因を，「長期的に耐久的な固定資本，対，貸付資本の中に」見ていることを批判する．つまり，前者は，後者が「長期的な生産力，蓄積力展開の促進は長期的に耐久的な固定資本の生産増大，蓄積累進の結果であり，これを規定するものは貸付資本である」としている点を批判する．田中はこの見解を「蓄積機構理解の欠如」に基づく「流通主義的見解」，「流通主義的把握」，「流通主義的構想」，「流通主義的動態論」などと決めつける．要するに，「景気循環に於て顕はれる資本蓄積機構に於ける矛盾の要素は，一方固定資本であり，他方貸付資本である」とされているところにコンドラチェフの理論が「流通主義的把握」とされる論拠がある．その際，彼は，この理論の「原型」はツガン－バラノフスキーにあるとする[33]．確かに，コンドラチェフが，産業循環とのアナロジーで長期波動論を長期周期論に組み替えて構成しようとしている点について，田中の批判は正しいであろう．第一に，巨大な固定資本の更新期間は種々であり，更新投資が集中する必然性はない．第二に，資本主義世界経済の波動的発展を長期の耐用年数をもつ固定資本の量的増大から説明することはできないからである[34]．ただし長期波動の原因を長期の耐用年数をもつ固定資本に求めたことをもって，それを「流通主義的」見解であると決めつけることはできないであろう．マルクスが産業循環の「物質的基礎」を固定資本の生命循環に求めたことをもって，彼の「流通主義的」見解を批判しえないことと同じであるからである．そしてまた，固定資本における独特な回転様式が再生産過程の撹乱要因であるとしたことも周知のことである．

なお，コンドラチェフは，当初は，「大循環の説明は社会経済的発展の総過程のメカニズムおよびこの総過程の内的法則性の性格の中に求められねばならない」と述べていた．この考え方がのちの彼の議論といかに整合性をもっているのかを理解するのは困難である．

これに対し，田中はどの様な長期波動論を構想していたのであろうか．

田中は，まずもって，「資本蓄積の一般的機構」について論じる．すなわち，

「一　資本蓄積の一般的規定」では，利潤獲得衝動に根ざした「蓄積のための蓄積，生産のための生産」を至上命令として展開される生産諸力の発展，「資本蓄積・再生産の生産力的規定」について論じ，ついで，「利潤実現条件」は「商品の販路」，すなわち，「諸生産部門及び個人の，生産的・個人的消費によって決定される」として，「蓄積・再生産の生産関係的規定」について論じる．次の，「二　二者の連繋・矛盾」では，「利潤生産条件と実現条件との距離の増大」から，「蓄積・再生産に於ける」「爆発の原基機構」について述べる．これらは，彼によれば，景気変動論の「基本的構想」にすぎない．実際の景気変動論を展開するためには「この矛盾を外化する媒介物としての信用体制が問題の領域に組み入れられ」ねばならないし，「生産的諸要因と流通面的諸現象との間の錯雑した規定関係が考察」されねばならない[35]．

田中は，ここで，「資本主義の一般的機構」と名付けて，マルクス学派に固有な用語および理論である「恐慌の究極の原因」，生産の無制限的発展傾向に対する大衆の消費制限すなわち「生産と消費の矛盾」，などについて述べている．そして，田中の論述を見て直ちに想起されるのは山田盛太郎の論文「再生産過程表式分析序論」である．ところが，奇妙なことに，田中は山田の前掲論文にも，またマルクスの『資本論』にも全く触れていない．

ところで，田中によれば，長期的景気波動はこの「資本蓄積の一般的機構」に立脚して分析されるのでなければならない．彼は，「三　長期的景気波動の基本的機構」でこの課題に取り組む．

彼によれば，「一定期間に於て蓄積テンポ（及び――引用者）生産力展開の急速であることは」，「かかる時代の蓄積機構の編成」が「特に強靭であることを指示している．」「正にこの点に，長期的景気波動の基礎構造が暗示される．」[36]では，「長期的景気高揚を基礎付ける強靭なる蓄積機構編成は何に依拠するか？」田中によれば，それは，「特殊なる生産力の特殊的な展開」，「特殊生産力の特殊的展開」でなければならない[37]．以上が田中による長期波動論の理論展開部分である．次いで，彼は，「特殊生産力の特殊的展開」の部分に属する歴史的研究＝歴史的叙述部分に移る．

田中精一の長期波動論は，「生産と消費の矛盾」から恐慌を説き，資本主義発展の長期波動現象をこの理論の世界市場への適用によって説明しようとした，パルヴスやカウツキーの理論と共通性をもつ．歴史分析の部分を吟味してみよう．

① 1843-1873年

田中によれば，この時期の，「自ら市場創造的な，特殊生産力の特殊的展開」は「鉄道」において見いだされる．この鉄道こそ，「旧生産方法の全面的革新を要求し，旧生産力を破壊し，新たに再生産軌道を打建て得る程に強力な生産力展開」である．この鉄道が，「諸国内蓄積機構の外延的拡大」（＝「既成資本蓄積圏の地域的拡大」）と「諸国内蓄積機構の編成替」をもたらし，さらに「世界的再生産圏の確立」を結果した[38]．

② 1874-94年

　田中によれば,「諸国内蓄積機構再編成の完了」(鉄道網発展テンポの緩漫化および工場用蒸気機関馬力数発展テンポの緩漫化に表出される生産編成替えの一応の完了,生産手段需要について固定資本の現物補塡需要から貨幣補塡需要を主とするものへ転化させたことなど),したがって,「資本蓄積条件の脆弱化」が生じたこと,および「世界再生産機構の変革」(イギリス再生産圏からのドイツ,アメリカの離脱と保護貿易にもとづく国際貿易の相対的萎縮,重工業生産力の世界的過剰,したがって「世界市場の絶対的限界」に基づく「世界蓄積機構の脆弱化」)がこの時期を長期的不況ならしめた規定的条件である[39]。

③ 1895-1914年

　田中によれば,この期間,「諸国内市場の外延的構成,及び世界再生産に於ける諸国の国際的地位に関しては,前期間のそれと本質的な相違を持たない.」したがって,「長期的景気高揚の地盤は専ら蓄積機構の内部的革命化に求められねばならない.」彼は,それが,「電力発達」であるとする[40]。

　しかし,一般的に確認されているのは,20世紀初頭の上昇的長波の原因は,第一に,帝国主義諸国の植民地政策の展開に伴う市場の外延的拡大と軍備拡張政策,第二に,自動車工業や電気・化学工業などの新生産部門の発生とこれに関連した金属工業と鉱業部門の活況,第三に,金生産量の増大,これらである.したがって,田中の説明はやや一面的に過ぎると言わざるをえない.

　田中の長期波動論には,いくつかのキー・ワード,たとえば,「蓄積機構」,「蓄積機構の編成」,「蓄積力展開」・(「蓄積力展開」とは「生産力展開」と読み替えてよいと思われる)などがある.一般に,「蓄積機構」とは,生産過程と流通過程との統一としての社会的総再生産過程が円滑に進行する社会の経済的仕組みあるいは諸機能の統一体のことであろう.これを「蓄積体制」と言い換えても差し支えないと思われる.その際,再生産構造・蓄積機構の実体的基盤を成すのは所与の生産力を規定する生産技術体系であり,それに照応した労働力編成である.この社会的生産技術体系・労働力編成が社会的再生産過程における生産諸部門間の一定の技術的連関および比例性を規定する.と同時に生産と消費との経済的連関および比例性を規定する.こうした連関と比例性とが確保されるのでなければ,社会的再生産の均衡的発展はありえない.したがって,「蓄積機構の編成替」とは,生産技術体系とこれに照応する労働力編成との根本的改変を意味し,生産と消費との経済的価値関係の再編成を意味する.言い換えれば,社会的再生産過程においては,再生産過程の動的均衡の全般的破壊と再構築とを意味する.

　「世界再生産機構」の変革に対応した「諸国内蓄積機構の編成替」の過程で上昇的長波が生じ,それの「完了」をもって「資本蓄積条件の脆弱化」が生じ,上昇的長波は下降的長波へと反転する,これが田中精一の見解の要点である.言い換えれば「蓄

積力展開（＝生産力の増大）」は既存の「蓄積機構（＝蓄積体制）」の制限を突破し，それは新たなそれの「編成替」を要求する，資本主義発展の転換点がおとずれる，これが彼の主張点であろう．明らかに，田中の長期波動論は，日本におけるマルクス学派的意味での「構造的長波論」の先駆をなすものと評価しえるであろう．

なお，田中が「鉄道」をもって「特殊生産力の特殊的展開」の「担い手」であるとしていることについてやや疑問が残る．一般的には，「鉄道」が経済的に果たした役割について次のことが言える．第一に，「鉄道」の敷設は世界市場の開拓に，販路の拡張に，多大の貢献をした．第二に，「鉄道」の敷設は鉄生産量を飛躍的に増大させた．第三に，国民経済を世界市場の網の中に編入することに貢献した．これらのことは既にパルヴスやカウツキーが指摘している点であり，取り立てて田中に独自な見解ではない．「鉄道」は，決して，「特殊生産力の特殊的展開」そのものではなく，「強力な生産力展開」（＝上昇的長波）を触発した主要「外部」条件・要因であろう．

戦前におけるわが国の長期波動論の西欧からの受容の仕方は三様であった．第一に，大塚金之助による「全般的（一般的）危機論」からのコンドラチェフ「長期周期論」批判において，第二に，高田保馬によるコンドラチェフ「長期周期論」批判＝「構造（的）変動論」への組み替えにおいて，そして第三に，田中精一によるコンドラチェフ「長期周期論」批判とマルクス学派的思考からの長期波動論の積極的評価において，これらである．全体として，長期波動論（とりわけ長期周期論）の現実分析用具としての有効性について彼らは懐疑的であった．ただし，彼らは資本主義発展の長期波動現象は「構造（的）変動」として把握されるべきことを主張した．このことはわが国の経済学の理論水準の高さを物語っている．

なお，これらの諸見解のうち，田中精一の見解，すなわち「長期的景気波動の法則（性）」は「資本主義の一般的発展傾向」や「諸律動」＝「波状運動」と切り離されるべきではなく，両者を内的連繫において把握する必要があること，したがって「蓄積機構の全面的理解に基礎付け」られねばならないとする彼の方法論はかなりの程度において説得的であり，評価されてよい．とはいえ，30年代という時代的背景からか，こうした方法論について彼はマルクス学派的用語と方法を用いながら，『資本論』あるいは「資本一般の諸法則」と彼の理論との関連を全く隠していることが問題であろう．しかもここで彼の言う「資本一般の諸法則」の内容は不明であり，この法則をどのように利用するかについても不明である．

1) 市原健志「戦前におけるわが国の再生産論の展開（上）（下）」『商学論纂』（中央大学）第32巻第1・2・3号，1990年を参照されたい．
2) 同上拙論（下）の末尾に掲載した「付 戦前におけるわが国の再生産論関連文献年代順一覧」を参照されたい．
3) 大塚金之助「世界経済恐慌とブルヂョア経済学」『改造』第13巻，1931年．以

下，引用文では旧漢字は新漢字に修正してある．
4) A. Herzenstein, Gibt es Grosse Konjunkturzyklen?, *Unter dem Banner des Marxismus,* Heft 1, 2. 1929.
5) S. de Wolff, Prosperitäts- und Depressionsperioden, *Der lebendige Marxismus.* N. D. Kondratieff, Die langen Wellen der Konjunktur, *Archiv für Sozialwissenschaft,* Bd. 56, Heft 3., 1926. N. D. Kondratieff, Die Preisdynamik der industriellen und landwirtschaftlichen Waren, *Archiv für Sozialwissenschaft und Sozialpolitik,* Bd. 60., 1928.
6) 高田保馬「長期波動について」『経済論叢』第33巻第3号，1931年（『経済学新講』第5巻「変動の理論」，岩波書店，1932年に収録）．柴田敬「長期景気波動について」『経済論叢』第34巻第1号，1932年．柴田敬「長期景気波動と世界恐慌」『経済論叢』第34巻第3号，1932年．
7) 田中精一「長期的景気波動と資本蓄積の機構—併せてコンドラチェフ長期的景気波動論の批判—」『経済学論集』第4巻第4号，1934年．田中精一は，1976年9月15日，江ノ島の南方50キロ付近で，4人乗りセスナ機から夫人とともに飛び降り心中を図って死亡した．
8) レーデラー『景気変動と恐慌』田中精一訳，有斐閣，1939年，「訳者序文」1ページ．
9) 大塚金之助「世界経済恐慌とブルヂョア経済学」『改造』第13巻，1931年．
10) 同上，21ページ．
11) 同上，23ページ．
12) 同上，29ページ．
13) 同上．
14) N. D. Kondratieff, Die langen Wellen der Konjunktur, *Archiv für Sozialwissenschaft und Sozialpolitik,* Bd. 56, 1926, S. 599.（中村丈夫『コンドラチェフ景気波動論』亜紀書房，1978年，147ページ．）
15) N. D. Kondratieff, Die Preisdynamik der industriellen und landwirtschaftlichen Waren, *Archiv für Sozialwissenschaft und Sozialpolitik,* Bd. 60, 1928, S. 36.（同上書，261ページ．）
16) *Ibid.*（同上）．
17) *Ibid.*（同上）．
18) 高田保馬「長期波動について」『経済論叢』第33巻第3号，1931年（『経済学新講』第5巻「変動の理論」，岩波書店，1932年に第4章第2節の「補論」として収録）
19) 同上，38-9ページ．
20) 同上，22ページ．
21) 同上，33ページ．
22) 同上，27ページ．
23) 同上，26ページ．
24) 柴田敬「長期景気波動について」『経済論叢』第34巻第1号，1932年．
25) 柴田敬「長期景気波動と世界恐慌」『経済論叢』第34巻第3号，1932年．

26) 高田保馬『経済学新講』第5巻「変動の理論」,岩波書店,1932年
27) 田中精一「長期的景気波動と資本蓄積の機構―併せてコンドラチェフ長期的景気波動論の批判―」『経済学論集』第4巻第4号,1934年,91ページ.
28) 同上.
29) 同上,93ページ.
30) 同上,94ページ.
31) N. D. Kondratieff, Die Preisdynamik der industriellen und landwirtschaftlichen Waren, 1928, S. 6.（中村丈夫『コンドラチェフ景気波動論』亜紀書房,1978年所収,222ページ.
32) 田中前掲論文,95ページ.
33) 同上,100-2ページ.
34) 同上,106-7ページ.
35) 同上,110-12ページ.
36) 続けて彼は次のように述べる.景気変動・恐慌は「10年平均周期の固定資本更新に媒介された蓄積力,蓄積関係の縺絡に於ける展開・矛盾として,したがってその根底たる所の蓄積機構の編成自体に対して関りなく出現するに対して,長期的波動はかゝる景気的転換の強度を規定する蓄積機構の編成自体にかゝわるものである.」(同上,114ページ.)
37) 同上,113-5ページ.
38) 同上,116-20ページ.
39) 同上,120-4ページ.
40) 同上,124-7ページ.論文では,「三　1985-1914」となっているが,1985は明らかに1895の誤植である.

# 第6章　帝国主義論と長期波動論

## はじめに

　通常,『資本論』における「資本主義の一般法則」は資本主義の経済発展を長期・理想的（＝理念的）平均とする前提のもとで解明したものだとされる．同時に，この「理想的平均」という前提で明らかにされた「資本主義の一般法則」は，歴史的・現実的根拠を持っているとされる[1]．そうであるとすれば，『資本論』は世界資本主義経済の長期・歴史的発展過程の実証分析（＝長期波動現象の歴史的・現実的解明）に大いに有効性を発揮してもよいはずであろう．だが，それにしては，この書は資本主義経済の実態解明の理論装置としてはどうも有効性が乏しく見える．それの理論体系に，あるいはそこで論じられている理論の理解の仕方に，何か問題があるのだろうか．若干の具体例を示してみよう．

　『資本論』では，資本主義的生産様式は自らがその胎内に宿している不均衡要因ないし発展阻害要因を（たとえ「暴力的」形態であろうとなかろうと）ある程度まで解消し，資本が自律性を回復し運動しえる場を創出する強力な自己調整機構を備えているかのように叙述されている[2]．あるいは（一部の論者は）一般にそう理解すべきだとされる．（こうした理解の仕方をここでは『資本論』の論理の均衡論的理解あるいは自己完結的理解と呼ぶことにしよう[3]．)＊

＊　ここで「均衡論的理解」という意味は，後に詳しく見るように，資本主義経済の動態分析に際しては，そこから乖離した諸運動がそこに引き寄せられ，収斂する基準点あるいは基準軌道を重視する考え方のことである．ただし，誤解してならないのは著者は経済学における「均衡」概念を否定しているのではなく逆に重要視している．

「外国貿易」に関する要素は一貫して捨象され（そのため『資本論』は一国資本主義分析に限定されているかのようにいっそう見える），また，資本はあたかも「永久に繰り返されるもの」として自己完結的に運動できるかのように論じられている[4]．そのため，資本が「国民経済」ないし「国家」の枠組みやあるいは自己の経済領域を突破して外部展開せざるをえない必然性の問題や，資本主義の発展はその出発点から世界市場と切り離し難く結び付いており，したがって，「世界経済」と「国民経済」とがともに連関しているという前提で資本蓄積運動が――つまり「資本の世界市場運動」（後述）が――解明されるべきだとする見解に充分応え切れていないように思われる[5]．『資本論』の論理の均衡論的＝自己完結的性格・理解と，「封（＝閉）鎖的一国資本主義[6]」（＝「純粋」資本主義[7]）の想定とが表裏一体になって，『資本論』（＝「国民経済」分析）→「帝国主義論」（＝「世界経済」分析）という経済学体系の構成が試みられてきたように見える．

本章では，現行の『資本論』は世界資本主義発展の長期・歴史的過程の現実分析（＝長期波動現象の解明）にいかなる有効性をもちえるかという視点から，現行『資本論』の論理展開の方法を（あるいはそれの理解の仕方を）再点検することに課題を限定する．

問題の要点が何であるかを知るためにいま少し立ち入って論じることにしよう．

## 第1節　『資本論』の論理の均衡論的理解について

『資本論』では，資本主義的生産様式には自らが生み出した不均衡要因ないし発展阻害要因を自動的に解消し，「封（＝閉）鎖的一国資本主義」（＝「純粋」（一国）資本主義）のもとでもこの社会が無限界に発展しえる強力な自己調整機構を備えているかのように叙述されている．（あるいはそう誤解されやすい論述形式を採っている．）

たとえば，第1巻第3～5篇の剰余価値生産に関する部分では，労働日の

第6章　帝国主義論と長期波動論　　　　　　　　　　199

延長や労働強度の増大による「絶対的剰余価値生産」の限界性は新生産方法の採用による「相対的剰余価値生産」によって克服されるとされ，第7篇の産業予備軍の理論では，資本構成の不変の蓄積は，それが急速度に進行する場合には，産業予備軍の吸収による賃金率の上昇によって蓄積率の低下に結果するのだが，こうした蓄積率の低下を招く賃金率の上昇は資本構成の高度化による産業予備軍の再創出によって克服される．

　第2巻第3篇の再生産論では，蓄積されるべき剰余価値部分の実現は資本家と労働者だけから成る「純粋」資本主義のもとでも無限界に可能であるかのように，資本構成不変を前提した拡大再生産の表式が，累年展開されている．

　さらに，第3巻第2篇では，各部門の資本の平均構成の相違から生じる部門間の利潤率格差は部門内・間の競争に基づく「利潤率の均等化作用」によって平均化され，平均利潤率が形成されることが論じられている．ただし，第3篇の「(平均)利潤率の傾向的下落の法則」では，この法則に対して「反対に作用する諸要因」が働くにもかかわらず，この「法則」は鉄の必然性をもって貫徹するかのように理解される．＊

　こうした理解の仕方からすれば，資本主義的生産様式は不均衡を均衡化し，資本が自ら運動する環境を絶えず整えながら長期的には，比較的，安定的に資本蓄積を可能にさせうる強力な自己調整機能を備えているのだとする推論が可能になる[8]．

　だが，『資本論』における全体的論理の「基調」に，あるいはそれを「原

---

＊　もしこの「法則」の定立することが論証されれば，「純粋」資本主義は「資本蓄積の制限的傾向」ないし「崩壊傾向」を含むことになる．したがって，資本の強力な外延的拡張衝動は「資本蓄積の制限的傾向」あるいは資本主義の「崩壊傾向」を克服し突破する手段として根拠づけられることになろう．とはいえ，個々の資本がこの長期の法則を認識し，これに対応する延命的行動を採るわけではなく，逆に，この法則の作用をいっそう強める形の行動様式を採る．他方，この「法則」の論証が不成立に終れば，資本主義の「経済的崩壊傾向」はこの社会体制には存在せず，資本主義は無限界に発展可能であるとされることによって，資本の運動は「永久に繰り返されるもの」としてしか論じられないとする前述の見解を側面から補強することになろう．しかしいずれの考え方も均衡論的発想に貫かれているように思われる．

理論」に「純化」させようとするマルクス以降の研究動向に，問題があったのではなかろうか．第一に，抽象から具体へという論理展開の方法をやや硬直的に理解し，『資本論』の論理の現実分析への適用範囲を必要以上に限定し過ぎていたのではなかったか．くり返すことになるが，「資本一般の諸法則」は歴史的・現実的根拠を持っているという点を軽視ないし無視してきたのではなかったのか．第二に，「価値」（あるいは「市場価値」）→「（市場）生産価格」→「市場価格」という『資本論』の論理展開の方法は「資本主義の一般的発展」（=「不可逆的過程 non-reversible process」）→資本の現実の運動ないし「諸律動」（=「可逆的過程 reversible process」）という上向的論理構成と対応しているように思われるのであるが，その際，「不可逆的過程」それ自体（および両者の相互関係）でなすべき範囲ないし領域課題を未確定にしたままであったのではないか．第三に，上向的論理展開の方法については，「国民経済」→「世界経済」という分析対象枠組みの拡張が暗黙裡に想定されているように思われるのだが，そうした方法とは逆に，「世界経済」（あるいは「世界市場」）→「国民経済」といった逆転した論理的思考が可能ではなかろうか．結局，これらの混乱を生じさせることになった究極的原因は『資本論』の論理構成そのものに原因があったのではなかろうか[9]．

　要するに，「はじめに」で述べたように，現行『資本論』では，資本主義的生産様式は自らが生み出した不均衡要因ないし発展阻害要因を自律的に解消し，「封（=閉）鎖的一国資本主義」（=「純粋」（一国）資本主義）のもとでも資本主義は無限界に発展しえる強力な自己調整機構を備えているかのように叙述されているのではないかということ，つまり自己完結的理解と「純粋」（一国）資本主義という2つの想定をともに可能とする方法上の難点を含んでいると言ってよいのではないか[10]．

　事実，理論史を回顧すれば，上述の内容の要点については，ルクセンブルク（R. Luxemburg）の著書『資本蓄積論』をめぐる議論の中で，バウアー（O. Bauer）によってそれはすでに代表されて示されている．彼は次のように述べている．「1．孤立した isolierten 資本主義社会においても，資本の蓄

積は，その時々に定められた限界を越えなければ，可能である．2．資本の蓄積は資本主義的生産様式自体の機構によってかかる限界に自動的に引き寄せられる．」[11] バウアーは，『資本論』のもつ，すでに指摘した特徴を見事に上の二点で集約しえたと言ってよいであろう[12]．だが，バウアーの説を容認するとすれば，『資本論』の論理と「帝国主義論」の論理との方法的接点を失うことになりはしないであろうか．つまり論理の二重化あるいは二層化を意味することになるのではなかろうか．

議論をさらに先に進めるために，現行『資本論』における「均衡論」的理解への傾斜に対する批判と，資本の運動範囲の限定性＝「閉鎖性」を批判的に論じた，最近の二つの見解を紹介し，検討することにしよう．

## 第2節 「均衡論」批判の二見解

(1) 和田重司氏の見解

和田氏は最近書かれた論文の中で次のように述べておられる．「価値法則というような，元来マルクス経済学で多用されてきたような用語（でさえ）も，いささか均衡論に傾斜した形で使われるようになってきた……．いつのまにかそれは，元来近代経済学の用語であったはずの市場原理やカタラティックス（交換学）に影響された用法をまとうようになっていはしないかとも思われる……」，と．氏によれば，「価値法則」の通説では，「さまざまな諸商品の需給を均衡させるという点がいわれ」，「全体としての価値法則理解は，意外にも静態論的，均衡論的なものになっている……」．しかし，「価値法則」は「現実の経済を基礎的なところでつき動かしてゆくような原理，原則でなければなるまい」，と．そして，氏は「価値法則」の意味をさらに敷衍して，「矛盾の展開としての価値法則の展開のうちに国家の経済への介入が説明される」とするなどの考え方が必要ではないかと述べておられる[13]．

そこから乖離した諸運動＝諸律動（＝「可逆的過程」）がそこに引き寄せられる（かのように見える）その中心軸・均衡軸（＝「不可逆的過程」）を歴史貫通的

（すなわち，いかなる社会形態を問わず貫徹する）再生産軌道と見なし，（この資本主義的中心軸の分析を欠いたまま，あるいは両者の相互関連の分析を欠いたまま）諸律動の分析に重点を移動してゆく理論（=「均衡論」）への正当な批判として（本章の問題関心に引き寄せて）和田氏の先の論述を受けとめることが必要であろう．氏のここでの主張の要点は，「可逆的過程」を背後で規定する「不可逆的過程」の分析にもっと研究の力点を置くべきことを強調することにあったと解してよいであろう．

　和田氏の上述の見解は，バウアーに対立したルクセンブルクの次の見解に一致している．「周期的な景気交替と恐慌とは，資本主義的経済様式のもとでの運動の独自的形態であるが，運動そのものではない．資本主義的再生産の問題を純粋な姿態で叙述するためには，われわれはむしろまさにかの周期的な景気交替および恐慌を度外視せねばならぬ．」「より長い期間，すなわち景気交替の一循環全体を取れば，好景気と恐慌，すなわち再生産の極度の緊張とその沈滞および中断とは互いに平衡を保つのであって，全循環の平均をとれば，特定の中位的大きさの再生産となる．……ではもしわれわれが恐慌と景気交替とを度外視すれば，どんなことになるか？――ここに本来的問題が始まるのであって，再生産問題を恐慌の周期性を論じることによって解決しようとする試みは，つまるところ，価値問題を需要供給の変動によって解決しようとする試みと全く同様に，俗流経済学的である．」[14]

　ただし，ルクセンブルクの場合には，『資本論』が「未完成」であるが故にそこでは再生産に関する諸問題が完全な形で叙述されていないとして，現行『資本論』の批判的解釈を求めた[15]のだが，和田氏の場合には，『資本論』における「価値法則」を理解する最近の経済学の側に「均衡論」的傾向が見られることを批判している点，両者の『資本論』の解釈視点は相違している．著者は，『資本論』それ自体にバウアー的解釈（後述）を許す，多分に「均衡論」的偏向が見られること，またマルクス死後いっそうこの傾向が推し進められてきたのではないかと判断している[16]．

　次に渋谷氏の見解を検討することにしよう．

(2) 渋谷将氏の見解

　渋谷氏は，資本の世界的運動が国際関係に著しい緊密化をもたらしている現代世界経済の新しい特徴について，とりわけ資本活動の国際化と国家との関連問題について，「資本の世界市場運動を資本の運動にとっての『制限とその突破』」という分析視点から，それらにアプローチする必要があるのではないかとされる．すなわち「①機械経営の生産過程の飛躍的拡張能力にたいする原料と販売市場の点での制限の国際的分業の形成による突破．②原料と販売市場の点での制限の資本輸出と政治的・軍事的手段による経済的領土の強力的押し広げによる突破．③労働の搾取度と労働者人口という『搾取の条件』という点での国民的制限の直接的生産過程の国際化による突破」という3つの分析視点からの現状理解の必要性である[17]．

　その際，マルクスの経済学体系「編別プラン」の「国家」の項目について，氏は，「前半体系」では国家が捨象され，経済的諸範疇の体系としてその内部的仕組みを示されていたにすぎないブルジョア社会の把握が，次いで国家を加えたブルジョア社会の把握へと，ブルジョア社会に対する認識が一歩進められる形で構想されているのだとして，氏はかかる理解から国家「導出」論を批判する．同時に，「国民国家および国民経済」という概念は「国際的関係を考慮にいれたときに成立する概念」であるから，ウォーラーステインら「世界システム分析」の方法論者の主張する「一国資本主義分析か世界資本主義分析か」あるいはどちらが「分析単位」とされるべきかといった発想は退けられねばならないとされる[18]．

　渋谷氏の方法は，『資本論』体系に関する比較的オーソドックスな理解の仕方であると思われる．

　たとえば，渋谷氏はマルクスの方法を次のようにまとめているように見える．①マルクスは「国際関係をひとまず捨象して，もっぱら閉鎖体系において『資本』を分析し」，②「その本質をとらえたうえで，あらためて国家や国際関係を考慮に入れていくという分析方法を採用した．」[19] そのさい，③「資本主義的生産様式の分析にあたって，マルクスが表象に浮かべていたの

は『生きた全体』としての資本主義的生産様式であって，国家によって『総括』され，世界市場の中で一定の『国際的関係』をとり結んでいる現実的な存在であった.」[20]

上のパラグラフ前段部分①，②，③では「閉鎖体系」,「国家」,「国際(的)関係」といったキーワードによって,「分析単位」としての「一国資本主義分析」視角論に立脚した方法論がとられているように見える.

ついで，後段部分③では，国家によって総括された国々の「国際関係」が分析対象となり,「世界資本主義分析」視角論へと傾斜していくように見える.

『資本論』では，マルクス自身が記しているように,「資本主義的生産様式の一般的排他的な支配 allgemeine und ausschließliche Herrschaft」[21]が前提されて，資本主義経済の基礎構造と資本の一般的運動法則の解明がなされている．この想定あるいは前提は，マルクスによって次のようにも言い換えられている．すなわち，それは「全商業世界を一国とみなし，また，資本主義的生産がどこでも確立されて，あらゆる産業部門を征服した」[22]という意味である，と．マルクスのこの前提は,「孤立した」資本主義や「閉鎖的（＝封鎖的）資本主義」はもちろんのこと,「純粋一国資本主義」とも異なっているであろう．（この論点については，後に，本章第3節で詳論する.）

ところが，一方で，マルクスは上述の文言を述べながら，他方では，いたるところで「外国貿易の捨象」について述べている．しかし，マルクスにおいて，前述のような前提が終始一貫していれば,「外国貿易の捨象」などと改めてことわる必要もないことであろう．ところがこの前提が『資本論』で繰り返し記されているため，バウアーのように,『資本論』では「孤立した」資本主義が前提されているかのような誤解が生まれることになったと思われる．そしてこの不徹底な論述内容が渋谷氏の方法論に少なからず反映しているように見える．氏が「閉鎖体系」と言う時，氏が主張される方法論とは裏腹に，いつのまにか氏が「分析単位」としての「一国資本主義分析」視角論に引きずり込まれているように見えてならないのである．抽象的な形で想定されている「資本主義的生産様式の一般的排他的な支配」とされる資本主義

世界は，現実的な局面としては，その社会の最終段階を意味しており，「国際的関係」を分析対象としうるのはその局面にいたるまでの過渡段階に限定せざるをえないのではなかろうか．

　ところで，前記の「制限とその突破」論について概略の検討を行なう．この理論については，資本が「国民経済」や「国家」の枠組みを突破して外部展開せざるをえない必要性が主張され，「均衡論」的視点の批判を含むという点で評価されるにしても次の2つの疑問点が生じる．第一は，「一国資本主義分析」視角論がいっそう強く現われているという点である．第二は，氏が「制限」という場合，それは「消費制限（＝限界）」とも，「国民経済」という「経済領域」，つまり「国家」という，市場の大きさを「制限」する「物理的障壁」という意味にも受け取られて，その意味内容が必ずしも明快ではない点である．もし，前者の意味であるとすれば，「生産と消費の矛盾」論の世界市場への直接的適用というやや古典的意味内容をもった理論の再版となるであろう．他方，後者の意味に，すなわち，この「制限」を，「国家」という権力「枠」の「制限」（＝障壁）という意味に理解すれば，資本の生産過程にとっては，「国家」は剰余価値生産の場として資本の「生産過程」における物理枠を形成し，資本が帰属する母国＝「国籍」が規定され，資本の活動範囲が「国家」という物理枠によって拘束される．他方，資本の流通過程にとっては，「国家」は原料および労働力の確保の場としての，同時に，商品の実現の場としての，「市場」の枠（＝制限）を形成し，この意味において，商品，貨幣，資本，労働力の移転および所有権移転が，「国家」という枠の規制を受ける．

　ようするに，渋谷氏の場合には，バウアーの均衡論とは異なって，一国の再生産軌道が均衡化しえないところに資本主義的生産の特徴があり，また資本主義的生産の外延的拡張意欲の発生する根拠が強調されている点は評価されるにしても，資本主義世界経済がいかなる方向性と態様性をもって進むのかについての分析方法にはなお検討の余地があるように思われる．

## 第3節 『資本論』における「世界市場」項目の重視

次に，なぜに上記のような誤解を招く『資本論』理解が生じたのかについて『資本論』の形成史的観点からこれを検証してみることにしよう[23]．本節における検討内容の要点は次の3点である．第一に，現行『資本論』(体系)では，「世界経済」と「国民経済」との関係をいかに取り扱うべきかについてはじめから経済学の方法が一貫していたように見えないこと．第二に，「商品市場」が何よりも問題になる「資本の集積・集中論」の方法的限定が曖昧なことによって，『資本論』の全体の論理にその理論が整合的に組み込まれていないこと．第三に，「資本主義的生産様式の一般的排他的な支配」を想定するという『資本論』の大筋でのそうした想定が必ずしも徹底していないこと．

まず，第一の論点から論じることにしよう．

(1) 資本主義的生産の3つの主要事実

『資本論』第3巻第3篇第15章「この法則の内的諸矛盾の展開」の最後の部分（つまり第3篇「利潤率の下落の法則」の最後の部分）でマルクスは「資本主義的生産の3つの主要事実」として，覚え書きふうに，「(一) 少数者の手中における生産諸手段の集積．……」と「(二) 労働そのものの……社会的労働としての組織．」および「(三) 世界市場の形成．……」をあげている[24]．これら「3つの主要事実」がマルクスによって終生，彼の研究対象として重視されていたことは彼が経済学の研究に着手し始めた頃からその最後にいたるまでの彼の研究経過から確認できる[25]．（この点のより立入った考察は次の第8章で行なう．）

だが，資本の集積・集中，労働の社会化，世界市場の形成というこれら「資本主義的生産の3つの主要事実」について，『資本論』では，それらが，単に，箇条書きあるいは並記されているだけで，相互連関的に体系的に説明

されていない．図式的な形でさらに言い換えれば，「資本集中の法則」に基づく生産および労働の（国際的）社会化の進展（垂直的動態）と「世界市場における各国経済の相互連関性」の強化（水平的動態）の問題とを，立体的な論理構造で，統一した論理で，順次的に，『資本論』で，論じるまでにマルクスはいたっていなかったように思われる．『資本論』の形成過程から簡単にこのことを確認しておこう．

① 「資本主義的生産の3つの主要事実」について書かれてある上記の部分すなわち，第3部「第一稿」第3章が執筆されたのは1864年の終りまたは1865年の上半期であるとされる．（労働運動史上では，「国際労働者協会」（第1インター）の創設期（1864年）に一致する．）ところが，『資本論』の構想直前に執筆された『1861-1863年草稿』では，この「3つの主要事実」が「2つの主要事実」とされ，最後の「（三）世界市場の形成」の項目は脱落していた．この項目が新たに追加されたのは『資本論』第3部草稿（64-65年）においてである．

② 1867年に公刊された『資本論』第1巻の第6章第2節「いわゆる本源的蓄積」の中に（1872年の第2版でも），次のように書かれてある部分がある．「……この集積 Koncentration すなわち少数の資本家による多数の資本家の収奪とならんで，ますます増大する規模での労働過程の協業的形態，科学の意識的な技術的 technologische 応用，土地の計画的共同的 gemeinsame 利用，共同的にのみ使用されうる労働手段への転化，および und 結合された社会的な労働の共同の gemeinsame 生産手段としてのその使用によるすべての生産手段の節約が発展する．」[26] 見られるように，ここでは，資本の集積（・集中）過程と生産手段の共同的使用などについては述べられているが，「世界市場の形成」については全く触れられていない[27]．

③ ところが，1872-1875年に刊行されたフランス語版『資本論』第1巻（9セット，44分冊）では，この部分は次のように修正された．「……この集中すなわち少数の資本家による多数の資本家の収奪とならんで，化学の技術への応用，土地の組織的・統一的利用，共同的にのみ利用されうる効率よい用

具への道具の転化，したがって生産手段の節約が，世界市場の網の中への全ての国民の編入，したがってまた資本主義体制に刻印された国際的性格が，たえず増大する規模で発展する．」[28]（強調点は引用者）文章表現の若干の修正とともに，新たに，「世界市場の……国際的性格が，……発展する．」の部分が加筆された．（労働運動史上では，パリ・コミューン事件（1871年）の時期に一致する.）『資本論』と「世界市場」との関連問題がマルクスに強く意識され始めたと言うことができる．

④　さらに，1877年の9月から10月にかけて書いたとされる，第1巻のドイツ語第3版刊行のための指示書きの中で，マルクスは上記の部分についてその版では次のように修正すべきことを書いている．「793ページ……上から3行目の終りの言葉『労働 Arbeit』の後にコンマをつけ，（フランス語版のそれと同じく）次のように付け加えること：『世界市場の網の中へのすべての国民の編入，したがってまた資本主義体制の国際的性格が』」[29]．

⑤　その結果，第3版（1883年）ではエンゲルス編集の現行版と同じく次のように加筆される予定であった．「……この集積すなわち少数の資本家による多数の資本家の収奪とならんで，ますます増大する規模での労働過程の協業的形態，科学の意識的な技術的応用，土地の計画的利用，共同的にのみ使用されうる労働手段への転化，結合された社会的な労働の生産手段としてのその使用によるすべての生産手段の節約，世界市場の網の中へのすべての国民の編入，したがってまた資本主義体制の国際的性格が発展する．」[30]（強調点は引用者）

　おそらくマルクスは「資本主義的生産の3つの主要事実」についてはじめから一貫して強い関心を示していたであろうが，しかし，論理の整合性と体系性とを常に考慮しながら，これらの分析をどの範囲にまで立ち入って『資本論』で取り扱うべきかという点まで確定するにいたっていなかったのではないか．実際，『資本論』それ自体の内容さえ，それの執筆途中で拡大しているのであるから．中でも，「世界市場」項目の『資本論』での取り扱いの問題がその著書の執筆途中でマルクスの意識に急浮上してきたのではあるま

いか．そのため，マルクスは，立体的で動態的な論理構造において，順次的に統一した論理で，『資本論』で論じることに成功しなかった．そしてさらに推論すれば，体系の展開方法のかかる一面性＝不完全性は，後述するように，「集積論」的帝国主義論（R. ヒルファディング）と「崩壊論」的帝国主義論（R. ルクセンブルク）との，『資本論』を基礎にした，際だって対称的な論理構成を持つ，2つの「帝国主義論」を生み出す究極的原因になったように思われる．（第4節で詳論する．）

次に，『資本論』における方法的一前提，「資本主義的生産様式の一般的排他的な支配」という前提問題の内容について補足的な説明をすることにしよう．

(2)　「資本主義的生産様式の一般的排他的な支配」

ルクセンブルクは，彼女の著書『資本蓄積論』の中で，マルクスの著書『資本論』には，「資本主義的生産様式の一般的排他的な支配」という理論的想定がなされているとしている[31]．つまり，マルクスは，『資本論』で，「全世界がすでに『一資本主義国』であり，他の全ての経済形態および社会形態はすでに消滅したものと仮定している」とする[32]．同じく，他の箇所では次のように言う．「マルクスは，全地球上での資本主義の一般的絶対的な支配というかの状態が，すなわち，資本および今日の全経済的ならびに政治的発展の事実上の目標たる世界市場および世界経済のかの極度の成熟が，すでに達成されているものと仮定している．」[33] 後者の引用部分は，ルクセンブルクの理論を批判したバウアーが「蓄積は，孤立した資本主義社会においても可能であり，必然である」[34] としたことに対して，マルクスの方法をバウアーが理解していない点を批判するために，マルクスの文献からルクセンブルクが引用した箇所である．

ルクセンブルクによれば，「孤立した」資本主義社会（'isolierte' kapitalistishe Gesellshaft）というのはバウアーの「馬鹿げた観念である」[35]．その論拠として彼女は『資本論』第1巻第7篇第22章「剰余価値の資本への転化」に属する「脚注（21a）」を次のように引用している．「ここでは，一国民がそ

の媒介によって奢侈品を生産手段や生活手段に転換し，またその逆の転換をすることも可能にする輸出貿易は捨象する．研究の対象をその純粋性において撹乱的な付随的事情に惑わされることなくとらえるために，ここでは全商業世界を一国とみなし，また，資本主義的生産がどこでも確立されて，あらゆる産業部門を征服したことを前提しなければならない．」[36]

「輸出貿易」あるいは「外国貿易」を捨象することと，「全商業世界を一国とみなす」こととは同じではない．後者は資本主義世界の完成形態からの抽象によって資本の形態と運動が純粋な形で析出されるのに対し，前者の場合にはそうした完成形態に向う資本主義の形態と運動が分析対象になるからである．

ところで，ブハーリンは，後に，ルクセンブルクに対する批判論文の中で，マルクスはいわゆる「孤立した」社会については何も論じていないと彼女が断言しているのは事実に反するとして，『剰余価値学説史』から次の引用をしている．「問題を単純化するためにわれわれは外国貿易を捨象して一個の封鎖された国民 abgeschlossene Nation を考察することにしよう．」[37]

この論戦で，問題とされている要点は，『資本論』は「孤立した」資本主義を前提しているのか，あるいは全世界を一資本主義国と前提しているのか，どちらであるかという点である．しかしブハーリンによる上記の引用は，彼の見解を補強するものにはなりえなかった．というのは次の理由からである．

ブハーリンによって引用された一文は，カウツキー編の『剰余価値学説史』第2巻第2部第3章「資本の蓄積と恐慌」第2節「収入の資本への転化」[38]に書かれてある．そしてその箇所は，ルクセンブルクが『資本論』から引用した箇所に内容の上で一応対応している．しかし前者の草稿の執筆時期は1861-1863年であり，『資本論』の執筆構想がいまだ成立していない時期のものである．これに対して，ルクセンブルクが引用した文章は，ドイツ語初版（1867年）および第2版（1872年）には書かれておらず，1871-75年に刊行されたフランス語版『資本論』第1巻第7篇第24章「剰余価値の資本への転化」

第1節の255ページの脚注「1.」に初めて登場してくる．そして1883年のドイツ語第3版に，エンゲルスによって，初めて脚注「21a)」として取り込まれる．（本章注36を参照のこと.）

　すなわち，全世界を一国と見なし，資本主義的生産様式の一般的排他的支配を前提とするとされる『資本論』のこの前提は，『資本論』第1巻ドイツ語初版の段階ではいまだ明示されておらず，1870年代初頭に，新たに，この前提が『資本論』に取り込まれたという結論を得ることができる．つまり，ブハーリンの意図に反し，『資本論』第1部（第3部も）執筆段階（1860年代）でマルクスが考えていた「孤立した」資本主義という表現はその後，彼によって修正が加えられた，ということが明らかになった．こうした経過のもとで方法的前提の不徹底な部分が『資本論』に残り，種々の形で後の議論に影響を及ぼすことになったと言ってよいと思われる[39]．

　なお，ルクセンブルクが再三にわたって自著で強調している「資本主義的生産様式の一般的排他的な支配」という文言は，『資本論』第2巻第2篇第17章第2節「蓄積と拡大再生産」で，貨幣資本の蓄積がいかにして行なわれるかという問題提起に関わり，書かれてある．「われわれの想定——資本主義的生産の一般的かつ排他的支配——によれば，資本家階級を除けば，およそ労働者階級のほかにはどんな階級も存在しない．」[40]この部分は，第2部「第2稿」からとられている．もしこの文章にエンゲルスの手が加わっていないとすれば，この「第2稿」は第1巻刊行後の1870年に執筆されたといわれているので，それはフランス語版『資本論』第1巻の前記引用文とほぼ執筆時期が符合する．したがって，「資本主義的生産様式の一般的排他的な支配」を前提とする『資本論』の論理段階が確定しはじめるのは，『資本論』第1巻ドイツ語初版刊行以後のことであると推定してよいであろう．

## 第4節　帝国主義論史研究からの教訓

　これまで次の点を明らかにしてきた．第一に，『資本論』では，バウアー

が誤解したように，資本主義的生産様式には，均衡点（あるいは均衡軸）から乖離した諸資本の運動がそこにみずからを再び自動的に引き戻すことのできる自動調節機構を備えているかのように解釈可能な叙述部分があること．このような「均衡論」的理解は排除すべきこと．第二に，「全商業世界を一国と見なす」とする前提や「資本主義的生産様式の一般的排他的な支配」という前提は『資本論』第1部ドイツ語初版刊行（1867年）後に明示されるのだが，この想定はそれまでマルクスが利用していた「孤立した」資本主義（＝「純粋」（一国）資本主義）とは意味内容を異にするということ．

次節では，「資本主義的生産の3つの主要事実」の各項目を念頭に置きながら『資本論』と「帝国主義論」との関連について検討することにしよう．

(1) 「集積論」的帝国主義論

帝国主義諸理論の系譜については，これを次のように概括することができる．すなわち，19世紀末「修正主義論争」を起点とし，「崩壊論争」を議論の展開軸として，一方の，「崩壊論」擁護の立場からの，「生産と消費の矛盾」を重視する「崩壊論」的帝国主義論と，他方の，「崩壊論」を拒否する立場からの，「資本の集積・集中」を重視する「集積論」的帝国主義論とも呼ぶべき2系譜である．それぞれの成果は，前者の場合には，ルクセンブルクの著書『資本蓄積論』(1913年) に代表され，後者の場合には，ヒルファディングの著書『金融資本論』(1910年) に代表される[41]．

『金融資本論』の論理構造は，その著書の「序文」において明確にされている．この著書は『資本論』の直接的継承を意図するものとされており，資本の集積・集中過程が独占を成立させる一方，この過程で，株式会社制度を媒介として銀行と産業とが緊密化し金融資本が形成されるとする論理構成が採られている．帝国主義についてはそれは金融資本の対外政策と把握されている．ところで，ヒルファディングの理論では，資本の集積・集中過程の究極点に，中央銀行によって支配される「総カルテル Generalkartell」の成立が想定されており，社会主義の実現はそれに至るまで不可能であるかのよう

に論じられている．この著書の本文末尾における論述に特に注目すべきであろう[42]．しかも，当然のことに，「総カルテル」は一国でのことであり，世界市場が「世界総カルテル」によって支配される状態が想定されているわけではない．

　ヒルファディングの著書『金融資本論』は「国民経済」→「世界経済」という論理構成を採っている．資本主義的世界市場はさしあたり彼の資本の集積・集中論展開の視野に入ってこない．そのため，「国家」ないし「経済領域」が資本の集積・集中運動の枠（＝限定された市場）を作り上げ，資本の集中の「現実化過程」がその枠に規定されるのだということ，しかし，他方，その運動枠それ自体，世界市場では可動性をもっているというそうした側面が軽視される．つまり，彼の「金融資本」は「金融世界資本」を意味しない．『資本論』は事実上，（一国の）「純粋」資本主義の「一般理論」を解明したものと見なされ，彼の著書『金融資本論』では，資本の集積・集中過程の極に「金融世界資本」あるいは金融寡頭世界支配が想定されてはいない．結局，彼は，複数の「金融資本主義」（国）」（＝ブハーリンの言う「国家資本主義」）を想定し，それら列強の闘争において「帝国主義（戦争）の必然性」＝資本主義の没落段階が規定されるとする．これが，ヒルファディングの資本主義の生成・発展・没落過程の直線的な論理構成である．資本の集積・集中過程は，『資本論』と『金融資本』とを直結する赤い糸である．しかし，20世紀初頭の資本主義世界市場は「全商業世界を一国とみなす」理論モデルを構成するには完全に不適格であった．それを維持するに足る生産力基盤に欠けていた．世界資本主義は統合化ではなく分裂の時代であった．

(2)　「崩壊論」的帝国主義論

　他方，ルクセンブルクは，著書『資本蓄積論』で，「崩壊論」擁護の立場から帝国主義（の経済的基礎）を解明しようとした．

　彼女の著書では，第一に，非資本主義領域の資本主義化を通じてのみ資本主義は発展可能だとされ，非資本主義領域の資本主義化の極に（世界市場に

おける資本の全面支配の極に）社会主義の現実可能性を見いだすという論理構成が採られている．第二に，彼女自身は当時の資本主義（＝「帝国主義」）がひきおこす諸事件を，資本主義の最終段階における諸矛盾の政治的表現と見なしていたが，現実には，（そして実際に多くの批判を許したように）世界市場には，なお，非資本主義的領域が広範に存在しており，資本主義の最終段階を根拠づけることに成功しなかった．

　なお，ルクセンブルクの理論（＝帝国主義論）を理解するうえで誤解されてならない点は，「純粋」（一国）資本主義のもとでは，資本化されるべき剰余価値の実現が不可能だから非資本主義領域である植民地争奪戦が展開されるのだとしていわば放射状の，内から外へといった，論理を彼女は主張しているのではないという点である．彼女の想定する「純粋」資本主義とは，全商業世界を一国と見なし資本主義的生産様式の一般的排他的支配を前提する，「純粋」に，完成された世界資本主義だということである．この理解が意味していることは，一国資本主義が「金融資本の完成形態」をとるに至ったからといって，これをもってただちに世界資本主義が最高の発展段階に達し，没落の時代に入ったと断言することはできないであろうということ，資本主義の段階規定は一国資本主義においてではなく，世界資本主義においてなされなければならないからである．

　これまで見てきたように，マルクスは「資本主義的生産の3つの主要事実」に強い関心を示しながら，しかし実際には，論理の整合性をもって『資本論』にこれらの諸契機を取り入れることに成功しえなかった．同時に，方法的前提が必ずしも全体的に一貫してはいなかった．このことは，結局，本節で述べたように，「集積論」的帝国主義論と「崩壊論」的帝国主義論という対立する構成を持つかに見える2系譜の帝国主義論の構成に両者二分化の形で集中的に表現される結果になったように思われる．

　これまで，次の三点を確認した．

　第一に，『資本論』では，資本主義経済の存立を可能にする一般的諸条件の解明とその諸条件が充足された場合の，結果としてのみ現われる，諸法則

の解明に当てられ，その可能的諸条件の「現実化過程」については，後に分析されるべき課題として留保されていたように思われる．したがって，『資本論』では資本主義的生産様式は自らが生み出した不均衡要因ないし発展阻害要因を自動的に解消しえる強力な自己調整機構を自ら備えているかのように解する均衡論的解釈はすべきでないと思われる．

　第二に，『資本論』では，「全商業世界を一国とみな」し，「資本主義的生産様式の一般的排他的な支配」が前提とされる．しかし，この方法的前提がはじめから明言されていなかったため，さらに「純粋資本主義」→「孤立した資本主義」→「封(＝閉)鎖的資本主義」→「一国資本主義」（＝「国民経済」）などとする一連の図式的推論がたてられ，さらに続けて，「一国資本主義分析」を「分析単位」として，「一国資本主義分析」→「世界資本主義分析」へと分析枠を外延的に拡大する通説的分析方法が採られたように思われる．しかし，発展の到達段階が不明確では，世界資本主義の現実の歴史的発展段階規定は行ないがたいであろう．

　第三に，「資本集中の法則」に基づく生産の社会化および労働の社会化の進展（垂直的動態）の問題と実現理論が焦点となる，「世界市場における各国経済の相互連関性」の強化（水平的動態）の問題とを，技術の進歩（生産力の上昇）を媒介にして立体的かつ動態的な論理構造において順次的に統一した論理で論じなければならない．すなわち，「集積論」的帝国主義論と「崩壊論」的帝国主義論という一見すると両者全く無関係に見える2つの帝国主義論の統合化の問題である．しかし，世界資本主義の最終段階の前提なしに，これら2類型の理論の理論的統一化あるいは統合化をはかることはできないのではないか．ヒルファディングにしてもルクセンブルクにしても，彼らが資本主義の最終段階を根拠づけることができなかったのは，世界資本主義は資本主義の最終段階に到達していなかったからであろう．ということは，資本主義は生成・発展・没落といった単線的に過程を通過するのではなく，20世紀初頭は資本主義の「発展」段階における一局面とみなす必要があったのではないか．

つまり，現実の資本主義の歴史的発展過程では世界経済発展に大きな長期的変動を生じ，長期波動の種々の局面や国民経済の種々の蓄積構造の相違に応じて，産業資本と銀行資本の緊密化の形態も異なるに違いない．とすれば金融資本の形態もまた運動も種々でありえることになろう．20世紀初頭の世界資本主義は，最終段階に達してはいなかった．世界資本は全世界を支配するまでの生産力と集積力を持ちえていなかった．

## 第5節 「帝国主義論」と長期波動論

(1) レーニンの著書『帝国主義論』とその歴史的制約性

レーニンの著書『帝国主義論』(1917年) は，資本一般の諸法則の，実態分析への直接的適用によって，帝国主義(戦争)の必要性を論じている『金融資本論』(およびブハーリンの『世界経済と帝国主義』) や『資本蓄積論』のいずれの論理とも異なる特殊な方法を採っている．そして，この異なっている方法を採用したことが，とくに『資本論』の論理段階(「原理論」) と『帝国主義論』の論理段階(「段階論」) とを明確に区別したことが，戦後の「帝国主義論」研究の中で，この著書のもつ最大の方法的メリットとして高く評価された[43]．

しかし，レーニンは，資本の集積・集中の過程の極に社会主義の実現可能性を見いだすヒルファディングの理論と，非資本主義領域の資本主義化の過程の極にそれを見いだすルクセンブルクの理論を，揚棄しえたのであろうか．言い換えれば，レーニンの『帝国主義論』は「崩壊論」的帝国主義論と「集積論」的帝国主義論とをともに揚棄する帝国主義論を構成することに成功しえたのであろうか．結論から言えば，レーニンは，カウツキーらの「超帝国主義論」批判をつうじて，資本主義発展の段階規定を明示することを回避したのではなかろうか．冷静に事態を眺めれば，ヒルファディングとルクセンブルク (およびカウツキー) の理論をおいて資本主義の没落期を規定しようとした他の理論はないし，これらの理論は資本主義の没落期とする確証を得て

いないのである．

　レーニンは著書『帝国主義論』で，帝国主義を資本主義の最高の発展段階と規定し，「経済的・政治的・民族的」「矛盾・紛争・動揺」が集中して現われる帝国主義戦争の不可避性を確証しようとした．ここに，この著書が持っている最大の歴史的意義を見いだすことができた．しかし，他方では，1920年代に，コミンテルンの綱領の起草をめぐる議論の中で，「ルクセンブルク主義者」が，レーニンの理論はヒルファディングの経済理論の継承に過ぎないからルクセンブルクの『資本蓄積論』を綱領の理論的基礎にすべきだと主張したことを想起する必要があろう．確かに，レーニンの『帝国主義論』は論理の構成軸に「資本の集積・集中」論を置いている．しかしその著書は世界資本主義経済の動態を分析し切れていないだけでなく，「資本主義の最高の発展段階」さえ規定することに成功していないように思われる．

　世界市場の構造は著しく可変的であり，市場が分割されたり統合されればその領域内で資本はいっきに独自に独占の完成形態に向かう．たとえば，レーニンは，「帝国主義の概念」の第4項目「世界を分割する資本家の国際的独占団体の形成」について，国際カルテルの形成を「資本と生産との世界的集積の新しい段階」と呼んだ．そしてさらにこれを「超独占」とも呼び，それを「先行のものとは比べものにならないほど高い段階である」，としている．しかし，その具体例で示されているように，「国際的独占団体」は電気産業，石油産業，海運業に限られている．レーニンは世界資本主義の発展能力をなお過小評価していたのではないか．世界市場の構造変化に伴う「経済的・政治的・民族的」「矛盾・紛争・動揺」の発現形態は，20世紀後半期において，その前半期と比較して格段に複雑になっている．そうであるとすれば，現代においては，レーニンが『帝国主義論』でそれを批判的に論じた後半部分の「超帝国主義論」ないし「全世界的トラスト論」の再検討が必要になってきているのではなかろうか．すなわち，上述の理由から，今日では，「集積論」的帝国主義論と特徴づけられるヒルファディングの『金融資本論』と，それを継承・発展させたブハーリンの『世界経済と帝国主義』および

「崩壊論」的帝国主義論と特徴づけられるルクセンブルクの『資本蓄積論』の再検討・再構成＝統一化が求められているように思われる[44]．

(2) R.ルクセンブルクの著書『資本蓄積論』と長期波動論

ルクセンブルクの「帝国主義論」における方法論上の誤りは，戦後のわが国における『資本論』とレーニンの『帝国主義論』との関連を巡る研究によって，ほぼ確認済みであるように思われる．すなわち，彼女の方法論上の誤りは，蓄積されるべき剰余価値の実現問題から帝国主義段階に特有な資本主義の諸現象を一直線に（「独占段階論」なしに）説明しようとしたことにある，と．（ただし，彼女は，非資本主義的領域の資本主義化政策一般を帝国主義と名付けてはいない．）帝国主義は，非資本主義的領域が駆逐され終る最終局面，「資本主義的生産様式の一般的・排他的支配」の完了，その意味で，資本主義の最終段階における非資本主義領域の残部をめぐる政治闘争戦として位置づけられていた．

しかし，彼女が最初に設定した分析課題は資本蓄積の一般法則，とりわけ再生産の法則を解明することであった．彼女は再生産論の研究対象と方法に関して次のように述べている．第一に，再生産論の固有の研究対象は景気の周期的交替や恐慌を度外視した資本主義的再生産の問題であること，第二に，研究対象となる資本主義的再生産の過程は長期にわたる景気の周期的交替の平均あるいは一循環中の「中位的状態」であること，これらである[45]．

したがって，彼女が帝国主義の問題を説く場合には，「帝国主義段階の，矛盾にみちた運動」それ自体ではなく，資本主義に内在する諸矛盾の深刻化していく過程の背景，つまり，諸矛盾が激化し大規模化して現われていく資本主義崩壊期の蓄積傾向（＝資本蓄積の制限化されていく傾向）に限定していたはずであった．実際，彼女は，カルテルやトラストの問題は個別資本の諸運動に関するものとして考察の対象からはずしているのである[46]．それ故，彼女の著書『資本蓄積論』が意図したのは，金融資本の蓄積様式の解明を基礎にそれの世界市場での運動を明らかにする「帝国主義論」の展開ではなく，

個別資本の諸運動を，背後で究極的に規定している資本の一般法則，資本主義の崩壊傾向＝資本蓄積の制限的傾向の分析，その意味での「崩壊論」の展開，資本主義崩壊期の歴史・現状分析であったはずである．ところが彼女は『資本論』の論理を20世紀初頭の資本主義の特殊的段階，帝国主義の具体的分析に，直接，適用しようとした．しかし金融資本の蓄積様式の解明を抜きに「帝国主義」の特質を解明することはできないであろう．彼女の帝国主義分析における方法上の限界性はこの点にある．以上が，ルクセンブルクの「帝国主義論」の一般的評価であった．

だが，彼女の資本主義分析の方法と資本主義の崩壊傾向の歴史分析をパルヴスの創始とされる「長期波動論」の一系譜に配置して見るならば，彼女の理論はこの研究分野でかなりの積極的な貢献をしているように思われる．

長期波動論の創始者であるパルヴスによれば，資本主義的生産の固有の発展法則は，技術の発展法則と相互に連関し，資本主義経済の長期の波動現象を形作るが，それは世界資本 Weltkapital の世界包括的運動（非資本主義的領域の形式的・実質的包摂運動）として把握されるべきである．彼は次のように言う．資本は，本来，世界を包括しようとする「生産発展の浮揚力」を持ち，資本のこの「浮揚力」は工業諸国を世界市場で相互に連結するばかりでなく，非資本主義的領域を強力に粉砕して，それらを資本主義的生産諸関係に引きずり込むのだが，資本のこの「世界包括的な生産発展の浮揚力」と資本主義的所有諸形態とが矛盾をきたす場合には，経済的大破局や戦争や革命などが生ぜざるをえないであろう[47]，と．

パルヴスの経済学方法論では「資本一般」の論理（＝『資本論』の論理）を世界市場の構造・動態分析に直接的に適用して歴史的に世界資本主義の発展の動向を論じる方法が採られている．この理論は，本書第1章で見たように，エンゲルスの「大不況」観→カウツキーの「（不治の）慢性的不況」観→「崩壊論」（＝「正統派」的理解）に連繋しているのであり，この理論の要点は「生産と消費の矛盾」の世界市場への適用によって，つまり，「世界市場の拡大を求める資本の不断の衝動」に対する消費拡大の可能性と限界性によって，

根拠づけられている.*

パルヴスによる「長期波動論」は,「崩壊論」批判を論争の核心的論点とする「修正主義論争」を止揚すべく登場してくる(『商業恐慌と労働組合』〔1901年〕)[49]のであるが,この理論の理論史的意義は,「崩壊論」は資本主義発展の下降的長波の一面化・一般化であるのに対し,それへの批判である「修正派」の論理は上昇的長波の逆の一面化・一般化であるという点でいずれも資本主義の長期にわたる波状運動を理解していないところに欠陥がある,としたところにある.したがって,パルヴスにとっては,「長期波動論」は「崩壊論」の発展的解消であり,理論史上では,「長期波動論」は「崩壊論」の一ヴァリアントである[50].

「長期波動論」は資本主義の長期歴史的発展過程を,「資本一般」の諸理論によって,実態分析的に解明する理論である.これに対してルクセンブルクの「理論」(=「帝国主義論」)は,理論史上も内容それ自体も「長期波動論」に緊密に関連している.事実,ルクセンブルクがその著書で行なっている後半の歴史分析は,「長期波動論」が課題とする研究対象についての一成果である.

次に,「集積論」的帝国主義論としてヒルファディングの理論を継承したブハーリンの『世界経済と帝国主義』を見ることにしよう.

(3) ブハーリンの著書『世界経済と帝国主義』と長期波動論

ヒルファディングは帝国主義を金融資本の政策と理解している.わが国における帝国主義論史研究において,ヒルファディングが帝国主義を「段階」として理解せず「政策」と理解しているそうした現状把握に対して批判が集中した.ヒルファディングの場合には,資本の集積・集中過程の延長線上

---

\* ルクセンブルクが彼女の著書で,「立ち入って説明し根拠づけようとしたことは,実に自明のことであり,誰も事態をもともとそうとしか考えないだろう」[48]としたのは,彼女はその著書で伝統的な「正統派」的立論をなし得たものと自負していたからに他ならない.

(=「金融資本の完成形態」)に社会主義を展望する論理構成を採ったため，世界資本主義の，世界社会主義への移行が展望できなくなったこととも関連していたように思われる．

　ところで，「集積論」的帝国主義論の長期波動論への適用方法については，ヒルファディングの『金融資本論』を世界市場にまで視野を広げて具体化したブハーリンの著書『世界経済と帝国主義』によって例示されているように思われる．この著書は，わが国の帝国主義論史研究において，レーニンの『帝国主義論』と比較して評価が低い．しかし，長期波動論の視点からすれば，この著書は多くの参考にすべき論点を含んでいる．というのも，この著書では，(『資本蓄積論』と同じく)帝国主義論としては最大の欠陥とされている，『資本論』の論理の直接的適用によって，帝国主義の諸現象が説かれているからである．しかし，まさにこの点において，ルクセンブルクとブハーリンのこれら二つの著書は長期波動論的視点から利用可能になる．

　ブハーリンは世界的規模での資本の運動＝資本の集積・集中過程(＝「国際的トラスト」の形成過程)に注目する．この分析対象はヒルファディングの研究では欠けている部分である．すなわち，ヒルファディングの研究に徹底的に欠けているのは「国際的金融資本体制」確立への過程に関する分析である．ブハーリンはこれについて次のように述べている．「カルテルやトラストの背後にいて，普通それらに融資する企業がとりわけ銀行なのである．国際化の過程の原始的形態が国際的商品交換であり，国際化の過程の最も高度に組織化された段階が国際的トラストなのである．この国際化の過程はまた銀行資本の極めて顕著な国際化を生み出す．」[51]「国際的金融資本体制と国際的に組織された銀行支配とは経済的現実の否定できない事実である．」[52]ただし，ブハーリンはこれを余りに過大に評価してはならないとしている[53]．

　この著書が書かれた20世紀初頭に，「超」帝国主義論の展開につながる「国際的金融資本体制」の確立問題を帝国主義に関する当時の議論の中に持ち込むことは，労働者階級の当面の任務をあいまいにし，彼らの攻勢力をそぐとする配慮が働いたことは確かであろう．しかし，世界資本主義発展のそ

の後の経過に注目するならば，1910年代に，過大評価してはならないとされたその論点が，その後の歴史の推移によって，逆転的に，より重視されるべき論点として浮かび上がってきている．

ところで，ブハーリンは，資本の国際的運動についての考察とは別に，「国家資本主義的トラスト」を成立せしめる資本の運動について次のように述べている．「……組織化された体制の全ての部分――カルテル，銀行，国営企業はお互いに止むことなく癒着の過程にある．この過程は資本主義的集積が進展すればするほど速さが増す．銀行は，銀行が融資する企業間の競争を中止させることに関心を払う．それと同様に銀行のどのような提携も産業グループ間の結合を促進する．最後に国営企業も大金融グループと産業グループとますます依存を高めるとともにその逆も行なわれる．こうして集積と組織化の過程の一つ一つの分野はお互いに駆り立てられて，国民経済全体を大金融業者と資本主義的国家の指導のもとに巨大に結合化した企業，したがって，国民的市場を独占し，高度の非資本主義的形態での生産の組織化の前提となる経済へ転化するための極めて強力な傾向を作り出す．」[54]

資本の世界的集積・集中運動として成立する「国際的トラスト」と，他方での「国家資本主義的トラスト」の形成，この2つがブハーリンの帝国主義論構成上の基本軸をなしている．それゆえ，20世紀初頭は，資本主義が「国際的トラスト」および「国際的金融資本体制」の確立に向う一過程である．彼は次のように言う．「資本の国際化の過程と平行して，資本の『国民的』一体化の過程，すなわち極度に重大な結果を伴う『国民化』の過程が進められている．」[55] 20世紀初頭の世界資本主義を特徴づけているこの論述は重視されねばならない．そして，ブハーリンは「帝国主義」を後者から説明する．「帝国主義は，実際，確かに，国家資本主義的トラストの間の競争の現れ以外の何物でもない．」[56]

ブハーリンは「国際的トラスト」が単一の世界的組織に転化することは，「抽象的理論的に見るならば，全く考えられる」とする[57]．しかし，現実には，国家資本主義トラスト間の競争としての帝国主義によって，資本主義は

それ以前に崩壊する，このように考えていたように思われる．「帝国主義は，実際，確かに，国家資本主義的トラストの間の競争の現れ以外の何物でもない．もしこの競争が消滅するなら，帝国主義政策の基礎も消滅するだろう．その結果，多くの『国民的』グループに分かれている資本は，単一の世界的組織に，一つの全般的世界的トラストに転化する．そして，この世界的トラストには，世界プロレタリアートが対立する．抽象的理論的に見るならば，このようなトラストは考えられる．」[58] 長期波動論にこの理論を引き寄せれば，1895年から始まる上昇的長波の時期は，資本主義がより高度に発展する過渡段階として位置づけられていると見ることができる．

## おわりに

　ヒルファディングは，資本の集積・集中の極に社会主義の現実的可能性を見いだし，これを継承したブハーリンは，資本の集積・集中過程の究極点に「国際トラスト」あるいは「国際的金融資本体制」を想定した．これに対して，ルクセンブルクは，非資本主義領域の資本主義化を通じてのみ資本主義は発展可能だとして非資本主義領域の資本主義化の極に（世界市場の全面支配の極に）社会主義の現実可能性を見いだした．つまり「資本主義的生産様式の一般的排他的な支配」の局面の成立をもって，あるいは「全商業世界を一国とみなしうる」資本主義の高度な発展段階をもって，資本主義の没落期を予想した．これら2類型の理論は，『資本論』の論理を抽象的理論的に見るかぎり，前者の場合には，「全世界的トラスト」論にあるいは「超帝国主義論」に連繋して行くであろうし，後者の場合には，「資本主義的生産様式の一般的排他的な支配」というこの局面が資本主義発展の究極的到達点として想定されることになろう．「全世界的トラスト」と「資本主義的生産様式の一般的排他的支配」という両極面はこの局面で統一される．この局面にいたる過程は決して直線的ではなく，波動性をもつ．そしてこの各局面に対応してこの局面に支配的な資本が形成され，独自に運動する．*

なお，第一次帝国主義戦争勃発へと集約されていく1900年代初頭の帝国主義の時代の諸矛盾の累積過程はレーニンの『帝国主義論』によって見事に描き出されている．しかし，レーニンの著書『帝国主義論』の主要課題は，1914年に勃発した「帝国主義戦争の前夜」における「国際的な相互関係における世界資本主義経済の概観図」を描くことにあった．したがって，資本主義の発展過程における，諸矛盾の累積過程とそれらの顕在化を研究対象とした一つの「局面 Phase」分析に課題が限定されていたといってよいであろう．その限りで，その著書が経済学の発展に貢献した事実は評価されねばならないにしても，同時にそれが一定の歴史的限界性を持っていたという面も見ておかねばならない．

　「資本集中の法則」に基づく生産の社会化の進展（垂直的動態）と「世界市場における各国経済の相互連関性」の強化（水平的動態）の問題を立体的な論理構造において統一的に論じ，世界市場の構造とこれに規定された支配的資本の形成条件（＝長期波動論的視点）および資本のその時々の型と運動（＝金融資本の蓄積様式）を明らかにすることによって，その時代に固有の資本の蓄積運動を解明する理論（＝独占資本主義論的視点）の構築が必要であろう．長期波動論は，前者の課題を基本的に解明することを課題にしているといってよいであろう．

＊　19世紀のイギリス産業資本，20世紀初頭のドイツ金融資本，20世紀後半のアメリカ独占資本，21世紀のアメリカ世界金融資本といった資本の類型化は可能であろう．

1) 本書第4章第1節を参照のこと．なお，本章第2節で検討する和田重司氏は次のように述べている．「価値法則は元来生きた現実を基礎とした法則であるはずである．」（和田重司「市場と国家と価値法則」『市場社会』リブロポート，1992年，10ページ．）「私は本稿では価値法則という言葉を，剰余価値法則，生産価格の法則，平均利潤率の法則などと区別しないで，それらを説明する基礎概念として，それらを潜勢的に含む基礎概念としてつかうことにする．」（同上，14ページ．）
2) 「叙述されている」は，正確には，「叙述されているように見える」といった方がよいが，ここでは前者の表現に統一する．以下同様．
3) 「自己完結的性格」を「封（＝閉）鎖的性格」と読み替えてもよい．それの意味

内容は，後に詳しく触れるように，「孤立した」資本主義においても資本の蓄積は可能であり，資本主義は自らそうした機構を備えている，とするバウアー的資本主義発展観のことである．

4) たとえば，マルクスの次の論述を参照．「天体は，ひとたびある一定の運動に投げ入れられれば，絶えずその運動を繰り返すのとまったく同じように，社会的生産も，ひとたび膨張と収縮とを交互に行なうあの運動に投げ入れられるやいなや，この運動を繰り返す．結果が今度はまた原因となるのであり自分自身の諸条件を絶えず再生産するこの全過程の浮き沈みは，周期性という形態をとる．」(K. Marx, *Das Kapital*. Bd. 1, S. 662.) これは，労賃の一般的運動に目を奪われ，資本の運動を人口数の変動に依存させる「経済学的弁護論」者を批判したマルクスの文章である．マルクスは，「労働の需要供給の法則が運動する場の背景」である「相対的過剰人口」を創出する「資本主義的生産の機構」の解明に，『資本論』第1巻第7篇第23章の課題を限定している (*Ibid.*, S. 666-9.).

5) このように言うと，19世紀末ロシアにおける再生産・蓄積論論争での，ナロードニキや「合法マルクス主義者」の諸説——すなわち資本主義にとっての外国市場の意義の問題や「不比例説」など——に対するレーニンの諸批判を想起させる．これら諸見解のいずれが正しいかは別問題として，現行『資本論』では全3部を通じ，各諸論点が必ずしも論理整合的に説得的に説かれてはいないことに論争の究極的原因があったことは疑いえないことであろう．

6) 『資本論』第1巻ドイツ語初版 (1967年) の「序言」に見られるように，マルクスは「資本主義的生産様式と，これに照応する生産関係および交易諸関係」の研究の「典型的な場所」としてイギリスを選び，この国を「理論的展開の主要な例証」として役立てた．同時に，ここで彼は，「産業の発展した国は，発展の遅れた国にたいして，他ならぬその国自身の未来の姿を示している」と述べている (*Ibid.*, S. 12.). したがって，『資本論』はイギリス資本主義を「純化」して得た「孤立した」資本主義の理論モデルと見なされるような理解が生じるし，実際に後に見るように，マルクス自身はじめはそうした方法論を採っていたかに見える．

7) 「純粋」資本主義 ('reiner' Kapitalismus) という用語を最初に使用したのはルクセンブルクの著書『資本蓄積論』を批判したドゥボォライツキーであると思われる．「純粋」資本主義というのは資本家と労働者とだけから成ると想定された社会のことである．以後，マトゥイレフやブハーリンなどがルクセンブルクの理論の検討に際してこの用語を使用した．

8) たとえば，『資本論』のような「原理論」では永久に繰り返されるものとしてしか資本の運動法則は論述されえないという宇野弘蔵氏のような見解が登場することになる．あるいは社会体制揚棄の必然性は「原理論」では論証し得ないといった，「科学」と「イデオロギー」との分離を強調する見解が登場する．

9) 「プラン問題」とも関係する，戦後のわが国における経済学方法論論議からすれば，『資本論』の論理の自己完結的性格——つまり，「封鎖的」ないし「純粋」資本主義を想定しても無限に資本蓄積が可能とされる論理体系——について，それは「資本一般」の論理として，そうした方法に肯定的評価が与えられ，「原

(理)論」として「純化」される傾向にあったように思われる．そして抽象から具体へという順次的・階梯的論理体系の篇別構成途上でその論理の持つ「抽象性」・「封鎖性」は解き放たれ，いわゆる「プラン」の最終カテゴリーに位置づけられている「世界市場（と恐慌）」にまでいずれ対象範囲が拡大されえるものとみなされてきたように思われる．しかし，わが国では，実際の理論構成に際しては，国民経済→世界経済という対象範囲の空間的・外延的広がりだけでそれがなされてきたのではなかったのだろうか．この方法は，「資本一般」の論理段階で「全商業世界を一国とみな」し，「資本主義的生産様式の一般的排他的な支配」を前提とする方法とは異なり，実際上，「純粋資本主義」→「孤立した資本主義」→「封（＝閉）鎖的資本主義」→「一国資本主義」（＝「国民経済」）とする一連の推論において「一国資本主義」→「世界資本主義」という上向方法に一致する．

10) 世界経済分析の方法論における上記注9）のような思考に対する「世界システム分析」論者からの次のような批判は傾聴に値する．「われわれの拒否するのは，まず国民市場があり，その後それが国際市場に組み込まれることによって外国貿易に拡張してゆくという，連続性を意味した発展なのである．」（イマニュエル・ウォーラーステイン編，山田鋭夫他訳『ワールド・エコノミー』藤原書店，1991年，44ページ．）しかし，渋谷氏も指摘されているように，この論旨に同意することと，資本の世界的運動をいかに把握するかの方法論の論議とは別問題である．とくに，この理論には体系性がない点および『資本論』との関係が意識されていない点に不十分性が見いだされる．

11) O. Bauer, *Die Akkumulation des Kapitals*, *Die Neue Zeit*, Jg. 31, Bd. 1, 1912-13, S. 878.（向坂逸郎訳「資本の蓄積と帝国主義」『社会科学』第3巻第2号，改造社，1927年，95ページ．）

12) ルクセンブルク的視点に立つかバウアー的視点に立つかこれが議論の分かれ目である．産業循環を「可逆的運動」とし「資本主義的均衡蓄積軌道」を「不可逆的運動」と呼ぶとすれば，「不可逆的運動」の資本主義的性格を明らかにすることこそが重要であるとしたルクセンブルクの主張は評価されねばならない．これに対して，資本主義的生産方法には不均衡を均衡化する蓄積機構が備わっているとする前記のバウアー的観点は一面的であり，資本主義分析とりわけ資本主義世界経済分析方法としての不十分性は明白であろう．本書第4章では，バウアー的発想とルクセンブルク的発想を対比させて論じているのでこれをも参照のこと．

なお，ルクセンブルクは『経済学入門』の中で，「国民経済」とは何かについて執拗に検討し，「世界経済」を抜きにした「国民経済」範疇がいかにナンセンスかを強調している．『資本蓄積再論』においては，彼女は，批判者達が彼女の理論を資本化されるべき剰余価値の実現は「純粋」資本主義においては不可能であるとする議論であると要約し，その際，「純粋」資本主義を事実上「一国資本主義」に読み替えていることに対して激しく反論している．彼女にとって「純粋」資本主義は「世界資本主義」でなければならない．

13) 和田重司「市場と国家と価値法則」，10-1，14ページ．

14) R. Luxemburg, *Die Akkumlation des Kapitals. Ein Beitrag zur ökonomischen Erklärung des Imperialismus*, Berlin 1913 (in: *Rosa Luxemburg Gesammelte Werke*,

Bd. 5. Dietz Verlag Berlin 1975.), S. 14-5. (長谷部文雄訳『資本蓄積論』上, 青木文庫, 1952年, 14-5ページ.)
15) 詳細には, 拙稿「ローザ・ルクセンブルクの著書『資本蓄積論』における再生産論」(『商学論纂』〔中央大学〕第33巻第6号, 1992年を参照されたい.
16) 和田氏は, 『資本論』における「法則」の展開過程の特徴を, 絶対的剰余価値から相対的剰余価値へという論述の進め方や, 協業, 分業とマニュファクチュア, 機械と大工業といった資本による生産方法の発展分析の仕方に求めておられる. しかし, 氏の上述の問題意識をこうした「論理=歴史」説といった叙述方法に帰着させてしまうことには疑問を感じる. 論理的展開は必ずしも歴史に照応しないからである. 資本主義的生産に内在する矛盾はいつ爆発するかということとは別に, 矛盾のこうした発現によってさらに強力な矛盾が内在的に累積化されるかという観点が必要である.
17) 渋谷将「国民国家と世界経済」『現代国家の理論と動態』中央大学社会科学研究所編, 中央大学出版部, 1993年所収, 219ページ.
18) 同上, 206-7ページ.
19) 同上, 202ページ.
20) 同上, 204ページ.
21) K. Marx, *Das Kapital*, Bd. 2, S. 348.
22) K. Marx, *Das Kapital*, Bd. 1, S. 607.
23) 本節の一部の叙述は別稿「いわゆる『資本主義の最高の発展段階』規定について―超帝国主義論』の現代的有効性―」(中央大学社会科学研究所編『現代国家の理論と現実』中央大学出版部, 1993年) を利用した.
24) K. Marx, *Das Kapital*, Bd. 3. S. 266-7.
25) 上記の論述は, 1863年からマルクスが執筆過程に入った『資本論』の第3部「第一稿」に書かれてある文章をエンゲルスが, (一), (二), (三) の数字を書き入れてそのまま現行版に取り入れた. 詳細には, 本書第6章第7節を参照のこと.
26) K. Marx, *Das Kapital*, Bd. 1, S. 744.
27) ただし, 「資本の集中」は「(諸)資本の集積」という用語で語られている. なお, 「資本のこの集積もしくは資本による資本の吸引の法則は, ここでは展開され得ない」とする方法的限定はドイツ語初版からなされている (K. Marx, *Das Kapital*, Bd. 1, Hamburg 1867, S. 613.).
28) K. Marx, *Le Kapital*. Paris, 1875, p. 342. 林直道編訳『資本論第1巻 フランス語版』大月書店, 1976年, 198ページ.
29) *MEGA*, II/8, S. 19.
30) K. Marx, *Das Kapital*, Bd. 1, S. 790.
31) R. Luxemburg, *Die Akkumulation des Kapitals*. S. 297. (長谷部文雄訳『資本蓄積論』, 407-8ページ.)
32) R. Luxemburg, *Die Akkumulation des Kapitals oder Was die Epigonen aus der Marxschen Theorie gemachat haben: Eine Antikritik*, Frankes Verlag GmbH, Leipzig, 1921. 〔*Rosa Luxemburg Gesammelte Werke,* Bd. 5, Dietz Verlag, Berlin

1975, S. 432. 以下，これを *Antikritik* とする．〕（長谷部文雄訳『資本蓄積再論』岩波文庫，1935年，38ページ．）
33) *Ibid.*, S. 511. （同上，180ページ．）
34) O. Bauer, *ibid.*, S. 873. 向坂前掲訳，43ページ．
35) R. Luxemburg, *Antikritik*, S. 470. 同上訳，170ページ
36) K. Marx, *Das Kapital*, Bd. 1, S. 607. 「注」の「21」に「a」が付加されているのは，ドイツ語第3版で新たに「注」が追記されたことを意味する．なお，マルクスは，『資本論』第1巻ドイツ語第3版への指示書の中で，次のように書いている．「603〜609ページからなる（「剰余価値の断片」という言葉で終わっている）本章第1節の全体はフランス語版から翻訳しなければならない．」(*MEGA*, II/8, S. 13.)
37) N. D. Bucharin, Der Imperialismus und die Akkumulation des Kapitals, *Unter dem Banner des Marxismus*, Jg. 1, Heft 1-2, 1925, S. 264. （友岡久雄訳『帝国主義と資本蓄積』同人社，1927年，201ページ．）
38) 現行版では，*MEGA*, II/3, S. 1102. （『経済学批判（1861-1863年草稿）』『資本論，草稿集』6，大月書店，675ページ．）に該当する．
39) マルクスの『経済学批判』体系「編別プラン」問題に関して，『資本論』第1巻ドイツ語初版刊行（1867年）後の「編別プラン」の修正や方法的前提の修正に関する検討は，『経済学批判』執筆構想から『資本論』の執筆までの時期の検討に比較して，著しく立ち遅れている．
40) K. Marx, *Das Kapital*, Bd. 2, S 348.
41) ヒルファディングの著書『金融資本論』(R. Hilferding, *Das Finanzkapital, eine Studie über die jüngste Entwicklung des Kapitalismus*, 1910.〔林要訳『金融資本論』大月書店，1961年．〕）は，「修正主義論争」の実質的止揚，つまりベルンシュタイン「修正主義」に対する「正統派」からの体系的・実質的批判の完成を意味する．しかし，この著書は，「生産と消費の矛盾」から資本主義の崩壊を説く「崩壊論」（ベルンシュタインはそれを精力的に攻撃した）をベルンシュタインと同様に拒否しているという点で彼と同じ思考基盤に立つが，ヒルファディングは資本の集積・集中の過程の進行途上に，社会主義革命の現実的条件を見いだした．他方，ローザ・ルクセンブルクの著書『資本蓄積論』は，「生産と消費の矛盾」から資本主義の崩壊を導く，「正統派」的理解における伝統的な理論を，マルクスの再生産論によって補完するものであった．
42) 「金融資本は，その完成形態においては，資本少数政治の手における経済的および政治的絶対権の最高段階を意味する．それは資本貴族の独裁を完成する．それは同時に，一国の民族資本の支配者の独裁を，他国の資本主義的利益とますます融和し難いものたらしめ，また国内における資本の支配を金融資本に搾取されながらも闘争に駆り立てられる国民大衆の利益とますます融和し難いものたらしめる．ついに敵対的利害関係の激突において，資本貴族の独裁はプロレタリアートの独裁に一変する．」（*Ibid.*, S. 507. 同上書，544ページ．）
43) 『資本論』は資本主義の基礎的構造と資本主義の一般的運動法則を解明しているとされ，『帝国主義論』は独占資本主義の経済構造と独占資本の運動法則また

第 6 章　帝国主義論と長期波動論

は金融資本の蓄積様式を解明する鍵を与えているとされる．そしてさらに，独占資本主義論の課題は，資本の一般的運動法則が独占資本主義段階においていかに変容して現れるかを解明することだとされる．ただし，こうした経済学方法論に対して，いわゆる「宇野経済学」方法論は，マルクスの『資本論』を「純化」した「理論」を「原理論」とみなし，レーニンの『帝国主義論』に代表される「帝国主義論」は19世紀を前後して現れて来る資本主義の「不純化」傾向を，「原理論」を「基準」に，解明すべきものとされている．

　経済学方法論は異なるとはいえ，いずれの場合にも，レーニン以前の「帝国主義論」は『『資本論』直結主義』であるというところに，すなわち，『資本論』の論理を現実の解明に直接適用したところに，問題があると批判された．したがって，『資本論』と『帝国主義論』との関連に関する議論は，戦後のわが国における帝国主義論史研究の中で，事実上，決着がついているかのように見える．しかし，本章はこれらの見解に対する異議申し立ての試論である．

44) こうした作業が決して容易なことでないことは，帝国主義論史が示しているとおりであり，その理由は，これらの著書が究極的に依拠しているマルクスの『資本論』に存在しているように思われる．第一に，『資本論』では，「資本主義の生成・発展・死滅の必然性」が論証されていると一般に見なされているが，どの様に「論証」されているか明確ではない．資本主義の死滅の必然性が一般的に論証しえずに，どうして『帝国主義論』で「死滅しつつある資本主義」が規定しえるであろうか．第二に，資本の集積・集中の問題と世界市場における非資本主義領域の資本主義化の問題はどの様に統一的に把握されるのであろうか．しかし，『資本論』では，これらの両者を統一的に把握する方法的視点が確立されていないように思われる．

45) R. Luxemburg, *Die Akkumulation des Kapitals. Ein Beitrag zur ökonomischen Erklärung des Imperialismus*, 1913, S. 14. （長谷部文雄訳『資本蓄積論』上，14-5ページ．）

46) *Ibid.*, S. 401. （『資本蓄積論』下，556ページ．）

47) Parvus, *Die Kolonialpolitik und der Zusammenbruch*, Verlag der Leipziger Buchdruckerei Aktiengesellschaft, Leipzig 1907, Vorwort, S. 86, 97.

48) R. Luxemburg, *Antikritik*, S. 415. （『資本蓄積再論』，9ページ．）

49) Parvus, *Die Handelskrisis und die Gewerkschaften*, Verlag von M. Ernst, München, 1901.

50) 拙稿「『長期波動』論の理論的性格に関する一考察―『長期波動』論の生成過程に関連して―」（『商学論纂』第22巻第4・5・6号，1981年）を参照されたい．

51) 西田勲・佐藤博訳『世界経済と帝国主義』ブハーリン著作集3，現代思潮社，1970年，74ページ．

52) 同上書，77ページ．

53) 「だが，他方では，国際的組織の意義を過大評価してはいけない．その意義は，世界資本主義の経済生活の全ての重要な分野と比べるならば，一見して考えられるほど決して大きくはない．その多くのものは，すなわち，シンジケートとカルテルの場合について言うと，単に市場の配分に関する協定に過ぎない．」（同上書，

77ページ)
54) 同上書，103-4ページ．他の箇所では次のように述べている．
「個々の生産部門は，いろいろな方法で，一つの統一的な・高度に組織された集合体に結び合わされる．金融資本はその国全体を鉄の鎖につなぐ．『国民経済』は，一つの・強大な・結合したトラストに転化する．そして，その出資者は金融グループと国家である．われわれはこのような組織を国家資本主義的トラストと名付ける．」(同上，186ページ)「現代の国家は，国家資本主義的トラストの最大の株主として，最高の・最も包括的な・最も完成された国家組織である．」(同上，207ページ)
55) 同上書，115ページ．
56) 同上書，220-1ページ．
57) 同上書，221ページ．
58) 同上書，220-1ページ．

# 第7章　利潤率の傾向的低下の法則と長期波動論
―― 『資本論』第3部草稿第3章の検討を中心にして ――

## は じ め に

　戦後わが国のマルクス経済学の分野では，資本主義的生産に内在する諸矛盾の総合的爆発とみなされる恐慌・産業循環の分析や，資本主義の生成・発展・没落という発展段階認識に基づく帝国主義論（史）研究および（国家）独占資本主義の分析（＝現代資本主義論），さらに現代的恐慌の変容した発現形態だとされる「スタグフレーション」の分析など，ほぼ50年にわたってありとあらゆる諸論点について多種多様な諸議論が展開され，これまでに多くの成果が得られたように思われる．ところが，1970年代初頭に始まる資本主義世界経済の長期停滞局面への移行の中で，とりわけ80年代に入って，新たに，反ケインズ派理論＝「新自由主義」理念が浸透し始め，現実社会では，「社会主義」の体制的崩壊と戦後の「冷戦構造」の変化（ソ連邦の解体と「パクス・アメリカーナ」の崩壊過程）および「アジア経済圏」諸国の躍進など，世界の政治・経済情勢は短期間で，誰も予想しなかった方向に，急激にかつ目まぐるしく変化しはじめた．また，他面では，「冷戦構造」崩壊後の世界市場では「グローバリゼーション」と「リージョナリズム」との背反するかに見える二局面がこれまたこれまでに見られない複雑な形で同時進行している．
　マルクス学派における旧来の諸理論（特に現代資本主義論）は，しかし70年代以降に顕著に現れはじめてきたこうした諸事象を自己の分析対象にあるいは自己の経済学に取り込みえないでいるように思われる．すなわち，第一に，マルクス学派は現代資本主義における国家の経済過程への介入を資本主義の

延命策とみなしてきたのであるから，この破綻した政策に対置できる代替政策として，社会主義以外にありえなかったのではなかったか．第二に，資金力，政治力，軍事力を持ったアメリカが，「強いアメリカ」の再建をめざすために，最も好都合な条件，つまり「社会主義」の「崩壊期」に直面しながら，なぜに有効な手段を講じることなく資本主義世界市場は「メガコンペティション（大競争）」への「先祖返り」をとおして世界経済秩序の再編に向かいつつあるのであろうか．

　本節では，上述のような問題意識から，恐慌・産業循環分析によっても，また（国家）独占資本主義分析によっても，いずれも現実分析の動態過程を分析しうるまでにいたらなかったことの反省の上に立って，長期波動論的視点の経済学への導入の必要性を吟味することに課題を設定してみることにする．

　ところでマルクス経済学の分野で長期波動論の研究がなぜこれまで，これほど，消極的にしか議論されてこなかったのであろうか，その理由として，さしあたり，次の4点の事情を列挙することができるであろう．

　第一に，「資本」から始まり最終範疇の「世界市場（と恐慌）」にいたって完結する雄大なマルクスの経済学批判体系プラン，このプランの中に長期波動論を組み込むことが可能かどうか，あるいは，それは，「理論」というよりは現状分析あるいは歴史分析に属するものとみなされるべきではないかなど，長期波動論を「理論」と呼ぶことに常に懐疑的であったこと．

　第二に，資本主義発展の長期波動の時期区分は，事実上，産業資本主義・独占資本主義・国家独占資本主義の各諸段階に対応する資本主義発展の「段階」区分にほぼ合致するので，これまでの経済学の方法を踏襲し，拡充することで充分であり，改めて長期波動論の展開の必要性があるとは思えないとされてきたこと．

　第三に，この理論は一時期マルクス学派に属する一部の論者によって注目され，内容が深められてきたにもかかわらず，この理論の提唱者はその時々のマルクス主義の「正統派」からすれば，資本主義の再建可能性を示唆する

だけでなく，それの強力な延命力を主張するものとして常に実践上の「異端者」と見られていたこと．マルクス的な経済学体系にそれを組み込むことが拒否されただけではなく，この理論はむしろ批判の対象にされてきたこと．

第四に，長期波動論は「長期周期論」に再構成された上で，さらに非マルクス経済学者（とくにシュンペーター）によって「コンドラチェフ波」として喧伝され普及されてきたため，マルクス学派にとっていっそう受け入れ難いものになったこと．また，「長期周期論」は資本主義発展の「段階」認識あるいは歴史認識を欠如させている点でマルクス経済学方法論からすれば致命的難点を持った理論と見なされたこと．

本章では，マルクス経済学が恐慌・産業循環分析と資本主義の生成・発展・没落問題の研究に重点を置き，両者を媒介する理論が軽視されざるをえなかったその原因の一つに，現行版（エンゲルス編）『資本論』第3部第3篇（「利潤率の傾向的低下の法則」）第13～15章の章・節区分と表題の付け方に誤解を招くような論述があったのではないか，つまりエンゲルスによる第3部草稿の章・節区分と表題によって研究課題が一定程度限定されたため，『資本論』の論理を長期波動論展開へと向ける道が閉ざされてしまったのではないか．これらの点について『資本論』第3部草稿第3章をエンゲルス編の現行版第3部第3篇と対比しながら論じる．

## 第1節　草稿の外形と内容

エンゲルス編集の現行版『資本論』（特に第2部と第3部）では（あるいは「経済学批判体系プラン」においてさえ）長期波動論を構成する道は開かれていないように思われる．その要因はどこにあるのだろうか．その解答はエンゲルスによる『資本論』第2部および第3部の編集過程でなされた章・節・項区分と表題に責任の一端があるように思われる．つまり，マルクスの草稿第3部第3章（後の第3篇）では，現行版とは違って，長期波動論展開の可能性をより容易に与えているということである．本章では現行版第3部第3篇

を念頭に置きながら，この部分に対応する第3部草稿第3章について立ち入って吟味することにする．

(1) 第3部草稿の執筆時期

『資本論』第3部草稿のうち第3章については，『経済学批判 1861-1863年草稿』(以下『61-63年草稿』とする) 執筆ののち，1863年8月以降に執筆が開始されたとされている．つまり，『資本論』第1部草稿執筆のあと，または第1部の最終章である第6章の執筆に並行して，1864年11月下旬ないし12月にかけて書かれたことが推測されている．また第2部第1稿については，それが第3部草稿第3章と執筆時期が近接していること，そして第3部草稿の全体は1865年12月に執筆を終えたことも一般に認められている．1867年に『資本論』ドイツ語初版が刊行されたのであるから，1866年から67年にかけて第1部の印刷用原稿への手入れおよび校正にマルクスは時間を取られていたことが予想される．

さて，第3部草稿第3章の外形の検討から入ることにしよう．

(2) 第3部草稿第3章の概観

第3部草稿第3章の表題は，マルクスによって，はじめは「資本主義的生産の進歩のなかでの一般的利潤率の低下の傾向」とされていたが，これが「資本主義的生産の進歩のなかでの一般的利潤率の傾向的低下の法則」と後に修正された．現行版の簡略化された表題「利潤率の傾向的低下の法則」はエンゲルスの手による[1]．

草稿第3章内には節の区分はなく，節の表題もない．現行版に見られるような章・節区分と表題は第3部の編集者エンゲルスの手による．このためマルクスがこの草稿で意図した論述内容がある部分では強められ，ある部分では弱められるといった草稿と現行版(エンゲルス編集版)との間での文脈上および内容上に乖離が生ぜざるをえなくなったことはやむをえぬことであろう．

① 現行版第13章「この法則そのもの」

第3部編集のためにエンゲルスの手によって準備された編集用ノート[2]では，現行版第13章の表題は，はじめは「この法則それ自体 selbst」とされていたが，これが「この法則そのもの als solches」に修正されている．この変更がエンゲルスによるものであることは既に述べた．

また，同編集用ノートでは，現行版第15章の表題は，「この法則に内在する immanenten 諸矛盾の展開」とされていたが，ここは「この法則の内的 innern 諸矛盾の展開」に変更されている．＊

なお，現行版第15章第1節「概説」の中の文章で「内的矛盾 innere Widerspruch」とされている箇所は草稿では「内的敵対関係 innere Antagonismus」と書かれてある[5]．この意味は，「蓄積衝動」と「敵対的な antagonistische 分配諸関係」を基盤とする「社会の消費力」との間の（したがって消費諸関係が立脚する狭い消費力との間の）「内的敵対関係」のことである．これを資本主義的生産様式に内在する，いわゆる「生産と消費の矛盾」と理解してよいであろう．

② 現行版第14章「反対に作用する諸要因」

エンゲルスは草稿の214ページの18行目と19行目の間でページを二つに区分し[6]，前者の部分を第13章とし，後者の部分を第14章とした．そのうえで，彼は，現行版第15章第1節の末尾に続いて書かれてあった比較的大きな部分[7]を第13章の終りにつなげた．

---

＊ この第15章の表題の意味に関して，「法則それ自体」に，あるいは「法則そのもの」に構造的に諸矛盾が含まれており，利潤率の低下の過程でそれが「展開」せざるをえないとした解釈と，この法則が貫徹してゆく過程で資本主義的生産（様式）に内在する諸矛盾が「展開」せざるをえないとした解釈の，2通りの異なる理解の仕方がある[3]．マルクスが，ここで言う「法則」とは，「一般的利潤率の傾向的低下を生み出すその諸原因が資本の加速的蓄積 beschleunigte Akkumulation」を，それゆえ利潤総量の増大を条件づけるというこの「外観上 schainbar 矛盾する」（というのは利潤率の低下は利潤量の減少をもたらすはずがその逆の現象を生じさせるという意味で，「矛盾する」）「2つのものの間の内的で必然的な連関」のことである[4]．

なお，現行版第14章に関しては，各節の表題が草稿にすべて明示されているわけではないが[8]，論述上の区分点は草稿でも明瞭である．

③　現行版第15章「この法則の内的諸矛盾の展開」

現行版第15章第1節「概説」では，この法則の資本主義的生産様式における歴史的意義が論じられている．まとめられている内容はほぼ次の6点に要約することができる．第一に，剰余価値率が同じかあるいは上昇しても利潤率は低下する傾向にある．第二に，利潤率の低下を利潤総量の増大によって補おうとするため蓄積が促進される．第三に，利潤率の低下と「加速的蓄積」とは両方とも社会的生産力の発展を表現している限りでは同じ過程の異なる表現にすぎない．第四に，「加速的蓄積」によって大規模な労働の集中が生じ，これが資本構成をさらに高度化し利潤率の低下を促進する．第五に，利潤率の低下は小資本家たちを収奪することによって資本の集積を促進する．第六に，この法則は資本主義的生産様式の被制限性と歴史的性格を証明している[9]．

ところが，資本の集積・集中過程を一つの主要軸線としてこの章が構成されているかに見える上述の論理に割り込むような形で，剰余価値の生産を直接的目的とし規定的動機としてなされる社会的生産諸力の発展は敵対的分配諸関係に規定された社会の消費力とますます矛盾するようになるとされて，一方では，恐慌論の内容に直接連繋する論述がなされ，他方では，「内的敵対性は生産の外的分野の拡張によって解決をはかろうとする」とされて，資本による市場の外延的拡大の必然性＝世界市場との連関性が示唆されている[10]．

第2節「生産の拡張と価値増殖との衝突」では，生産の無制限的拡大傾向は，現存資本価値の維持および増殖のために資本がその内部で運動しえる制限を必然的に突破せざるをえないことが論述されている．と同時に，資本主義的生産様式のもとでは労働の社会的生産諸力の発展はこの「制限」を必然的に突破することによって，資本は拡大されたその生産力に照応する世界市場を作り出すのだとされている[11]．

第3節は「人口過剰のもとでの資本過剰」と題されている．この節の冒頭では，諸商品の生産に必要な資本規模の最小限が増大することによって，これに対応しきれない小資本（家）部分に「資本の過多」が生じ，これらは信用を通じて「大事業部門の指導者たちに用立てられる」ことが論じられている．また，「資本の過多」の対極に「相対的過剰人口」が立つとされている．それ故，論じられているこの内容が本節の主題だとすれば，この節の表題は本来は「資本の過多と人口過剰」とするのが妥当であるように見える．

ところが，この節では，上述の内容が述べられたのち直ちに，「資本の過剰蓄積」によって賃金率が高騰し一般的利潤率の突然の低下（＝「資本の絶対的過剰生産」）が生じて蓄積が止むとする資本の蓄積メカニズムの解明＝恐慌（の必然性）分析へと分析課題の力点が移動している[12]．もし後者のこうした内容がこの節の主題であるとすれば，第3節の表題は，「資本の絶対的過剰生産」あるいは「資本の過剰蓄積と資本の絶対的過剰生産」とするのが適切であるように見える[13]．

第4節「補遺」は，現行版の注37）に見られるように，エンゲルスによってマルクスの「覚書」部分として性格づけされている[14]．これについては次節で述べる．

見られるように，この章では種々の論点がバラバラに記述されており，それらが有機的連関をもって，整序された形で，統一的に論じられていない．

(3) 『61-63年草稿』からの転用

次に，検討の視点を少し変え，草稿第3章は『61-63年草稿』をいかに利用して成っているかを見ておくことにしよう[15]．このことは，この章の完成度を見る上で，役に立つ．

現行版第13章および第14章には『61-63年草稿』からの転用は全く見られない．このことは，マルクスが「利潤率の傾向的低下の法則」の論証に関して既に一定の研究成果を獲得しえたものと確信し，この成果をもとに入念に第3章の執筆を開始したからであろう．

『61-63年草稿』からの転用であることがはっきりと現れてくる文章は第15章の第1節からである．続く第2節および第3節にも『61-63年草稿』からの転用がある．しかし，これらのいずれも転用した部分の分量は各節の半分を超えてはいない．

　ところが，同章第4節の「補遺」では，この節のほぼ全体が，『61-63年草稿』の「第3章　資本と利潤」「7．資本主義的生産の進行に伴う利潤率の低下に関する一般的法則」と，「雑論」のうち「利潤率の低下」と書かれたこれら2つの部分からの書き写しで成り立っている．（エンゲルスはこの部分をマルクスの「覚書」部分と判断している[16]．）

　結局，草稿第3章は先に進むにしたがって文章上も内容においても完成度が低くなっているといってよいであろう．マルクスが『61-63年草稿』からのかかる引用をもって第3章の論述で満足していたことは全く考えられない．

　⑷　ヒルファディングの著書『金融資本論』との関連

　これまで見てきたように，第3部草稿第3章（特に現行版第15章の）全体の骨格＝基本的論理構造は次のようになっている．資本の蓄積衝動によってあるいは競争の強制法則に促されて推進される労働の社会的生産力の上昇の過程で利潤率が下落し，この下落を利潤総量の増大によって補おうとする資本家的行動が「過剰蓄積」を促進し，これが過剰生産・投機・恐慌・（相対的過剰人口と並存する）過剰資本の形成を発現させ，結局は利潤率をさらに低下させる（と同時に資本の集積・集中を促進する）．もしこの傾向に対して反対に作用する諸要因が働かなければ，資本主義的生産は「幕を閉じてしまうKlappen」であろう．

　現行版『資本論』第3部第3篇から章・節区分をなくしエンゲルスの手による表題を除去すればこの篇（したがって第3部草稿第3章）は，利潤率の傾向的低下の法則の貫徹過程と資本の集積・集中論とが太い一本の軸線を成す形で構成されていることに気づくであろう．同時に，第1部（ドイツ語初版）

第6章「資本の蓄積過程」で論じられている資本の集積（・集中）過程論が直ちにこの章と重なり合って想起される．さらに第3部草稿第3章のこうした論理展開の骨組みはそのままヒルファディングの著書『金融資本論』に採用されているのが見て取れる．彼の著書の「序文」の中で簡潔に要約されているのだが，資本の「集積過程」論（および利潤率の傾向的低下の法則）は彼の著書全体を貫く論理の中心軸に置かれている．さらに論理構成の骨組みに視点を限定すれば彼の著書は『資本論』のまさに「続巻」をなすものと位置づけられる．彼の著書の最後，最終章末尾の締めくくりの文章は，草稿第3章における，資本主義的生産は「幕を閉じてしまう Klappen」という論述と見事に重なり合っているのである．

## 第2節 恐慌論の展開の視点から

(1) 草稿第3章における恐慌分析の位置

現行版第3部第15章「この法則の内的諸矛盾の展開」としてまとめられたこの部分の基本論理は草稿では次のようであった．利潤率が傾向的に低下していく過程で，この法則に内在する（外観上の）矛盾（利潤率の低下と利潤量の増大）が展開し，これが過剰生産・投機・恐慌・（相対的過剰人口と並存する）過剰資本の発現を促進し，この結果として小資本家たちが収奪され，資本の集積・集中が促進される．

つまり，草稿では，現行版と異なり，章，節区分と表題が欠けているため，過剰生産・投機・恐慌等の諸現象は，草稿第3章における論理展開の一本の縦の基本軸線をなす資本の集積・集中過程の随伴現象として，またその過程をいっそう促進する諸要因として位置づけられているように見える．たとえば次のような叙述がある．「恐慌は，つねに，現存する諸矛盾の一時的な暴力的解決でしかなく，攪乱された均衡を｛瞬間的に｝回復する暴力的爆発でしかない」[17]と．恐慌分析に対するこうした限定した位置づけを見ると，マルクスは恐慌分析を第3章の主要課題にしていたのではないように見える．

すなわち，恐慌をますます激化させるよう背後で作用する資本の一般的諸法則の解明に力点を置いていたように見える．*

ただし，草稿第3章では恐慌に関する諸論述は，概観上やや断片的に過ぎるきらいがあるにしても，一応，次のように一歩一歩積み上げられている．

まず，第1節では，「直接的搾取の諸条件とこの搾取の実現の諸条件とは，同じでない．……一方は社会の生産力によって制限されているだけであり，他方は，異なる生産部門の間の釣合によって，また社会の消費力によって，制限されている」[18]とする．この節では生産と消費の矛盾および生産諸部門間の比例性という二様の視点から恐慌が説かれ，したがって商品過剰の現実的可能性に分析視点が定められている．続けて第2節でも，「生産の無制限的発展傾向」と「現存資本の増殖という制限された目的」との間の「衝突」について論じられ，さらに「資本主義的生産の真の制限は，資本そのものである」[19]とすることによって，「過剰蓄積」過程が挫折せざるをえない不可避性を次節での分析課題の伏線とする．そして第3節では，「増大した資本が，増大するまえと同じかまたはそれより少ない剰余価値しか生産しなくなるときには資本の絶対的過剰生産が生じているであろう」[20]と述べる．つまり，「資本の過剰蓄積」によって賃金率が高騰し一般的利潤率の突然の低落（=「資本の絶対的過剰生産」）が生じ蓄積が止む，したがって生産と消費の矛盾の顕在化が生じる（=恐慌の発生）とする資本の運動の機構分析，したがって恐慌の必然性の論定がなされている．しかもこれらはいずれも第3部第3章のために新たに書き下ろされた部分であり，ここには『61-63年草稿』からの引用は見あたらない．

したがって，第3部草稿第3章の恐慌分析には，後に予定した論理段階からの内容上の一部重心移動があったように見える．マルクスの，いわゆる

* 19世紀末のいわゆる「修正主義論争」において，ますます激化する恐慌を資本主義の破局=崩壊と見る見方は，「崩壊論」を否定した「修正主義」者E.ベルンシュタインに限定されるのであり，他の「正統派」は「崩壊」と「恐慌」とをそれぞれ別の理論で説明しようとした．

「経済学批判体系プラン」との関連で若干のことを補足することにしよう．

(2) 「経済学批判体系プラン」との関連

『1857-58年草稿』(『経済学批判要綱』)ノートⅡの「Ⅲ　資本に関する章」(「[資本と労働との間の交換]」項目[21])の中に次のプランが書かれてある．

「資本．Ⅰ．一般性：……（略）……．Ⅱ．特殊性：……（略）……．Ⅲ．個別性：……（略）……．」[22]

これらの中の「Ⅱ．特殊性」の部分は，「1) 諸資本の蓄積．」，「2) 諸資本の競争．」，「3) 諸資本の集積．」とする3つの諸項目から構成されている．つまり，「諸資本の集積」は，「資本」が「一般性」において論じられるその論理段階にではなく，次の，「諸資本の競争」が論じられる「特殊性」論理段階で，しかもその第3項目で論じられる予定になっていた．ただし，同草稿のノートⅣでは，「資本の価値増殖過程」は同時に「価値減価過程」として現れるとされる文脈の中で，「諸資本の集積」と「競争」の理論について次のような叙述がある．「価値減価についてここに注釈をしておくのは，ただ後になってから述べるべきことがすでに資本の一般的概念の中に含まれていることを示しておく必要があるからである．それは諸資本の集積と競争の理論に属することなのである．」[23]

つまりここでは，「諸資本の集積」と「競争」の理論はともに「資本一般」の論理段階を越えてのちに独自に論じられるべきであるとされていると同時に，のちの論理段階で述べるべきことはすでに「資本一般」の論理段階でも論じられるべきだとされているということである[24]．恐慌分析の方法にたとえて言い換えれば，恐慌の必然性（可能性を現実性に転化せしめる必然性）が論定されなければ，恐慌の現実性もまた論定できないということである．したがって二つの論理段階を切り離してのち単純に重ね合わせる二重層化論的方法には問題があるということである．＊

＊　第3部第3章での恐慌分析は，当初予定したプラン上の限定をさらに越え，内容

上に見てきたように，エンゲルスによってつけられた現行版第15章の表題「この法則の内的諸矛盾の展開」によって，この章の中心的分析課題は恐慌分析にあり，資本の集積・集中や世界市場などについての論述は逆にあたかも覚え書き程度のものと見なしうるような錯覚に陥り易いのであるが，現行版から章・節区分と表題を外せば，草稿第3章の印象は現行版とかなり違ってくるのである．

たとえば，現行版では，法則の貫徹（利潤率の低下）と恐慌の激化という一面が強調されるのに対し，草稿では，この法則は傾向として現れるとされることから，①利潤率が傾向的に上昇し続ける上昇的長波の時期の利潤率の上昇と突然の低落，あるいはその逆の，②利潤率が傾向的に下降し続ける下降的長波の時期の利潤率の上昇と突然の低落などについて，分析視角が拡大されるであろう．

## 第3節　資本の集積・集中概念と崩壊問題

(1) 資本の集積・集中概念論争

マルクスの資本の集積・集中概念については，これらの両概念は相互に直接的関係がなく，それらはむしろ画然と区別されるべきであるとする見解や，集積は集中をも包括する概念であるから両者を切り離して考えるべきではないなどとする諸見解がある．これらの見解に共通していることは，マルクス

---

拡大が行なわれたように見える．その一つの契機になったのは，第2部「第1稿」第3章の執筆であろう．すなわち，この章の第7節では生産の無制限的発展傾向に対する大衆の消費限界が論じられ，生産と消費との内的不統一は恐慌によってのみ解決されることが論じられており，これとほぼ同じ叙述が第3部第3章で繰り返されている．執筆時期の先後関係は確定しえないにしても，第2部「第1稿」第3章と第3部の「第1稿」第3章とはきわめて近接した時期（1864-65年）に執筆されたことだけは明確になっている[25]．しかも，第2部「第1稿」第3章の最後のページに書かれてある第2部第3章のプランの第7節に改めて「再生産過程の攪乱」という項目が設定されていることを考慮すれば，この問題を第2部第3章の再生産論で論じようとする意図があったことは明白である[26]．

の資本の集中概念は資本の集積概念より後に，第1部ドイツ語初版刊行（1867年）以後に成立したとされている点である．したがって，マルクスの集中概念の成立過程は，同時にその概念が集積概念から画然と区別されていく過程であり，現行版に両方の概念が混在しているとすればそれは旧い概念の名残りであり，エンゲルスによる修正の手が及ばなかったものとされる．＊

　これらの見解に対して，第3部草稿の調査を踏まえて次のような新たな見解が登場してきた．すなわち，「『集中』の意味に疑問の余地なく限定された『諸資本の集積』は第3巻の草稿にはわずか1例しか存在しない．」第3巻にはなお「集積」・「集中」の語にあいまいさがある．「第1巻初版における『諸資本の集積』の用語法は，第3巻におけるこうしたあいまいさを一掃する目的で導入されたものと考えられ」る[27]，と．

　『資本論』第3部の執筆開始時期は第1部（この第1部が実際の清書稿あるいは印刷用原稿と推定される）が仕上げられた1864年の夏以降のこととされており[28]，したがって，この見解によれば，「集積」・「集中」の語の「あいまいさ」が「一掃」されたのは第3部草稿執筆（1863-1865年）後のこと，あるいは第1部の校正段階であるということになろう．だが，これらの見解に対し，マルクスは，当初，「(諸)資本の集中」＝「諸資本の集積」として両用語を混用していたが，第3部草稿第3章の執筆時点で，草稿に混在するこれら二つの用語を「諸資本の集積」に統一したとする推定も可能である．（これについては後述する．）


(2) 資本主義の崩壊問題

　現行版第3部第15章第1節の最後のパラグラフは草稿では次のような論述

---

＊　資本の集積・集中概念は「独占」形成論，社会主義の経済的基礎の確立問題並びに階級諸関係の考察にとって重要な意味を持っている．したがって第1部および第3部の執筆段階で資本の集積・集中概念に不明確さがあったとすれば，資本主義的蓄積の歴史的傾向についてのマルクスの理解には，大きな欠陥を有していたことになる．

になっている．

「……（略）……．とにかく，利潤の量は，投下された資本の率の大きさが下がっても増大する．そのうえ，こうした小さい比率を表わす使用価値量が増大する．とはいえ，これは同時に資本の集中を条件とする．というのは，今では生産条件が大量の資本の充用を命ずるからである．それは大資本家による小資本家の併呑と後者からの資本の『取り上げ』を条件とする．……（略）……，もしも対抗的な諸傾向が，求心力と並んで分散力が絶えず繰り返し作用することがないとすれば，このような過程はやがて資本主義的生産に幕を閉じさせてしまう Klappen であろう．このような労働条件の生産者からの分離が資本の概念と本源的蓄積の概念を形成するものであって，それから資本の蓄積における恒常的な過程として現れ，そしてここで最後に少数の手中への既存の諸資本の集中と多数の人々からの資本の取り上げ（今では収奪はこのように姿を変える）として現れるのである．」[29]

このパラグラフは，マルクスが『1861-63年草稿』ノートXV「5．剰余価値に関する諸学説」の中の「Th. ホジスキン」の所説を吟味して書いた部分のうちの一部を第3部草稿に転用した箇所である．第3部草稿との比較でノートXVの注目すべき点は，このノートに書かれてある「諸資本の競争に関する章」への言及箇所が第3部草稿では削除されている点である．そのノートでは次のように書かれている．「もしも，ここでは展開されるべきではない，弱化する諸傾向——それは諸資本の競争に関する章に属する——が求心力と並んで分散力に絶えず繰り返し作用することがないとすれば，このような過程はやがて資本主義的生産に幕を閉じさせてしまう Klappen であろう．」[30]

見られるように，現行版ではこの部分はエンゲルスによってかなり大幅に書き換えられている．

第一に，現行版に2箇所存在する「集積 Konzentration」のうち，前に書かれてあるそれは草稿では「集中 Centralisation」となっており，ここはエンゲルスによって書き換えられている．この書換えについては疑問である．

第二に，現行版で次に出てくる「集積」という語はエンゲルスの手による．つまり草稿のこの部分には「集積」という語は出てこない．第三に，『1861-63年草稿』ノートXVでは，法則に反対に作用する諸要因については「諸資本の競争に関する章に属する」とされていたが，この注意書きは削除されている（反対に作用する諸要因についての具体的論述が草稿第3章に取り入れられた)[31]．第四に，現行版で「崩壊 Zusammenbruch」とされている語は，草稿では「(資本主義的生産の) 幕を閉じること Klappen」となっている．

19世紀末「修正主義論争」の核心的論点をなす「崩壊論争」では，「崩壊 Zusammenbruch」という語の持つ特有な語感が少なからず各論者の理論にまで影響を与えてきたように思われる．したがって，草稿では，「崩壊 Zusammenbruch」ではなく，資本主義的生産の「幕を閉じること Klappen」になっているこうした事実の確認は「崩壊論」をめぐる議論に一石を投じるものになるであろう．

すなわち，エンゲルスの編集では，「利潤率の傾向的低下の法則」，「この法則の内的諸矛盾の展開」，「資本主義の崩壊」，これらは資本主義の終末期を近い将来に期待させるワンセットのタームとなっている．しかし，これに対して，草稿では，「利潤率の低下傾向」，「(諸)資本の集中化傾向」，「資本主義が幕を閉じる」といった他のワンセットのタームで，非直線的な資本主義の発展過程がイメージされている．言い換えれば，「第二インター」期のマルクス主義「正統派」の「崩壊論」はマルクスの「崩壊論」ではなく，エンゲルスの「崩壊論」であったのではないか．

(3) 資本の集積・集中概念

ところで，第3部草稿には上の引用箇所に続いて次の文章が書かれてある．しかしこの部分は現行版では削除されている．

「資本の本源的蓄積＝労働諸条件の集中を含む．労働者および労働そのものに対する労働諸条件の独立化である．その歴史的な行為は資本の歴史的な発生行為である．……（略）……

資本そのものの，したがって資本と賃労働との関係を基礎にした資本の蓄積が前提される．労働に対する対象化された富の分離と独立化が絶えず拡大された規模で再生産される．

諸資本の集積．Concentration der Capitalien. 小資本の絶滅による大資本の蓄積．吸引．資本と労働との中間結合物からの資本剥奪＝解消．……（略）……社会の多くの点で形成された諸資本をそれらの所有者から分離し，大資本家の手の中に集中する過程の，最後の力と形態であるにすぎない．」[32)]

見られるように，（前段のパラグラフで）「(諸)資本の集中」と書いた直後に，それと同じ内容で「諸資本の集積」と書いている．しかも既に述べたように，この部分は「Th. ホジスキン」に関説した部分からの引用であるが，「諸資本の集積」とされている上記の箇所は，そこでは，「資本の集積 Concentration」とされ，資本が単数扱いにされていた．

この部分の記述を根拠にすれば次のような推定が可能になる．第一に，第3部「第1稿」第3章（＝現行版第3篇第15章第1節）執筆時までマルクスは「諸資本の集積」＝「(諸)資本の集中」として両用語を混用していた．しかしここへきて，マルクスはこれらの用語を「諸資本の集積」に統一した．第二に，ラシャートル版（フランス語版）刊行時に，これまで「諸資本の集積」としていたところをすべて「(諸)資本の集中」に変更しようとした．ところが，第三に，現行版ではマルクスのそうした意向にそってエンゲルスが修正を企てたが，一部に修正漏れ（後述）を残した，と．

## 第4節 「世界市場」について

(1) 『資本論』と「世界市場」

次に「世界市場」について検討することにしよう．

現行版第3部第3篇は次の論述で終っている．
「資本主義的生産の三つの主要事実――
(一) 少数者の手中における生産諸手段の集積．……（略）……

（二）労働そのものの——協業，分業，および労働と自然科学との結合による——社会的労働としての組織．……（略）……
（三）世界市場の形成．

　資本主義的生産様式の内部で発展する，人口に比べての巨大な生産力は，また，それと同じ比率でではないにしても人口よりもはるかに急速に増大する資本価値（単にこの価値の物質的基体だけでなく）の増大は，増大する富に比べてますます狭くなっていく基盤——この巨大な生産力が作用するその基盤——と矛盾し，また，この膨張する資本の増殖諸関係と矛盾する．それであるからこそ，諸恐慌．」[33]

　上記の，「資本主義的生産の三つの主要事実」とされているこの部分は『61-63年草稿』からの転用部分に属すが，この草稿では「二つの主要事実」とされており，「三つの主要事実」ではない．すなわち，そこでは次のように書かれてあった．「資本主義的生産の二つの主要事実：少数者の手中における生産手段の集積，……．第二に，労働そのものの……社会的労働としての組織．」[34]

　見られるように，「世界市場の形成」という第三項目は『61-63年草稿』では欠けており，第3部草稿第3章の末尾で新たに書き加えられたのである[35]．新たに項目が追加されたということは，この項目の重要性が再認識されたということにほかならない．この事実は，『資本論』の体系的展開方法といかに関係していたのか，いま一度，第3部草稿第3章（とくに現行版第15章）を見直してみることにする．

　剰余価値の生産が資本主義的生産の直接的目的であり規定的動機であることから，社会的生産諸力の発展は敵対的分配諸関係を基礎とする消費力とますます矛盾する．したがって，「市場は恒常的に拡張されなければならない．」このような論述が第15章第1節でなされている[36]．また，この文の直後には次のような論述がある．「内的な矛盾は生産の外的分野の拡張によって解決をはかろうとする．」[37]すなわち，いわゆる「生産と消費の矛盾」は資本をして市場の外延的拡大を志向させる要因となることが強調されている．

次の第2節では資本の運動と世界市場との関連について次のような示唆的な内容に富む論述がなされている．

「資本主義的生産の真の制限は，資本そのものである．というのは，資本とその自己増殖とが，生産の出発点および終結点として，生産の目的として，あらわれる，ということからである．……（略）……それゆえ，生産者大衆の貧困と収奪化にもとづく，資本価値の維持および増殖がその内部でのみ行なわれうるこの諸制限は，資本が自己の目的のために使用せざるをえない生産諸方法と，しかも生産の無制限的な増加に向かって，自己目的としての生産に向かって，労働の社会的生産力の無条件的発展に向かって突進する生産諸方法と，常に矛盾することになる．社会的労働の生産諸力の無条件の発展というこの手段は，現存資本の増殖という制限された目的と絶えず衝突することになる．それゆえ，資本主義的生産様式が，物質的生産力を発展させ，かつこの生産力に照応する世界市場を作り出すための歴史的な一手段であるとすれば，この資本主義的生産様式は同時に，このようなその歴史的任務とこれに照応する社会的生産諸関係との間の恒常的矛盾なのである．」[38]

難解な文章であるが，この第2節では，労働の社会的生産諸力を無条件的発展に向かって突進させる生産諸方法は，現存資本価値の維持および増殖を，その範囲内でのみ可能とするその「制限」を，必然的に突破させるのだが，しかしこのことによって，資本は拡大したその生産諸力に照応する新たな世界市場を作り出すのだとされている．

(2) R.ルクセンブルク『資本蓄積論』との関連

剰余価値の生産が資本主義的生産の直接的目的であり規定的動機であることから社会的生産諸力の発展は敵対的分配諸関係を基礎とする社会の消費力とますます矛盾する．したがって，市場は恒常的に拡張されなければならない．資本主義的生産様式に内存するこの内的な矛盾は生産の外的分野の拡張によって解決をはかろうとする．つまり資本主義的生産様式のもとでの労働の社会的生産諸力の発展に伴う内的矛盾は資本主義的生産諸関係の外延的拡

## 第7章　利潤率の傾向的低下の法則と長期波動論

張を通じてのみ解決される．しかも過程は不断に進行しなければならない．しかしこの過程が急速であればあるほど非資本主義的領域は急速に狭まるであろう．

資本の外延的拡張衝動と非資本主義領域の資本主義的世界市場への組入れの問題に関する議論については直ちに，ルクセンブルクの著書『資本蓄積論』の主要命題，すなわち，蓄積されるべき剰余価値部分の実現は非資本主義的領域なしには不可能であるとするこの命題を想起させ，この論理に上記の考え方が直結していることに気づくであろう．言い換えれば，ルクセンブルクの理論は，ヒルファディングのそれと同じく『資本論』第3部第3篇（草稿第3章）に基点を置いているということである．

とすれば，第3部第3篇（あるいは草稿第3章）の中に，ヒルファディング的方法とルクセンブルク的方法とを統合する一つの結節点を見出すことが可能なはずである．たとえば，「現存資本価値の維持および増殖がその内部で行なわれうる制限」，この制限範囲がもし固定的であれば，あるいは生産力に照応した世界市場が作り出されないとすれば，要するに，生産力の上昇に応じて資本主義的生産諸関係の内包的・外延的拡張がないとすれば，既存の市場＝経済領域のもとでの，資本の集積・集中のありようが規定されることになるであろう．またこうした限界内で運動する諸資本の蓄積態様が独自性をもつことになるであろう．他方，生産諸力の発展とともにこれに照応して経済領域が拡大するならば，個別諸資本の市場支配力は一時的には弱化するにしても長期的に見れば，巨大な生産力を抱え込むことになろう．なお，ここで経済領域の拡大とは諸商品の販路の持続的拡大に他ならない．この点は，ルクセンブルクが実現問題として強調した論点である．＊

---

＊　資本の集積・集中過程を一つの主要軸線とし，この過程の延長線の極に資本主義の終末＝社会主義の現実可能性を見いだすこの論理構造は，R. ヒルファディングの著書『金融資本論』の論理構造と一定の連関性のあることを見てとることができる．これに対し，前節末尾で述べたように，労働の社会的生産諸力の無条件的発展に向かって突進する生産方法は，現存資本価値の維持および増殖がその内部で運動しえ

## おわりに

　エンゲルスによってなされた第3部草稿第3章の篇・章・節の区分と表題設定は，草稿本文全体の文脈や内容に照らして，これらに合致した最良のものとは言い難い．マルクスが意図した内容がある部分では強められ，ある部分では弱められ，見失われるといったことも生じている．しかし，このことから，直ちに，エンゲルスの編集に問題があるかのようにみなし，その責任をすべてエンゲルスに帰すことは，評価のあり方としては，正しくない．なぜなら，第一に，草稿それ自体が不完全な部分を数多く残しているからである．たとえば現行版第15章第4節で「補遺」と名付けられて収録された部分はエンゲルスによって「覚え書き」と見なされたのだが，マルクスはこの部分を「覚え書き」に属せしめていたわけではない．この場合には，エンゲルスの編集に問題があるというよりはむしろ草稿の側に少なからず問題があるのである．第二に，『資本論』の各部(巻)の執筆時期に大きな期間上のギャップがあり，『資本論』の体系的展開方法にこの間に変化が見られるという点である．第3部草稿の執筆時期（1863-1865年）と晩年に書かれたとされる第2部第8稿の執筆時期との間にはおよそ15年間の開きがある．執筆時期のこの期間上のギャップを埋め合せ，『資本論』をそれなりに一つの完結した著書に仕上げるためには，表題と内容との整合性をある程度犠牲にして，マルクスの研究動向を見極めながら，編集者エンゲルスは表題をつけざるをえなかったであろう．

　だがそれにしても，老年のエンゲルスにとって第3部草稿の編集は手に余

る「制限」を必然的に突破せざるをえず，このことによって，資本は拡大されたその生産力に照応する世界市場を作り出すのだとされているこの論理構造は，R. ルクセンブルクの著書『資本蓄積論』の論理構造と一定の連関性のあることを見てとることができる．「第二インター期」に和解し難い形で対立し合うことになる両帝国主義論の論理展開上での差異の根源は，『資本論』の当該部分における論理構造が整合的に構成されていないということに依るのではなかろうか．

るものがあったのではなかろうか．文章の差替えミス（第5,7篇）や語句の修正漏れ，および「覚え書き」（文中の括弧にくくられた部分）の処理の仕方の不用意さがさしあたり目につくであろう．

　M.ハインリヒは，現行版第3部第3篇について，「オリジナル草稿のもとにあった材料が（エンゲルスの構想に基づく――引用者）体系的な観点において著しく価値を引き上げられることになった」点を指摘し，その一つの例として第15章について次のように述べている．「第15章は，しばしば，はるかに完成されたものとして，利潤率の傾向的低下の法則に立脚する『マルクスの恐慌論』として，受容されることになった」と．彼はエンゲルスによる第15章の編集方法を疑問視し，この章につけられた表題（=「この法則の内的諸矛盾の展開」）については，それが恐慌分析あるいは産業循環分析に片寄りすぎている点を批判している[38]．

　ハインリヒが指摘するとおり，これまで，研究者の多くは，現行版第3篇第15章と各節に付された表題に少なからず影響されて，この章の考察課題を主として恐慌分析にあるかのように，恐慌・産業循環分析に引き寄せて内容を理解しようとしてきたように思われる．もちろんそれはそれで恐慌論研究の深化に役立ちえたという点で評価されるのだが，しかし，他方で，この章の主題に枠がはめられ，こうした枠がはめられた分だけ，資本の集積・集中論や世界市場を求めての資本の外延的拡張力に関する研究が，考察対象となる主要舞台から後景に退いてしまったということができるであろう．

　では，マルクスにとって第3部草稿第3章の後半部分（現行版第15章）の研究主題は何であり，どのような構想をいだいていたのだろうか．ハインリヒは，草稿研究に基づき，この章の主題にかかわって，第1節「概説」の中の周知の論述「直接的搾取の諸条件とこの搾取の実現の諸条件とは同じでない．……」を含むパラグラフの内容について，次のような独自な解釈を行なっている．「ここで引用した箇所は，明らかに循環論的な議論とは無関係である．すなわち問題になっているのは，周期的運動ではなく，恒久的に存在する根本的矛盾である．もちろんこの矛盾は慢性的恐慌を根拠づけることは

できないが，恐慌の慢性的な危険性，すなわち相互補完的諸契機がたえず乖離する傾向を根拠づけることができるのである．それゆえ，資本主義的な社会化の形態は内在的に安定しているのではなくて，内在的に恐慌めいているのである．」[39]

　第3部草稿のこの部分の執筆時期は第2部第1稿第3章の執筆時期と近接している．この後者の草稿の第3章第7節には生産の無制限的発展傾向に対する大衆の消費限界が論じられ，生産と消費との内的統一は恐慌によってのみ解決されうることが論じられている．この論述内容は第3部草稿の上記の部分のそれとはっきりと対応している[40]．したがってこの章でマルクスが恐慌（・産業循環）分析を強く意識していることについては疑問の余地がない．「循環論的な議論とは無関係である」と断定するハインリヒの見解については容認し難い．第2部の草稿を引き合いに出すまでもなく，本章第3節で論じたように，第3部第3章（現行版第15章）の文脈上から見てもハインリヒは言いすぎている．*

　ところで，上に引用したハインリヒの論述のうち後半部分については，著者の問題意識と，部分的にではあるが，共通するところがある．すなわち，彼によれば資本主義的生産に内在する「生産と消費の矛盾」は「恒久的に存在する根本的矛盾」である．「もちろんこの矛盾は慢性的恐慌を根拠づけることはできないが，恐慌の慢性的な危険性を根拠づける」ものである，と．

　しかし，ハインリヒがそのことに気付いていないとすれば不可解なことだが，「生産と消費の矛盾」から「慢性的不況」の可能性を説こうとする彼の理論は，結局，バクスに始まるルクセンブルクやカウツキーらの「崩壊論」にほかならないという点である．ということは，同時に，彼の理論は「長期波動論」展開への方向性をもっているということである．

---

　＊　なお，ことのついでに付け加えておけば，この章に「過少消費説的な調子が忍び込んでいる」[41]とか第2部「第8稿」第3章（再生産理論）で過少消費説は論駁されているなどとして，恐慌分析からこれらの要因を排除しようとする，ハインリヒの考え方には同意できない[42]．

〔付記〕『資本論』と資本主義の崩壊

　今から20年ほど前に著者は「崩壊論争史」なる一論文を大学院生機関誌『論究』（中央大学）に掲載したことがある[30]．この論文の中で，著者は，『資本論』では資本主義の生成・発展・没落を論証しているとする見解をしばしば見受けるが，はたしてマルクスの著書の中でどの様に「論証」されているか教えてほしいものである旨のことを書いたことがある[31]．当時，著者としては，一方で，R. ルクセンブルクの「崩壊論」を「自動崩壊論」と否定的に決めつけ，他方で，『資本論』では資本主義の生成・発展・没落を論証しているとする論者が，実際にはマルクス自身がその著書でどのようにそうした論証を行なっているかについて全く口をつぐんでいることに対し，常にある種の苛立ちを禁じえなかったからである．結局，著者は，その論文の中で，「崩壊論」擁護の立場から，利潤率が傾向的に低落していく過程で，資本主義的生産に内在する諸矛盾が展開・激化していくことによって，資本主義の崩壊の諸契機が与えられると理解すべきではないかとする見解を披露した．＊

　その後も，どういうわけか，この問題に関して，多くの文献では，「この法則は資本主義的生産にとって非常に重要な意味を持つ」[32]とする『資本論』からの引用を記するにとどまり，いかなる意味でこの法則が重要性を持っているのか，著者が最も知りたいと思うことについて全く応答がなかった．もちろん，その背後には，「利潤率の傾向的低下の法則」は定立し難いとするツガン以降，置塩信雄氏にいたる同類の諸説が根強く普及していたことは否定できない．

　しかし，いずれの見解を採る論者においても，それらの見解に比較的共通していたのは次のような点においてであった．すなわち，この法則の定立を認めるにせよそうでないにせよ，この法則それ自体の現実の諸資本の運動への影響ないし作用について，ほとんど考慮していないという点であった．そのため，たとえば，本書第5章の「付記」で既に見たように，玉垣良典氏の理論（＝バウアー理論）に類似する思考方法が

---

＊　『資本論』第1巻では資本の集積・集中に基づく社会主義の物的基礎の形成と，訓練され結合され組織される労働者階級の成熟＝体制変革の主体形成の必然性が論じられ，一方，第3巻では利潤獲得のための生産力の増大が資本投下の効率を示す利潤率を傾向的に低下させるという資本蓄積の制限性が論証され，利潤率の傾向的低下法則が貫徹していく過程で資本主義的生産に内在する諸矛盾が開展・激化する．体制移行の客体的諸条件の形成諸契機がこのように与えられるというのが『資本論』における「崩壊論」の枠組みではないかというのが筆者の見解であった．

採られることになる．すなわち，現実の資本蓄積運動は景気循環という形をとって長期・理想的平均としては均衡蓄積軌道を実現する．そしてこの軌道は不均衡化する諸運動がこの軌道から乖離する基準線であると同時に，終局的にはそこに収斂すべき基準線でもある，と．玉垣氏に代表されるこうした方法論の特徴は，いわゆる「不可逆的過程」と「可逆的過程」との内的関連を切り離し，事実上，両者の分析論理段階を同一視するところにあると思われる．この方法論が採用される場合には，産業循環は長期波動ないし長期周期軌道を振幅する諸律動であるとして，両曲線を単純に重ね合わせることによって現局面を理解しようとする方法，したがって，両曲線の相互依存関係を無視する，非マルクス学派の景気理論によく見られる方法に近似してくる．

こうした見解に対して，資本一般の諸法則と現実の諸資本の運動との相互関係を重視する諸見解をわずかではあるが見いだすことができる．

富塚良三氏は，利潤率の傾向的低下法則の，現実の諸資本の運動への経済的作用について，この法則が長期的にのみ作用するのだとする（この「法則」の作用を「内的矛盾の開展」や恐慌との関連から切断する）比較的多くの論者に見られる見解を批判している．氏によれば，この法則についてはこれを諸資本の運動の「過程の底部に絶えず作用」するものと理解することが必要である．たとえば，この法則の貫徹過程と産業循環との関連について，氏は次のように述べている．

「（この法則の作用がはっきり現れてくる――引用者）産業循環の局面としては，不況末期の沈静期……から好況初期にかけての，新生産技術の導入とその急速な普及，したがってまた資本の有機的構成の高度化が主要な生産諸部門において集中的に，『社会的規模において』生じる時期ないし局面がそれにあたる．」「（この局面において――引用者）〈特別利潤の成立→消滅・負の特別利潤の増大〉メカニズムに媒介されながら一般的利潤率の低落が自己を貫徹し，強力に作用し，個別諸資本相互の競争の激化，弱小資本の没落と資本集中を促進し，蓄積を加速するのであって，延期されていた固定資本更新と合体しての・新技術をもってする・『一大新投資』の発足・展開となり，それに伴う市場価格と市場利潤率の回復・上昇過程のうちに，一般的利潤率の低下傾向は蔽われてゆくのであるが，その帰結はまた，恐慌における大量の『価値破壊』……を伴う・市場価格と市場利潤率の全面的・一挙的崩落である．こうして〈法則〉の作用・貫徹形態は，産業循環の周期的運動のもとで大きく変容される．言い換えれば，〈法則〉は，変容されつつ自己を貫徹するのである．」[33]（強調は引用者）

利潤率の傾向的低下法則が貫徹していく過程で，資本主義的生産に内在する「生産

と消費の矛盾」が開展・激化していく次第が，したがって産業循環と資本主義の一般的発展傾向との間の相互作用関係が，富塚氏の場合には，論理的関係においてはっきりしている．

　ところで，歴史的・現実的には，「利潤率の傾向的低下法則」は「反対に作用する諸要因」の影響によって，一般的利潤率を直線的に下降させるのではなく，その運動に波動を描かせるであろう．場合によってはあたかもこの「法則」が存在しないかのように．たとえば，上昇的長波における産業循環の好況局面は強く現れ，不況局面は弱々しいものになり，逆に，下降的長波における産業循環の好況局面は弱々しく不況局面は深くて長い．あるいは言い換えて，産業循環の好況局面が強く現れ不況局面が弱々しいから，上昇的長波が現れ，逆は逆なのだ．さらに見方を変えれば，この「法則」の定立を主張し，「法則」の「強力な貫徹」を主張する論者の場合には，長期波動の下降的長波をやや一面的に一般化し，そうでない論者の場合には，上昇的長波を同じく一般化する傾向があるのではなかろうか．つまりここで改めてマルクスの次の叙述が持つ意味を考え直す必要があるのではなかろうか．反対に作用する諸影響が働いて，「一般的法則に単に一傾向という性格を与える．」と．

1) エンゲルスによる第3部編集用メモ（「社会史国際研究所 IISG」の文献整理番号は H99 である）では，はじめは「利潤率の低下傾向」とされている．なお，IISG における調査は筆者自身による．
2) 文献整理番号は H103 である．
3) 松石勝彦『資本論研究』三嶺書房，1983年，325ページ．富塚良三・本間要一郎編集『資本論体系』第5巻「利潤・生産価格」有斐閣，1994年，79ページ．
4) K. Marx, *Das Kapital,* Bd. 3, S. 235. *MEGA,* II/4. 2, S. 300. 投下資本が同じであれば，当然，利潤率の低下は利潤量を減少させる．これまでと同じかまたはそれを上回る利潤量を獲得するにはこれまで以上により多くの資本が投下されなければならない．
5) K. Marx, *Das Kapital,* Bd. 3, S. 255. *MEGA,* II/4. 2, S. 313. この修正が第15章の表題と関連していることも考えられる．「諸矛盾」が「外観上」のものであるとされているのだから，法則そのものに構造的に諸矛盾が含まれているとする第15章の表題解釈には疑問が残る．
6) 草稿にはここに何らの表示もない．
7) 現行版236ページから241ページまでの部分である．
8) 第1節は「1）労働の搾取度の増大，すなわち，……」，第2節は「2）労働力の価値以下への労賃の引き下げ．」，第3節は「3）この第3部の第1章で……」，第4節は「4）相対的過剰人口は，……」，第5節は「5）貿易が，一部は……」，

第6節は「6）前述の5点になお付け加えることができるが，……」となっている（下線は草稿のまま）．
9) マルクスが資本の集積・集中過程を社会主義の経済的基礎の確立過程と見なしていたことは明らかである．*MEGA*, II/3. 5, S. 1882.（『資本論草稿集』第8巻，579ページ．）を参照のこと．
10) *MEGA*, II/4. 2, S. 313.（*Das Kapital*, Bd. 3, S. 255. 現行版では，「敵対関係 Antagonismus」は「矛盾 Widerspruch」に修正されている．）
11) K. Marx, *Das Kapital*, Bd. 3, S. 260.
12) この節での検討課題についてのこうした分析対象の混線は第3部草稿の記述にも見られる．草稿では，「<u>資本の過剰生産</u>（＝資本の過多）……が意味するものは，<u>資本の過剰蓄積以外のなにものでもない．</u>」(*MEGA*, II / 4. 2, S. 325. 下線は草稿のまま．）とされ，「資本の過剰生産」と「資本の過多」とが同義に解されている．
13) K. Marx, *Das Kapital*, Bd. 3, S. 262.
14) *Ibid.*, S. 273.
15) *MEGA*, II/4. 2, Apparat, S. 1247-58. を利用した．
16) エンゲルスが「覚え書き」と言っているのは，草稿の文頭に「∠」の表示があることを根拠にしていると理解することも一つの見方であろうが，この記号は通常マルクスの場合，段落を示すのであって，「覚え書き」を表現する記号は「角括弧〔　〕」で表されており，その多くは本文中に組み込まれている．しかし第4節にはこうした記号が全く見られないところを見るとエンゲルスが「覚え書き」と書いているのは「第4節　補遺」の全体のことであると理解してよいであろう．だがそうなると，この部分をマルクスが「覚え書き」とみなしていたかどうか検証の余地がある．

　なお，『61-63年草稿』から転用された箇所は，「利潤率の低下」問題を論じている部分に限定されており，「5. 剰余価値に関する諸学説」「h　リカードゥ」のうちの「蓄積論」の項目の中の恐慌に関する重要な諸論述部分からの転用は全く行なわれていない．
17) K. Marx, *Das Kapital*, Bd. 3, S. 259. ｜　｜内はエンゲルスの挿入句．

　「資本主義的生産の進歩の中での利潤率の下落過程」で，利潤率の低下を利潤量の増大によって補おうとすることが「過剰蓄積」を促進する原因になることが述べられているが，このことが直ちに恐慌の問題に結び付けられて論じられてはいない．「利潤率の下落」は「（過剰生産，投機，恐慌，労働の過剰または相対的過剰人口と並存する過剰資本を促進する）」(*Ibid.*, S. 252.) とか，あるいは，「一定の点以下へのこの搾取度の下落は，資本主義的生産過程の攪乱と停滞，恐慌，資本の破壊を呼び起こすからである」(*Ibid.*, S. 266.) などとされ，「恐慌」は，資本主義的生産に内在する諸矛盾の発現諸形態のうちの一つとして，他のそれと並立して記されてある．
18) *Ibid.*, S. 254.
19) *Ibid.*, S. 260.
20) *Ibid.*, S. 262.

第7章　利潤率の傾向的低下の法則と長期波動論　　　257

21) この表題は MEGA 編集部によって補足されて付けられた．
22) *MEGA*, II/1.1, S. 199.
23) *MEGA*, II/1.2, S. 316.「ノートⅡ」のプランからすれば，「競争と諸資本の集積の理論」とされなければならないであろう．
24) 『資本論』第1部初版（1867年刊行）第6章第1節の「（C）資本主義的蓄積の一般法則」では，資本の集積・集中に関して，「資本のこうした集積の法則，または資本による資本の吸引の法則はここでは展開され得ない．」（K. Marx, *Das Kapital*, Bd. 1, S. 613.）と書かれてある．
25) 大谷禎之介「『資本論』第2部および第3部の執筆時期の関連についての再論」『経済志林』第57巻第3号，1989年．
26) 富塚良三「『資本論』第2部初稿第3章第9節『再生産過程の攪乱』について」（『資本論体系』月報 No. 6，1990年）を参照のこと．
　なお，*MEGA*（II/4.1）編集部は，マルクスはこの問題を「第3部第7章で考察すべきであろう」という結論に達したと解釈している（24*ページ）．また，*MEGA*（II/4, 2）編集部は「第7章」を「資本主義的生産の総過程における貨幣還流運動」と解し，この基本的内容は，第3部で，「第4章」（現行版，第4篇）の中に「取り入れられた」としている．
　なお，*MEGA*, II/4, 2 の付属資料では，第1部を書き終えたのち，第3部第2章（おそらくは第3章をも）を執筆し，第3部の執筆を中断して第2部の全章を書き上げ，再び第3部（おそらくは第4章）の執筆に戻ったと推定されている．
27) 星野中「『集積』と『集中』の用語法─『資本論』第3巻（草稿および現行版）の検討資料─」(1), (2)『経済学雑誌』第79巻第2, 3号，46-7ページ．ここで「1例」というのは，後に引用する草稿224ページの一文のことである．星野氏はこの論文で第3部第1草稿における「資本の集積」と「資本の集中」の用語法について綿密に調査している．
28) これは *MEGA*, II/4. 2 編集部の見解である．著者は第3部草稿の第1章執筆時期は第1部の清書稿の執筆時期に重なっているのではないかと推測している．
29) *MEGA*, II/4. 2, S. 315.
30) *MEGA*, II/3. 4, S. 1447.（『マルクス資本論草稿集』Ⅳ(7), 397ページ．）
31) 「諸資本の競争に属する」とされた覚え書きが削除されたことは，「諸資本の集積」と「競争」の理論の一部分の第3章への重心移動があったとする根拠の一つにしてよいだろう．
32) *MEGA*, II/4. 2, S. 315.
33) K. Marx, *Das Kapital*, Bd. 3, S. 276.
34) *MEGA*, II/3. 5, S. 1857.（『マルクス資本論草稿集』第8巻，535ページ．）
35) *MEGA* によれば，第3部草稿では「資本主義的生産の主要事実」とだけ書かれ，「3つの」という語は書かれていない．しかし，数年前に行なった著者の調査ノートには，第3部草稿にも「3つの」という語が書かれてある．しかしここでは *MEGA* によることにする．
　なお，『61-63年草稿』では「世界市場」という項目に続いて，次の段落で，「不変資本と可変資本との様々な割合の例」として，ジャワ島における綿布の価

格」に関する引用がバベジの著書『機械およびマニュファクチュア経済論』(これを引用している『61-63年草稿』ノートXVIII, 1143ページ) からなされ, さらに続けて, 次の段落において,「1792-1817年のイギリスにおける生産力の増大について」, ヘンリ・グレイ・マクナブの著書から引用した同ノートの1143ページを参照するよう指示している. これらはいずれも「世界市場」項目との直接的関連はなく, 生産力の増大に関する事例として書かれてある.

36) K. Marx, *Das Kapital,* Bd. 3, S. 254-5.
37) *Ibid.,* S. 255. 草稿では,「矛盾」は「敵対性」となっている.
38) M. Heinrich, Der theoretische Status der Krisentheorie im 3. Band des "Kapitals", 1994. M. ハインリヒ (原伸子訳)「『資本論』第3巻における恐慌論の理論的位置」『マルクス・エンゲルス マルクス主義研究』第23・24号, 1995年, 104ページ.
39) 同上, 106ページ.
40) この部分の執筆時期は『資本論』第2部第1稿 (第3章) の執筆時期と近接している. その上で両者の内容上の密接な関係が考慮されねばならない.
41) 同上, 107ページ.
42)「社会の消費力」それ自体が「恐慌の究極の根拠」なのではなく,「生産の無制限的な発展傾向」に対する「社会の制限された消費力」(=「生産と消費の矛盾」) がそれであるとする観点が恐慌分析にとって重要である.

## 〔補論〕 独占の形成と長期波動

　現代の欧米のマルクス学派あるいはこれに必ずしも敵対感を抱いていない現代の一部の経済学は，広義において長期波動論的関心に裏打ちされているように思われる．戦後30年にわたる世界経済の長期上昇局面と1970年代初頭を画期とするその後の長期停滞ないし下降局面をどの様に説明するかが共通する問題関心として彼らの理論の背後にあると思われるからである．「中核」と「周辺」概念を基礎にこれを説明しようとするウォーラーステイン（I. Wallerstein）を中心とした「世界システム論」，「レギュラシオン（＝調整）」や「フォーディズム」の概念を基礎にしたアグリエッタ（M. Aglietta），ボワイエ（R. Boyer），リピエッツ（A. Lipietz）らフランス・マルクス学派の「レギュラシオン理論」，「社会的蓄積構造（＝SSA）」概念を基礎にしたゴードン（D. M. Gordon），ボールズ（S. Bowles），ワイスコフ（T. E. Weiskopf）らアメリカ・ラディカル派経済学，これらであろう[1]．しかし，これらの学派に特徴的なことは，マルクスの『資本論』の論理構成や「一般理論」を，またヒルファディングやルクセンブルクおよびレーニンらの「古典的帝国主義論」を，彼らの理論にとりこむ努力をしていないということにある[2]．これらの諸潮流の中で，マンデル（E. Mandel）だけは唯一その例外であろう．

　マンデルは，1970年代以降における長期波動論の復活・再展開の中で最も重要な役割を果たした．彼は，既に，1960年代に長期波動論的視点から世界経済の動態を説くべきことを主張し，1970年代以降における資本主義世界経済の長期下降局面への移行を予測したとされる[3]．しかもマンデルは長期波動論において利潤率の低下法則の貫徹態様を重視する議論を展開し，長期波動論をマルクス理論に取り込むべきだとする視点を堅持している．ただし，再生産論については，歴史・現状分析におけるその理論の意義を過小評価する欧米の戦後の理論動向の中で，彼の場合にも，再生産論の恐慌分析や長期波動分析への適用は抑制されている．しかし，資本主義発展の長期歴史的動態過程は利潤率の傾向的低下法則の歴史的貫徹過程であると同時に再生産の法則の歴史的貫徹過程でもあると理解すべきであるとすれば，再生産論は資本主義発展の長期波動分析に大いに利用されてよいはずである．「資本一般」の理論は後の論理段階からすれば一定の抽象性をもつが，現実的根拠をもっているのであり，それを積極的に現実過程の経済分析に活用すべきと思われる[4]．

　ところで，利潤率の傾向的低下法則に関する実証研究は新たな議論の素材を提供しはじめている．初期の研究ではギルマン（J. Gillman）とマージ（S. Mage）によって[5]，その後はワイスコフ（T. E. Weisskopf）とウォルフ（N. E. Wolff）によって[6]，そして最近ではモスリー（F. Moseley）によってなされている[7]．これらはいずれも戦後のアメリカを対象としたものであるとはいえ，戦後の世界経済の中心地がアメリカであったという意味でこれらは貴重な成果をあげていると思われる[8]．

ただし，資本蓄積の一般法則の現実化過程は，反対に作用する諸要因が複合して作動し，法則があたかも貫徹していないかのように，しばしば全く逆の現象形態をとることさえあるのであるから，当然のことながら，利潤率の傾向的低下法則の実証研究は資本主義的蓄積様式の機構を充分理解した上でなされなければならない．*

次に，利潤率の傾向的低下法則の貫徹態様に関し，独占形成へのこの法則の作用を重視したヒルファディングの見解と，資本主義世界経済の現実的・歴史的動態分析に「長期波動論」の観点からこの法則の適用を試みたマンデルの見解について少し立ち入って検討を加えておくことにしよう．

(一) 利潤率の傾向的低下法則と独占の形成

ヒルファディングの金融資本形成論においては，資本の集積過程で作用する基本法則として利潤率の傾向的低下法則が重視され，独占形成のこの説明論理と，銀行資本と産業資本の緊密化を媒介するものとしての株式会社制度の役割が重視されている．彼によれば，資本の集積過程は，一方では「自由競争を止揚」し（独占を形成させ），他方では銀行資本と産業資本の緊密化を促進し，この関連を通して資本は金融資本に転化する[11]．

「自由競争」がカルテルやトラストの形成によって「止揚」されるにいたる過程について，ヒルファディングはそれを次のように説明する．労働の生産力の増大は，資本の有機的構成を高度化させると同時に，固定資本部分が流動資本部分よりも急速に増大するというように，不変資本の内部構成にも変化をもたらす．固定資本の膨大化によって，第一に，生産の拡張や新企業の設立に必要な資本量が多額になる．第二に，総資本の，特に固定資本の回転期間の長期化と還流額の巨大化が生じ，そのため一度投下された資本価値を損失なしに回収することが，したがってより有利な部面へ資本をすみやかに移動させることが困難になる．これら二つのことは資本の自由な移動＝

* 実現問題を顕在化させる利潤率の突然の低下が，利潤率の傾向的低下法則といかなる関係にあるかという論点をめぐる議論について若干のことを補足することにする．ツガン-バラノフスキーは「利潤率の傾向的低下法則」と「法則の内的諸矛盾の開展」に関するマルクスの考察のすべてが的はずれであると断定した[9]．これに対して，ヒルファディングは，資本構成の高度化，資本回転率の長期化，賃金率の上昇による剰余価値率の低下および利子率の高騰から利潤率が低下するとし，恐慌は利潤率の低下が始まるその瞬間に準備されるとしており，特に資本構成の高度化要因を重視し，利潤率の傾向的低下法則の貫徹と利潤率の突然の低下とをオーヴァーラップさせて把握する視点を提示している[10]．資本主義世界経済の長期波動は利潤率の長期波動でもあるのだから，上述のような，両者を「オーヴァーラップさせて把握する視点」から，長期波動の各局面における「内的諸矛盾の開展」の具体的内容にいま一歩踏み込んで検討する必要があるのではないかと思われる．

産業諸部門間における資本の流出入の障害（＝利潤率均等化の障害）要因になる．しかし，彼によれば，株式会社制度の採用によって生産に必要な資本量は調達され，利潤率が平均を越える生産部門への資本の参入の困難性は解決される．だが，巨大な生産規模を要するこの産業部門では生産能力が著しく高まり，利潤率は平均以下に下がるであろう．ところが，固定資本量の膨大化に伴う資本の引き上げ＝流出の困難性によって，この部門では，利潤率は平均以下の状態で長期化する．他方，生産に必要な資本量の少なくてすむ生産諸部門では，利潤率が高ければ，当然，資本がこの部門に殺到し，価格低廉化競争戦の激化によって部門利潤率はいずれ低下を余儀なくされるであろう．この局面について，ヒルファディングは次のように述べている．「資本主義的発展の両極で，全く違った原因から，平均以下への利潤率低下の傾向が生まれる．……この傾向はそれはそれでまた，資本力の充分強いところでは，それを克服する反対傾向を呼び起こす．この反対傾向は，ついに自由競争の止揚に」導く[12]．

ヒルファディングは独占の形成過程を利潤率の低下傾向に対する直接的な反作用として（両者を直結させて）説明する方法を採ってはいない．資本構成の高度化に伴う平均利潤率の低下傾向は，各個の資本が利潤をあげうる活動範囲が絶えず狭められていく，資本蓄積の一般的制約条件と見なされている．資本構成の高い産業部門では，巨額の資本の流入によって，（固定資本の膨大化による，利潤率均等化の障害を受けて）長期にわたって平均以下への利潤率低下を余儀なくされるのだが，資本力の充分強いこの部門では「平均以下に低下した利潤率」を回復するために独占が形成されることになる．しかし彼によれば，社会的平均利潤率が独占価格の設定によって平均以上に上昇するわけではない．非独占部門の利潤率がそれだけ低められるだけである．すなわち，ヒルファディングは，平均利潤率の低下傾向と部門利潤率の低下傾向とをオーヴァーラップさせて独占の形成を説こうとしていることになる．

(二) ヒルファディング批判

利潤率の傾向的低下の法則を基礎にしたヒルファディングの独占形成論については，古くは本間要一郎氏の批判があり，最近では森岡孝二氏の批判がある[13]．本間氏の批判は次のようである．「固定資本の増大—流出困難—利潤率低下というヒルファディングの定式は，循環的な（とくにドイツにおいて顕著に現れた）現象を，独占理論の基礎要因として，不当に一般化したものと言わなければなるまい．」「（ヒルファディングの理論構造は——引用者）利潤率低下傾向の法則に対する反作用として，独占の形成を論証しようとする方法」である[14]．森岡氏の批判は次のようである．ヒルファディングの言う「利潤率の低下傾向」はマルクスの言う「一般的利潤率の傾向的低下」ではなく，「固定資本の増大に伴う資本流出の困難の増大と，新設経営の生産規模の拡大に伴う市場の吸収能力をこえる生産増加から引き起こされる一般的利潤率以下への利潤率の傾向的低下」，すなわち「平均以下への利潤率の低下傾向」を意味

しており,「マルクスの論理と少なからずずれている.」[15]

これらの批判に対して,まずヒルファディングの立場から若干の誤解をといておく必要がある.

第一に,ヒルファディングは,「固定資本の増大―流出困難」を「利潤率均等化の障害」要因であるとしてはいるが,「利潤率低下」要因だとはしていない.彼によれば,高度に発展した資本主義的生産諸部面で利潤率が低下するのは,新規資本参入によってこの部門の生産能力が（この部門の生産規模が巨大であるが故に）一気に高められ供給過剰になるからである.「固定資本の巨大化」は平均以下に低下した利潤率をその状態で長期化し,競争の激化によってさらにそれを低下せしめる要因だとされている[16].したがって,第二に,ここで低下するとされる「利潤率」は部門利潤率であって平均利潤率ではない.それ故,彼の独占形成論は法則に対する直接的反作用として説明しようとする方法を採用してはいない.第三に,ヒルファディングの独占形成論は,「不況期」を「不当に」一般化した「産業循環論的アプローチ」ではないかという批判点に関してである.この点に関しては議論のあるところであろうが,個々の資本が目的とするのは個別利潤（率）の増大であって社会的利潤（率）の増大ではないのであるから,この「法則」に反対に作用する諸要因が働かない局面を想定し,平均利潤率の低下傾向と部門利潤率の低下とをオーヴァーラップさせるヒルファディングの独占形成論の方法はそれなりに検討に値する一方法論を提示していると思われる.問題はどの論理レヴェルでどこまで説きうるのかというところにある.

資本の一般法則から独占の形成を説くべきだとする論者からすれば,ヒルファディングの金融資本形成論ないし金融資本規定には「不況期」を「不当に」一般化した「難点」があるように見える.しかしこの「難点」をひとまずわきにおいて,ヒルファディングの理論を積極的に活用することも必要であろう.すなわち,現実の資本主義の歴史的発展過程では世界経済発展の長期波動とともに,市場構造は変化しまた利潤率は大きな長期的変動を生じるに違いない.そうであるとすれば,長期波動の種々の局面における国民経済の種々の蓄積構造の変化によって産業資本と銀行資本の緊密化の形態が異なり,したがって金融資本の形態も種々でありうることになろう[17].ヒルファディングの金融資本形成論における上記の「難点」は（たとえそれを「難点」とよぶにしても）長期波動論の視点で活用可能である.

　㈢　利潤率の長期波動

長期波動論はマルクスの理論に起源を持ち[18],さまざまな事情によって議論はしばしば中断されながらも,それはそれなりの理論的・実証的成果を蓄積してきた.歴然として存在する資本主義発展の長期波動分析をなしえないとすればマルクス理論の無能を自ら表明することになろうとマンデルは言う[19].しかし,『資本論』体系上における長期波動論の基本性格が不明確なうえに,「理論」とは言ってもそれは名ばかり

のことであって，実際上，それは「資本一般」の理論（＝諸法則）の現状分析への直接的適用による歴史分析であるかのように見えたことは（現実にそうなのだが），戦後わが国で議論されてきた経済学方法論に関する議論（とりわけ，『資本論』と『帝国主義論』との関係に関する議論）の経緯からして，一般的には，この「理論」は，容易に受け入れ難いものになっていたと思われる．

マンデルによれば，資本主義体制の基本的運動法則は資本蓄積の運動法則であり，長期波動論も蓄積論でなければならない．同じことだが資本蓄積論は利潤率の理論を意味する．工業生産額の増大は資本蓄積率ないし利潤率の上昇を意味する[20]．したがって，彼は，長期波動について，それを「利潤率の上昇・下降の長期波動によって条件づけられる，蓄積の（経済成長と世界市場の拡大の）加速と遅滞の長期波動」と定義する[21]．

マンデルによれば，剰余価値率の急激な上昇，資本の有機的構成の高度化率の急速な減退，資本回転率の突然の加速化，これらの諸要因（＝「起動要因」）のいくつかないしすべてが同時にかつ結合して生じた場合，平均利潤率に突然の上昇がもたらされる．さらに，剰余価値量の増加と資本の平均構成の低い諸国への資本の輸出とが法則の作用効果を弱め，平均利潤率の上昇を加速化する．好況的長波はこうして説明される[22]．他方，逆に，利潤率の低下傾向に対してこれらの対抗諸力がわずかしか作用しない場合には，平均利潤率の低下傾向が貫徹し，低い平均成長率ないし停滞傾向を伴う不況的長波が生じることになろう．彼は言う．「拡張的長波は平均利潤率の低下傾向に反作用する諸力が強力かつ同時的に作用する時期である．そして不況的長波は平均利潤率の低落傾向に反作用する諸力が弱く，また同期化が決定的に弱い時期である．」[23]

停滞的長波から拡張的長波への転換は，彼によれば，資本主義経済の外生的要因によってもたらされる．この拡張的長波の時期は平均利潤率の上昇期に照応するのであるが，このような上昇局面の発生を「資本一般」の諸法則として説明することはできず，非経済的要因のすべてを含む，所与の環境における，資本主義発展の具体的形態のすべてを考慮するとき，はじめてその発生根拠を理解できるとする[24]．つまり，マンデルは，停滞的長波から上昇的長波への移行の必然性を（したがって長期周期を）資本主義的運動法則の内的論理によって説明できるとするコンドラチェフの「長期周期論」に対しては批判的である．他方，いったん起動させられた後に生じる拡張的長波の特質や，この拡張的長波の停滞的長波への移行については，資本主義的運動法則から説明できる[25]として，長期波動を資本蓄積運動から切り離し経済外的要因だけから説明しようとしているかに見えるトロツキーの長期波動論に対しても批判的である．この点で，長期波動を経済外的諸要因の発生と消滅から説明する単純な論理は否定される．

マンデルの方法の独自性は，資本の有機的構成の高度化，剰余価値率，蓄積率，資

本の回転期間などを独立の基本変数とし，これらの基本変数が外部的衝撃として歴史的に与えられる場合に上昇的長波が開始されるとし，それの停滞的長波への移行は資本主義的運動法則の内的論理によって説明できるとするところにある．彼によれば，独立の基本変数の変動と相互関係において資本主義の歴史的発展過程が把握されるが，その理由は，これらの諸変数は利潤率変動に集約的に表現され，「利潤率の変動は資本主義の歴史の地震計である」[26]からだ．しかし，長期波動の転換契機を説明するのに，ある局面では，歴史的諸契機から，また他の局面では資本の運動法則からという二分法には，問題がある．この場合，資本主義発展の長期波動を周期と見るか（＝内因説）非周期と見るか（＝外因説）という問題とは全く関係がない．

(四) 再生産軌道と長期波動

ところで，ローソン（B. Rowthorn）が指摘するように，マンデルの研究方法は「多様な技術的，経済的，政治的要因を考察するための概念上の枠組み」を提供している点で，実りあるものであろう[27]．だが，同時に，彼はマンデルの方法論が持つ難点を適切にも次のように指摘している．「（彼の）基礎的な分析は古典的な利潤率低下型のもので，ほとんどもっぱら剰余価値率と資本の有機的構成との変数に頼っている．実現問題や部門間比率も論じられてはいるが，それらが基礎的な理論と適切に結び付けられているわけでは決してないので，時々混乱を引き起こすような結果になっている．たとえば，利潤率低下というかたちをとって周期的に現れるような過剰生産傾向を資本主義が本来持っていると考えているのか，あるいは，過剰生産そのものが利潤率低下によって引き起こされると考えているのかは，決して明確にされていない．」[28]

マンデルの分析方法は，再生産論に基づいて資本主義分析を行なったルクセンブルクらの方法への批判を含む．彼によれば，「再生産表式の機能は，資本主義的生産様式の存在可能性を一般的に証明するということに存している」からである．そもそも，「資本主義世界体制は，高度に不均等かつ複合的発展の普遍的妥当性の機能する場」なのであるから，彼によれば，「単一課題の解決のために考案された」再生産表式を利用して資本主義世界の歴史を説明しようとすることが誤りなのだ．彼はそうした方法を「一元論的」な「単一要因説」と呼び，この方法には反対であった[29]．

しかし，既述のように，資本主義発展の長期歴史的動態過程は，資本構成の高度化に伴う利潤率の低下法則が，反対に作用する諸要因の作用によって，傾向として現れる歴史的過程である．と同時にこの過程は再生産の法則が資本主義的生産様式のもとで貫徹してゆく歴史的過程でもある．したがって，両分析視角を統一する視点を欠き，再生産論の現実分析の意義，すなわち資本蓄積の態様分析の意義を過小評価するマンデルの方法論には大きな疑問が残る．

つまり，利潤率の傾向的低下法則が論じられている『資本論』第3部第3篇では，資本主義的生産過程と流通過程とをそれぞれ第1部および第2部で分析したのち，基

本的には「資本一般」の論理段階において,資本主義的生産の総過程を諸資本のより具体的諸姿態と運動において,資本蓄積と利潤率変動との相互規定関係から総括的に考察している.したがって,固有の分析視角からそれぞれ資本主義的経済の基本構造と資本の運動法則を解明している第1部(狭義における資本蓄積法則)および第2部(再生産の法則)がこの第3部との関連において,再び捉え返されなければならないであろう.本章との関連で言えば,資本と労働力との集積・集中と組織化の分析,ならびに資本主義的蓄積軌道の態様分析が,「一般的」に,かつこの「一般」性は現実的根拠を有するがゆえに「歴史的」に,なされなければならない.この意味で,マンデルの長期波動論の方法には重大な難点が含まれているように思われる.

1) これらの学派については若森章孝「現代マルクス経済学」(永井義雄編著『経済学史概説—危機と矛盾のなかの経済学—』ミネルヴァ書房,1992年所収)が要領よく概説している.
2) 同上,250ページ.
3) マンデル著,岡田純一・坂本慶一・西川純訳『現代マルクス経済学』Ⅲ(東洋経済新報社,1972年)付論「新資本主義の最盛期とその将来」.
  マンデルの長期波動論は,*Der Spätkapitalismus,* Surkamp Verlag, Frankfurt am Main 1972.(飯田裕康・的場昭弘訳『後期資本主義』Ⅰ,柘植書房,1980年.)および,Long Wave of Capitalist Development, Cambridge University Press, 1980.(岡田光正訳『資本主義発展の長期波動』柘植書房,1990年.)を参照のこと.
4) 市原健志「ローザ・ルクセンブルクの著書『資本蓄積論』における再生産論」(『商学論纂』〔中央大学〕第33巻第6号,1992年)を参照されたい.
5) J. Gillman, *The Falling Rate of Profit,* New York 1958. S. Marge, *The Law of the Falling Tendency of the Rate of Profit,* Columbia University, 1963.
6) T. E. Weisskopf, Marxian Crisis Theory and the Rate of Profit in the Postwar U. S. Economy, *Cambridge Journal of Economics,* 3 (December), 1979. E. N. Wolff, The Rate of Surplus Value, the Organic Composition of Capital, and the General Rate of Profit in the U. S. Economy, 1947-1967, *American Economic Review,* 69 (june) 1979. *Ibid.,* The Productivity Slowdown and the Fall in the Rate of Profit, 1947-1976, *Reviw of Radical Political Economics,* 18 (Spring-Summer), 1986.
7) F. Moseley, *The Falling Rate of Profit in the Postwar United States Economy,* Macmillan, 1991.
8) ギルマンは,剰余価値率と利潤率は上昇するが不生産的支出の増大によって「純利潤率」は低下するとした.これに対し,ワイスコフとウォルフの両者は,アメリカの利潤率が低下したのは資本構成の高度化のためではなく剰余価値率の低下のためであるとほぼ同一の見解に達している.モスリーによれば,この見解はマルクス主義者とラディカル派経済学者によって広範に受容されている.しかし,彼らの引き出しているデータ範疇は重要な点でマルクスによって定式化された諸変数の定義とは異なっているので,厳密性を欠いている.彼は,技術変化は

常に利潤率を低下させると断定できず，ある歴史的状況のもとで低下するとする (*Ibid.*, p. XIII.).
9) M. I. Tugan-Baranowsky, *Studien Zur Theorie und Geschichte der Handelskrisen in England,* Verlag von Gustav Fischer. Jen Q 1901. S. 229-30. （救仁郷繁訳『英国恐慌史論』ペリカン社，1972年.）
10) B. Hilferding, Das Finanzkapital, eine Studie über die jüngste Entwicklung des Kapitalismus, *Marx=Studien,* Bd. 3, Winer Volksbuchhandlung. 1910（林要訳『金融資本論』大月書店, 1961年）S. 383-5. 林, 前掲訳書，388-9ページ.）
11) *Ibid.*, S. 1. （同上書，39ページ.）
12) *Ibid.*, S. 274. （同上書，290ページ.）
13) 本間要一郎『競争と独占』新評論，1974年．森岡孝二「『金融資本論』第3篇―金融資本と自由競争の制限」古沢友吉編著『現代資本主義への道標―ヒルファディング「金融資本論」を基軸として―』三嶺書房，1990年，所収．
14) 本間，同上書，270ページ．「ヒルファディングのばあい，かならずしも『法則』にたいする反作用としていわれているのではないが，その理論構造は結局同じことになろう.」（同上.）
15) 森岡，同上書，113ページ．
16) B. Hilferding, *op. cit.*, S. 271-4. （林，前掲訳書，387-90ページ.）
17) 金融資本規定に関するヒルファディングとスウィージーの見解の相違を想起されたい．
18) E. Mandel, *Long Wave of Capitalist Development,* Cambridge University Press, 1980, p. 1. （岡田光正訳『資本主義発展の長期波動』柘植書房，1990年，13ページ.）
19) *Ibid.*, p. 11. （同上，24ページ.）
20) *Ibid.*, p. 9. （同上，22ページ.）
21) E. マンデル著，飯田裕康・的場昭弘訳『後期資本主義』Ⅰ，柘植書房，1980年，145ページ．
22) E. Mandel, *Long Wave of Capitalist Development,* p. 14. （岡田光正訳『資本主義発展の長期波動』，27ページ.）
23) *Ibid.*, p. 15-6. （同上，28ページ.）
24) *Ibid.*, p. 21. （同上，35ページ.）
25) *Ibid.* （同上.）
26) マンデル著，飯田裕康・的場昭弘前掲訳『後期資本主義』Ⅰ，41ページ．
27) B. Rowthorn, *Capitalism, Conflict and Inflation,* London 1980, p. 100. （藤川昌弘・小幡道昭・清水敦訳『現代資本主義の論理―対立抗争とインフレーション―』新地書房，1983年，123ページ.）
28) *Ibid.*, p. 97. （同上，120ページ.）
29) マンデル著，飯田・的場前掲訳『後期資本主義』Ⅰ，26-8ページ．
30) 市原健志「崩壊論争史」『論究』（中央大学大学院）第5巻第1号，1973年．
31) 同上，15ページ．
32) K. Marx, *Das Kapital,* Bd. 3, S. 223.

33) 富塚良三「利潤率の傾向的低落と〈内的諸矛盾の展開〉」富塚良三・本間要一郎編集『資本論体系』第5巻，有斐閣，1994年，266ページ．

# 第8章　長期波動の社会的影響
――長期波動と社会運動――

## はじめに

　周知のように，マルクスは『経済学批判』(1859年刊行) の序文の中で，唯物史観に基づく社会発展の法則を定式化している．この序文では，社会構成体が，原始共産制社会，奴隷制社会，封建制社会，資本制社会および社会主義社会へと順次移行するのだとする社会発展の歴史的過程が概説され，とりわけ資本主義から社会主義への移行の必然性が (経済学の研究対象や研究方法との関わりにおいて) 略述されているものとして，マルクスのここでの論述が重視されてきた．そしてこの論述をもとに資本主義の生成・発展・没落の各発展諸段階が意識され，これとある程度対応する形で，産業資本主義段階・独占資本主義段階・国家独占資本主義段階とする段階規定がなされ，これをもとに資本主義発展の理論的・実証的分析が進められてきた．(その際，独占の形成や国家の経済過程への介入は資本主義の延命策とみなされた.) しかしこのような観点に対して本書の中ですでに若干の疑問点を提示したように，資本主義は同心円をもって外延的に拡張するのではなく，また生成・発展・没落という単線的 (山なりの負の2次曲線的) 発展過程を辿って経過するのでもなく，世界経済発展の中心軸を西へ西へと順次移動させながら，非資本主義領域を資本主義化する形で，そして複数の山を持った種々の波動形態を伴って経過してきた．

　本章では資本主義発展の長期の動態，すなわち長期波動が社会に及ぼす影響についてあるいはその逆の関連について述べることにする．

## 第1節　唯物史観と資本主義発展の長期波動

　ある一つの社会体制を建築物になぞらえると，それは上部建築物（＝上部構造）とそれを支える土台（＝下部構造）とから成っている．上部建築物に属するのは政治制度・法律体系・意識形態（イデオロギー）であり，その土台たる下部構造に属し，これをかたち作っているのは経済構造である．上部建築物は経済構造に対してある一定の作用を及ぼすとはいえ究極的にはその土台たる経済構造に規定される．経済構造の態様は生産に際して取り結ぶ社会関係＝生産諸関係に基本的に規定され，この生産諸関係はそれはそれでその時々の労働の社会的生産諸力に照応し，後者に究極的に規定される．生産諸関係がその生産諸力に適合している場合には経済発展は長期的に比較的スムーズに進行し，既存の社会体制はこの間，全体として安定性を維持し続けることができる．しかし，最大限の利潤の獲得を目指して個別資本が無政府的に行動する資本主義社会のもとでは，労働の社会的生産諸力は，資本価値の維持および増殖のために必要な，資本がその内部で運動しえる諸条件を突破し，既存の生産・分配諸関係の均衡性が恒常的に損なわれるほどに上昇する．すなわち，所与の生産諸関係が，無制限的に発展する生産諸力に照応できなくなる時期がやって来る．これまで資本主義経済の発展を促進するのに有効性を発揮していた諸条件が経済発展に対する障害の諸条件に転化する．そのため旧来の生産諸関係を破棄し，新たな生産力段階に照応すべき生産諸関係を再編成しようとする社会的運動が活発化する．

(1)　社会発展の法則と経済の波動

　いまや旧制度のもとで利益を得てきた保守的諸勢力と，新制度への再編を要求する進歩的諸勢力とが混在する中で，諸々の社会的諸矛盾が顕在化する．このことは，これまで労働の社会的生産諸力の発展を条件づけていた，「経済秩序の総体 gesammte Wirtschaftsordnung」あるいは「社会的・経済的諸

要素間の有機的連関」がほころび始めたことを意味する．＊

　政治的には，旧制度のもとでこれまで利益を得てきた諸階級・諸階層と，新たに生産諸力の担い手になろうとする諸階級・諸階層との間で，政治権力の獲得闘争が顕在化する．かくして生産諸力の増大に照応し，これを推進してきた生産諸関係の改編が余儀なくされる．経済構造の改編とともに資本主義の発展態様も変化することになる．それ故またその土台たる下部構造の変化に対応して上部建築物に属する政治制度・法律体系などの制度的改編がさらに進まざるをえないことになる．ただし，この改編は必ずしも直ちに新しい生産様式＝社会主義的生産様式の成立を意味しない（本書の「序章」第1節を参照のこと）．資本主義世界経済は生成・発展・没落という一回性の，単線的（負の2次曲線的）発展経路を辿るのではなく，時期的にも，地域的にも，不均等性をもった発展経路を辿るからである．すなわち，それはおのずと波動的発展経路を，そのうちの重要な一つの波動たる資本主義的長期波動を，生じることを意味する．

(2) 恐慌と社会運動

　労働者運動あるいは一般に社会運動[2]が広義において資本主義の波動的発展との関連で注目されるようになったのは，19世紀末の資本主義の崩壊問題や長期波動をめぐる議論に入り込むようになってからのことではない．すでにマルクスは周期的に発生する世界市場恐慌を「ブルジョア経済のあらゆる矛盾の現実的総括および暴力的解決」であると把握し，それは「前提を乗り越えることへの全般的な指示であり，新しい歴史的形態の受容への促迫である」と述べて，世界市場恐慌が社会主義体制へ移行するための主体的・客体

---

＊　「経済秩序の総体」という用語を使用したのはパルヴスである．これを構成する諸要素として彼は次の諸項目を列記している．「ある一国の工業発展の最も重要な諸条件としては，鉄道，都市，電信・郵便，商業の機構，資本の蓄積，貨幣市場の発展，能力ある・よく訓練された工場労働者，国民教育，技術専門学校，議会の雰囲気などが挙げられる」[1]，と．これらが一国の経済競争力を規定すると考えられている．

的契機であることを明言していた．このように述べる以前にも，1847年の世界市場恐慌が「2月と3月の革命の本当の生みの親」であったこと，1849年と1850年に全盛に達した産業の好況が新たに強化したヨーロッパの反動を活気づけた力であったこと，しかし「新しい革命は新しい恐慌に続いてのみ起こりえる」であろうことなどについて述べている．このことから明かなように，マルクスは資本主義経済の波動（＝恐慌・産業循環）と社会の諸階級・諸階層の勢力関係，とりわけ周期的に発生する世界市場恐慌と社会主義運動との相互関連について，それを彼の経済学研究の大きな一つの関心事としていたことは明らかである．

しかし，周期的に発生する世界市場恐慌のうち資本主義のどのような状況下におけるどの様な恐慌形態を資本主義の終末を意味するそれと見分けることができるのであろうか．一般的観念からすればそうした恐慌とはおそらく，世界的規模で関連し合っていた「経済秩序の総体」を支離滅裂にする恐慌，すなわち「大破局 Krach」，あるいは「崩壊 Zusammenbruch」という語にふさわしい状況を社会にもたらす恐慌の態様を意味するのであろう．

ところが資本主義の生成・発展・没落の歴史的過程を一般的に論証しているとされる『資本論』では，恐慌の，社会に及ぼす影響についての叙述では上述の内容と比較してずっと控え目な表現になっているように見える．マルクスは，『資本論』第3部草稿（1863-65年執筆）の中で，次のように書いている．「恐慌は，つねに，現存する諸矛盾の一時的な暴力的解決でしかなく，攪乱された均衡を〈瞬間的に〉回復する暴力的爆発でしかない」[3]，と．見られるように，『資本論』執筆段階のマルクスにとって，恐慌分析は主要課題の一つとされていたにしても，他方では，資本主義の歴史的制約性を論証することと，社会主義のための経済的基礎が資本主義の胎内でいかに確立されるのかということ，および変革主体の形成の必然性を解明することが緊急性をもったいま一つの研究対象とみなされていたように見える．言い換えれば，資本主義の生成・発展・没落の必然性をいかに論証するかがまさに問題になっていたということである（本書第7章を参照されたい）．さらに言い換えれば，

資本蓄積の促進要因がいかにそれの阻害要因に転化するか，その解明が必要とされていた．恐慌との関連でこれを言い換えれば，周期的恐慌は資本主義世界経済の終末期現象をしだいに露呈し始めつつあることを理論的かつ実証的に示すことであるが，そのためには「資本主義の崩壊傾向」を先ずもって説得的に論証することが必要であった．しかし，未完成な『資本論』ではこの点についての説明は決して明快になされてはいない．

ところがマルクス死（1883年）後の資本主義世界経済はこれまでとは異なる様相を示し始めた．資本主義世界経済の持続的発展は1873年の恐慌をきっかけとして長期停滞局面に転換した．エンゲルスは，『資本論』第1巻の「英語版への序文」（1886年11月5日付）やその他の中で，資本主義が「慢性的不況 chronische Depression」の時代に突入していることを論じ，これを資本主義の終末期現象と理解し，社会主義革命の時期が間近にあることを論じた．エンゲルスのこうしたいくつかの指摘がドイツ社会民主党（SPD）が主張していた「崩壊論」の形成に大きな影響を与えたことはまぎれもない事実であろう．

## 第2節　資本主義発展の波動現象と社会運動

(1) 修正主義と労働者運動論

ベルンシュタインによるマルクス主義批判，いわゆる「修正主義」的見解はきわめて多岐にわたるが，それらの批判的諸論点の核をなしていたのは資本主義「崩壊論」であり，これと不可分の関係にあった「貧困化論」（＝「窮乏化論」）である．つまりベルンシュタイン修正主義の核心は，資本主義の崩壊問題と労働者階級の「貧困化」問題に，そして結局は「崩壊論」批判に帰着する．言い換えれば，一方の「崩壊論」が資本主義の崩壊の必然性に関する経済学的論証問題領域に属するのだとすれば，他方の「貧困化論」は資本主義を崩壊させ社会主義を建設する主体形成の必然性の論証問題領域に属していた．したがって，広義の「崩壊論」は，狭義の「崩壊論」と「貧困化論」

をともに車の両輪としていたということができる．

　ベルンシュタインはマルクスの死後，「貧困化論」を次のように批判した．マルクスは，『資本論』第1部第24章第7節「資本主義的蓄積の歴史的傾向」の中で，労働の社会的生産力の上昇（＝資本の有機的構成の高度化）が労働者排除的に作用するので産業予備軍が累進的に増加し，このことによって労働者階級の「貧困化」が進む．そうした傾向のもとで「訓練され，結合され，組織された労働者階級」の組織的反抗が増大して，いずれ「収奪者が収奪される」時期が到来するであろう．しかし，ベルンシュタインによれば，現実には，労働者階級の所得や資産が増大し政治的諸権利も拡大しており，ヨーロッパ先進資本主義諸国では資本主義は現実には決して窮乏化傾向に向って進んではいない．このような状況変化の中で（エンゲルスがマルクスの著書『フランスにおける階級闘争』の「序文」で正しくも指摘しているように），階級闘争の諸条件は根本的に変化してしまっている．もはや「奇襲戦術」やバリケード戦術などのような武力的な革命などはありえない，と．

　ベルンシュタインによるこの批判の中で，彼の主張の力点が特に次の点に置かれていたことに注意する必要がある．つまり，（『資本論』やそれに依拠して資本主義の一般的発展の歴史的傾向を論じている）ドイツ社会民主党綱領（いわゆる「エルフルト綱領」）では，「訓練され，結合され，組織された労働者階級」が，新しい社会体制へ移行する推進主体および新社会体制の継承者として意義づけられ，体制移行期には，場合によっては，武力（あるいは「バリケード戦術」）によって，勝利する可能性が示唆されているように見える．しかし，ベルンシュタインによれば，階級闘争の諸条件は根本的に変化してしまっている．少なくとも少数の革命家による武力的な「奇襲」戦術は，今では，通用しなくなっている．「プロレタリアートの成熟と勢力の増大」によってプロレタリアートの「貧困化」傾向は阻止されつつあり，社会主義的諸要素の漸次的導入が図られており，この意味で，プロレタリアートによる「永続的支配」のための諸条件が形成され，実現されつつある．したがって，今後も引続き，そのような方向に向かって，一歩一歩，前進するよう努力すること

が党にとって必要であろう，と．当時の言葉で言い換えれば，社会革命なしに，社会改良の積み上げによって，社会主義への漸次的移行が可能である，これがベルンシュタインの主張である[4]．

当時，ベルンシュタインの指摘を待つまでもなく，社会主義革命の手段として，少数の革命家による武力的な「奇襲戦術」の有効性にこだわる革命家は少なかった．つまり近代軍事技術の発達のもとで，もはやそれは時代遅れとなっているという点では評価はほぼ一致していた[5]．

しかし，資本主義発展のどのような局面で，どの様な戦術を用いて，どの様な形態で社会主義へ移行できるのかというより具体的な目標と戦術問題に一歩踏み込んだ議論になると「修正主義」に対する批判者たちにも確固とした見通しが立てられていたわけではなかった．世界資本主義はいまだ成熟していなかったし，労働者階級も具体的スローガンを掲げて社会主義的国際政治行動を起こすほど強固な組織に成長してはいなかった．＊

(2) 闘争手段としての政治的大衆（マッセン）ストライキ

ところで，労働者の政治的闘争手段に関しては，ベルンシュタインもその批判者たちも議会戦術と政治的大衆ストライキとが旧来の闘争手段に代わるプロレタリアートの新たなそれとして有効性を持ちつつあることに気づき始めていた[6]．特に，1891年と1893年に，選挙権獲得運動にさいしてベルギーで実行された政治的大衆ストライキについては，カウツキーやベルンシュタインら当時の新進気鋭の理論家たちは，プロレタリアートの闘争手段の一つになりうるのではないかとしてそれの有効性に注目した．そして早くも1893年8月のチューリッヒで開催された国際会議で，カウツキーによって起草された決議草案に，「大衆ストライキ」がプロレタリアートの現実的武器になりえるとする文章が挿入された．また同年10月18日付 A. ベーベル宛の手紙

＊　先進資本主義諸国が社会主義へ移行することによって非資本主義経済領域は資本主義を通過することなしに社会主義へ移行できるとする「飛びこえ可能論」が主張された．

でエンゲルスはゼネラルストライキをプロレタリアートの闘争手段として承認する必要があることを記し，さらに同年にカウツキーの依頼を受けて，ベルンシュタインが，ゼネラルストライキに関する論文を執筆する意志があることを明らかにして，翌1894年の2月にベルンシュタインはこれに関する論文を『ノイエ・ツァイト』に公表した．なお「ゼネラルストライキ」の場合には，政党と労働組合指導部との相互了解のもとで計画され秩序をもって実行される．したがって，プロレタリアートの目標は労働諸条件の改善と資本主義のもとでの政治権利の拡大に限定される．これに対し，「政治的大衆ストライキ」の場合には，目標となる政治スローガンは流動的であり，プロレタリアートの要求目標がどこまで拡大するか予想できない．ここに両者の違いがある．そのため社会主義者取り締まり法の復活をおそれた SPD の指導部はこの戦術の採用について消極的であった．

　ただし，奇妙なことは，1895年に刊行されたマルクスの著書『フランスにおける階級闘争』の「序文」の中でエンゲルスは「ゼネラルストライキ」または「政治的大衆ストライキ」の問題について一言も触れていないことである．晩年のエンゲルスが，プロレタリアートの闘争手段として，それの有効性について述べることにかなり慎重な態度をとっていたと言ってよいかもしれない．＊　これに対し，若きマルクス主義者たちは政治権力をめぐる闘争手段としてのそれの有効性を確信していた．たとえば，ベルンシュタインは，「政治的大衆ストライキ」について，政治的諸権利はしばしば議会外における大衆闘争をとおして獲得されるので，議会活動と院外活動との緊密な関係を保ちながらその闘争手段が使用されるべきだと主張した．他方，カウツキーは，階級間に大きな決戦が差し迫っており，労働者大衆の存立基盤を根底から揺り動かすような状況のもとでのみその闘争手段が有効性を発揮しえる

---

＊　「ゼネラルストライキ」によって資本主義の息の根を止めることができるほどプロレタリアートの組織が強固であれば，政治権力を掌握するために「ゼネラルストライキ」を行う必要がないとして，エンゲルスは「ゼネラルストライキ」の闘争力の限界性を強調していた．

と主張した．これに対し，パルブスは，ドイツ社会民主党が議会内の勢力を拡張し，これに恐怖感をいだいた反動勢力がクーデターによって普通選挙権を廃止しようとして大衆に武力攻撃をしかけてきた場合に，この反動的攻撃に対するプロレタリアートの抵抗手段として，さらに状況次第ではこれを革命の手段にまで押し上げる闘争手段として，「政治的大衆ストライキ」の有効性を容認した．ヒルファディングもパルヴスの見解に等しくそれを普通選挙権の防衛手段として，またクーデターによる議会政治の暴力的破壊を阻止する手段として，さらに状況しだいでは社会主義への移行を可能ならしめるための，したがって，そうした状況でのみ利用しえる，革命手段として（慎重に，しかし後には消極的に）位置づけた[7]．

これまで見てきたように，議会闘争も「政治的大衆ストライキ」も，一般的に言えば，資本主義発展の高度化過程あるいは近代市民社会の形成過程における民主化要求を実現するための，国民大衆の権利拡大手段として，急速にこの戦術の意義が浮上してきたことは明らかである．経済構造との関連で言えば，いわゆる「軽工業」から「重化学工業」への産業構造の転換期＝労働力の流動化期に，あるいは資本の集積・集中とそれに伴う労働の集積が著しく進んだ資本主義発展の一段階に，これらの闘争手段が有効性を持ち始めていることを確認しておく必要がある．きっかけが何にあろうと，「政治的大衆ストライキ」は資本主義発展過程における随伴物であり，民主化運動の主要闘争手段であった．

## 第3節　長期波動と階級闘争との対応関係

(1) 長期波動と社会運動

議会戦術にしても「政治的大衆ストライキ」といった労働者および国民大衆の政治的闘争手段にしても，それらの闘争手段がこの時期に急浮上してきたのは，資本の集積・集中とそれに伴う労働の集積の進行，一般的には，資本主義商品経済の発展に伴う，経済構造つまり土台からの上部構造への作用

```
                      S. u. D. 時代        経済的不況        S. u. D. 時代
--------- 1860 --------- 1873 --------- 1895 ---------
  労働者運動の      労働者運動の      政治的反動期      労働者運動の
   沈滞期           高揚期                            高揚期
```

(「資本のシュトゥルム・ウント・ドラング時代」を略して「S. u. D. 時代」とした.)

視点(あるいは両者の照応関係)から見ることが必要であろう.

　パルヴスは, 労働者階級の社会運動の高揚と衰退について, 長期波動論の視点から, 言い換えれば, 資本主義経済の発展を規定する諸要因とその発展の結果として生じる経済構造の諸変化とを関連させて説明しようとした. 彼は次のように述べている.「資本の経済的・政治的発展におけると同じくプロレタリアートの解放闘争においても, 力強い発展の時代と発展の遅滞した時代とがある.」「熱狂的なシュトゥルム・ウント・ドラング(疾風怒濤)時代には労働者階級が勇気ある決然とした行動と大胆な計画によって世界を驚愕させる一方, 不況の時代には, 彼らは優柔不断で臆病になり, 彼らの世界を動かす力はつまらぬことに費消されるように見える.」[8]

　すなわち, パルヴスは, 資本主義発展の長期波動とその波動に随伴する階級闘争曲線とを次のように, 両者対応的関係において関連づけようとした.

　上昇的長波の時代には, 労働者階級の掲げる当面の政治・経済的諸要求はことごとく, 漸次的に, 実現されてゆく. 賃金の上昇傾向によって労働者の生活の改善がはかられ, 政治的には民主主義的諸権利を獲得することが容易になる. そのため, この社会体制のもとでも社会改良の積上げだけで彼らが理想社会とする社会主義に到達しえるかのような幻想を彼らがいだくようになる. したがってこの場合には彼らの階級意識は希薄化するであろう. それに対し, 下降的長波の時代には産業予備軍が増大することによって労働者間に利害対立が生じ, 彼らの団結する基盤が弱体化する. そのため賃金が下落傾向になり, 生活不安が増大する. それゆえ彼らが生存している社会体制に対する批判が強まる. この場合には彼らの階級意識は先鋭化するであろう.

　上昇的長波の時代(=「S. U. D. 時代」)には雇用条件が改善されるため労働

者運動の高揚期が対応する.しかしこの時期には逆に階級意識が希薄化する.他方,下降的長波の時代(=「経済的不況の時代」)にはその沈滞期が対応し,この時期には逆にプロレタリアートの階級意識が先鋭化する,これがパルヴスの現実認識である.これらのことが資本主義の発展における経験則として現実妥当性をもっているとすれば,社会変革の時代は,各長波のそれぞれの動向に少なからず依存せざるをえない.つまり,社会変革が最も起きやすい時期は,上昇的長波の下降的長波への転換点であるということになろう.この時期は,既述のように,「経済秩序の総体」を構成する諸要素間の有機的連関が切断され始めた時代に照応する.

資本主義発展の長期波動と社会運動との対応関係に関するパルヴスの研究は,社会変革の経済的諸契機と変革主体形成の諸条件とに関する研究に一歩,道を切り開く成果である[9].

(2) 客体的条件と主体的条件との逆対応性

経済発展と階級揚棄の主体形成との相互関連に関する研究において恐慌はどのように位置づけられていたのであろうか.確かに,恐慌において資本主義的生産様式に内在する諸矛盾が最も鋭い形で現れ,この社会体制に対して大衆の批判的姿勢が強まるにしても,恐慌は再生産過程の不均衡を(たとえ暴力的にしても)均衡化する作用を持っているのであるから恐慌を契機に,体制揚棄の運動が直ちに展開されるわけではないであろう.周知のように,恐慌が周期的に発生するということは市場機構がマヒしているどころか逆に充分に機能していること,資本主義的生産様式が所与の生産力水準のもとでその能力を発揮していることを意味している.周期的恐慌はそれ自体として資本主義体制そのものの危機を意味するものではないのである.

もし,労働の社会的生産諸力の増大(資本構成の高度化)とともに,一方では資本蓄積の制限的傾向が強まり,他方では産業予備軍が累進的に増大することによって勤労大衆の貧困化がますます深まるというように,事態が単線的にかつ平行的に進行するのであれば,資本主義の将来は見通しやすいし,

この社会の将来像を予測することはいたって容易になるであろう．だが，現実の歴史社会では過程はそう単純に進むことなく波動性をもって進む．たとえばこの経済的波動と，カウツキーが「貧困化論」に関する論戦の中でベルンシュタイン批判を試みた際に利用した，「相対的貧困化」と「絶対的貧困化」の概念を活用してみよう．その場合には産業の好況期には前者が，そして不況期には後者がそれぞれ対応する．つまり労働者の最も強力な活動が可能な時期に彼らの団結力が強化される反面，階級意識が最も希薄になり，彼らの労働条件が最も悪い時期に逆に階級意識が覚醒される．資本主義は自らの体制を維持するために，経済的にも社会的にも極めて強力な体制維持機構を備えているということができる．

さて，次にカウツキーの長期波動論を吟味してみよう．

カウツキーはパルヴスの長期波動論に賛意を示しつつ資本主義の波動的発展と労働者運動との間の密接な関連について，次のように述べている．「いままで，かつてないほど気違いじみた繁栄期が1,2年後に来るかどうかという問題はどうであろうと，最初の二つのシュトゥルム・ウント・ドラング時代の後に，慢性的な不況の時代が続いたのと同じように，最近のシュトゥルム・ウント・ドラング時代の後に，慢性的な不況が続き，それが力強い社会革命運動の時代を約束するであろうこと，これらのことを予想すべきあらゆる理由をわれわれは持っている」と．なお，ここで彼が2つの「資本のシュトゥルム・ウント・ドラング時代」[10]，あるいは2つの「慢性的不況」と呼んでいるのは下記の時期区分にしたがっている[11]．

カウツキーの長期波動論は若干の点でパルヴスのそれに類似しているが，異なる点は次の点である．第一に，カウツキーは，「資本のシュトゥルム・

S. u. D. 時代　慢性的不況　S. u. D. 時代　慢性的不況　S. u. D. 時代　慢性的不況
1815————1836———1848・1849———1873—————1887—————（1908-11？）
　　　　　　社会運動　　　　　　　　　社会運動　　　　　　　　　社会運動

（「資本のシュトゥルム・ウント・ドラング時代」を略して「S. u. D. 時代」とした.）

ウント・ドラング時代」には社会主義革命運動が停滞し,「慢性的不況の時代」にはそれが高揚するといった,経済の長期波動と社会運動の盛衰とを逆対応的に関連させているように見える.第二に,「資本のシュトゥルム・ウント・ドラング時代」の期間を21-24年間,「慢性的不況の時代」の期間を13-14年間とする長期周期説の採用が見られる.第三に,カウツキーは1908-11年に再び「慢性的不況の時代」がおとずれ,これが力強い社会革命運動の時代になるとした[12].

なお「慢性的不況」の時代に階級意識が先鋭化するといってもこのことが直ちに社会主義運動を高揚させるわけではない.パルヴスが,すでに,経済的波動と社会運動との関連について(特に,後者の社会運動における質的相違について),論じたとおりである.概して,カウツキーの長期波動論には,エンゲルス的「崩壊論」思考がなお根強く残っているように見える.

(3) 長期波動と階級闘争

パルヴスは著書『プロレタリアートの階級闘争』[13]の中で次のように述べている.「われわれは嵐のような発展と凪の発展との歴史的法則,すなわち満潮の時代 Hochgang と干潮の時代 Tiefgang の歴史的法則を経験する.20世紀に現れた資本主義発展のシュトゥルム・ウント・ドラング時代は,われわれにもまた戦争と革命と反乱を通して現れている.」[14]

パルヴスによれば,戦争や革命など,資本主義的生産様式に基礎を置く体制的諸矛盾は,「干潮の時代」にではなく,資本主義が嵐のように発展する「満潮の時代」に,とりわけ「満潮の時代」の頂点ないし下降への転換点に顕在化する.パルヴスの論述がこれを示唆しているように,資本主義はこの生産様式に内在する諸矛盾を動力として内包的・外延的に発展するのだが,この過程は同時に,市場機構によって恐慌が回避できないのと同様,恐慌によってでは解消できない不均衡要因をこの社会の胎内に潜在的に累積させていく.しかし,そうであるからと言って,累積されたこうした諸矛盾の発現をもって資本主義社会が直ちに崩壊期に突入するのだと断定してはならな

い．資本主義の発展は，恐慌論によってでも崩壊論によってでも補足しえない独自の運動を展開する．この運動の分析は長期波動論が対象とする研究領域に属する．なお，資本主義発展の長期波動は周期的波動ではなく，「不可逆的」（社会）体制的波動であることもここで再確認しておくことにする．ともあれ，パルヴスによる上記の推論は一般的妥当性を持っており，後に展開される長期波動諸理論に少なからず影響を与えることになる．

ところで資本主義経済の波動と社会運動との対応関係ならびに闘争戦術の質的相違についてその後，カウツキーの考え方は動揺を見せている．彼がかつて最も急進的な見方をしていたとされる1909-10年に書いた論文の中で彼は次のように述べていた．

「恐慌期には闘争能力が，好況期には革命への衝動が，それぞれ逆の時期より現れにくいという点は正しい．プロレタリアの政治家は，闘争手段を選択するさいにこのような諸関係を充分考慮せねばならない．恐慌期には，大衆ストライキよりも街頭大デモンストレーションの方が遂行しやすい．労働者は，好況期において，恐慌期におけるよりもたやすく大衆ストライキに熱狂する．／しかしながら，われわれは単に好況と恐慌だけでなく，好況と恐慌の循環をも考慮しなければならない．そしてこの移行の時期が，労働者が最も行動に移りやすい時期だと思われる．とりわけ，恐慌期の欠乏，苦痛に満ちた不安，地位の悪化などが労働者の間にいまだ生々しいものとしてあり，他方，同時に好況から生じる力の自覚，闘争心がみなぎる好況の第一期が，そうであるように思われる．」[15]

見られるようにここでは，第一に，長期波動論的観点に基づく表現はややおさえぎみにされている．第二に，不況期に強められた革命的衝動が好況初期に強められる闘争力によって補完されるのだということから，社会革命の時期は景気循環の回復期あるいは革新期に一致するとされている．革新期には再編されたあるいはされつつある生産諸関係のもとで，新たな生産技術が採用され，したがって資本主義は新たな生命力を獲得したことを意味するからである．

ところがカウツキーはその2, 3年ののち, 社会革命の時代を経済的不況の時代に一致させようとしている. 彼は次のように論じている.

「……階級闘争の諸形態は産業の好況期と経済的不況期とでは異なる. 好況期はプロレタリアートの組織, その勢力感およびその勢力を強化させるが, しかし階級対立のトゲを鈍くさせ, 資本主義制度の全体とそれを支えている国家権力の転覆を求める革命的衝動を弱める. ／停滞または増大する貧困の時代には階級対立のトゲを鋭くし, 諸関係が絶え難くなるような程度で, プロレタリアートの革命的衝動を強化する. それゆえ, そうした時代は現在の国家秩序および社会秩序の動揺を深めていく. このことを, プロレタリアートは大いに利用することができるのであるが, これに先立つ好況の時代において, その権力手段とその階級意識とを強大にしておけばおくほど, この機会を利用して現在の支配階級から国家権力を奪取することがますます容易になる.」[16]

　すでに述べたように, 恐慌が同期的に発生する（産業循環が存在する）ということは, 資本主義的生産様式が充分にその力を発揮していることを示す. そのさい労働者の意識は経済構造（土台）からの作用を受けて, 彼らの勢力が最も強大になる好況期に階級意識は希薄になり, 逆に, 彼らの勢力が最も弱体化する不況期に階級意識は先鋭化する. 社会変革にとっての, 上部構造と下部構造（土台）との関係のこの悪循環を断ち切るには, 労働者の意識変革しかありえない, しかも, この意識改革は経済の好況期になされなくてはならない, カウツキーの論理のゆきつくところはこのようである.

## 第4節　ドイツ帝国主義と政治的大衆ストライキ

　20世紀初頭のドイツにおいて国民大衆の意識を街頭行動にまで高揚させていった直接の諸要因は, 国内的には, 第一に, 物価の急激な騰貴, 特に, 食料品価格の急騰であり, 第二に, 軍拡競争による財源確保のための増税政策であった. 他方で, 対外的には領土再分割闘争の激化によって武力衝突の危

機が切迫していた．国内の階級関係においては，ユンカーと金融ブルジョアジーによる（いわゆる「穀物と鉄との同盟」による）権力支配に対して，プロレタリアートが対抗したが，産業ブルジョアジーは保護関税か自由貿易かの選択をめぐって動揺していた．したがって階級間の対立が一段と深まりつつあった．

　ドイツ経済の発展と政治的大衆ストライキの高揚とはいかに相互に関連し合っていたのであろうか．つまり「政治的大衆ストライキ」がなぜに労働者の新たな闘争手段としてこの時期のドイツに登場してきたのかということが問題の要点である．

　ドイツ帝国主義については，この国が植民地政策の採用を不可避とする固有の資本蓄積態様を持っていたということ，つまり，資本の輸出が商品の輸出と密接に関連し合いながら対外膨脹政策が積極的に推し進められていったというところに特徴がある．19世紀末の重工業化を中心とした，資本の有機的構成の高度化を伴う急速度の資本の蓄積が，部門Ⅰの自立的発展を誘発し，そのことが部門Ⅱの蓄積率を上から引き上げる過程でさらなる部門Ⅰの自立的発展を促進するという，ドイツ資本主義に特有な過剰蓄積態様を展開した．株式会社制度を利用し，基幹産業部門と大銀行との緊密化によって形成された金融資本は独占利潤を得るばかりでなく，創業者利得や投機による貨幣資本の大量の蓄積によって，資本の過剰化傾向を強めつつあった．さらに利潤率は原材料価格の騰貴と，穀物価格の騰貴に伴う賃金率の上昇に挟撃され，

| 年 | ストライキ | 参加者 | 年 | ストライキ | 参加者 |
| --- | --- | --- | --- | --- | --- |
| 1900 | 806 | 101,081 | 1908 | 1,795 | 66,307 |
| 1901 | 692 | 40,062 | 1909 | 1,839 | 96,750 |
| 1902 | 805 | 48,922 | 1910 | 2,224 | 142,113 |
| 1903 | 1,200 | 75,813 | <u>1911</u> | 2,707 | 211,896 |
| 1904 | 1,513 | 104,555 | <u>1912</u> | 2,469 | 397,490 |
| 1905 | 2,070 | 363,917 | 1913 | 2,173 | 177,594 |
| <u>1906</u> | 3,059 | 322,686 | 1914 | 1,291 | 68,769 |
| <u>1907</u> | 2,469 | 176,292 | | | |

(D. Fricke, *Die deutsche Arbeiterbewegung 1869-1914*, Dietz Verlag Berlin 1976, S. 763.)

また利潤率の低下を利潤量の増大によって補おうとするさらなる資本投下によって，利潤率が圧迫され，資本が資本として過剰になる「資本の絶対的過剰生産」が顕在化する局面に向かいつつあった．利潤率のかかる低下は新投資の減退を意味し，それは過剰蓄積過程のもとでの部門Ｉの自立的発展の挫折・反転の条件を成熟させる．つまり生産手段の大量の実現困難を，したがってまた消費手段の実現困難を誘発する．いまや，資本の資本としての過剰が同時に商品の過剰を意味する両者が二律背反的に現れざるを得ない，そうした局面に向かっていた．（ここで二律背反的と言うのは，商品過剰を回避してさらなる新投資がなされるならば利潤率はいっそう低下し，利潤率の低下を回避しようとして賃金率を低下させれば商品過剰がいっきに顕在化することを意味する．）ドイツにおける蓄積構造のこうした特殊性は，まさにその国の資本輸出の特殊性を規定する．ヒルファディングはドイツ帝国主義の対外政策について，「資本主義の一部を資本もろともヨーロッパから輸出する」ためにドイツは植民地を必要としているとこれを特徴づけた．ドイツ帝国主義の経済の構造と動態については以上のようである．

　ただしここでは次のことが補足されなければならない．すなわち，上に述べたことは，産業循環の一局面に限定して見てはならないこと，つまり，それは，上昇的長波の局面と産業循環の好況局面とが二重化し，事態は倍加して現れたということ．

　第二に，株式会社制度をテコとして資本の集積・集中，労働の集積が著しく進展していたこと．

　第三に，重化学工業化の進展に伴う労働力の集積が労働者の結合力・組織力を強化し，政治的大衆ストライキを労働者の有効な武器とする条件が作り出されていたこと．（大戦前1900-1914年にかけてドイツでは上表のようにストライキの規模に二つの波があった．下線年度を参照．）

　言い換えれば，資本の巨大な集積と労働力の大規模な集積，大量生産と大量消費，社会民主主義と普通選挙，これらの社会的諸関係が20世紀初頭の生産力段階に照応したあるいは照応させていく一過程として見ていく必要があ

るということである．

## おわりに

　資本主義社会体制の土台をなす経済構造の変化・動態を独立変数とし，社会運動をそれに対する従属変数だとすれば，これまでに見てきたように，資本主義的生産様式は社会の変革主体たる労働者の意識を資本の論理に取り込み，生命力を維持し続けるまことに強力な自己調整機能を持っていることになる．このことは，上部構造とその土台との間の関係は決して一方通行的に作用するのではなく，両者間には一定の相互作用が働いており，経済構造の変化は上部構造の変化を促し，後者の変化はその土台・経済構造の変化を促進し，あるいは遅滞させる面があるということを意味する．

　資本主義は労働の社会的生産力の上昇に照応する形で生産諸関係を変容させ経済構造を変化させてきた．社会運動の態様はこの変化に呼応して変容した．

　19世紀の，イギリスを世界の工場とし他国を農業・原料供給国にする放射状の国際通商関係を持つ世界市場（=「パクスブリタニカ」の時代）のもとでの，綿工業主体のいわゆる「軽工業」の時代においては，労働者階級の社会（主義）運動における中心地域はイギリスであり，「議会戦術」が次第にその重みを増しつつあったとはいえ，社会変革における労働者階級の必要な闘争手段は「奇襲戦術」，「バリケード戦術」あるいは「ゼネラルストライキ戦術」と考えられていた．こうした観念のもとで，資本主義は数を重ねるたびごとに激化する世界市場恐慌において倒壊すると見なされた．激化する世界市場恐慌は所与の生産諸関係が生産力に照応しなくなった現れであり，社会主義の経済的基礎が形成されているにもかかわらず，生産諸関係がこれに照応していないことによる．だから資本主義世界経済の中心国を変革すれば世界資本主義は容易に終末を迎えることになるであろう．後発諸国については，それらは社会の発展諸段階を「飛び越える」ことが可能である，このように考え

られた．＊

　ところが，19世紀末以降における鉄鋼，石炭，電気，化学工業主体のいわゆる「重化学工業」の時代において，「議会戦術」と「政治的大衆（マッセン）ストライキ戦術」とが支配階級に対する労働者階級の主要な闘争手段として新たに浮上してきた．この背後には，産業構造の変化に伴い，資本の集積・集中（=「金融資本」の形成）過程が同時に労働力の（職場的・地域的）集積の著しい進展を伴っていたこと，交通・輸送諸手段および通信諸手段の発達があったこと，そしてまたこれらの諸過程は株式会社制度の普及（所有と経営の分離）のもとでなされたこと，これらの状況変化があった．これらは屈強な男子労働者を組織化し，それを強化し，所有諸関係を変容させることに役立った．つまり，これらの社会的諸条件の変化は多数の新たな技術労働者を育て上げ，基軸的産業部門の担い手としての労働者意識を強化した．「議会戦術」と「政治的大衆（マッセン）ストライキ戦術」との二つの闘争手段は，さしあたり，労働者階級の民主主義的諸権利の獲得のための主要手段として有効性を持つことになった．

　現代世界資本主義は新たな発展の局面を迎えつつある．アジアの工業化は資本主義世界経済発展の大きなうねりを作り上げる突破口になりつつあるように見える．ME化の進展を伴う大量生産のいっそうの拡大すなわち労働の社会生産力の上昇は，それに照応した世界市場を新たに創出しつつある．予期される世界市場のこの状況のもとで，世界資本の集積・集中が進行している．国際分業の拡大と緊密化，職場の集積と分散化，労働内容の単純化と多様化など，これらが，情報伝達の広域化と迅速化を促進させつつある中で，交互にあるいは錯綜して作用し合っている．（それに伴って，一方では生活の均一化・画一化が，他方ではそれの多様化が，それとともに，意識の均一化・画一化と

---

＊　しかしこうした観念は19世紀末のいわゆる「修正主義論争」において再検討を迫られる．ベルンシュタインは，一方では，カルテル・トラストの形成は激化する恐慌を緩和するとし，他方では，多くのマルクス主義者の社会（主義）運動・変革に対する考え方は「ブランキ主義」（=「暴力主義」）に陥っているとする．

多様化が進んでいる.）資本の世界的運動．すなわち世界資本の運動は，資本主義経済領域を内包的に，また非資本主義領域を資本主義化することによって，外延的に拡大し，あらゆる諸国民を世界市場の網の中へ編入し緊密化させつつある.＊

現代資本主義において，労働者・国民大衆の民主主義的諸権利の獲得のための主要手段としてこれに代わる,新たな手段は出現しているのであろうか．おそらくないと言ってよいであろう．ただし行動に際しての諸条件はかつてのそれよりかなりの変化を遂げている．第一に，急速に成長しつつある後発資本主義国では，「議会戦術」と「政治的大衆（マッセン）ストライキ戦術」の２つの戦術が，かつて先進資本主義諸国がその確立期に直面したと同様に，つまり民主的諸権利の実現のために，依然として，有効性を発揮し続けるであろう．第二に，後発資本主義諸国の示威行動は先進資本主義諸国の示威行動と連動するであろう．第三に，世界資本の運動は資本の世界的集積に伴う労働力の世界的集積を条件づけ労働者運動を国際化させるであろう.第四に，各国の諸政党は政党間の国際的連帯を強めていくであろう．とりわけいわゆる「IT革命」の進展は各国勤労諸階級の利害関係を容易に調整する手段の一つとなるであろう．


＊　資本主義世界は，「全商業世界を一国と見なし，また，資本主義生産がどこでも確立されて，あらゆる産業部門を征服したことを前提」するとする『資本論』におけるマルクスの方法がしだいに現実的根拠を持ち始めているように見える．

1) Parvus, Die Industriezölle und der Weltmarkt, *Die Neue Zeit,* Jg. 19, Bd. 1, 1899-1901, S. 709.
2) 通常，「労働運動」と称せられている用語はここでは「労働者運動 Arbeiterbewegung」と称することにする．また「労働者運動」と言うと労働組合運動に限定して狭く理解される恐れが多いので，これらを含め多様な意味合いを持つ「社会運動」と呼ぶことにする．
3) K. Marx, *Das Kapital,* Bd. 3, S. 259.｜｜括弧内は第3部草稿へのエンゲルスの挿入．
4) R. ルクセンブルクがベルンシュタインを批判して論文「社会改良か革命か」を書いたことによって，ベルンシュタインによるマルクス批判の核心的論点が何

第8章　長期波動の社会的影響

であるか，明確に示される．
5)　しかし，他の諸点，たとえば，「貧困化」問題について言えば，ベルンシュタインには『資本論』の歪曲した理解があること，また「訓練され，結合され，組織された労働者階級」と「プロレタリアートの成熟と勢力の増大」とは決して相反するものではないこと，さらに武力革命はもはやありえないと断定することもできないこと，これらについて反批判者たちは正統派的立場からベルンシュタインを批判した．
6)　帝国主義論の形成過程に付随して展開された「政治的マッセンストライキ」をめぐるドイツ社会民主党内の諸議論の詳細については市原健志「ドイツ社会民主党（SPD）内の政治的大衆ストライキ論（一）（二）」『商学論纂』第20巻第5，6号，1979年を参照されたい．
7)　ただし，この闘争手段を党内の多数の人々が容認していたわけではない．というのは，当初，この闘争手段を容認することは無政府主義者に与することと同列に見なされる傾向が強かったからである．こうした事情もあってエンゲルスは上記「序文」の中で，抽象的な言説に留まり，「ゼネラルストライキ」または「政治的大衆ストライキ」について関説するのを控えたのであろう．
　　なお，同上，（二）も参照のこと．
8)　Parvus, Der Opportunismus in der Praxis, *Die Neue Zeit*, Jg. 19, Bd. II, 1900-01, S. 610.（「実践上の日和見主義」山本統敏編『第二インターの革命論争』紀伊國屋書店，1975年所収，71ページ．）
9)　パルヴスは，資本主義発展の長期波動曲線が独立変数で，階級闘争曲線がそれの従属変数であるとして，階級闘争の高揚と衰退を経済決定論的に説明することに反対であった．社会的運動は多くの複合的諸要因によって触発され強化され大きな行動にまで発展するのであって，単一的，同質的要因によって自動的に高揚したり沈滞したりするのではない．パルヴスは，実際に，労働者階級の社会的行動に影響を与える諸契機として次のようなものを列記している．「産業発展のテンポを規定する世界市場の大きな連関性，好況と恐慌の周期的交替，農村における人口の停滞と都市への集中，資本主義的植民地への進出と発展，新しい工業国家の興隆と旧来の経済様式の没落，新しい大国家の形成と旧国家の脆弱化および分断，戦争と平和，民族闘争，政治的民主主義をめぐる闘争，政府による反動，ブルジョア諸政党間の利害対立，協会と国家との闘争などなど．」
10)　K. Kautsky, Krisentheorien, *Die Neue Zeit*, Jg. 20, Bd. II, 1901-02, S. 137.（松崎敏太郎訳「恐慌諸理論」『恐慌論』叢文閣，1935年，74ページ．）
11)　*Ibid.*, S. 138.（同上書，75ページ．）
12)　*Ibid.*, S. 137.（同上書，74ページ．）
13)　Parvus, *Klassenkampf des Proletariats*, Berlin 1911.
14)　*Ibid.*, S. 44.
15)　K. Kautsky, Was nun ?, *Die Neue Zeit*, Jg. 28. Bd. II, 1909-10, S. 76.（「いまや何を」『第二インターの革命論争』山本統敏編，紀伊國屋書店所収，376ページ．）
16)　K. Kautsky, *Die Wandlungen der Goldproduktion und der wechselunde Charakter der Teuerung*, Stuttgart 1913, S. 46-7.

## 〔補論〕 資本主義発展の長期波動と上部構造

　社会の上部構造と下部構造との相関関係を長期波動論をもって説明しようとしたことはトロツキーの一つの貢献である．唯物史観に基づく社会発展の諸法則は長期波動論において一つの具体化の試みがなされたと言い換えてもよい．

　トロツキーによれば，資本主義は均衡の破壊と回復との交替的な過程で発展する．この経済変動は人体組織における呼吸活動と同様に，資本主義を廃絶しない限り引き続いて生ずる経済現象である．また，この呼吸活動は常に同じ様な規則的運動を行なうわけではない．「資本主義の急速な発展期には恐慌は短くて浅く，好況は長期で広範であるのが特徴である．資本主義の下降期には恐慌は長引き好況は一時的で浅く投機的性格を持つ．停滞期には変動は同じ水準で起こる．」それゆえ，資本主義の「診断」は人体組織の状態を診断するのと同じように，「呼吸が規則的か発作的か，深いか浅いかによって」なされなければならない[1]．

　彼は，戦後世界資本主義体制の枠組みを次の2点で特徴づけた．第一に，世界市場の相互依存関係は世界戦争によって根こそぎ崩壊させられた．第二に，ヨーロッパの経済的衰退と対照的に，アメリカの経済力が強化され，資本主義世界経済とブルジョア権力の重心はヨーロッパからアメリカに移動した．このことから彼は資本主義の将来を次のように展望した．「循環的な景気変動は相変わらず続くだろうが，一般に，資本主義発展の曲線は上方にではなく下方に傾くであろう」と．しかし，彼は，資本主義体制の崩壊期が切迫しているとはみなかった．1920-21年の恐慌後，資本主義はやや動的均衡を回復しつつあると彼は見なし，この時期をプロレタリアートが将来，攻勢をかけるための強固な基盤の形成期であると見なした[2]．

　トロツキーの「長期波動論」の特色は何処にあるのだろうか．第一に，彼は，資本主義の長期波動の運動を不連続なものと見なし（＝長期波動外因説），「長期周期論」とは明確に一線を画した．第二に，革命や戦争などの社会的大変動は各長波の転換点に現れると見た．第三に，景気変動は常に一様に現象するのではなく，基礎的趨勢曲線のあり方に依存せざるを得ないと見なした．これらのいずれも評価してよいであろう．

　その後，トロツキーは，コンドラチェフの「長期周期論」に対する批判の中で，資本主義社会の経済的状態と上部構造で惹起する出来事との内的関連を長期・動態的に明確化しようとした[3]．彼によれば，資本主義の発展過程は景気の周期的変動によって特徴づけられるのだが，その際それは循環の同質的時系列ごとに画期される．それゆえ，循環の同質性を規定する基礎的傾向曲線が析出されなければならない．社会におけるあらゆる出来事の真の基礎はその趨勢曲線にあり，その曲線に究極的に規定されている．そのような基礎的趨勢曲線（8-1図参照）は，同一水準に留まるもの（＝停滞期 (A-B)），上昇運動を描くもの（＝発展期 (B-C)），および下方に向かうも

第 8 章　長期波動の社会的影響　　　291

8-1図　トロツキーの「資本主義発展の曲線」
(Curve of Capitalist Development)

| 年次 | 経済的基礎 | 上部構造 |
|---|---|---|
| 10 | A | → 事件 A <br> → 新政党の出現 |
| 20 | 資本主義発展の転換点 <br> (Breaking Point of Capitalist Development) <br> B | → 事件 B <br> 革命 |
| 30 | | → 事件 C |
| 40 | 資本主義発展の曲線 <br> 10年周期の産業循環 | 社会改良 |
| 50 | | 文学派 X の勝利 |
| 60 | 資本主義発展の転換点 | → 事件 D <br> 戦争 |
| 70 | C | → 事件 E |
| 80 | | 哲学的潮流の普及 |
| 90 | D | |

---- 基礎曲線　A-B 停滞期
──　循環曲線　B-C 上昇期
　　　　　　　C-D 下降期

(Leon Trotsky, The Curve of Capitalist Development, FOURTH INTERNATIONAL. May 1941.)

の（＝下降期（C-D））のこれらの三つからなる．そして，これらの曲線の接合点である資本主義発展の転換点（Breaking Point of Capitalist Development：B あるいは C）において階級間および国家間に最大の歴史的攪乱，たとえば，革命や戦争が発生する[4]．

トロツキーの理論には資本主義の発展段階認識が欠如していると批判されている．長期波動論一般に対する通常の批判および反批判についてはさしあたりこれを別に置くとして，次の点に注目すべきであろう．すなわち上記の論述を逆の言い方に換えれば，それぞれの基礎的趨勢曲線にはそれを形づくる同質的形態の産業循環が存在するということになるのであり，このような見解について注目する必要があるということである．言い方を換えれば，資本主義発展の長期波動として区分されるそれぞれの時代には独自な支配資本が検出され，その支配資本の運動がその区分された時代の産業循環の特質を規定すると言ってよいように思われる．

ところで，トロツキーの見解について二つの点を指摘しておくことにする．第一に，彼は戦後の資本主義を「下降期（C-D）」＝資本主義の終末期に属するとした．しかし，世界経済発展の基本軸がヨーロッパからアメリカに移動しつつあることを認めるとすれば，世界資本主義は最後の段階に達しているのではなく，アメリカを中心に世界経済は新たな長期波動，つまり「停滞期（A-B）」から，「発展期（B-C）」へと向かう可能性が充分予期できたはずである．第二に，彼は，社会革命の時代を下降的長波あるいは停滞的長波の上昇的長波への転換点に置いた．これはパルヴスとは異なり，カウツキーの考え方にいっそう近いように見える．パルヴスは「経済的秩序の総体」をなす諸要素間の有機的関連が切断される上昇的長波の下降的長波への転換点にそれを求めていた．＊

上昇的長波の時代には，資本に対する労働者階級の攻勢的闘争が効力を発揮するので，彼らの経済的・政治的要求がある程度充足されるため，逆に階級意識が弱められる．上昇的長波から下降的長波に移行する上位転換点においては，世界市場において，国家を後ろだてにする各国金融資本間の市場争奪戦が激化し，とりわけ保護関税政策

---

＊　コンドラチェフやトロツキーと同じ時期，1920年代に登場してきた S. ヴォルフは，ヘルデレンの理論をさらに徹底させて長期周期論を展開した（これについてはすでに本書の第4章第2節で検討した）．

　ヴォルフは，長期周期との関連で，内外政策を次のように描いた．すなわち，「引潮の時代は，国内については，鋭い・激しい階級闘争によって特徴づけられるが，対外的には，この時代は静謐と平和の姿を示す．一般には戦争のない時代である．」これに対し，「大潮の時代は，国内については，余り激しくない闘争が見られ，対外的には，最も激しい・鋭い戦争の時代，戦時の時代である．」[5]

　ヴォルフの見解は基本的にはカウツキー理論の継承であり，この理論の特徴と問題点については本補章第2節の(2)で論じたとおりである．

が実施される場合には領土再分割闘争へと発展する可能性が強まる．その際，社会主義政権がこの戦争を契機に権力を獲得したとしても，この戦時経済を平和経済に向けて経済の建て直し＝再編を図ることは，この政権にとって大いなる困難を伴う．一方，下降的長波の時代には，失業者が増大し，労働者間の就労をめぐる対立が激しくなり，団結基盤が損なわれる．しかし，他面では，労働者階級の所得が減少し，生活が困窮するので，彼らの生きている時代の制度的不合理性（特に，「豊富の中の貧困」）が目につき始める．そのため，労働者階級の階級意識が覚醒される．下降的長波から上昇的長波に移行する下位転換点においては，旧来の生産技術体系から新しいそれへの根本的な再編過程となる．したがってこれまで労働者階級の闘争の中核部隊をなしてきた各階級・階層の交替など，闘争形態に一定の変化が生じる．


1)　『トロツキー選集Ⅰ』現代思潮社，1962年，262ページ．
2)　同上書，227-295ページ．
3)　トロツキーの論文「資本主義発展の曲線 The Curve of Capitalist Development」は，資本主義発展の長期波動について彼の考え方を詳論することを約束していた *Vestnik Sotsialisticheskoi Akademi* 誌編集部宛に，1923年4月21日付で，送付されたものである．これは後に，この雑誌の第4号（1923年4-7月号）に掲載された．さらに，その後，この論文は *Fourth International* の，1941年5月号に英訳されて掲載された．本稿はこれによる．
4)　同上書．
5)　S. de Wolff, Prosperitäts- und Depressionsperioden, *Der lebendige Marxismus. Festgabe zum 70. Geburtstage von Karl Kautsky,* Verlag Detlev Auvermann KG Glashutten in Taunus (1973).

## 補　章　現代資本主義分析と長期波動論
——レギュラシオン理論と国家独占資本主義論の批判的検討——

### はじめに

　1991年11月に東京で開催された「ローザ・ルクセンブルク東京国際シンポジウム」[1]で，著者は，「ローザ・ルクセンブルクの著書『資本蓄積論』の現代的意義」と題する報告の機会を与えられた[2]．その際，著者は，『資本論』形成史研究の最新の情報をもとに，彼女の著書の再生産論についてかなり立ち入った内容の報告レジメを作成し，併せて，ローザ・ルクセンブルク（R. Luxemburg）の著書『資本蓄積論』[3]の中で彼女が「帝国主義」に関連させて資本主義の発展過程を歴史的に論じている部分については，これを「長期波動論」の一つの展開例として読み直すことが可能であり，そうすればこれまでの評価とは異なる他の側面からの評価もその著書に与えることができるのではないかという論旨を述べた[4]．「長期波動論」というと，「コンドラチェフ波」の名で普及している50〜60年周期の「長期周期論」を想起する一般的思考傾向の中で，報告の当日，著者の見解はこの会の参加者にかなり唐突なものとして受け取られたように思われる．しかし，その後，イマニュエル・ウォーラーステイン責任編集『長期波動論』[5]や若森章孝「現代マルクス経済学」[6]などの著書や論文の公表もあって，徐々にではあるが長期波動論に関する認識に変化が生じてきているように思われる[7]．

　とはいえ，若森氏が前掲論文で概括しているように，「現代マルクス経済学」と称する今日の欧米の学派には，「マルクスの『資本論』（1867年）の理論構成やヒルファディング，ローザ・ルクセンブルク，レーニンなどの古典

的帝国主義論の諸命題から出発し」て,「演繹的に20世紀資本主義を説明」するようなことをしないところに一つの特徴を見いだすことができる[8]のであって,これらの成果が直ちに著者の研究に対する援護射撃になったわけではない．実際,山田鋭夫氏などわが国の一部の研究者たちは上述の新潮流に同調しているのであって,現代資本主義や資本主義発展の長期波動現象を説くための一補助手段として『資本論』やルクセンブルクの理論を活用すべきだとする著者の方法論との間には,依然として,考え方に大きな開きがある．

　ところで,前記シンポジウムの後に,著者は,1920年代のロシアで再展開された再生産論・「循環研究」について検討を行なう機会を持った．その際,「ローザ・ルクセンブルクの長期波動論」に関する上述の私の推測が的はずれでなかったことを知った．というのは,この間,著者は,ルクセンブルクの理論を長期波動論の一系譜に属せしめようとする最初の試みを1920年代のマトゥイレフ (W. E. Motylew, В. Е. Мотылев) の論文「ローザ・ルクセンブルクの蓄積論」[9]の中に見いだすことができたからである．同時に,コンドラチェフ (N. D. Kondratieff, Н. Д. Кондратьев) の「長期周期論」をめぐる周辺の議論を検討する過程で,『資本論』の論理や「古典的帝国主義論」を利用して20世紀の資本主義を説明する方法を誤りとし,あるいは無意味であると決めつける議論は正しくないこと,むしろ戦後のわが国における経済学方法論研究や恐慌論研究,および帝国主義論(史)研究の成果を積極的に活用し,欠けている部分を補うことが必要であること,これらのことを痛切に感じるようになった．戦後のわが国の経済学研究の成果を軽視し,欧米における現代「マルクス主義」諸理論に安易に追従するかに見える近年の風潮に対して大いに疑問を感じることとなった．このような意味において山田氏とその他の議論には,欧米の「現代マルクス経済学」に対する過大評価と対照的に,戦後わが国の『資本論』研究および「帝国主義」研究の成果に対する過小評価とが表裏一体になっているように見えてならない．

　ところで,前述の報告レジュメの中で,ルクセンブルクの「帝国主義論」

を批判的に摂取する形で,著者の経済学方法論について,おおよそ,次のことを論じた.

## 第1節 現代資本主義分析の方法

ルクセンブルクの「帝国主義論」における方法論上の誤りは,彼女が,蓄積されるべき剰余価値の実現問題から帝国主義段階に特有な資本主義の諸現象を一直線に説明しようとしたことにある.しかし,彼女の設定した方法的前提からすれば,彼女の理論が説きえる対象領域は,「帝国主義段階の,矛盾にみちた運動」それ自体ではなく,諸矛盾が大規模化し激化していく資本主義崩壊期における資本の蓄積傾向の分析まで,すなわち,資本蓄積の制限化されていく傾向の分析範囲内までであったはずである.言い換えれば,彼女の蓄積論の基本性格は,金融資本の蓄積様式の解明を基礎にそれの世界市場での現実の運動を明らかにする「帝国主義論」ではなく,金融資本の運動を背後で究極的に規定する資本の一般的運動法則(あるいは資本主義の崩壊傾向=資本蓄積の制限的傾向)とその法則の現実化過程についての基礎分析,この意味での「崩壊論」あるいは資本主義崩壊期の歴史分析でなければならないはずであろう.そのように理解されることによって,彼女の理論は帝国主義分析に一定の役割を果たすことができたはずである[10],と.*

しかし,ルクセンブルクの著書に対する著者の上記の論評には叙述の上でやや不正確なところがあった.というのはルクセンブルクのこの著書では,金融資本の蓄積様式に関する解明は対象外とされており,帝国主義の一般的・経済的基礎を解明課題とするということだけに,あらかじめ研究対象に,

---

*  『資本論』の論理を,それが「資本一般」の論理段階に属するからといって,歴史分析あるいは現状分析に直接的に適用することを拒否してはならない.資本一般の諸法則は長期・理想的平均において論じられているとはいえ,それらは現実的根拠を持っているからである.

一定の方法的限定枠が（意識的に）設けられていたからである．ルクセンブルクは次のように記している．「現存する蓄積領域の独占化や利潤の分配をめぐる，個々の資本グループ間の内部競争戦を基盤とする帝国主義的段階の独自的な一現象としてのカルテルやトラストを扱うことは，本書の枠外のことである．」[11] したがって彼女の著書では帝国主義分析は直接的課題とされていないのであって，蓄積されるべき剰余価値の実現問題から帝国主義段階に特有な資本主義の諸現象を一直線に説明しようとしたと断定するのは（そう理解されても仕方のない叙述が随所に見られるとはいえ）言い過ぎである．したがって，彼女の経済学方法論を「誤り」と断定した点については一定程度修正を必要とする．

ところでルクセンブルクの経済学方法論を『資本論』との関連で改めて見直し，彼女の著書を市場理論という側面からとらえ直せば，おのずから，この著書を「長期波動論」に適用する試みがこれまでになかったはずはなかろうという新たな推測が生まれる．そして彼女の市場理論を「長期周期論」に適用したマトゥイレフの論文名をバールの論文の中で発見することができた時には，予測が現実のものになったという点で（予測が見事に的中したという点で）大きな驚きであった．

マトゥイレフ論文では，「長期周期論」が受容されており，また『資本論』と「帝国主義論」との論理的関係が明確ではないなど方法論上の問題点は多々見い出される．とはいえ，著者にとって，マトゥイレフはルクセンブルクの市場理論を長期波動論の展開に適用した最初の人であったというその先駆性に対してまずもって評価しておくことにしよう．次いで，ルクセンブルクのこの著書がヒルファディングやレーニンの帝国主義論に対立するものとしてではなくこれらを「補充」するものとみなされるべきだとしていることや，資本主義を帝国主義に転化させる諸条件について彼女の理論が「一元論的な基礎に還元する可能性を与えている」としていることなど，『資本論』と「帝国主義論」との論理的関連を検討する際のいくつかの有益な示唆をこの論文が与えていることについても一定の評価を与えることができるように

思われる[12].

　さて，本章では，『資本論』の論理や「古典的帝国主義論」を利用して20世紀の資本主義を説明する方法を誤りとし無意味であると決めつける「レギュラシオン学派」の方法論について検討し，これとの関連において，日本で比較的オーソドックスな経済学方法論と見なされてきた「独占資本主義論」および「国家独占資本主義論」について若干の検討を試みることにしたい．

　ただし，既述のように，著者は戦後の日本における恐慌論研究や帝国主義論(史)研究の成果を積極的に活用することが必要であると強調しているのであって，現代資本主義分析の用具として，「レギュラシオン理論」や「国家独占資本主義論」を並列し，それらに代えて「長期波動論」を採用すべきであると主張するものではない．「長期波動論」については，資本主義分析のためにその理論の分析視角が考慮されるべきであるとし，他方で，長期波動論的視点をマルクス経済学に取り込むとすればそれはいかに可能かという形で課題設定をしている．

## 第2節　レギュラシオン理論とSSAアプローチ

(1) 戦後資本主義世界経済の時期区分

　現代資本主義分析における最重点の解明課題が何であるかについて，欧米のレギュラシオン学派もSSAも共通した問題意識を持っている．これについてジャヤワーデスは次のように述べている．「(戦後のシステムの)崩壊の根本的な原因は，国際経済秩序の構造それ自体にあったのか，……(あるいは)そのシステムが崩壊したのは，その『内的矛盾』によってだったのか．」[13]

　戦後国際経済秩序は，当初は，世界経済発展を促進する構造を具備し機能していたが，他方で資本蓄積運動はこの秩序を崩壊させるような内的矛盾を累積させることになる．この両者の相互関係を明らかにすることが現代資本主義分析における最重要課題である．欧米レギュラシオン学派の問題意識は極めてシャープであり，明瞭である．*

この問題提起に対してマーグリンは戦後資本主義の歴史的区分を行ない，資本主義の「黄金時代」がいかにして瓦解（＝終焉）したかについてその要因を次の二側面に求めている．

①国内的側面　完全雇用利潤圧縮：「生産システムおよび相互調整ルールが労使間の基本的な利害対立を調停することに失敗したこと．」[14]

②国際的側面　国際的諸編成様式の瓦解：「アメリカ合衆国のヘゲモニーの侵食」，「（覇権国アメリカの）拡張的な需要管理政策の困難性」[15]．

マーグリンらは資本主義の「黄金時代」の終焉について「単一原因論的説明」を拒否し，「相互補完的な諸制度の相互作用を成功と失敗の双方から理解する」立場をとる[16]．そして彼らはそれの終焉要因について次のように説明する．第一に，マクロ経済構造的には，生産性上昇率の低下，および利潤圧縮があげられる[17]．第二に，生産システムについては，「フォード主義生産システム」は時代遅れになり，これが生産性上昇率の悪化をもたらす結果になったとしている．（彼らは，自動車産業を資本主義の黄金時代の生産システムの典型[18]とみなしている．）第三に，相互調整ルールについては，実質賃金の上昇圧力，競争圧力，所得維持と福祉国家などの諸項目を挙げ，それらが破綻要因になったとしている[19]．第四に，戦後の国際秩序（＝ブレトンウッズ体制）については，ドル不足からドル過剰へ（＝工業諸国間における国際競争の激化），合衆国の多国籍投資とヨーロッパの反応，工業諸国家間における相互依存の増大，変動相場制のもとでの国際秩序の変化，低開発国と新興工業国（NICs）の台頭を挙げ，国際秩序の解体要因としている[20]．

戦後資本主義世界経済の発展と挫折を単一要素によって説明することはで

---

＊　日本で展開された「国家独占資本主義論」と現代資本主義における諸矛盾の変容した発現形態である「スタグフレーション」の分析は彼らと同じ問題意識のもとでなされたと言えるが，現代資本主義を資本主義の生成・発展・没落という枠組みで網掛けしようとしたところに難点が生じてきたと言ってよいであろう．

きない．発展諸要素の相互作用がいかに資本主義経済のダイナミズムを生み出したかという観点が必要だとする彼らの見解には同意する．ただし，同一の論理次元でこれらを関連づけて説明することは問題であろう．すなわち，「単一原因論的説明」と同じく，「単一理論的説明」もまた誤りであろう．日本における「国家独占資本主義論」が論理の積み上げ的方法あるいは重層化論的方法に対して慎重であったのは，こうした理由による．

(2) 歴史分析と経済理論との融合

「レギュラシオン理論」が日本の研究者の間の関心を呼び起こし，その理論の積極的導入が図られたのは，第一に，この学派が「歴史分析と経済理論との融合」を目指したことにあったと思われる．第二に，マルクスの経済学方法論を子細に検討し一定の成果を獲得したかに見えたにもかかわらず，日本の研究者たちが現状分析において足踏み状態を続けてしまったのは理論分析が現状分析から乖離し，前者をもって後者の作業を困難にしたからであろう．そして第三に，「レギュラシオン理論」が受容されたのは，なによりもこの理論が理解しやすく，現状分析もレギュラシオン派の視点に立てば可能に見えたからだと思われる．WIDER所長ラル・ジャヤワーデスはこの編著書の「序説」で次のように述べている．大部分の経済分析が戦後資本主義の洞察に失敗した原因はそれの「過度の抽象性にある．」これに対して「本書が行なうのは，戦後ブームの『黄金時代』の分析から着想を引き出し，歴史分析と経済理論の融合を試みることである．」[19)]

論理の上向的展開ということから，より具体的なものに一歩一歩近づいていくはずの理論構成が，現実には，逆に，いっそう抽象化され，現実との乖離が生じたかに見えていた日本の経済学研究にとっては，「レギュラシオン理論」は確かに，新鮮であった．

## 第3節　レギュラシオン理論と国家独占資本主義論

(1) 国家独占資本主義論批判としてのレギュラシオン理論

　欧米のレギュラシオン理論が登場してくる学史的背景について簡単に触れておくことにしよう．

　コリア（B. Coriat）によれば，「レギュラシオン理論」は1970年代の後半に生まれた．この「理論」が登場してくる理論状況を彼は次のように説明している．経済諸政策の組合せによる有効需要の適切な調整によって経済成長を安定化できると考えていた新古典派とケインジアンは，1970年代の景気刺激策の失敗によって沈黙を余儀なくされた．他方，（欧米の，特にフランスにおける）マルクス学派の理論は，「危機一般についてのマルクス主義の仮説から出発し」，「国家・産業集積・独占・金融の集中化の間の関係を一方的にしかも不当に強調」するにとどまっていた．しかも，この派の理論は「危機の説明において，労働関係と搾取関係が中心的な役割をはたしてはいない．」そしてそもそも危機の説明だけでなく，成長の説明もなされなければならないのに，この理論にはそういう理論装置が欠けている[20]，と．「レギュラシオン理論」については，かかる反省から生まれ，それは「マルクス主義とポスト・ケインズ主義との間に位置している」[21]とされた．

　しかし上述のコリアによる理論史総括は戦後のわが国における研究状況に対しては部分的にしか妥当しない．この点を無視して，日本で構成された「国家独占資本主義論」を批判的に論評しているところにわが国におけるレギュラシオニストの行き過ぎがある．

　日本では，1960年代から70年代にかけて（ケインズ理論に対抗する形で），マルクス学派の「国家独占資本主義論」が深められた．つまり，蓄積論（＝再生産・恐慌論など）に基礎づけられた独占資本主義の蓄積態様分析を通じて，独占資本主義のもとでは，「資本と労働との体制的過剰傾向」が「基調」として現れざるをえない理由（＝自動回復力の困難性）が説明され，次いで国家

の経済過程への政策的介入は「資本と労働との体制的過剰傾向」に対する「政治的危機克服策」であり，同時に「経済的危機克服策＝不況脱出策」でもあるとしてその政策＝有効需要政策が二様に位置づけられた．他方，独占資本主義は常に「停滞」一色で彩られるのではなく，新市場の開拓や新産業部門の形成など一定の諸条件のもとで，膨大に蓄積された資金が投入されることによって「飛躍」の局面も発現するとし，戦後の持続的経済成長（＝「飛躍」）は，国家の経済過程への介入による（資本主義に内在する矛盾の発現を先に延ばす）資本の延命策によって「飛躍」の局面がもたらされたとされた．さらにこうした研究を引継ぐかたちで，恐慌論的・信用論的アプローチから，70年代に発現した「スタグフレーション」の解明がなされ，それは「国家独占資本主義」段階における恐慌の変容した発現形態の一つとされた．「スタグフレーション」の解明は，欧米とは異なり，戦後日本における再生産・恐慌論研究および「国家独占資本主義」研究における貴重な成果の一つと見なされる．

　ただし，日本で進められた「国家独占資本主義論」の研究には次のような問題点があったように思われる．第一に，恐慌論・産業循環論および恐慌の形態変化論に関する研究の深化を基礎に，現存「国家独占資本主義」体制が危機に陥る（経済的に座礁する）ことを予測しえたが，この危機がもつ世界史的意味およびその後の資本主義世界の発展像を提示できなかった．その理由としては，「純粋」一国資本主義分析と対応的な「純粋」一国国家独占資本主義分析という方法論を採用していたところに問題があったのではないか．第二に，「国家独占資本主義」の危機とは，資本主義一般の危機ではなく，実際には，アメリカ資本主義の危機＝「パクス・アメリカーナ」の崩壊のことであることを必ずしも認識していなかった．言い換えれば，国家独占資本主義論はその理論モデルにおいてケインズ経済学とほとんど変わらない論理段階で構成されたのではないか．第三に，「抽象」から「具体」へという論理の上向的展開過程で構成しようとした「国家独占資本主義論」はややもすると上向すればするほど逆にますます抽象的になってゆき，現状分析に役立

ちえなかった．つまり「資本一般の理論」,「独占資本主義論」および「国家独占資本主義論」という重層した三種の理論の関連づけに成功していなかった．

したがってわが国で展開された国家独占資本主義論は欧米のそれとある程度まで共通する弱点を有していたと言ってよいであろう．19世紀末大不況＝崩壊論，1930年代不況＝全般的危機論，20世紀末大不況＝国家独占資本主義破綻論，といった資本主義世界発展の終末期認識の再三の修正を今度は長期波動論的視点においてせざるをえないのではなかろうか．

いずれにしても日本で展開された国家独占資本主義論については，旧社会主義諸国や欧米のそれとは著しく異なり，独自に発展してきたのであって，これを欧米のそれと同一視して批判することは許されないであろう．

(2) マクロ経済分析と再生産(表式)論

前掲書『資本主義の黄金時代』の中で，マーグリンは彼らの理論（＝「レギュラシオン理論」）について，それを「マルクスとケインズの伝統に大いに依拠する」もの，また「マルクスとケインズを超え」るものであると自負している．ここで「超える」というのは，彼によれば，「生産システムについての議論においてはマルクスの伝統とくに労働抽出の分析に依拠し，マクロ経済構造についての議論においてはケインズの伝統，とくに貯蓄と投資の分析に依拠している」[22]ことを意味している．

見られるように，マーグリンは，「マクロ経済構造」分析（＝貯蓄と投資の分析）についてはマルクス理論によってではなくケインズ理論によって果たされるとしている．しかし彼のこの見解は，マルクス以降の再生産論の展開過程，とりわけ，ルクセンブルクをめぐる再生産論争の意識を認識していない見解であり，同時に，レギュラシオン派に同調するわが国の一部の研究者について言えば，蓄積されるべき剰余価値の実現問題に関する戦後日本の研究成果を完全に無視するものである．蓄積基金の積立（＝「貯蓄」）と投下（＝「新投資」）の問題について，再生産論を用いてそれの解明を行ってきた日

補章　現代資本主義分析と長期波動論

本におけるマルクス学派の「マクロ経済構造」分析に照らしてみれば，レギュラシオン派のこの理論に関する研究はむしろ著しく立ち遅れている．つまり「均衡蓄積額・均衡蓄積率」概念の定立による有効需要の構造と動態分析によって，現実の資本の態様分析が可能となり，わが国では，ケインズの有効需要論を批判的に乗り越えることができた．それに対し，欧米の経済学では，マルクスの再生(表式)論の恐慌分析に果たしうる有効性が著しく軽視され，したがって当然のことに，「過剰蓄積」概念がないが故に，成長過程の挫折・反転の論理さえ不完全にしか説きえない．マーグリンが次のように述べる場合，再生産(表式)論を重視するわが国の実状からすれば，それはあまりにも単純すぎる議論である．「マルクスとケインズの理論は，……利潤率が双方にとって中心的な役割を演じているという事実にもかかわらず，両者は互いに正反対であり，対立している．マルクスの理論は実質賃金および生産性から利潤率へと向かう因果連鎖に焦点を合わせるのに対して，ケインズの理論は，利潤と投資需要のあいだの相互関係を強調する．」[23]*

したがって，欧米レギュラシオン学派がマルクスとケインズを「乗り越えた」と見たのは錯覚でしかなく，マルクスの再生産論を乗り越えられなかったのであって，ケインズの理論を「乗り越えた」のは戦後日本における再生産論研究であったということである．二部門分割三価値構成を基にした再生産表式に基づく有効需要の構造と動態分析なしには資本主義の発展構造の真の姿はつかめないであろう．

これらの諸点についていま少し立ち入って論じてみよう．

---

\*　蓄積基金の積立（=「貯蓄」）と投下（=「新投資」）に関する有効需要の構造と動態分析の研究は，「均衡蓄積軌道」をめぐる日本の議論においてケインズ理論に対する優位性を保持していると思われる．わが国では，上記二つの論点をマーグリンのように切り離すのではなく相互連関的に，再生産論に基づく資本蓄積の態様分析を前提に，資本蓄積と利潤率の変動との相互規定関係において，したがって一方の解決が他方の解決を排除するという関係において二律背反的に，把握する方法が採られているからである．

(3) 分析手法

グリンらの共同稿は「黄金時代」のパターンの主要特徴（「黄金時代」がいかに生じたか）を，「マクロ経済構造」，「生産システム」，「相互調整ルール」および「国際秩序」の4点から論じている．ここでは「マクロ経済構造」の検討に限定する．

グリンらによれば，「黄金時代のマクロ経済パターンの基本的特徴は，①生産性と労働者1人当り資本ストックの急速かつ並行的上昇，②実質賃金と生産性の並行的上昇」[24]，これらにある．「成長は大部分，国内市場に基づいていた．……個々の国々にとって，需要の全般的成長を支配したのは国内市場であった．さらに，国際貿易の割合の増加は，先進国間で生じたものだった．このように投資に見合った需要を提供したのは，先進諸国集団内部での市場であった．」[25]「黄金時代の成長は主として国内市場に基礎をおいたものとみなすことができよう．」[26] 他のところでは同じことを次のように論じている．「実質賃金の上昇と生産性の上昇のバランスが保たれた．」「消費と生産がほぼ並行的に増大した．」[27]「日本が，黄金時代に典型的な，よりバランスのとれた成長のマクロ経済パターンを示すのは，1960年代になってからであった．」[28]

資本主義的生産様式のもとでは，生産と消費が並行的に増大する場合，一見するとその軌道が「均衡的」な再生産軌道に見えたとしても，実際には，それは「（資本主義的）均衡蓄積軌道」から乖離する「過剰蓄積」過程である．レギュラシオン派にはこの過程を説く理論がない．部門Ⅰの生産拡大が部門Ⅱのそれを上から引き上げる形で，両部門に相互誘発的な超過需要が生じ，「過剰蓄積」過程は進行するのであって，この過程は彼らの言うような「よりバランスのとれた成長」パターンなどでは毛頭ない．「均衡蓄積軌道」から乖離するこの「過剰蓄積」過程が「均衡蓄積額・均衡蓄積率」概念の定立によってのみ明確になるのであって，この概念を欠くレギュラシオン派による資本蓄積態様分析の弱点は極めて明白である．ケインズ的有効需要創出政策を背景に，持続的で急速な「過剰蓄積」による雇用の拡大によって実質賃

金率が上昇し，このことが消費需要の拡大にともなう投資需要の拡大をさらに誘発させたのであるが，他方で賃金率の上昇は利潤率を圧縮することによってさらなる投資需要の拡大をさえぎり拡大再生産過程が挫折するのである．こうした局面では，賃金の引下げや労働生産性の上昇によって事態を克服しようとすれば，実現問題すなわち有効需要不足の問題が直接現れ，他方，この事態を打開しようとして有効需要のさらなる拡大が政策的になされれば，賃金率のさらなる上昇によって利潤率の低下が顕在化し，追加投資がストップすることによって過剰生産が現出するであろう．一方の解決が他方の解決を排除するというこうした二律背反的局面＝「資本の絶対的過剰生産」の局面分析については，富塚良三氏をはじめとして日本では恐慌論・再生産論研究においてすでに大きな成果を得ている．

　部門Ⅰの生産拡大は雇用を増大させることによって，消費手段の生産である部門Ⅱの生産拡大を誘発し，反作用的に，今度は，部門Ⅱのこうした生産拡大が部門Ⅰの生産拡大を促進する．両部門間におけるこうした相互誘発的相関作用によって両部門がある程度まで並行的に発展する「過剰蓄積過程」に特有な，こうした再生産過程（＝軌道）の構造を，レギュラシオン派やSSAは，大量生産と大量消費との好循環過程・調和のとれた再生産過程（＝軌道）として描き出すのだが，資本主義的生産様式のもとでは，この過程は「生産と消費の矛盾」の潜在的累積過程＝「過剰蓄積過程」として理解されなければならない．「過剰蓄積」のもとで生じた雇用増＝実質賃金率上昇に基づく利潤率の低下→新投資の抑制→商品過剰を回避しようとして，さらなる有効需要拡大政策が持続・展開されるなら「賃金爆発」・「収益危機」が一層顕著になり，新投資が全く無意味になる「資本の絶対的過剰生産」の局面に到るであろう．この局面では，なんらかの方法で賃金率上昇を抑制しようとしても今度は逆に有効需要不足が直接的に顕在化し，商品過剰が露呈するであろう．

　ところが，レギュラシオン派の理論では，両部門が並行的に発展する場合にはそれはすべて「バランスのとれた」正常な蓄積経路，つまり生産と消費

との比例均衡性が維持された均衡的な再生産軌道と見なされ，このような場合にも「過剰蓄積」がありうること，すなわち資本主義的生産に内在する矛盾の潜在的累積過程であることが看過されている．したがって，当然のことに，この理論の場合は，この軌道が挫折・反転する過程の論拠を再生産論において見いだすことができない．

見てきたようにレギュラシオン派による「資本主義の黄金時代」の「マクロ経済」分析は，本来，ケインズの理論に依拠するのではなくマルクスの再生産論に依拠すべきであった．言い換えれば，「マクロ経済」分析に関する彼らの上述の文言はマルクスの再生産(表式)論研究の立ち遅れを示す以外の何物でもない．

これまで見てきたように，日本における現代資本主義論は恐慌・産業循環およびその形態変化論を基礎にそれの動態化を図ってきたのであって，その意味では欧米の国家独占資本主義論や恐慌論とは内容上，大きく異なるものである．だからこそ欧米ではレギュラシオン理論（およびSSAアプローチ）が展開されたのであって，日本のレギュラシオン派が彼らと同じ土俵で日本のマルクス学派を批判するのは明らかにすじちがいである．ちなみに，ここでは日本のマルクス理論に対する山田鋭夫氏の批判を引用することにしよう．これらは，故意に誇張することによってマルクス経済学者を覚醒させようとしたという意図でなければ，あまりにも常軌を逸した論評であるということができる．

①20世紀のマルクス経済学を一瞥するとき，資本主義の歴史認識や現代認識において，「その成果の貧困——というより大なる誤謬——は覆うべくもない．」[29] ②「『資本論』は19世紀資本主義の理論である．」[30] ③「マルクス派における『資本論』の下敷きプログラムや19世紀の特権化をさらに背後で規定している，いわば究極の背後仮説は，おそらく資本主義崩壊論の前提であろう．」[31] ④「『資本論』を……（略）……具体化すれば，現代分析に至るという思い込み自身が問題である．」[32]

## おわりに

　戦後日本で展開された「国家独占資本主義」諸理論は，独占資本の蓄積様式の分析を通じて，独占資本主義が停滞を基調としつつも「飛躍」と「停滞」の両局面を持つことを解明し，1930年代「大不況」を独占資本主義の蓄積態様に固有な自動回復力の困難性に基づく「資本と労働との体制的過剰」が現出したものと把握した．そして，この恐慌・危機に対する政治的・経済的克服策としてのケインズ政策の意義と限度を明らかにするなどして，この理論は（欧米のそれとは異なり）独占資本主義の動態分析に大きな成果を収めたように思われる．とりわけ，国家独占資本段階における恐慌の形態変化としての「スタグフレーション」分析は画期的な成果であろう．しかし，この理論では，第一に，独占形成以前の19世紀に資本主義世界経済に「飛躍」と「停滞」の両極面（＝長期波動）が存在したのだがこれを説明しえないこと，またこの理論では世界市場の構造的変化に関わる諸問題については，これらは歴史分析に属するものとしてこの理論の論理段階では捨象されているため論じにくいこと，したがって，現実分析へのこの理論の適用（具体化）を図るには，余りにそれが抽象的に過ぎるため，なお，何か必要な媒介環（＝長期波動論）がなければならないように思えることなど，いくつかの問題点が残されていると思われる．

　第二に，各国資本主義の経済的特質と国際的相互関係の分析，したがって，また，資本の世界包括的運動の分析（＝長期波動論的視角）をどの様にこの理論に取り込むことが可能かという点や，関連して，「国民経済」→「世界経済」という論理の道筋が，この理論の場合に，方法論として採られていることなど，この理論にはなお検討を要するいくつかの問題点が残されているように思われる．

　第三に，「飛躍」と「停滞」という二局面は独占資本の蓄積様式によって現実化するのではなく，独占資本ないし金融資本のかような蓄積メカニズム

をさらにその背後で規定している他の諸要因があり，それによって現出するということ．したがって「独占資本主義」に固有だとされる「飛躍」と「停滞」というこの二局面の説明は独占資本主義の蓄積様式分析によってなされるべきではなく，基本的には「資本一般」の論理段階にある『資本論』の論理を利用して（長期波動論を有効に利用して）説明されるべきであると思われる．

1) このシンポジウムは1991年11月2・3日に，中央大学駿河台記念館で開催された．これに先立ち，9月29日に同所で，プレ・シンポジウムが開催された．
2) 本章のこの部分は，市原健志・横倉弘行「資料：マトゥイレフの論文『ローザ・ルクセンブルクの資本蓄積論』について」（『商学論纂』〔中央大学〕第35巻第1・2号，1993年）から一部分を引用している．
3) R. Luxemburg, *Die Akkumulation des Kapitals. Eine Beitrag zur ökonomischen Erklärung des Imperialismus.* Verlag von Buchhandlung Vorwärts Paul Singer GmbH, Berlin 1913.（長谷部文雄訳『資本蓄積論』上，中，下，青木文庫，1952-53年．）
4) 「報告レジュメ」は当日『報告集』に収録されて配布された．これは後に『ローザ・ルクセンブルクと現代世界』と題して社会評論社（1994年）から出版された．
5) イマニュエル・ウォーラーステイン責任編集／山田・遠山・岡久・宇仁共訳『長期波動論』藤原書店，1992年1月．
6) 若森章孝「現代マルクス経済学」永井義雄編著『経済学史概説』ミネルヴァ書房，1992年所収．
7) 1990年4月にはエルネスト・マンデル著／岡田光正訳『資本主義発展の長期波動』（柘植書房）が出版されている．
8) 前掲『経済学史概説』，250ページ．
9) В. Е. Мотылб, Теория накопления Розы Люксембург, *Вестник Социалистическая Академии,* IV. 1923.
10) 市原健志「ローザ・ルクセンブルクの著書『資本蓄積論』における再生産論」『商学論纂』〔中央大学〕第33巻第6号，1992年．
11) R. Luxemburg, *Die Akkumulation des Kapitals.* S. 401.（『資本蓄積論』下，556ページ．）
12) 前掲『資料』，297ページ．
13) S. マーグリン，J. ショアー編著書『資本主義の黄金時代—マルクスとケインズを越えて—』東洋経済新報社，1993年，iページ．
14) 同上，29ページ．
15) 同上．

補章　現代資本主義分析と長期波動論　　　311

16)　マーグリンらの共同稿は「黄金時代」の終結について次のように述べている．「歴史を振り返れば，1973年が，急速な成長を遂げた黄金時代の時期とその後の停滞の時期との分水嶺をなしていたことは明らかである．議論が分かれるのは，黄金時代の発展パターンが自らの内的な緊張によって掘り崩されたのか，それともOPECの石油価格騰貴にみられるような相対的に外生的要因によって脱線させられたのか，という問題である．本節でわれわれは前者の見方が正しいことを証明しようと思う．」
17)　同上，92ページ．
18)　同上，99-100ページ．
19)　S. マーグリン，J. ショアー編著書『資本主義の黄金時代—マルクスとケインズを越えて—』, iページ．
20)　パンジャバン・コリア「レギュラシオン理論—その起源，独自性，最初の成果—」平田・山田・八木編『現代市民社会の旋回』昭和堂，1987年，122-7ページ．
21)　同上，121ページ．
22)　『資本主義の黄金時代—マルクスとケインズを越えて—』, 序説，32ページ．
23)　同上，34ページ．
24)　同上，57ページ．
25)　同上．
26)　同上，61ページ．
27)　同上，59ページ．
28)　同上，64ページ．
29)　山田鋭夫『20世紀資本主義』有斐閣，1994年，125ページ．
30)　同上，130-2ページ．
31)　同上，135ページ．
32)　同上，155ページ．

## あ と が き

　「長期波動論」をテーマに著書の刊行を図ることは，資本主義発展の長期波動現象の実態分析を究極目標にしている著者の実際の研究の進捗状況からすれば，やや時期尚早であったような気がしないでもない．本書を「序説」と称したのもこのようなことを意識していたからである．しかも，「長期周期」の存在を実証し，これの法則性を解明することができたとすれば，本書の研究は即刻それなりの評価を獲得できたかもしれない．ところが本書のように，一方で「長期周期」の存在を否定しながら，他方で「長期波動論」の研究の意義を強調するのでは，どうしてもいま一つ迫力を欠くかに見える．この分野のこれまでの研究に著者の研究は新たに何を付け加えたのかと改まって問い詰められれば，この問いに対して，若干の戸惑いを感ぜざるをえないことは確かである．

　ただ，「産業循環（=「産業周期」）」→ジュグラー・サイクル→7〜10年周期とのアナロジーで直ちに想起される，「長期周期」→コンドラチェフ・サイクル→50〜60年周期とする，連想的なイメージを通じて，今日ではこの後者の言葉が勝手に一人歩きし始めているように見えること，また各波動それ自体の理論分析も，また各波動軌道間における相互関連性の解明もなく，単純にそれらの軌道を重ね併せて現局面を説明しようとする（非マルクス学派の）手法がこの分野で支配的傾向にある一方，マルクス学派はこれに対して拱手傍観し続けていること，これらのことを憂慮したことが本書の刊行を急いだ理由の一つである．かつてはマルクス学派における一研究領域であった「長期波動論」に関する議論の展開過程を整理し，この理論をマルクス的方法の中に再び取り入れ，復活=再生させること，言い換えれば，マルクス学派のこの領域における研究の遅れを早急に取り戻すこと，このことが本書刊行の特

別な任務と考えている．たとえ，本書を通じて，「長期波動論」なる理論研究はマルクス経済学にとって何の必要性も認められない，このような結論に達したとしても，それはそれで本書の一定程度の目的は達せられると考えている．というのはこうした結論にいたる過程でマルクス経済学は確実に一歩前進するはずであるからである．

　ところで，長期波動論を研究してきた過程で，著者にとって印象に残る二つの出会いがあったことをここで記しておきたい．

　一つは，20世紀初頭の世界経済全般を襲った物価騰貴にかかわる議論（『ノイエ・ツァイト』誌上で議論されたいわゆる「金・物価論争」あるいは「金・価値論争」）を吟味していた時のことである．いくつかの資料を漁っているうちに，まず初めに，この論争に参加していた「J. v. G」なる匿名の人物が「フェダー J. Fedder」なる筆名をもつオランダ人の社会民主主義者「ヘルデレン J. v. Gelderen」であることが特定できた．彼はパルヴスの長期波動論を長期周期論に磨き上げる努力を試みた労作をオランダ社会民主党の機関誌『ニューウェ・タイト』に2回にわたって掲載していたことが分かった．コンドラチェフはこの論文の存在を常に気にしながらしかしこれを読む機会を逸していたようである．著者は中央大学図書館のレファレンスルームを通じてブリティッシュ・ミュウジャムにその雑誌があることを確認してもらい，そこからヘルデレンのこの論文のコピーを取り寄せて，蘭－英辞典を用いて（利用できるような蘭－和辞典はその時点にはまだ存在していなかった），ほぼ1カ月かかって，訳読した．この論文では，20世紀初頭における物価騰貴の原因を金生産量の増加や独占価格に求めるのではなく，資本主義的生産の固有の発展法則に基づく一現象と見なされるべきことが主張されていた．（したがって，「長期周期論」展開の栄誉はコンドラチェフやヴォルフにではなくヘルデレンに与えられるべきものと考えられる．）さらに同じ時期に，非マルクス主義者であるオイレンブルクやマルクス理論家のスペクタトールが，長期波動論的視角から世界資本主義で生じている異常な事態を解明しようとしていたことが確認できた．これら一連のイモヅル式的発見は著者にとって思いがけな

い大きな成果であるように思われた．

　もう一つは，東京で開催されたローザ・ルクセンブルクの国際シンポジウムで，この企画の実質的最高責任者であった伊藤成彦中央大学教授の薦めで，彼女の著書『資本蓄積論』の現代的評価に関するテーマで著者に報告の機会が与えられた時のことである．報告の中で，著者は，彼女の著書『資本蓄積論』は帝国主義論としてではなく，市場理論として「長期波動論」に利用できるのではないかということを述べた．この論点について，参加者はやや唐突に感じたのか，当日の会場ではあまり関心を呼ばなかったようであるが，当時，著者は，ルクセンブルクの理論を長期波動論に適用した論文がこれまでにないはずはないという確信的予見を持っていた．はたせるかな，その後まもなくして，K. バーの論文「長期波動——選択・解題文献目録——」を眺めている中に，その論文の中で，ロシアのマトゥイレフという人が「ローザ・ルクセンブルクの資本蓄積論」という論文を書き，バーはこの論文について，マトゥイレフは「コンドラチェフの見解を支持している」と記していることが分かった．幸い，この論文は北海道大学スラブ研究センターに所蔵されていることが（中央大学図書館のレファレンスルームを通じて）分かり，論文のコピーを手に入れることができた．その内容の是非はともあれ，ここで初めて，長期波動論とルクセンブルクの再生産論との理論上の接点が見いだされたことになるので，まずこのことについて著者は欣喜雀躍した．しかも，本学の横倉弘行教授の翻訳によって論文の内容を直ちに知ることができた．この論文には，著者が予期した以上の内容が盛り込まれていた．しかもこの論文には，「長期波動論」とは別に，「連鎖関連の法則」つまり「乗数理論」が当時のロシアで議論されていたことが分かった．

　要するに，1920年代のマルクス理論の展開過程の検討を通じて，さしあたり次の3点について，残された研究課題があると考えている．

　第一に，著者はかつて，ローザ・ルクセンブルクをめぐる1920年代のロシアを舞台にして展開された再生産論争について，それらは彼女の著書『資本蓄積論』の公刊（1913年）当時の議論の反復（＝再版）にすぎないと考え，こ

の時期の論戦を「再版再生産論争」と位置づけた．しかしこの評価は間違っていたことが分かった．その理由は次の2つにある．第一に，ルクセンブルクをめぐるロシアにおける再生産論争では，剰余価値のうち蓄積されるべき剰余価値の実現問題，つまり蓄積基金の積立と投下の問題，したがっていわゆる「有効需要」の問題が焦点となっていたこと，そして事実上の「乗数理論」を意味する「連鎖関連の法則」が議論されていたこと．

第二に，再生産論史上，「均衡」概念は「過剰蓄積」概念析出の理論的規準として資本主義の動態分析，とりわけ恐慌分析にとって重要な意味を持っている．ブハーリンの「可動的均衡」概念はつとに周知のことである．しかし，彼のこの概念定立の背後には，「均衡」ないし「均衡的に発展する経済」などについて多様な議論が交わされていたことについてはあまり知られていない．しかもこの時期にはさらに他の諸概念，たとえば，「静態」と「動態」，「可逆的発展」と「不可逆的発展」など，また景気変動に関する諸理論や再生産表式論の具体化としての（「産業連関表」の成立につながる）「国民経済バランス」の作成など，幅広くかつ立ち入った議論がなされていたことが分った．にもかかわらず，これらはさらに掘り下げられて検討されていない．

1920年代には，上に見たように盛りだくさんのテーマとなる議論があり，マルクス経済学は多方面に向って花開く条件があった．しかし，スターリンの権力支配のもとで，他方では，ナチの軍事支配のもとで，多くの理論は切り捨てられ，しだいに「不均等発展論」と「全般的（＝一般的）危機論」に集約されて戦後（第2次大戦後）段階に受け継がれていく．また第一次大戦後のドイツ社会民主党の諸理論，組織資本主義論，社会化論なども同様に理論の発展の芽は左からはスターリンのイデオロギー支配によって，また右からはヒットラーのファシズムによって奪われてゆく．

結局，第二次大戦後の現代マルクス経済学は「第二インター」期の諸理論を継承するか，あるいはコミンテルンの場で支配的になった諸理論を継承するかのどちらかの選択を無意識の中に迫られ，結局，1920年代の諸理論のいくつかがマルクス諸理論の理論的系譜から脱落していった．現代のマルクス

経済学は，したがって，まずは，1920年代の諸理論との継承性を意識しながら，理論系譜上の間隙を埋めてゆく作業を必要としなければならないように思われる．

　本書の公刊は予定よりかなり遅れる結果になった．校正に予想以上の期間を費やしたためである．その理由は，全体の内容上の調整を図ったため文章の修正と大幅な加筆を必要としたことと，著書の作成に必要な体力の消耗度の限界を越える一時期があったことによる．

　なお，中央大学出版部の矢崎英明氏には，本書の出版にいたるまで，実に長い期間種々のご配慮をいただいた．記して厚く御礼を申し上げたい．

　最後に，私の両親，市原薫・きのへ，および義父母，上石政雄・文子，妻，聡子による物心両面の協力がなかったら，本書の刊行計画は中途で挫折していたかもしれない．本書がある程度満足できるような形で仕上げられたことについて，プライベートな事柄に属するが，この場をかりて感謝の意を表させていただく．

　2000年9月1日

　　　　　　　　　　　　　　　　　　　　　　　市　原　健　志

# 参考文献一覧（年代順）

(1) ここで取り上げた文献は，本書で参考にした主要文献であって，「長期波動論」に関する文献の全体を網羅したものではない．
(2) 広範囲にわたって文献を集約したものに，J. J. van Duijn, *The Long Wave in Economic Life*（London, 1983.）および A. Kleinknecht, *Innovation Patterns in Crisis and Prosperity*（Macmillan Press 1987）があるので，それらを参照されたい．
(3) 長期波動諸理論を年代別・内容別に手際よく分類し，短評を加えた文献としては，K. Barr, Long Waves: A Selective Annotated Bibliography（*REVIEW*, vol. 2, no. 4, Spring, 1979.）がある．（小笠原嘉一郎訳「長期波動—選択・解題文献目録」市川泰治郎編『世界景気の長期波動』，亜紀書房，1984年所収）．
(4) 長期波動諸理論を内容別に分類し，それぞれに該当する代表的論文（著書からの抜粋を含む）を収録したものに，C. Freeman 編集による *Long Wave Theory*（The International Library of Critical Writings in Economics 69, Uk, 1996）がある．
(5) 日本語文献については，上記の市川泰治郎編『世界景気の長期波動』に紹介されている．
(6) ウォーラーステインの「世界システム論」の検討は別の機会に行なう．

I 欧文文献

1890年　K. Kautsky, Der Entwurf des neuen Parteiprogramms, *Die Neue Zeit*, Jg. 9, Bd. 2.

1892年　K. Kautsky, *Das Erfurter Programm in seinem grundsatzlichen Theilerlautert*, J. H. W. Dietz, Stuttgart 1892.〔Verlag J. H. W. Dietz Nachf. GmbH, 1974〕（三輪寿壮訳『エルフルト綱領解説』改造文庫．）

1898年　R. Luxemburg, *Sozialreform oder Revolution?*, Buchdruckerei und Verlagsanstalt der Leipziger Volkszeitung, Leipzig 1899.〔*Rosa Luxemburg Gesammelte Werke*, Bd. 1/1, Dietz Verlag, Berlin 1970.〕（「社会改良か革命か」野村修他訳『ローザ・ルクセンブルク選集』第1巻，現代思潮社，1969年所収．）

1899年　E. Bernstein, *Die Voraussetzungen des Sozialismus und die Aufgaben der Sozialdemokratie*, Verlag von J. H. W. Dietz Nachf. GmbH, Stuttgart.〔Internationale Bibliothek: Bd. 61, 1973.〕（佐瀬昌盛訳『社会主義の諸前提と社会民主主義の任務』ダイヤモンド社，1974年．）

1899年　K. Kautsky, *Bernstein und Sozialdemokratische Programm*, J. H. W. Dietz Nachf. GmbW.（「マルキシズム修正の駁論」『世界大思想全集』47巻，山川均訳，春秋社，1932年所収．）

1901年　M. I. Tugan-Baranowsky, *Studien zur Theorie und Geschichte der Handelskrisen in England*, Verlag von Gustav Fischer. Jena.（救仁郷繁訳『英国恐慌史論』ペ

りかん社，1972年.）

1901年　Parvus (A. Helphand). *Die Handelskrisis und die Gewerkschaften,* Verlag von M. Ernst, München.

1901年　Parvus, Die Industriezölle und der Weltmarkt, *Die Neue Zeit,* Jg. 19, Bd. 1.

1901年　Parvus, Der Opportunismus in der Praxis, *Die Neue Zeit,* Jg. 19, Bd. Ⅱ （「実践上の日和見主義」山本統敏編『第二インターの革命論争』紀伊國屋書店，1975年.）

1902年　K. Kautsky, Krisentheorien, *Die Neue Zeit,* Jg. 20, Bd. 2, 1901-02. （松崎敏太郎訳「恐慌諸理論」〔松崎敏太郎編『恐慌論』叢文閣，1935年〕）

1903年　Otto Schmitz, *Bewegung der Warenpreis in Deutschland von 1851 bis 1902,* Franz Siemenroth, Berlin.

1904年　M. I. Tugan-Baranowsky, Der Zusammenbruch der kapitalistischen Wirtschaftsordnung im Lichte der nationalökonomischen Theorie, *Archiv für Sozialwissenschaft und Sozialpolitik,* Bd. 19.

1905年　M. I. Tugan-Baranowsky, *Theoretische Grundlagen des Marxismus,* Leipzig. （高木友三郎部分訳〔1921年〕，安倍浩部分訳〔1922年〕，高畠素之訳述（部分訳）〔1924年〕，水谷長三郎部分訳〔1925年〕）

1907年　Parvus, *Die Kolonialpolitik und der Zusammenbruch.*

1907年　K. Kautsky, *Sozialismus und Kolonialpolitik,* Berlin.

1908年　R. Hilferding, Der deutschen Imperialismus und die innere Politik, *Die Neue Zeit,* Jg. 26, Bd. I, 1907-08.

1908年　Parvus, *Der Parlamentarismus und die Sozialdemokratie.* (in : *Der Klassenkampf des Proletariats,* Berlin 1911.)

1909年　W. S. Jevons, *Investigations in Currency and Finance.*

1910年　R. Hilferding, *Das Finanzkapital, eine Studie über die jüngste Entwicklung des Kapitalismus,* Marx=Studien, Bd. 3, Winer Volksbuchhandlung. （岡崎次郎訳『金融資本論』〔1947年ディーツ版〕上，中，下，岩波書店，1955-56年．林要訳『金融資本論』〔1955年ディーツ改訂版〕大月書店，1961年.）

1910年　O. Bauer, *Die Teuerung,* Wien.

1910年　Parvus, *Der Staat, die Industie und Sozialismus,* Dresden.

1911年　Parvus, *Der Parlamentarismus und die Sozialdemokratie.* (in : *Der Klassenkampf des Proletariats,* Berlin, 1911.)

1911年　R. Luxemburg, Resolution über die Lebensmittelteuerung, in der Sitzung des Internationalen Sozialistischen Büros am 23. September 1911 in Züriche. (in : *Rosa Luxemburg Gesammelte Werke,* Bd. 3.)

1911年　E. Varga, Goldproduktion und Teuerung, *Die Neue Zeit,* Nr. 7, Jg. 30, Bd. 1, 1911-12. （「金生産と物価騰貴」と題して笠信太郎訳『金と物価――一貨幣価値論争――』同人社，1932年所収.）

1911年　J. v. G., Goldproduktion und Preiswebegung, *Die Neue Zeit,* Nr. 19, Jg. 30, Bd. 1, 1911-12. （「金生産と物価の変動」と題して同上書に収録.〕

1912年　R. Hilferding, Geld und Ware, *Die Neue Zeit,* Nr. 22, Jg. 30, Bd. 1, 1911-12.

(「貨幣と商品」と題して同上書に収録.)

1912年　K. Kautsky, Gold, Papier und Ware, *Die Neue Zeit*, Nr. 24, 25, Jg. 30, Bd. 1, 1911-12.（「金，貨幣及び商品」と題して同上書に収録．他に，「金，紙幣及び商品」と題して向坂逸郎・岡崎次郎訳『貨幣論』改造社，1934年に収録，がある.）

1912年　O. Bauer, Goldproduktion und Teuerung, *Die Neue Zeit,* Nr. 27, 28, Jg. 30, Bd. 2, 1911-12.（「金生産と物価騰貴」と題して同上書に収録.）

1912年　Spectator, Zur Frage der Goldproduktion und Teuerung, *Die Neue Zeit,* Nr. 41, Jg. 30, Bd. 2, 1911-12.（「金生産と物価騰貴との問題に就いて」と題して同上書に収録.）

1912年　F. Eulenburg, *Die Preissteigerung des letzten Jahrzehnts,* am 17. Februar 1912. Verlag von B. v. Teubner in Leipzig und Dresden.

1912年　Conrad Schmidt, Preisbewegungstendenzen, *Sozialistische Monatshefte,* 1912. 12. 12. Heft. 25.

1912年　*Protokoll über die Verhandlungen des Parteitages der Sozialdemokratischen Partei Deutschlands,* Abgehalten in Chemnitz, von 15. bis 21. September 1912.

1912年　J. Marchlewski, Kapitalismus und Sozialismus, *Leipziger Volkszeitung,* Nr. 194 vom August 1912.

1912年　K. Radek, Zu unserem Kampfe gegen den Imperialismus, *Die Neue Zeit,* 1911-12, Bd. 2, Jg.

1912年　G. Eckstein, Imperialismus und Rustungsbeschrankung, *Die Neue Zeit,* 1911-12, Bd. 2, Jg.

1912年　Spectator, (Literarische Rundschau), *Die Neue Zeit,* Jg. 31, Bd. 1, 1912-13.

1913年　I. Karski (J. Marchrewski), *Teuerung, Warenpreis und Geldproduktion,* Dresden.

1913年　M. Tugan-Baranowsky, *Les Crises industrielles en Angleterre,* Paris 1913.（『英国恐慌史論』鍵本博訳，日本評論社，1931年.）

1913年　M. Lenoir, *Etudes sur la formation et le movement des Prix,* Paris.

1913年　J. v. Gelderen (J. v. Fedder), Springvloed—Beschouwingen over industrieele ontwikkeling en prijsbeweging, *De Nieuwe Tijd,* Nos, 4, 5, 6, Vol. 18.

1913年　E. Varga, Goldproduktion und Teuerung, *Die Neue Zeit,* Nr. 16, Jg. 31, Bd. 1, 1912-13.（「金生産と物価騰貴」と題して同上書に収録.）

1913年　K. Kautsky, Die Wandlungen der Goldproduktion und der wechselunde Charakter der Teuerung, *Die Neue Zeit,* Nr. 16, 1912-13. Ausgegeben am 24. Januar 1913.（「金生産と物価騰貴」と題して前掲書『貨幣論』に収録．他に，市川正一訳『資本主義と物価問題』早稲田泰文社，1924年がある．これは英訳本, *The High Cost of Living,* Chicago, 1915. からの重訳である.）

1913年　R. Luxemburg, *Die Akkumulation des Kapitals. Eine Beitrag zur ökonomischen Erklärung des Imperialismus.* Verlag von Buchhandlung Vorwärts Paul Singer GmbH, Berlin.（長谷部文雄訳『資本蓄積論』（1913年）〔1923年〕上，中，下，青木文庫，1952-53年.）

1913年　O. Bauer, Die Akkumulation des Kapitals, *Die Neue Zeit*, Jg. 31, Bd. 1, 1912-13. (向坂逸郎訳「資本の蓄積と帝国主義」〔『社会科学』第3巻第2号, 改造社, 1927年〕.)

1913年　K. Kautsky, Der Imperialismus, *Die Neue Zeit*, 1913-14, Bd. 2, Jg. 32. (波多野真訳「カウツキーの帝国主義論」『武蔵大論集』13(5), 1966年.)

1913年　A. Aftalion, *Les crises periodique de superproduction*.

1914年　М. И. Туган-Барановский, *Промышленные кризисы в современной Англии, их прины и влияннuе на народную жизнь*, СПб. (ロシア語第4版.)

1915年　R. Hilferding, Arbeitsgemeinschaft der Klassen ?, *Der Kampf*, Jg. 8, Oktober 1915, Nr. 10.

1915年　Вухарин, Н. И., Мировое хозяйство и империализi *Коммунист*. (西田勲・佐藤博訳『世界経済と帝国主義』ブハーリン著作集3, 現代思潮社, 1970年.)

1916年　W. I. Lenin, *Der Imperialismus als höchstes Stadium des Kapitalismus*. (「資本主義の最高の発展段階としての帝国主義」『レーニン全集』第22巻所収.)

1920年　R. Hilferding, Die politischen und ökonomischen Machtverhältnisse und die Sozialisierung, Berlin. 倉田稔・上条勇編訳『R. ヒルファディング現代資本主義論』新評論, 1983年.

1921年　R. Luxemburg, *Die Akkumulation des Kapitals oder Was die Epigonen aus der Marxschen Theorie gemachat haben : Eine Antikritik*, Frankes Verlag GmbH, Leipzig. 〔*Rosa Luxemburg Gesammelte Werke*, Bd. 5, Dietz Verlag, Berlin 1975.〕(長谷部文雄訳『資本蓄積再論』岩波文庫, 1935年.)

1921年　G. Cassel, *Theoretische Sozialökonomie*, Leipzig, 1921. (大野信三訳『社会経済学原論』, 1926年.)

1923年　В. Е. Мотылб, Теория накопления Розы Люксембург, *Вестник Социалистической Академии*, IV.

1924年　Н. Д. Кондратьев, К вопросу о понятиях зкономический статики, динамики и конъюнктуры, *Социалистическое хозяйство*, Книга II. (「経済的静態・動態および景気変動の概念の問題によせて」中村丈夫編訳『コンドラチェフ景気波動論』亜紀書房, 1978年所収.)

1924年　S. de Wolff, Prosperitäts- und Depressionsperioden, *Der lebendige Marxismus*.

1924年　R. Hilferding, Problem der Zeit, *Die Gesellschaft*, Jg. 1, Bd. 1. (倉田稔・上条勇編訳『R. ヒルファディング　現代資本主義論』新評論, 1983年.)

1925年　A. Spiethoff, Krisen, *Im Handwörterbuch der Staatswissenschaften*, Bd. 6. Jena.

1925年　N. D. Bucharin, Der Imperialismus und die Akkumulation des Kapitals, *Unter den Banner des Marxismus*, Jg. 1, Heft 1-2. (友岡久雄訳『帝国主義と資本蓄積』同人社, 1927年.)

1926年　N. D. Kondratieff, Die langen Wellen der Konjunktur, *Archiv für Sozialwissenschaft und Sozialpolitik*, Bd. 56, Heft 3.

1926年　W. Leontief, The Balance of the Economy of the USSR, 1925. N. Spulber (ed.), *Foundations of Soviet Strategy for Economic Growth ; Selected Soviet Essays, 1924-1930*, Indiana University Press, Bloomington 1964.

長期波動論関連（年代順別）文献目録

1926年　P. I. Popov, Introduction to the Balance of the National Economy, 1926. (Ibid.)
1926年　P. I. Popov, Balance Sheet of the National Economy, 1926. (Ibid.)
1926年　L. Litoshenko, Methods of Constructing a National Economic Balance, 1926. (Ibid.)
1926年　V. G. Groman, The Balance of the National Economy, 1926. (Ibid.)
1927年　E. A. Preobrazhenskii, Economic Equilibrium in the System of the USSR, 1927. (Ibid.)
1927年　W. C. Mitchel, Businesscycles. *The problem and its setting,* New York.
1928年　M. Barengol'ts, Capacity of the Industrial Market in the USSR, 1928. (Ibid.)
1928年　G. A. Fel'dman, On the Theory of Growth Rates of National Income, 1, 1928. (Ibid.)
1928年　E. Wagemann, *Konjunkturlehre.*
1928年　N. D. Kondratieff, Die Preisdynamik der industriellen und landwirtschaftlichen Waren, *Archiv für Sozialwissenschaft und Sozialpolitik,* Bd. 60.
1928年　А. Герценштейн, *Теория капиталистического рынка,* Moskau 1928.
1928年　N. D. Kondratieff, Die Preisdynamik der industriellen und landwirtschaftlichen Waren (Zum Problem der relativen Dynamik und Konjunktur), *Archiv für Sozialwissenschaft und Sozialpolitik,* Bd. 60, 1928. （中村丈夫訳「工業製品と農産物の価格動態〔相対的動態と相対的景気変動の問題によせて〕」）
1928年　A. Herzenstein, Nochmals über die Akkumulation des Kapitals, *Unter dem Banner des Marxismus,* Jg. 2, Heft 4.
1929年　A, Herzenstein, Gibt es Grosse Konjunkturzyklen?, *Unter dem Banner des Marxismus,* Heft 1, 2.
1929年　H. Grossmann, *Das Akkumulations- und Zusammenbruchsgesetz des kapitalistischen Systems,* Verlag von C. L. Hirschfeld, Leipzig 1929. 〔Archiv sozialistischer Literatur 8, Verlag Neue Kritik Frankfurt 1970.〕（有澤廣已・森谷克己訳『資本の蓄積並びに崩壊の理論』改造社，1932年．）
1929年　E. Wagemann, *Einführung in die Konjunkturlehre.*
1929年　R. Wagenführ, *Die Konjunkturtheorie in Ruszland.*
1929年　R. Wagenführ, Die >schematische Analyse< in der Konjunkturforschung, *Jahrbucher für Nationalökonomie und Statistiks,* Jena, Bd. 130, 1929.
1930年　S. S. Kuznets, *Secular movements in Production and Prices.*
1930年　D. L. Oparin, Das theoretische Schema der gleichmäßig fortschreitenden Wirtschaft als Grundlage einer Analyse ökonomischer Entwicklungsprozesse, *Weltwirtshaftliches Archiv,* XXXll, 1930 (ll).
1930年　S. A. Perwuschin, Kondratieff, N. D., und D. I. Oparin, Die langen Konjunkturzyklen, *Weltwirtschaftliches Archiv,* XXXll, 1930 (ll).
1931年　E. Wagemann, Struktur und Rhythmus der Weltwirtschaft. Grundlagen einer weltwirtschaftlichen Konjunkturlehre
1931年　M. R. Weyermann, Die Konjunktur und ihre Beziehungen zur Wirtschaftsstruktur, Jena. （小島昌太郎監訳『世界経済機能と景気変動』雄風館書房，1932年）

1932年　A. Aftalion, *L'or et sa distribution moudiale,* Paris.
1933年　ワーゲマン『景気変動論』小島昌太郎監訳，雄風館書房
1933年　E. John, *Goldinflation und Wirtschaftsentwicklung : gibt es "langen Wellen" der Konjunktur?,* Carl Heymans Verlag.
1935年　L. H. Dupriez, Einwirkungen der langen Wellen auf Entwicklung der Wirtschaft seit 1800. *Weltwirtschaftliches Archuf,* Juli.
1936年　アフタリオン『金と世界経済』永田清・中村金治訳，時潮社
1936年　シュピートホフ『景気理論』望月敬之訳，三省堂
1938年　G. Haupt, J. Jemnitz, L. v. Rossum (HG.), Karl Kautsky und die Sozialdemokratie Sudost-Europas. Korrespondenz, 1883-1938, Campus Verlag.
1941年　The Curve of Capitalist Development, *Fourth International,* May 1941.
1943年　G. Garvy, Kondratieff's theory of Long Cycles, *The Review of Economic Statistics,* Vol. xxv, Nov, 1943.
1972年　E. Mandel, *Der Spätkapitalismus,* 1972.（*Late Capitalism,* translated by J. D. Bres, London 1975.）飯田裕康・的場昭弘訳『後期資本主義』（第1分冊）柘植書房，1980年
1973年　S. de Wolff, Prosperitäts- und Depressionsperioden, 1908, in : *Der lebendige Marxismus, Festgabe zum 70. Geburtstage von Karl Kautsky,* Verlag Detlev Auvermann KG Glashuttern in Taunus.
1976年　R. B. Day, The Theory of the Long Cycle : Kondratiev, Trotsky, Mandel, *New Left Review,* 1976.

II　邦文文献
A.　戦前
1928年　高田保馬『景気変動論』（日本評論社）
1931年　高田保馬「長期波動について」『経済論叢』第33巻第3号（『経済学新講』第5巻「変動の理論」，岩波書店，1932年に収録）
1931年　高木友三郎「不景気の長波裡にある現段階」『世界景気は日本から』法政大学世界経済パンフレット2．
1931年　大塚金之助「世界経済恐慌とブルヂョア経済学」『改造』第13巻10月号
1931年　田中精一（書評）「ワイアーマン『景気変動とその経済機構に対する関係』」『経済学論集』第1巻第5号．
1931年　難波田春男（書評）「ワーゲマン『世界経済の構造とリズム』」『経済学論集』第1巻第6号．
1931年
　〜　　　『国際連盟経済叢書』
1933年
1932年　難波田春男（書評）「大戦後の景気過程に於ける特殊性―後期資本主義的現象としての―」『経済学論集』第2巻第1号．
1932年　田中精一（書評）「アルベルト・ハーン『信用と恐慌』」『経済学論集』第2巻第3号．

1932年　豊崎稔「長期的景気波動説の一考察」『経済時報』3月号.
1932年　柴田敬「長期景気波動について」『経済論叢』第34巻第1号.
1932年　柴田敬「長期景気波動と世界恐慌」『経済論叢』第34巻第3号.
1932年　高田保馬『経済学新講』第5巻「変動の理論」岩波書店.
1932年　豊崎稔『景気予測法研究』大阪商科大学研究会.
1933年　田中精一（書評）「『景気変動研究の現状と将来』（シュピートホッフ60歳記念論文集）」『経済学論集』第3巻第11号.
1933年　田中精一（書評）「エルンスト・ヨーン『長期的景気波動は存在するか？』」『経済学論集』第3巻第11号.
1934年　田中精一「長期的景気波動と資本蓄積の機構―併せてコンドラチェフ長期的景気波動論の批判―」『経済学論集』第4巻第4号.
1934年　松岡孝兒「レスキュウルの長期的景気変動論」『経済論叢』第38巻第4号.
1936年　田中精一（書評）「レオン・デュプリ『1800年以降経済的発展に対する長期的波動の影響』」『経済学論集』第6巻第1号.
1938年　和田佐一郎「長期変動について」『研究年報　経済学』第5巻第2号（通巻第9号）

B．戦後
1977年　シュンペーター著，塩野谷・中山・東畑訳『経済発展の理論』（上）・（下），岩波文庫.
1978年　中村丈夫編著『コンドラチェフ景気波動論』亜紀書房.
1979年　市原健志「ドイツ社会民主党（SPD）内の政治的大衆ストライキ論（一）（二）」『商学論纂』第20巻第5，6号.
1980年　マンデル著，飯田裕康・的場昭弘訳『後期資本主義』（第1分冊）柘植書房.
1981年　伊藤誠『現代の資本主義―その経済危機の理論と現状―』新地書房.
1981年　市原健志「『長期波動』論の理論的性格に関する一考察―『長期波動』論の生成過程に関連して―」『商学論纂』（中央大学）第22巻第4・5・6号.
1982年　市原健志「『攻勢理論』・『長期波動論』・『全般的危機論』―1920年代初頭のコミンテルンの経済諸理論―」『商学論纂』（中央大学）第24巻第3号.
1983年　市原健志「現代資本主義分析としての『長期波動論』の意義について」『商学論纂』（中央大学）第24巻第5・6号.
1983年　市原健志「ロシア10月社会主義革命期周辺における『過渡期』認識の特徴について」『商学論纂』第25巻第2号.
1984年　市川泰治郎編『世界景気の長期波動』，亜紀書房.
1985年　玉垣良典『景気循環の機構分析』，岩波書店.
1986年　ボールズ／ゴードン／ワイスコフ著，都留・磯谷訳『アメリカ衰退の経済学―スタグフレーションの解剖と克服―』，東洋経済新報社.
1987年　パンジャマン・コリア「レギュラシオン理論」，平田・山田・八木編『現代市民社会の旋回』，昭和堂所収.
1990年　マンデル著，岡田光正訳『資本主義発展の長期波動』柘植書房.
1991年　篠原三代平『世界経済の長期ダイナミクス―長期波動と大国の興亡―』，

TBSブリタニカ．
1991年　小澤光利「『長期波動論』と『全般的危機論』―戦間期マルクス恐慌論の展開と特質《序説》―」『経済志林』第58巻第3・4号併合．
1991年　市原健志「『金・物価論争』と長期波動論」『中央大学企業研究所年報』第12号．
1992年　イマニュエル・ウォーラーステイン責任編集，山田・遠山・岡久・宇仁訳『長期波動』藤原書店．
1992年　若森章孝「現代マルクス経済学」永井義雄編著『経済学史概説―危機と矛盾のなかの経済学―』（第13章），ミネルヴァ書房所収．
1992年　市原健志「ローザ・ルクセンブルクの著書『資本蓄積論』における再生産論」(『商学論纂』〔中央大学〕第33巻第6号．
1993年　市原健志「『均衡蓄積軌道』と資本主義発展の長期波動―『長期波動論』をめぐる1920年代ロシアの議論を素材にして―」『中央大学企業研究所年報』第14〔Ⅰ〕号．
1993年　市原健志「いわゆる『資本主義の最高の発展段階』規定について―超帝国主義論の現代的有効性―」（中央大学社会科学研究所編『現代国家の理論と現実』中央大学出版部．
1994年　市原健志「利潤率の傾向的低下の法則の貫徹形態」富塚良三・本間要一郎編集『資本論体系』第5巻，有斐閣．

初　出　一　覧


　　本書に利用した初出の論文と各章との関係を記しておく．

　序章「予備的考察と本書の構成」は本書執筆にあたって書き下ろした．
　第1章「長期波動論の生成過程―長期波動論の理論的性格について―」は，『商学論纂』（中央大学）（第22巻第4・5・6号，1981年）に掲載した論文「『長期波動』論の理論的性格に関する一考察―『長期波動』論の生成過程に関連して―」の転載である．転載にあたって大幅な改訂を行なった．
　第2章「パルヴスの長期波動論―20世紀初頭における植民地政策論争―」は，『商学論纂』（第23巻第1・2号，1981年）に掲載した論文「世界戦争（第一次）前夜における『長期波動』論展開の意義と限界について」のうち，パルヴスに関する叙述部分を利用した．
　第3章「『金・物価論争』と長期波動論―20世紀初頭の物価騰貴の原因をめぐって―」は，『中央大学企業研究所年報』（第12号，1991年）に発表した論文「『金・物価論争』と長期波動論」の転載である．
　第4章「『均衡蓄積軌道』と資本主義発展の長期波動―長期波動論をめぐる1920年代ロシアの議論を素材にして―」および同章の補論1「『国民経済バランス』表と拡大再生産表式」は，『中央大学企業研究所年報』（第14〔Ⅰ〕号，1993年）に発表した同名の論文を整理しなおし再録した．
　第4章の補論2「R. ルクセンブルクと長期波動論―マトゥイレフ論文について―」は「《資料》マトゥイレフの論文『ローザ・ルクセンブルクの蓄積論』について」（『商学論纂』第35巻第1・2号，1993年）のうち筆者の執筆担当部分である「Ⅰ　マトゥイレフ論文の意義について」を利用した．
　第5章「全般的危機論と長期波動論―「戦間期」資本主義の歴史的位置づけの問題について―」は，『商学論纂』（第24巻第3号，1982年）に掲載した論文「『攻勢理論』・『長期波動論』・『全般的危機論』―1920年代初頭のコミンテルンの経済諸理論―」を利用した．
　第6章「帝国主義論と長期波動論」は，基本的には書き下ろしであるが，一部分は，中央大学社会科学研究所編『現代国家の理論と現実』（中央大学出版部，1993年）に掲載した論文「いわゆる『資本主義の最高の発展段階』規定について―『超帝国主義論』の現代的有効性―」を利用した．
　第7章「利潤率の傾向的低下の法則と長期波動論―『資本論』第3部草稿第3章の

検討を中心として—」は「マルクス・エンゲルス研究者の会」の『論集』に掲載したものを，論点を長期波動論に引き寄せて書き改めた．

同章補論「独占の形成と長期波動」は，富塚良三・本間要一郎編集『資本論体系』第5巻（有斐閣，1994年）に掲載した「利潤率の傾向的低下の法則の貫徹形態」の中の一部を転載した．

第8章「長期波動の社会的影響—長期波動と社会運動—」は『商学論纂』（第23巻第1・2号，1981年）に掲載した論文「世界戦争（第一次）前夜における『長期波動』論展開の意義と限界について」のうち，社会運動に関する叙述部分を利用して成った．また，同章第2節(2)「闘争手段としての政治的大衆（マッセン）ストライキ」などに関しては，これをめぐるドイツ社会民主党内の諸議論の詳細について論じた拙稿「ドイツ社会民主党（SPD）内の政治的大衆ストライキ論（一），（二）」『商学論纂』（第20巻第5,6号，1979年）を部分的に利用した．

同章補論「資本主義発展の長期波動と上部構造」は書き下ろしである．

補章「現代資本主義分析と長期波動論—レギュラシオン理論と国家独占資本主義論の批判的検討—」の一部は前掲論文「マトゥイレフ論文の意義について」を利用した．

なお，第1,2,3,4,5,7の各章の「付記」は，基本的にはすべて書き下ろしである．

# 索　引

# 事項索引

## あ行

一国社会主義可能論(の論拠)　134, 145, 174
一般法則　5
SPD(ドイツ社会民主党)
　─────修正派　53
　─────正統派　53
大潮の時代, 引き潮の時代(大波動) 103

## か行

外在的要因　163
外国貿易　198
可逆的過程, 不可逆的過程　118, 119, 190, 202, 254
革命の起動的要素　163
下降の長波　6
過剰蓄積(過程・傾向)　115, 117, 140, 306
過程検出のための「理論的基準」　240
「価値法則」の通説　201
カッセルの理念型　118, 122
カッセル=バウアー的思考　133
可動(的)均衡(状態)　117, 139
下部構造(=土台)　270
関税政策とカルテル　76
完成された資本主義　214
議会戦術　287
危機　161

奇襲戦術　286
技術革命　93, 96
技術の発展法則　218
技術的-経済的関連　149
基準線　134
狂気の貿易政策　57
恐慌
　─────の周期性　240
　─────の必然性　240
　─────の現実性　240
均衡
　静態的─────　118
　動態的─────　118
均衡軸(=線)　130, 132
均衡蓄積軌道　115, 125, 140
　資本主義的─────　117, 137, 138
均衡蓄積軌道の現実的・歴史的根拠　117
均衡蓄積率・均衡蓄積額　115
均衡的に発展する経済(カッセルの
　─────)　122, 125
均衡の回復過程　163
均衡表式
　オパーリンの─────　125-27, 129
　バウアーの─────　129
　マルクスの─────　129, 141, 150
均等発展経路　126
均等発展成長率　251
均等発展蓄積率　251
金価値低下　80

金融資本
　　———の完成形態　170
　　———の蓄積様式　108, 297
金融寡頭世界支配　71
金に対する無限界の需要　80
金の機能
　価値尺度としての———　80
　度量基準としての———　80, 81
経済体制の均衡法則　147
経済的・技術的関連（＝関係）　149
　（→技術的・経済的関係）
現実的平和主義　171
原理論と段階論　216
攻勢戦術　160, 162
攻勢理論　160, 162
構造的長波論　194
国家独占資本主義　164
国際社会主義書記局会議　76
国際的金融資本体制　221
国際的に組織された銀行支配　221
国民経済バランス（1923-1924）　139
国民経済の国際的連関性　52
国家「導出」論　203
コミンテルン綱領　175
「孤立した」資本主義　2, 211
コンドラチェフ・サイクル　2, 313

## さ　行

再生産の均衡条件　119
再生産論
　———の具体化　264
　———の現実分析への適用　115, 138
　マルクスの———　125
再生産論争　1-2, 5, 12, 22, 30, 42, 47,
　　49, 57- 8
市場の外延的拡大　5, 55

自己完結的理解　198
自己調整機能　11, 198, 286
資本一般　6
資本一般の諸法則の現実的根拠　200
資本の
　———世界的集積と集中（＝国際トラ
　　スト）　2-5, 65, 222
　———集積・集中の法則　20
資本主義的
　———生産発展の機構と法則　6, 9,
　　16, 54, 101, 103, 106, 107, 136, 198
　———生産様式の一般的排他的支配
　　211
　———生産様式の３つの主要事実
　　206, 247
　———発展の転換点　163
　———不均等発展（軌道）　137
資本と労働との体制的過剰傾向　303
資本主義
　———の最終成果　137
　———の発展段階　164
社会主義の現実可能性　223
シュトゥルム・ウント・ドラング（の）時
　代　7, 16
修正主義（者）　5, 51
修正主義論争　49
修正派（マルクス主義）　49
重化学工業の時代（基軸的産業部門）
　287
自由貿易政策　56, 67
修正主義論争　49
修正派（マルクス主義）　49
需要の外延的拡張　97
　———の内包的展開　97, 98
純粋（一国）資本主義　303
上昇的長波　6

乗数理論　153
消費(財)需要拡大の弾力性　55
上部構造　270
植民地政策論
　　パルヴスの―――　53
　　ヒルファディングの―――　53
　　カウツキーの―――　54
　　長期波動論的―――　54
　　集積論的―――　54
　　崩壊論的―――　54
スタグフレーション　15
世紀的傾向　133
生成・発展・没落　164, 269
制限とその突破　203
生産と消費との矛盾　115, 240
生産発展
　　―――の浮揚力と世界市場　54
　　―――の大周期　105, 107
生産拡張を反転させる二要因　105, 240
政治的大衆(マッセン)ストライキ　287
生産力の無制限的膨張力と世界市場　6, 9
正常線(＝基準線)　131, 134
積極的な改良労働　53
静態的経済　120, 140
静態理論　118, 119
正統派(マルクス主義)　47, 69
世界革命成熟論　163
世界経済
　　―――と国民経済　198, 206
　　―――発展の中心国　286
　　―――の生成・発展・没落(＝死滅)　164, 269
世界生産　56
世界市場
　　―――の拡大可能性　51

　　―――の総体　51
　　―――の態様　54
　　―――恐慌　117, 286
世界資本
　　―――の世界包括的運動　50, 63, 92, 288
　　―――の形態と運動　5, 7, 9
世界プロレタリアート　66
世界システム分析　20
世界史的段階の徴候　98
世界市場の構造的変化　4, 20
「世界市場の形成」項目　207
世界市場の発展　50
世界的破局　20
世界的集積
　　資本の―――　65
　　生産の―――　68
世界包括的生産発展の浮揚力　219
全般的危機論　137, 145, 159, 160-165, 177-187
全商業世界を一国とみなす　204
ゼネラルストライキ戦術　286
総カルテル　212
組織された"国家資本"

## た　行

大破局(＝崩壊)　272
単純再生産(＝静態的経済)　120
段階認識の希薄　8
単一原因論　300
中心軸・均衡軸　201
超帝国主義　71
長期波動(論)　55, 92, 116, 118, 119, 159, 162, 163, 177, 185, 295
長期周期論　73, 125, 135, 139, 166, 167, 172, 295

長期波動論(的)視点　49
ツガン的謬見　119
帝国主義
　———(ドイツ)　57, 58
　———(イギリス)　70
帝国主義と物価騰貴　89
帝国主義の推進主体　56
帝国主義論史研究　ii, iii
定常的経済　120, 142
敵対的経済制度　163
動(態)的
　———均衡軸　132, 134, 266, 291
　———均衡　138
　———均衡の再確立　163
　———経済　118, 120
　———均衡状態　116, 118, 122, 138, 139

### な　行

内部的要素と外部的要素　189

### は　行

バウアー
　———的思考　138
　———的観点　141
バリケード戦術　286
発展段階認識(世界資本主義の)　59, 165
非資本主義的(領域, 社会層など)　50, 54, 58
飛躍と下降との大波状運動　52
封鎖的｛＝閉鎖的｝一国社会主義　198
不可逆的過程　134, 190
不均衡発展(の法則)　16, 139
不均等発展(の法則)　117, 134, 145, 152, 157, 177
不均等発展軌道　139
　資本主義的———　137
変動する諸要素間の均衡　119
保護関税政策　56, 80

### ま　行

「満潮」と「干潮」の歴史法則　63, 281

### や　行

ユンカー　57
四大矛盾　162

### ら　行

利潤率の(傾向的)低下(の法則)　231-237
歴史分析と経済理論との融合　301
連鎖関連の法則　153
レギュラシオン学派　299

# 人名索引

## ア 行

アグリエッタ(M. Aglietta) 259
アシュレイ(Ashley) 113
イリイン → レーニン
ウォーラーステイン(I. Wallerstein) 259, 295
ヴァーゲンフューア(R. Wagenführ) 132, 133, 187
ヴァルガ(E. S. Varga) 74, 75, 77, 80, 81, 85, 164, 180
ヴォルフ(S. de Wollff) 31, 39, 93, 173, 184, 292
エックシュタイン(G. Eckstein) 85
エンゲルス(F. Engels) 1, 16, 19-26, 144, 173, 233, 234, 243-45, 288, 299
オイレンブルク(F. Eulenburg) 95, 99, 106, 107, 118, 154
大谷禎之介 257
置塩信雄 253
小澤光利 177, 178
オパーリン(D. I. Oparin) 116, 125, 127, 129, 132, 133, 134, 143, 147-49, 166, 176

## カ 行

カウツキー(K. Kautsky) 16, 21, 22, 24, 25, 28, 29, 31-3, 35, 36, 38, 53, 54, 58, 60-2, 68, 74, 86, 87, 89, 90, 92, 107, 111, 154, 171, 172, 183

ガーヴィ(G. Garvy) 42, 74, 152
カッセル(G. Cassel) 123-5, 132, 134, 275, 282, 292
柿本國弘 182
ギルマン(J. Gilman) 259
グロスマン(H. Grossmann) 123, 143, 183
ケインズ(J. M. Keynes) 304, 305
ケネー(F. Quesnay) 150
ゴードン(D. M. Gordon) 259
コンドラチェフ(N. D. Kondratieff) 16, 38, 39, 42, 116, 119-21, 125, 133-37, 142, 152-54, 166, 176, 181, 183-86, 188, 190, 191

## サ 行

ザウエルベック(A. Sauerbeck) 95
柴田敬 186, 195
シュミット(C. Schmidt) 99, 106, 107, 112
シュミッツ(O. Schmitz) 95
シュンペーター(J. Schumpeter) 121, 184
スターリン(I. W. Stalin) 144, 145, 167, 173-5, 181
スペクタトール(Spectator) 75, 96

## タ 行

高田保馬 142, 184, 186
玉垣良典 10, 140

# 人名索引

タールハイマー　152, 160-62, 180
田中精一　189, 190, 191, 194
ダニエリソン（D. F. Danielson）　20
ツガン・バラノフスキー（M. I. Tugan-Baranowsky）　30, 35, 38, 41, 93, 148, 149, 178, 183, 184
富塚良三　115, 254
トロツキー（L. Trotskij）　16, 42, 152, 154, 162-64, 166, 175, 176, 183, 290, 292
ドゥボライツキー（S. Dwolajzki）　153, 157, 177
ドゥボイラツキー（S. Dwojlazki）→ドゥボライツキー（S. Dwolajzki）

## ナ 行

中村丈夫　2, 5

## ハ 行

バー（K. Barr）　152
バウアー（O. Bauer）　74-77, 85, 119, 123-25, 127-29, 132, 138-139, 141, 143, 148-51
パルブス（Parvus〔A. Helphand〕）　1, 8, 9, 15, 16, 29-33, 35, 36, 38, 41, 47-50, 52- 59, 63, 64, 67, 68, 70, 73, 154, 160, 161, 179-181, 184, 186, 280, 281
ヒルファディング（R. Hilferding）　11, 12, 37, 38, 41, 44, 52-54, 60, 61, 68, 74, 75, 81, 82, 156, 168-71, 173, 178, 183, 239, 249, 261, 262, 295
不破哲三　180, 182
ブハーリン（N. I. Bucharin）　11, 152, 160, 161, 165, 167, 176, 180, 182, 183
ブレーゲリ（E. Bregely）　145, 167

ベーベル（A. Bebel）　21, 31, 49
ベネディクト（O. Benedikt）　167
ヘルデレン（J. v. Gelderen〔J. Fedder〕）　16, 31, 38, 39, 41, 73, 100, 104, 107, 134, 154, 155, 170, 186
ベルンシュタイン（E. Bernstein）　25-27, 183, 272-275, 288
星野中　267
ポポフ（P. I. Popov）　259
ボールズ（S. Bowles）　259
ボワイエ（R. Boyer）　259
本間要一郎　261

## マ 行

マージ（S. Mage）　259
松石勝彦　257
マトゥイレフ（W. E. Motylev）　10, 152-55, 295
マルクス（K. Marx）　1, 11, 17, 19, 21, 24, 26, 30, 31, 37, 47, 48-49, 121, 123, 125, 128, 129, 142, 144, 173, 233-37, 239, 240, 269, 272
マンデル（E. Mandel）　1, 6, 12, 15, 259, 263
モズリー（E. Moseley）　259
森岡孝二　261

## ヤ 行

山田盛太郎　141
ユロフスキー（L. N. Jurovskij）　119, 120, 121

## ラ 行

リカード（D. Ricardo）　45, 159
リープクネヒト（W. Liebknecht）　174
リピエッツ（A. Lipietz）　259

ルクセンブルク（R. Luxemburg） 11, 27, 29, 68, 77, 85, 122, 138, 139, 143, 145, 153-55, 161, 167, 178, 183

レーニン（W. I. Lenin） 65, 156, 174, 175, 295

**著者紹介**

市　原　健　志
　　いち　はら　けん　じ

1943年　東京に生れる
1968年　中央大学商学部卒業
1974年　中央大学大学院商学研究科後期課程単位取得・中退
1973年　中央大学商学部助手，専任講師，助教授を経て1984年教授，
　　　　現在に至る
経済学博士（中央大学）

〈著　書〉
『再生産論史研究』2000年（八朔社）
その他，論文多数

---

| 資本主義の発展と崩壊 | 中央大学学術図書（51） |

2001年3月1日　初版第1刷印刷
2001年3月10日　初版第1刷発行

（検印廃止）

著　者　　市　原　健　志
発行者　　辰　川　弘　敬

発行所　　中 央 大 学 出 版 部
東京都八王子市東中野742番地1
郵便番号　192-0393
電話 0426(74)2351　振替 00180-6-8154番

© 2001　市原健志　　　　　印刷・大森印刷／製本・法令製本

ISBN4-8057-2159-6

本書の出版は，中央大学学術図書出版助成規定による。

――――中央大学学術図書――――

1. 開発途上経済のモデル分析 　今川　健著　A5判　価2000円
2. イギリス詩論集（上）　岡地　嶺訳編　A5判　価3200円
3. イギリス詩論集（下）　岡地　嶺訳編　A5判　（品切）
4. 社会政策理論の根本問題　矢島悦太郎著　A5判　価3700円
5. 現代契約法の理論　白羽祐三著　A5判　（品切）
6. The Structure of Accounting Language　田中茂次著　菊判　価4000円
7. フランス第三共和政史研究　西海太郎著　A5判　（品切）
　――パリ＝コミューヌから反戦＝反ファシズム運動まで――
8. イギリス政党史研究　小松春雄著　A5判　（品切）
　――エドマンド・バークの〈政党論〉を中心に――
9. 会計社会学　井上良二著　A5判　価3300円
10. 工業所有権法における比較法　桑田三郎著　A5判　（品切）
11. 迅速な裁判　小島武司著　A5判　価5000円
　――アメリカ民事訴訟法の研究――
12. 判例の権威　新井正男著　A5判　価2800円
　――イギリス判例法理論の研究――
13. 過剰労働経済の発展　吉村二郎著　A5判　価3000円
14. 英米法における名誉毀損の研究　塚本重頼著　A5判　価4800円
15. 出生力の経済学　大淵寛著　A5判　価2800円
16. プロイセン絶対王政の研究　阪口修平著　A5判　価3200円
17. ラシーヌの悲劇　金光仁三郎著　A5判　価5500円
18. New Ideas of Teaching Mathematics in Japan　小林道正著　菊判　価10000円

中央大学学術図書

19. 貞門談林俳人大観 　今　　栄蔵編　菊判　価15000円
20. 現代イギリス政治研究 　小林　丈児著　Ａ５判　価3107円
　　——福祉国家と新保守主義——
21. ボリビアの「日本人村」 　国本伊代著　Ａ５判　（品切）
　　——サンタクルス州サンフアン移住地の研究——
22. ヌーヴォー・ロマン周遊 　鈴木重生著　Ａ５判　価3300円
　　——小説神話の崩壊——
23. Economic Policy Management : A Japanese Approach 　丸尾直美著　菊判　価4000円
24. 電磁回路理論序説 　大類　浩著　Ａ５判　価2800円
25. 刑事精神鑑定例集 　石田　武編著　Ａ５判　価15000円
26. フランス近代ソネット考 　加納　晃著　Ａ５判　価3000円
　　——変則の美学——
27. 五・四運動の虚像と実像 　斎藤道彦著　Ａ５判　価3000円
　　——一九一九年五月四日　北京——
28. 地域社会計画と住民生活 　武川正吾著　Ａ５判　価3800円
29. 国際商標法の諸問題 　桑田三郎著　Ａ５判　価4200円
30. 高分子の統計的性質 　齋藤　修著　Ａ５判　価3800円
　　——分子量分布の変化について——
31. 協同思想の形成 　土方直史著　Ａ５判　（品切）
　　——前期オウエンの研究——
32. マーク・トウェインのミズーリ方言の研究 　後藤弘樹著　Ａ５判　価4000円
33. フランス金融史研究 　中川洋一郎著　Ａ５判　価3800円
　　——〈成長金融〉の欠如——
34. Correspondance J.-R. BLOCH-M. MARTINET 　高橋治男編　菊判　価5000円
35. 安全配慮義務法理とその背景 　白羽祐三著　Ａ５判　価4200円

**中央大学学術図書**

36. LES TEXTES DES《MEDITATIONS》 所 雄章 編著 菊判 価10000円
37. 21世紀の環境と対策 安藤淳平 著 Ａ５判 価2500円
38. 都市政治の変容と市民 大原光憲 著 Ａ５判 価3000円
39. モンテスキュー政治思想研究 佐竹寛 著 Ａ５判 価4400円
    ──政治的自由理念と自然史的政治理論の必然的諸関係──
40. 初期イスラーム国家の研究 嶋田襄平 著 Ａ５判 価7000円
41. アメリカ文学言語辞典 藤井健三 編著 四六判 価5000円
42. 寡占市場と戦略的参入阻止 川島康男 著 Ａ５判 価2600円
43. オービニャック師演劇作法 戸張智雄 訳 Ａ５判 価4000円
44. ケルトの古歌『ブランの航海』序説 松村賢一 著 Ａ５判 価2500円
    ──補遺 異界と海界の彼方──
45. ドイツ都市経営の財政史 関野満夫 著 Ａ５判 価2600円
46. アメリカ英語方言の語彙の歴史的研究 後藤弘樹 著 Ａ５判 価5500円
47. 続ヌーヴォー・ロマン周遊 鈴木重生 著 Ａ５判 価4400円
    ──現代小説案内──
48. 日本労務管理史 松本正徳 Ａ５判 価4400円
49. 遠近法と仕掛け芝居 橋本能 著 Ａ５判 価3200円
50. 英国墓碑銘文学序説 岡地嶺 著 Ａ５判 価5700円
    ──詩人篇──

価格は本体価格です